Ausbildung und Dienst künftiger Priester

Ausbildung und Dienst künftiger Priester

Herausforderungen – Vergewisserungen – Perspektiven

Herausgegeben von
Alois Joh. Buch und Josef Freitag

HERDER

FREIBURG · BASEL · WIEN

Umschlaggestaltung: Verlag Herder
Umschlagmotiv: © baona / GettyImages
Satz: Barbara Herrmann, Freiburg
Herstellung: CPI books GmbH, Leck
Printed in Germany
ISBN Print 978-3-451-39245-0
ISBN E-Book (PDF) 978-3-451-83245-1

Inhalt

3. Perspektiven

Vorwort

Berufung, Sendung und Dienst von Priestern, ihre Beauftragung wie ihr Selbstverständnis, finden angesichts gegenwärtiger kirchlicher Entwicklungsdynamik und im Blick auf die Zukunft von Glaube und Kirche besondere Aufmerksamkeit; sie beanspruchen zugleich mit einiger Dringlichkeit erneute gründliche und grundlegende Reflexion. Zu hierbei sich eröffnenden Fragen, Problemen und Klärungserfordernissen will das vorliegende Buch einen Beitrag leisten – als verlässliche Information wie als Anregung zu vertiefender Diskussion; dies mit dem Fokus auf Herausforderungen, Vergewisserungen und Perspektiven nicht nur des Dienstes, sondern besonders auch der Ausbildung kommender Priester.

Die Realisierung einer solchen Publikation, zumal mit dem Anspruch sachorientierter, problemzugewandter und akzentuierter Befassung mit einer komplexen und herausfordernden Thematik, ist auf Kompetenz, Bereitschaft und Engagement der beteiligten Autorinnen und Autoren angewiesen; zuvörderst ihnen gebührt hierfür aufrichtiger Dank. Inspiriert wurden Konzeption und Gestaltung dieses Buches nicht zuletzt auch durch die in der Priesterausbildung Tätigen am Überdiözesanen Priesterseminar Studienhaus St. Lambert in Lantershofen, das im Jahr 2022 auf fünf Jahrzehnte seiner Tätigkeit in der Ausbildung von Priesteramtskandidaten auf dem 3. Bildungsweg zurückschauen kann. Den Dozierenden und dem Kollegium des Studienhauses, insbesondere auch Subregens Thomas Porwol, gilt der Dank für vielerlei Anregung zu diesem Band. Mit ermöglicht wurde sein Erscheinen durch eine namhafte Unterstützung der August-Doerner-Stiftung – ihren Gremien sind wir hierfür zu eigenem Dank verpflichtet. Schließlich danken wir dem Verlag Herder für die sorgfältige Betreuung des Manuskripts.

Angesichts der markanten Veränderungsprozesse in Gesellschaft, Religionen und Kirche und in deren wechselseitigen Beziehungsgeflechten ist zu wünschen, dass die hier vorgelegten Erörterungen zu Dialog und Verständigung über notwendige Innovationen eines

zukunftsweisenden priesterlichen Dienstes und einer hiervon geprägten Priesterausbildung beitragen.

Lantershofen, im Juli 2022

Alois Joh. Buch / Josef Freitag

Ausbildung und Dienst künftiger Priester:
Phänomene und Kontexte
Eine Einleitung

Alois Joh. Buch

Der Dienst von Priestern und die hierfür erforderliche Vorbereitung und Ausbildung sind mit Geschichte und Gegenwart von katholischem Glauben, Kirche und Theologie, mit Auftrag und Grundvollzügen der Kirche, ihrem Selbstverständnis und ihrer sakramentalen und institutionellen Gestalt eng verwoben. Schon deswegen bedürfen ‚Priestersein' und ‚Priestertum' je neuer und in Treue zum Empfangenen kreativer kirchlicher Vergewisserung und theologischer Reflexion. Dies gilt angesichts zeitgenössischer Gegebenheiten in Kirche und Theologie nochmals in besonderer Weise, und zwar in einer zumindest zweifachen Blickrichtung: Zum einen nach innen, nämlich im Hinblick auf Bezug und Unterscheidung des auf Christus als Priester bezogenen und von dort her bestimmten Charakteristischen sowohl des innerhalb des einen Ordo sakramental verorteten Weihepriestertums als auch des Allgemeinen Priestertums aller getauften an Christus Glaubenden; zum anderen gewissermaßen nach außen, sofern die stets geschichtliche Ausprägung des Weihepriestertums in ihren konkreten Gegebenheiten und Gestaltungsbedingungen je neu zu bestimmen ansteht, näherhin hinsichtlich konkreten, gelebten Priesterseins in einer Kirche in der Welt von jeweiligem Heute. In der Befassung mit Dienst und Ausbildung von Priestern bleiben diese beiden Perspektiven allerdings zumeist eng verbunden, was sich auch aus dem hierzu seit geraumer Zeit verstärkt geführten Diskurs ersehen lässt, und zwar besonders in darin je durchaus beides betreffenden Anfragen und Problematisierungen: grundsätzlich etwa zu Sinn, Bedeutung und Erfordernis des Amtspriestertums, oder spezifischer zum Selbstverständnis des Priesters, zu seiner Lebensform und zur ‚verheutigten' Vorbereitung und Ausformung seiner Sendung und seines Dienstes.

Nachdenken über künftige Priester und solchem Nachdenken eigene Publikationen zu widmen, kann mithin nicht überraschen. Im vor-

liegenden Fall tritt deren Intention deutlicher hervor, wenn man un-
verstellt markante kontextuelle Gegebenheiten und Veränderungsprozesse innerhalb der Kirchen und Gesellschaften sowie – damit
auf vielerlei Weise verknüpft – bezüglich Glaube und Religion zur
Kenntnis nimmt. Kirche, insbesondere in ihrer ‚amtlichen' Präsenz
wie in ihrer institutionellen Gestalt, ist von alledem mit-betroffen, es
bildet also einen wichtigen Bezugsrahmen des vorliegenden Bandes.
Hierzu sollen im Folgenden einige ausgewählte Phänomene und Kontexte einleitend in knappen Strichen skizziert werden, und zwar vornehmlich insoweit diese (auch) in (West-)Europa und besonders im
deutschsprachigen Bereich für die Erörterung von Aufgabe und
Dienst heutiger und künftiger Priester erkennbare Relevanz besitzen.[1]
Dies erfolgt in dreierlei Hinsicht – nämlich im Blick auf die zeitgenössische Lebenskultur (1), auf das Missbrauchsgeschehen in Kirche
(2) und auf umfassendere kirchliche Umbruchs- und Aufbruchsphä-
nomene (3); hieran schließen sich einige Hinweise zu Fokus und Akzentuierung der Beiträge dieses Buches an.

1. Religion, Religiosität und priesterlicher Dienst in zeitgenössischer Lebenskultur

Ausbildung und Dienst von Priestern werden stets auch aus biblischen, glaubens- und theologiegeschichtlichen sowie kirchlich-
lehrmäßigen Wurzeln gespeist, die ihrerseits je spezifische lebens-
kulturelle Bezüge aufweisen; sie gewinnen also offenkundig ihr
Profil auch mithilfe der sie umgebenden und mitprägenden jeweiligen ‚Wirklichkeit'. Somit bildet für die mit dem Thema dieses Bandes zusammenhängenden Fragen und Probleme neben weiteren
Erkenntnisquellen die heutige und künftige Welt- und Lebenswirklichkeit eine bedeutsame Referenzressource, vornehmlich zur her-

---

[1] Solche Konzentration trotz der gesamtkirchlichen Bedeutung des Themas ist
begründet in dessen stets zugleich erforderlicher Verortung in konkreter Wirklichkeit von Glaube und Kirche, was auch ein Blick über deren ‚Grenzen' nochmals bestätigt; vgl. hierzu J. *Tong*, Priesterausbildung und Evangelisierung in
China, in: R. Brosse/K. Heidemanns, Für ein Leben in Fülle. Visionen einer missionarischen Kirche (FS H. Schalück), Freiburg i. Br. 2008, 233–244., bes. 233f,
236.

meneutischen Klärung des Infragestehenden sowie zur Erschließung heutiger und künftiger Gegebenheiten und Entwicklungen für Kirche, ihre pastoralen Wirkungsmöglichkeiten und für darin eingebundenes Priestersein. Dies soll beispielhaft in vier Perspektiven verdeutlicht werden:

1. Zunächst sind hier jene Phänomene zu erwähnen, die ausgehend von zahlreichen empirischen Untersuchungen und deren Interpretationen auf sehr grundlegende Veränderungen hinsichtlich der Bedeutung von Religion, Glaube und Kirche in heutigen sogenannten ‚modernen' Gesellschaften aufmerksam werden lassen. Sie werden, auch für den deutschsprachigen Bereich, seit längerer Zeit oft verallgemeinernd als ‚fortschreitende Säkularisierung' charakterisiert. Was in der hierzu geführten Debatte bezüglich dieser an spezifische (religions-)soziologische Sichtweisen anknüpfenden Terminologie als problematisch oder unzureichend angeführt worden ist – etwa hinsichtlich zumal in manchen theologisch-kirchlichen Stimmen darin mitschwingender Verlust-Perspektive und Entgegensetzung zu moderner Lebenswelt[2] –, wird nochmals verstärkt angesichts der beobachtbaren differenzierten, keineswegs eindeutigen Phänomene sogenannter ‚Wiederentdeckung' des (zumeist nicht institutionell verorteten) Religiösen und der Sinnorientierung in (west-)europäischen Gesellschaften;[3] dies gilt ebenso angesichts der seit längerem beobachtbaren, in manchem auch länder- und kulturspezifisch geführ-

---

[2] Vgl. zur Entwicklung der Begrifflichkeiten *F.-X Kaufmann*, Wie überlebt das Christentum?, Freiburg i. Br. 2000, u. a. mit Hinweis auf die grundsätzliche Kritik durch *H. Blumenberg*, Die Legitimität der Neuzeit, Frankfurt a. M. 1966; kritisch zur Säkularisierungs-Terminologie auch *W. Lesch*, Die Vielfalt praktisch gelebter Überzeugungen als Voraussetzung und Gegenstand der Ethik, in: A. Lob-Hüdepohl (Hrsg.), Ethik im Konflikt der Überzeugungen (SThE 105), Freiburg (Schweiz) 2004, 40–58, 46; grundlegend bes. zu den geistesgeschichtlichen Perspektiven *W. Kasper*, Natur – Gnade – Kultur. Zur Bedeutung der modernen Säkularisierung, in: ThQ 170 (1990) 81–87.

[3] Vgl. dazu *J. Casanova*, Die religiöse Lage in Europa, in: H. Joas/K. Wiegandt (Hrsg.), Säkularisierung und Weltreligionen, Frankfurt a. M. 2007, 322–357; *S. Laurs*, Lebenssinn in säkularer Gesellschaft. Die Frage nach Sinn, Halt und Orientierung heute, in: Ders./I. Proft/M. Schulze (Hrsg.), Gott für die Welt (FS G. Augustin) 1. Teilband, Freiburg i. Br. 2021, 129–150 (mit bes. Bezug zu C. Taylor); *A. J. Buch*, Wiederentdeckung des Religiösen? Eine Herausforderung der Moraltheologie, in: Studia Teologiczno-Historyczne Slaska Opolskiego 27 (2007), Opole (Polen) 2007, 257–282.

ten Debatten über die Bedeutung von Religion im öffentlichen Raum
und der damit verknüpften Sorge um Vergewisserung tragfähiger
Wertorientierungen des Sozial- und Solidaritätsgefüges in pluralen,
in ihrer jeweiligen Verhältnisbestimmung zu Religion und Kirche
und deren öffentlicher Präsenz durchaus unterschiedlich geprägten
Gesellschaften. Mehr noch zeigt sich das Unzureichende gängiger
säkularisierungstheoretischer Begrifflichkeiten, damit aber auch die
darin liegende Herausforderung für kirchlichen und insbesondere
priesterlichen Dienst, beispielsweise in der nochmals über ‚Säkularisierung‘ wie (dadurch möglicherweise geförderter) ‚Wiederentdeckung‘ von ‚reiner‘, teilweise militanter Religion hinausgreifenden
Rede von der „Dekulturierung“ der Religion in heutiger Gesellschaft,
wie sie als Verstehenszugang auch zur kirchlichen Situation in den
Analysen und Thesen des französischen Philosophen und Politologen
Olivier Roy[4] vorgetragen wird: Mit Dekulturierung meint er u. a. insbesondere einen grundlegenden „Wandel der Beziehung zwischen Religion und öffentlichem Leben“,[5] speziell in Prozessen der „Deterrito-
rialisierung“ oder „Entgrenzung“ im Sinne einer der (dekulturierten)
‚Wissensgesellschaft‘[6] gemäßen ‚Separierung von Religion und jeweiliger Lebenskultur‘ anstelle zuvor gewohnter Formen der ‚Inkulturation‘ oder einer gewissen ‚Anpassung‘ zwischen beiden;[7] dies zeitige
nicht geringe Folgen etwa im Verhältnis von (einem Wettbewerb unterschiedlicher ‚Religiositäts‘-Angebote ausgesetzten) ‚religiösen‘
Gläubigen und ‚säkularen‘ Nicht-Gläubigen, nämlich in Tendenzen
einer zunehmend scharfen lebensweltlichen Abgrenzung zwischen
beiden anstelle eines bisher vorausgesetzten, beide Gruppen noch ver-
bindenden ‚Anpassungsraumes‘ differenzierter Nähe- und Distanz-
verhältnisse zu Religion und Kirche[8] – wie sie sich durchaus auch in

---

[4] O. Roy, Holy Ignorance. When Religion and Culture Part Ways, New York: Ox-
ford University Press 2013; näher zu ‚reiner‘ Religion oder ‚religiöser Reinheit‘
ebd., 136–144, auch 189.

[5] Ebd., 5 (Übersetzung hier und im Folgenden: A. Buch). Bezogen auf das Verhältnis von Religion(en) und öffentlichem Leben findet sich in der Fachdebatte
auch der nach theoretischen Ansätzen differenzierte Begriff ‚Akkulturation‘ zur
Benennung unterschiedlicher Weisen der ‚Anpassung‘ (in begrenztem Sinn ebd.,
159).

[6] Vgl. ebd., 11.

[7] Vgl. ebd., 7.

[8] Vgl. ebd., 8.

manchen bisherigen Pastoralkonzepten und -strategien abgebildet finden. Demgemäß diagnostiziert Roy statt einer „Wiederkehr" vielmehr eine „Transformation" des Religiösen, die „nicht notwendigerweise zu einer neuen religiösen Epoche führen wird",[9] wohl aber neu definierte (standardisierte) Formen des Religiösen im öffentlichen Raum ermöglicht;[10] die Verknüpfung mit einem wichtigen Themen-Element des vorliegenden Buches fällt ins Auge, wenn Roy im Blick auf den Zustrom junger Menschen zu Weltjugendtagen und den ‚gleichzeitigen' kontinuierlichen Rückgang der Zahl von Priesterkandidaten (auch) in Europa pointiert fragt, ob daraus zu „folgern" sei, „dass das Bedürfnis" junger Menschen „nach Spiritualität nicht mehr dem entspricht, was Kirche in ihrer traditionellen Gestalt anzubieten hat".[11]

2. Auch wenn ein solcher Verstehenszugang gewiss weiterer Klärung und Diskussion bedarf, so weisen dessen Grundlinien nicht wenige Parallelen auf zu Debatten, die – wenn zwar mit teilweise weniger prononcierten und in ihrer Prognostik behutsameren Thesen – über die Entwicklung und die Zukunftsperspektiven von Religion und Kirche in ‚modernen' (westlichen) Gesellschaften seit längerer Zeit, etwa in Beiträgen unterschiedlicher, vornehmlich sozialwissenschaftlicher Provenienz geführt werden.[12] Darin geht es um die auch für pastoraltheologische Reflexion, für pastoral-diakonische Praxis und für die Ausbildung seelsorglicher Berufe wirksame und teilweise adaptierte Wahrnehmung und Interpretation beobachtbarer grundlegender Veränderungsprozesse hinsichtlich der Bedeutung von Religion in heutiger Gesellschaft im Allgemeinen sowie

---

[9] Ebd., 3, vgl. auch 5: „So gesehen ist eine ‚Wiederkehr' von Religion eher eine optische Illusion: Es wäre eher angemessen, von Transformation zu sprechen. Religion ist sowohl sichtbarer wie auch gleichzeitig häufig im Niedergang begriffen." – Vgl. zu dem auch in säkularen Gesellschaften (anders als im Falle der ‚Exkulturation' ebd., 115–120) komplexen Zueinander von Religion, Gesellschaft und allgemein akzeptierten Werten bzw. Moralität ebd., 113.

[10] Vgl. ebd., 3 u. 187–198.

[11] Ebd., 3.

[12] Grundlegend hierzu u. a. H. Joas, Gesellschaft, Staat und Religion. Ihr Verhältnis in der Sicht der Weltreligionen, in: Ders./K. Wiegandt, Säkularisierung (s. Anm. 3), 9–43; auch D. Pollack, Glaube und Vernunft. Signaturen der gegenwärtigen religiösen Lage in Europa, in: F.-J. Bormann/B. Irlenborn (Hrsg.), Religiöse Überzeugungen und öffentliche Vernunft. Zur Rolle des Christentums in der pluralistischen Gesellschaft (QD 228), Freiburg i. Br. 2008, 61–91.

der Rolle, Präsenz und Funktion von Christentum und Kirche im Besonderen. Und zwar um Prozesse von so tiefgreifender Art, dass weitgehend übereinstimmend darin ein sehr weitreichender Wandel mit nachhaltigen Auswirkungen für die gesellschaftlich-soziale Relevanz von Religion überhaupt wie auch speziell für das innere und äußere Sozialgefüge christlicher Konfessionen und Kirchen samt ihrer personell-amtlichen Repräsentanz gesehen wird. Zu ihrem Hintergrund gehört manches von dem, was sich in bereits über Jahrzehnte beobachtbaren Entwicklungen zu Verschiebungen und Umorientierungen in der Gewichtung und Akzeptanz von oft auch christlich geprägten individuell und sozial relevanten Werten und Haltungen, z. B. im Verlauf der Europäischen Wertestudien, gezeigt hat.[13]

3. Aus anderer, nämlich religionsrechtlicher und religionspolitischer Sicht erfährt diese Debatte nochmals eine zusätzliche Wendung sowie eine insbesondere für die soziale Wirklichkeit und Wirksamkeit von Kirche in Deutschland spezifische Zuspitzung. Durchaus nicht im Widerspruch zu dem von O. Roy für den nunmehr an Freiheit und Gleichheit (also nicht an Kontrolle oder Macht) orientierten rechtlich-institutionell vereinheitlichten, einem religions- und gesellschaftsübergreifenden gemeinsamen Paradigma folgenden und letztlich egalitären Umgang mit Religion und Religionen in multikulturellen ‚modernen‘ Gesellschaften[14] erwartet Hans Michael Heinig nicht nur, dass „sich der Trend zur Entkirchlichung in Deutschland auf religionskultureller und institutioneller Ebene [...] in den kommenden Jahrzehnten fortsetzen"[15] wird – auch wenn dieser hinsichtlich impliziter „Traditionsabbrüche [...] insgesamt diffus" sei und sich nicht abzeichne, dass „eine in sich kohärente, säkularistische Weltanschauung nun kulturelle Dominanz" gewinne; vielmehr, da Religionen sowohl „sozial produktiv" wie eben auch „destruktiv wirken können", werde eine teilweise „stark säkularisierte und gleichzeitig religiös diversifizierte Gesellschaft [...] die Ethosfrage [...] nicht mehr mit einem pauschalen Verweis auf die christliche Religionskultur beantworten können." Insgesamt

---

[13] Vgl. *L. Halman/R. Luijkx/M. van Zundert* (Hrsg.), The Atlas of European Values (European Values Studies), Leiden (Niederlande), 2005, bes. 60–73.

[14] Vgl. dazu *O. Roy*, Holy Ignorance (s. Anm. 4), 9.

[15] *H. M. Heinig*, Mit offenem Ausgang, in: Frankfurter Allgemeine Zeitung (FAZ), Nr. 74, 29.03.2021, 6.

konstatiert Heinig eine auch aus der Europäisierung der Rechtsordnung beeinflusste „Transformation der […] religionspolitischen Ordnung", die für die Kirchen eine „Schwellensituation" darstelle mit erheblichen Folgen für die Institution sowie für das kirchliche Personal und die Rahmenbedingungen des kirchlichen Dienstes – etwa hinsichtlich Phänomenen wie „Selbstsäkularisierungsdruck" in kirchlich-sozialen Einrichtungen, zunehmende „Rechtfertigungslast" für kirchlich verantworteten schulischen Religionsunterricht, Diskussion und Klärung künftiger Finanzausstattung (auch mit Blick auf „Austrittsentscheidungen"), Gestaltung kirchlicher Dienstverhältnisse, sowie, besonders bedeutsam, eines starken Wandels des ‚gesellschaftlichen Klimas', der „zivil-religiösen Funktion der Kirchen" und gar des Verhältnisses von „Tradition und Traditionsabbruch".[16] Zweifelsohne sind damit bedeutsame Veränderungen für die Wirkungsmöglichkeiten künftigen priesterlichen Dienstes und für dessen Vorbereitung angezeigt.

4. Es kommen schließlich nicht unwichtige Veränderungs-Phänomene in den globalen Rahmenbedingungen heutiger Lebenskultur hinzu. Sie zeigen sich in neuen Problemstellungen, davon inspirierter besonderer Aufmerksamkeit und daraus gewonnenen veränderten Prioritäten. Vornehmlich gilt dies für die aktuelle und längerfristige Sorge um die Gewährleistung der naturalen Grundlagen und der personalen Entfaltungsbedingungen heutigen und künftigen menschlichen Lebens sowie eines den humanitären Grundprinzipien verpflichteten sozialen Zusammenlebens. In einer in Vielem globalisierten Lebenswelt, die als eine Art weithin verschränkte ‚Weltgesellschaft' auch den lokalen und regionalen Alltag vieler Menschen mitprägt, geht es in kirchlicher Perspektive zunächst generell um Verstärkung und Konturierung des christlichen Beitrags zu gerechten und friedlichen Beziehungen zwischen den Völkern, zu humanem Miteinander in Gesellschaften und jedweden Sozialgefügen, zu kultureller Offenheit und Kommunikation sowie besonders auch zu respektvollem, eigene Überzeugungen einbringendem tolerantem Umgang und demgemäßem Dialog und Zusammenwirken der Religionen[17] – und dies zugleich als maßgebende und verbindliche Leit-

---

[16] Ebd. (alle Zitate).
[17] Vgl. dazu auch in ökumenischer Perspektive A. J. *Buch.* Tolerance – An Issue of Christian Social Thought. Contexts, approaches, prospects, in: M. Vogt/

linie für alle, die in je spezifischer Weise und Zuständigkeit für so-
zial-pastorale Verkündigung und Praxis Verantwortung tragen. Die
hier angezeigte Aufgabe veränderter Profilierung kirchlichen Dienstes konkretisiert sich seit einer Reihe von Jahren besonders hinsichtlich der heute und künftig vordringlichen ‚Menschheitsthemen' von
Gerechtigkeit, Frieden und Bewahrung der Schöpfung. Es entspricht
der Bedeutung solch genereller wie konkret fokussierter Akzentuierung christlicher Verkündigung in Wort und Tat, dass gerade kirchliche Sozialverkündigung aus der ihr inhärenten ‚universalen' Perspektive sowohl nachdrücklich auf Prinzipien und praktischen
Implikationen ‚ganzheitlicher menschlicher Entwicklung'[18] sowie
auf den hierfür bedeutsamen Leitlinien im Miteinander der Menschen in der Weltgemeinschaft insistiert und zugleich konsequent
„eine neue Solidarität" für die „Zukunft des Planeten"[19] sowie eine
engagierte „Geschwisterlichkeit und der sozialen Freundschaft" in
dezidierter Betonung der „Würde jedes Menschen"[20] einfordert.
Auch dieser Sachverhalt unterstreicht, dass veränderte globale Perspektiven nicht nur weltweite zivil-gesellschaftliche Relevanz besitzen, sondern in enger Verflechtung von Universalität und Regiona-
lität auch die bestehenden und sich weiter entfaltenden konkret ge-
und erlebten ‚kirchlichen Orte' nicht unberührt lassen, sie sogar
ihrer Botschaft und Sendung gemäß besonders herausfordern. Sie
stellen mithin – was auch die Ereignisse in Europa im ersten Viertel
des 21. Jahrhunderts nochmals drastisch vor Augen führen – eine
höchst bedeutsame Perspektiven-Ergänzung und Neuausrichtung
kirchlichen Dienstes und speziell dessen diakonischer Grunddimen-
sion dar, was offenkundig die in diesem Dienst ‚beruflich' Engagierten nochmals in eigener Weise beansprucht.

A. Küppers (Hrsg.), Proactive Tolerance. The Key to Peace (Studien zur Friedens-
ethik, Bd. 69), Baden-Baden u. Münster 2021, 37–62.

[18] Vgl. zur systematischen Darlegung u. a. besonders CiV; näher hierzu:
A. J. Buch, Universalism and Diversity. Reflecting on features of globalization –
with reference to *Caritas in Veritate,* in: V. Turchynovskyy/O. Bila (Hrsg.), Ethics
and Global Political Theory: the Encyclical Letter Caritas in Veritate and Critical
Perspectives on Integral Human Development (International Institute for Ethics
and Contemporary Issues), Lviv (Ukraine) 2016, 26–61.

[19] LS 14.

[20] FT 6 u. 8.

Neben anderem werden die hier erläuterten Phänomene im Kontext von Religion, Glaube, Kirche und zeitgenössischer Lebenskultur – und zwar unabhängig von gegebenenfalls kritischer Befragung und Problematisierung ihrer je spezifischen Wahrnehmung, Gewichtung und Bewertung – in zunehmendem Maße besonders auch künftigen priesterlichen Dienst und dessen Vorbereitung beeinflussen. Dies nicht nur im Sinne einer vergewissernden gründlichen Revision, gegebenenfalls Modifizierung und Ergänzung der inhaltlichen Bestimmung priesterlichen Dienstes und der diese spiegelnden Konturen von Priesterbildern; vielmehr geht es bezüglich solch veränderter lebenskultureller Gegebenheiten um neue Ausrichtung zugehöriger intellektueller und geistlicher Offenheit, sachlichen Interesses und persönlicher Motivation künftiger Priester – höchst bedeutsam in Sonderheit für deren personale Bildung, spirituelle Prägung und theologische Qualifizierung als wesentlichen Elementen kompetenter Ausbildung. Sofern diese Gegebenheiten und ihre absehbar längerfristigen lebenskulturellen Dynamiken sich auch in Biographien von Priesteramtskandidaten niederschlagen und zugleich deren Bereitschaft herausfordern, sich auf jeweilige Berufungs- und Ausbildungswege in und mit solch umfassenden Veränderungsprozessen zu begeben, gehören sie zum weiteren Rahmen dessen, was für die Reflexion über Dienst und Ausbildung künftiger Priester ansteht. Die bleibende Relevanz solcher Reflexion im Kontext sich wandelnder Lebenskultur wird gerade für den priesterlichen Dienst nochmals einsichtig aus spezifisch kirchlichem Blick auf Herausforderungen und Chancen bereits jetzt sehr vielfältiger Zugangsweisen auch von Christinnen und Christen zu Religion, persönlicher Religiosität und Glaubensleben, und zwar gerade weil diesen Zugangsweisen auch ‚amtliche' Sendung, Beauftragung und Gestaltung der Verkündigung und Weitergabe gelebten Glaubens entsprechen sollen, nicht zuletzt ‚in' und ‚mit' für nachwachsende Generationen im Vergleich zu Bisherigem weitgehend veränderten, vermutlich sich künftig weiter verändernden Sozialgefügen.[21]

---

[21] *O. Roy*, Holy Ignorance (s. Anm. 4), 11, sieht die diesbezügliche Herausforderung gerade der katholischen Kirche in einer neuen Art von ‚Wiederverbindung' bzw. ‚erneuten Zusammenführung' unter weithin veränderten Bedingungen.

2. Missbrauch in der Kirche

Einen Kontext eigener Art für künftige Priesterausbildung bilden Fakten und Effekte des Missbrauchsgeschehens und der Missbrauchserfahrungen in der Kirche. Auf das, was hierzu in umfangreichen, wenn auch noch immer unzureichenden Dokumentationen zugänglich ist, ebenso auf die hierzu wie zur Aufarbeitung und deren Grenzen und Problemen geführte verästelte, teilweise sehr kontroverse Diskussion wird in den hier zusammengeführten Beiträgen mehrfach Bezug genommen. Das Bemühen um differenzierte, im besten Sinne kritische und insbesondere auch den Betroffenen angemessene Befassung mit Bedeutung und Tragweite des Missbrauchs durch Verantwortliche der Kirche, vor allem soweit diese Befassung in inzwischen zahlreicher Fachliteratur greifbar ist, muss hier nicht eigens ausgebreitet oder wiederholt werden, es wird namentlich hinsichtlich darin überzeugend ausgewiesener Faktenanalyse wie argumentativ begründeter Problemerörterung gewissermaßen als ‚Sachstand' vorausgesetzt.

Indes ist evident: Das Missbrauchsgeschehen, dessen Wahrnehmung, Be- und Aufarbeitung in ihren unterschiedlichen Dimensionen und offenkundigen Unzulänglichkeiten – insbesondere hinsichtlich des damit verknüpften Leids der von Missbrauch unmittelbar Betroffenen – sich in Deutschland bereits über mehr als ein Jahrzehnt erstreckt (was zu Recht zusätzlichen Anlass zur Problematisierung auch der Aufklärungsbemühungen bietet), und dessen Ausmaß, Dramatik und Problematik inzwischen das Bild von Kirche nach außen ebenso wie das kirchliche Selbstbild intensiv mitprägen, müssen erhebliche Auswirkungen auf künftigen priesterlichen Dienst, speziell aber für Priesterausbildung zeitigen. Dies ergibt sich bereits aus dem Gesamtkomplex der sogenannten ‚systemischen Hintergründe', worauf der Sache nach schon in der grundlegenden sog. MHG-Studie aufmerksam gemacht wird (‚Kontextualisierung').[22] Die Bedeutung

---

[22] Vgl. sog. ‚MHG-Studie': *H. Dreßing et al.*, Forschungsprojekt Sexueller Missbrauch an Minderjährigen durch katholische Priester, Diakone und männliche Ordensangehörige im Bereich der Deutschen Bischofskonferenz. Projektbericht, Mannheim/Heidelberg/Gießen 2018 – https://www.zi-mannheim.de/fileadmin/user_upload/downloads/forschung/forschungsverbuende/MHG-Studie-gesamt.pdf (Zugriff: 04.04.2022), 11–13, 235f u. ö.

dieser Hintergründe wird nicht geschmälert durch Hinweise auf einige für solche Vorhaben, zumal unter komplexen Erhebungs-, Analyse- und Interpretationsbedingungen, nicht ungewöhnliche methodische und inhaltliche Grenzen dieser Studie. Auch wenn manches in Begriff und Debatte solch ‚systemischer Hintergründe' etwas schillernd oder zu generell wirken mag und zudem der innere Zusammenhang mancher hierauf bezogener Veränderungs-Postulate nicht ohne weiteres einleuchtet, so gewinnen sie doch deutliche, problem-erhellende Konturen in hinzugehörigen Konnotationen wie insbesondere Verständnis und Ausübung von Macht und Autorität speziell von Amtsträgern, priesterliche Lebensweise sowie bestimmte Ausprägungen klerikalistischer Haltung und Verhaltensweisen.[23] Die Relevanz von alledem für den priesterlichen Dienst, bis hin zu den Bedingungen seiner künftigen Möglichkeit, besonders aber auch für die Priesterausbildung, liegt auf der Hand.

Es kann nicht überraschen, dass die zunehmend klarere ‚Ent-deckung' der Eigenart des Missbrauchsgeschehens in Kirche, gänzlich unabhängig von quantitativen Aspekten, zugleich dessen besondere moralische ‚Qualität' hervortreten lässt: In einem sakral gegründeten, an Glaube, Hoffnung, Liebe orientierten, der vertrauensvollen Zuwendung zumal zu den Schwachen verpflichteten und sich demgemäß als moralisch höchst anspruchsvoll präsentierenden und wahrgenommenen Gefüge kirchlichen Dienstes für Gott und die Menschen kann Missbrauch in seiner letztlich zutiefst vertrauenszerstörenden und gewaltbezogenen konkreten Gestalt nur als extreme Gegen-Wirklichkeit erfahren werden. Folgerichtig entsteht hieraus eine grundlegende Erschütterung des Vertrauens in Kirche und eine weitreichende Krise ihrer Glaubwürdigkeit. Daraus gespeiste Kritik, Zweifel und fundamentale Infragestellungen stellen auch innerkirchlich keine Rand-Phänomene dar, sie zeigen sich vielmehr inmitten des kirchlich-gemeindlichen Lebens. Wenn alles ins Wanken zu geraten scheint, steht gewissermaßen alles in Frage – in Bezug auf persönliche Religiosität und Glaube damit eben auch Wesentliches: Auftrag, Anspruch und Bedeutung von Kirche, und zwar in ihren sowohl personellen wie institutionellen Ansprüchen und Erscheinungsformen. Angesichts des zwar nur einen Teil des Klerus betref-

---

[23] Vgl. ebd., 13, 17f.

fenden, aber in seiner personellen Konstellation in beträchtlichem Umfang durch Kleriker begangenen Missbrauchs, fokussieren sich erhebliche Anteile von Kritik und Fragen auf Selbstverständnis und Dienst des Priesters, seine Kompetenz und Akzeptanz.

Priestersein und priesterlicher Dienst, die auch ungeachtet des Missbrauchsgeschehens bereits bezüglich konkreter Realisierungen priesterlichen Wirkens wie ihrer theologischen Thematisierung und lehramtlichen Bestimmung immer wieder Gegenstand kritisch-vergewissernder Befragung sind, finden sich unter solchen Bedingungen sozusagen in ihrer Gänze in Frage gestellt: von der Frage nach biblischen, glaubensgeschichtlich und lehrmäßigen sowie theologischen Grundlagen und Begründungen bis hin zur konkreten Ausformung in jeweiliger Zeit.[24] Eine sich nicht selbst begrenzende Erörterung dieser Fragen schließt eine genaue Analyse der Entstehungs- und Verstehenszusammenhänge des geweihten Priestertums in der katholischen Kirche ein, somit auch seiner konkreten Ausprägung. Da auch darin nun näher benennbare systemische Hintergründe deutlich werden, impliziert diese Analyse konsequenterweise den Blick auf ‚Wesentliches' und ‚Unwesentliches' sowie auf die Unterscheidung von beidem – ebenso auf darin sichtbar werdende, in katholischer Kirche synchron bereits bestehende Vielfalt und diachron aufscheinende Gestaltungspotentiale. Auch hierauf gründende Erwägungen und Postulate betreffen Veränderungen unterschiedlicher Art und Tragweite, nicht zuletzt auch bezüglich der bisherigen Zugangsvoraussetzungen für Weiheämter wie der geltenden priesterlichen Lebensform: etwa die Öffnung der Weihe auch für Frauen, eine Ergänzung der in der römisch-katholischen Kirche derzeit ausschließlich geforderten zölibatären Lebensweise, eine Flexibilisierung der voll- oder teilberuflichen Gestalt konkreten Priesterseins. Im Hinblick zumal auf künftigen priesterlichen Dienst sollte keine der Fragen und keines der Probleme, die mit dem Missbrauchsgeschehen aufgekommen sind oder zusätzliche Dringlichkeit gewonnen haben, gewissermaßen vorab bereits als irrelevant qualifiziert und damit gründlicher Erörterung entzogen werden; um dies für die Frage der Zölibatsverpflichtung zu verdeutlichen: So wichtig es ist, den Experten-Hinweis auf das Un-

---

[24] Vgl. dazu neuerdings *V. Dessoy/P. Klasvogt/J. Knop* (Hrsg.), Riskierte Berufung – ambitionierter Beruf. Priester sein in einer Kirche des Übergangs (Kirche in Zeiten der Veränderung, Bd. 11), Freiburg i. Br. 2022.

sachgemäße einer unterkomplexen These ernst zu nehmen, wonach die zölibatäre Lebensweise als solche eine Ursache von Missbrauch sei, so bedeutsam ist es, daraus nicht vordergründig zu folgern, dass im Gesamt einer gründlichen Durchdringung und Aufarbeitung der komplexen Hintergründe (auch und gerade) priesterlichen Missbrauchshandelns der zölibatären Lebensform, die heutiges Priestersein wesentlich mitprägt, keinerlei Beachtung zu widmen sei. Vielmehr ist solche Beachtung der Sache und aller Involvierten wegen gefordert – übrigens auch zur Verdeutlichung ihrer Begründung, ihrer Lebens- und Gestaltungsperspektiven –, und sie muss die ebenfalls als bedeutsamer Kontext identifizierte, wiewohl in ihren Themen und Herausforderungen umfassendere kirchliche Sexualethik und Moralverkündigung intensiv einbeziehen,[25] und zwar gerade im Hinblick auf die durch das Missbrauchsgeschehen nochmals als besonders dringlich erwiesene Aufgabe priesterlicher Formation mit dem Ziel einer personal gelingenden Integration der je eigenen und in je eigener Weise geprägten Sexualität.

Jedenfalls gehören auch die genannten Fragen und Probleme zum thematischen Horizont dieses Buches, was in einzelnen Beiträgen in unterschiedlicher Explikation zum Ausdruck kommt, eingefügt in deren hauptsächliche Akzentuierung der Sendung und Ausbildung heutiger und insbesondere kommender Priester. Im Blick auf das Gesamt wie die Facetten des Missbrauchsgeschehens ist nun allerdings hinzuzufügen: Künftige Priesterausbildung wird ihre Qualität nicht zuletzt dadurch auszuweisen haben, dass auch sie weitere Lehren aus Fakten und Analysen des Missbrauchsgeschehens in der Kirche zieht – und zwar als ein wichtiges Element der unabdingbaren kontinuierlichen Bemühung um wachsame Wahrnehmung der Bedeutung und der gravierenden Folgen eines schwerwiegenden Versagens, das in seinen komplexen Hintergründen, Ursachen und konkreten Handlungs- und Geschehensbedingungen in erheblichem Maße gerade auch Verständnis und Ausgestaltung der Sendung und folglich in besonderer Weise die Ausbildung von Priestern betrifft. Die hierin

---

[25] Vgl. ‚MHG-Studie': *H. Dreßing et al.*, Forschungsprojekt (s. Anm. 22), u. a. 11–14,17, 254 f; siehe auch die für eine erneuerte, Normativität einschließende christliche Sexualmoral erhellenden prinzipiellen Aussagen zu menschlicher Sexualität wie zu wichtigen Aspekten der zölibatären Lebensform in AL, bes. 142–152 sowie 158–162, 254 f.

liegende Herausforderung kann in ihrer Bedeutung kaum überschätzt werden, und zwar nicht nur im Hinblick darauf, dass Missbrauchs-Versagen und dessen Verantwortung eigene Vergewisserungsfragen auch für bisherige Priesterausbildung aufwerfen, sondern auch im Hinblick darauf, dass für eine zielführende Befassung mit diesen Fragen und ihrer Beantwortung die Bereitschaft zu unvoreingenommener, in diesem Sinne radikaler Prüfung eine unverzichtbare Voraussetzung bildet, ebenso der Wille zu gegebenenfalls als notwendig erkannter Neugestaltung.

3. Kirchlicher Umbruch und Aufbruch

Einen weiteren, wiewohl mit dem bisher Erwähnten teilweise verknüpften Kontext für Dienst und Ausbildung von Priestern bildet alles das, was sich im umfassenderen Blick auf kirchliche Wirklichkeit zeigt, vor allem was sich hinsichtlich der Wirkungs- und Gestaltungsbereiche von Kirche, ihres Dienstes und Beitrages nach innen wie nach außen vollzieht und was insoweit ebenfalls zu prägenden Merkmalen ihrer Außen- und Innenwahrnehmung gehört. Ein Teil diesbezüglich ins Auge fallender Phänomene lässt sich zunächst als einschneidender, deswegen schmerzhafter und in manchem umwälzender, aber auch Neues ermöglichender Umbruch charakterisieren – was, nun aus spezifisch kirchlicher Perspektive, sowohl sachlich wie begrifflich in manchem als Kehrseite jener ambivalenten Veränderungsprozesse erscheinen kann, die zuvor für das Verhältnis zwischen Religion und gesellschaftlicher Lebenskultur erwähnt wurden. Einige wenige, wiederum ausgewählte Hinweise auf in diesem Kontext Bedeutsames können dies verdeutlichen.

Zunächst: Ein besonders auffälliges Phänomen des Umbruchs bilden markante quantifizierbare Veränderungen, etwa neben der inzwischen geringen Zahl der Priester- und Ordensberufungen auch die aus unterschiedlichen Gründen seit Jahren deutlich rückläufigen Zahlen der Kirchenmitglieder und der in gewisser Stetigkeit an Gottesdiensten und kirchlichen Aktivitäten Teilnehmenden.[26]

---

[26] Vgl. zu jüngeren Entwicklungen und Einschätzungen z. B. *T. Petersen*, Christliche Kultur ohne Christen, in: Frankfurter Allgemeine Zeitung (FAZ), Nr. 298, 22.12.2021, 8; ebenso: MDG-Trendmonitor Religiöse Kommunikation, Freiburg

Schon hieraus mag sich vordergründig und noch vor weitergehenden Erwägungen etwa zu Eigenart, Bedeutung und Funktion des Weihepriestertums oder zu Berufung und Sendung von Priestern die Frage nahelegen, wozu oder zumindest in welchem Maße künftiger priesterlicher Dienst benötigt werde, ob tatsächlich mehr oder eher weniger Priester erforderlich seien zumal angesichts der Prognostik einer zunächst weiter ‚schrumpfenden' Kirche (auch wenn hierfür relevante weitere Dynamiken, etwa der ‚digitalen Ära', noch undeutlich sein mögen). Eine Beantwortung dieser und ähnlicher Fragen wird sich über ‚nur' Statistisches hinaus u. a. daran orientieren, welches Verständnis des Priesters und seines Dienstes zugrunde gelegt und angenommen wird und welche Erwartungen an hiervon mitbestimmte Aufgaben und Tätigkeiten von Priestern für die Zukunft benannt werden können. Damit verbunden ist die Frage, welches ‚Priesterbild' aus Sicht der Beteiligten und Betroffenen – besonders von Gemeinden, Bischöfen und anderen Entscheidungsträgern, aber auch von Ausbildungsverantwortlichen sowie Interessenten und Kandidaten für das Priesteramt – und welche Vorstellungen bezüglich des priesterlichen Dienstes vorherrschen, ebenso die Frage, was diesbezüglich angesichts künftiger Erfordernisse etwa in kirchlichen Diensten und Einrichtungen bedeutsam erscheint und folglich als sinnvoll beziehungsweise ‚passend' erachtet wird und somit ‚leitend' sein soll. Daraus ergeben sich weitere Fragen, etwa ob die künftige Gestalt des Weihepriestertums und die konkrete Gestaltung des Priesterseins in der katholischen Kirche ‚uniform' oder eher ‚pluriform' gesehen werden, und worin in letzterem Fall das verbindende Gemeinsame möglicher unterschiedlicher Ausprägungen besteht. Damit sind, deutlich über eher pastoral-funktionale Aspekte hinaus, neben Fragen theologischer Grundlegung und Vergewisserung gewiss auch universalkirchliche Gesichtspunkte mitberührt, denen zwar wie bei anderen kirchlichen Veränderungsprozessen keineswegs das Gewicht apriorischer Diskussionsbegrenzung zugemessen werden kann, die es aber bei einer gewichtigen Thematik wie der des Weihepriestertums jedenfalls einzubeziehen gilt.

---

i. Br. 2021 – eine knappe Übersicht dazu s. https://www.dbk.de/fileadmin/redaktion/diverse_downloads/presse_2021/2021-118c-Pressegespraech-MDG-Trend monitor-Studienzusammenfassung.pdf (Zugriff: 01.04.2022) – sowie dazu kommentierend: *A. Lorenz*, Kreuz-Schmerzen, in: CiG 73. Jg./H. 1 (2021), 3.

Sodann: Solche Umbruchs-Phänomene, worunter die Anfragen
zum Weihepriestertum eher ein spezifisches Element einer durchaus
breiteren Infragestellung bilden, lassen eine sehr aufschlussreiche
Verschränkung von konkret wahrgenommener glaubens- und
lebensbezüglicher ‚Ungewissheit' und sehr grundlegender Problematisierung nicht ohne Weiteres einleuchtender oder akzeptierter ‚Gewissheiten' erkennen; so gerade verweisen sie auf eine nochmals
tiefere Dimension von Glaubwürdigkeitskrise und Vergewisserungs-
erfordernis, als diese zuvor als Begleiteffekte kirchlichen Missbrauchsgeschehens und problembeladener Aufarbeitung benannt
wurden. Pointiert formuliert: Die seit Jahrzehnten in unterschiedlichen Varianten transdisziplinär diskutierte Problematik von Plausi-
bilitätsverlust,[27] Kommunikabilität oder neuerdings der Anschlussfähigkeit, anfangs vornehmlich auf Relationen von Gesellschaft und
Religion bzw. Glaube bezogen, hat längst den Kern von Kirche, Gemeinde und persönlichem Christsein durchdrungen – und zwar als
eine auch die Innenseite der Glaubensmöglichkeit und -fähigkeit betreffende tiefgehende, teilweise existentielle Sorge um ‚Glaub-Würdigkeit' und oft auch der Suche nach neuer Glaubensorientierung.
Auf solchem Hintergrund darf als einigermaßen verwunderlich ver-
zeichnet werden, dass in mancher theologisch-kirchlichen Befassung
und in mancher kirchlichen Innensicht das besondere Gewicht dieses seit langem in Gang befindlichen tiefgreifenden Umbruchs und
damit auch die Radikalität der Vergewisserungs-Herausforderung
für Kirche und Theologie noch immer nicht ausreichend gesehen
und ernst genommen werden. Dabei sollte unschwer einleuchten
können, dass diese Herausforderung den Kern kirchlicher Sendung,
deren Mission und Vision, ihren Auftrag und ihren Anspruch in allen Dimensionen betrifft. Sofern nach katholischer Überzeugung der
geschichtlich-inkarnatorischen Offenbarung Gottes gemäß auch der
gelebten und geglaubten Kirche in allen Dimensionen ihres Zeugnis-
ses und Dienstes eine sakramentale Bedeutung zukommt, sollte darüber hinaus mit einer gewissen Evidenz einleuchten, dass damit
auch die konkrete Gestalt des diese Bedeutung in besonderer Weise

---

[27] Vgl. z. B. *P. L. Berger*, Zur Dialektik von Religion und Gesellschaft. Elemente
einer soziologischen Theorie, Frankfurt a. M. 1973; zur Diskussion zu Bergers
Sicht vgl. *H. Joas*, Glaube und Moral im Zeitalter der Kontingenz, in: A. Lob-Hüdepohl (Hrsg.), Ethik (s. Anm. 2), 11–24, 14.

repräsentierenden amtlichen Priestertums von der Frage wie der Suche nach Glaub-Würdigkeit miterfasst wird, ja sich dieses gerade
wegen der tatsächlich für ‚Glaube' nochmals spezifischen Charakteristik des priesterlichen Dienstes auf diesen (und damit auf das Weiheamt insgesamt) mit fokussiert. Vor allem: solche Herausforderung
kann neben Belastung aus Bisherigem auch Motivation für Künfti-
ges beinhalten, gerade im Hinblick auf veränderte Glaubenswege.

Des Weiteren: Mit den soeben genannten, durchaus Grundlegendes
von Glaube und Kirche betreffenden Phänomenen des Umbruchs sind
zugleich spezifische Dimensionen von Verantwortung verbunden, besonders bezüglich des darin angezeigten Vergewisserungsbedarfs – und
zwar Verantwortung im ursprünglichen Sinn des ‚Antwortens' auf darin liegende Fragen, Zweifel, Suchbewegungen und Ansprüche. Zu so
verstandener, ihrerseits notwendig im Umbruch befindlicher Verantwortung ist Kirche als Ganze herausgefordert, bilden doch Glaubens-
Suche und Glaubensfähigkeit bedeutsame Kernelemente stets und von
allen zu verantwortenden Christseins; und solche Verantwortung weiß
sich zugleich durch Gottes vorgängiges zusagendes Wort mit ermöglicht, anderenfalls christlicher Glaube und Theologie sich auf ein ihren
eschatologisch-soteriologischen Kern vernachlässigendes Moralisieren
bzw. ‚nur' auf Ethik begrenzte. Nochmals spezifische Verantwortung
ist von jenen gefordert, die in unterschiedlicher Weise und auf verschiedenen kirchlichen Ebenen mit dem geweihten Dienst der Verkündigung und Sakramentenspendung, der Leitung und der Gewährleistung
der kirchlichen Grundvollzüge beauftragt und in Anspruch genommen
sind. Zu den Dimensionen dieser Verantwortung gehören die je nach
Dienst, Auftrag und Amt eigens zu konturierende Fähigkeit zur Wahrnehmung dessen, was in Umbruchsituationen ansteht, Offenheit für
Fragende und das Gefragte, besonders auch die Fähigkeit zu wachem
und zugewandtem Hinsehen und Hinhören, und nicht zuletzt die
grundlegende Bereitschaft, sich in Verantwortung nehmen zu lassen
und in geeigneter Weise um den Dialog gemeinsamen Fragens und
Antwortens bemüht zu sein – im gemeinsamen Hören auf Gottes ein-
ladendes Wort besonders in Jesu Botschaft, auf seine Zusage und seinen
Ruf zu Umkehr und zu einem Leben und Handeln aus Glauben.[28] Zu-

---

[28] Näher hierzu: *A. J. Buch*, Bereitschaft zur Verantwortung. Reflexionen über
eine christliche Grund-Tugend, in: Studia Teologiczno-Historyczne Slaska
Opolskiego 28 (2008), Opole/Polen 2008, 125–139.

mal für priesterlichen Dienst in Zeiten des Umbruchs und einer im recht verstandenen Sinne „missionarische(n) Umgestaltung von Kirche"[29] sind damit nicht überfordernde Totalkompetenzen, wohl aber eine Reihe unverzichtbarer, je personal zu konkretisierender Fähigkeiten, Talente und Tugenden benannt, deren Entfaltung und Förderung zu sachgerechter, für Glaube und Kirche zukunftsweisender Ausbildung hinzugehören. Denn gerade auch Priestersein vollzieht sich, unbeschadet künftig möglicherweise veränderter Zuständigkeit oder Beteiligung an ‚Leitung', jedenfalls in verantwortlicher Mitgestaltung der „pastoralen und missionarischen Neuausrichtung".[30] Papst Franziskus fordert hierfür „innere Beweglichkeit und die missionarische Kreativität des Pfarrers und der Gemeinde",[31] gerade da er die Glaubenssuche in gegenwärtiger und künftiger Umgestaltung als eine neue „Sehnsucht"[32] sieht und an diese anknüpfend, chancen-orientiert positiv gewendet, von kirchlich-verkündigender, biblisch intensiv bezeugter „Dynamik des Aufbruchs"[33] spricht.

Schließlich: Ein besonders augenfälliges Phänomen kirchlichen Um- und Aufbruchs ist die in geschichtlicher wie theologisch-kirchlicher Perspektive wiederentdeckte ‚Synodalität'. Mittlerweile ist sie nicht nur verstärkt Gegenstand (auch römisch-katholischer) theologischer Reflexion und Kommentierung, sondern sie ist über die bereits seit dem 2. Vatikanischen Konzil wiederholt durchgeführten Weltbischofssynoden hinaus zu einem sicht- und vernehmbaren Element kirchlichen Zukunfts-Dialogs geworden – in unterschiedlicher Verbindlichkeit, Zusammensetzung und Form sowie auf verschiedenen kirchlichen Ebenen, wie etwa im deutschsprachigen Bereich als diözesane synodale Prozesse, als Diözesansynode und als landesweiter ‚Synodaler Weg'. Zwar bedürfen eine Reihe von Fragen etwa hinsichtlich jeweiliger Zuständigkeit und Verbindlichkeit sowie des Verhältnisses von synodaler Beratungskompetenz und Beschlussfassung

---

[29] EG 19.

[30] EG 25.

[31] EG 28.

[32] EG 14.

[33] EG 21. – Aufschlussreich ist die Überschrift zu Reflexionen über seit langem beobachtbare Veränderungen konkreter ‚Kirchen'-Gestalt bei: *A. Gerhards/ M. Struck* (Hrsg.), Umbruch – Abbruch – Aufbruch? Nutzen und Zukunft unserer Kirchengebäude (Studien zu Kirche und Kunst, Bd. 6), Regensburg 2008.

einerseits und jeweiliger, insbesondere bischöflicher Entscheidungs-
gewalt andererseits noch weiterer Klärung; jedoch ist bereits unver-
kennbar, dass solche Synodalität bisher ungewohnte Erfahrungsräu-
me von Glaube und Kirche eröffnet und neue Möglichkeiten des
Austauschs, der Verständigung, darin auch kontroverser Debatte
und des miteinander Ringens, schafft. So kann neu begründete und
praktizierte Synodalität ein gewichtiges komplementäres Element
bilden zu dem zuvor erwähnten Mühen um Vergewisserung, ebenso
zu veränderter Gestaltung damit verbundener Verantwortung. –
Nur ergänzend sei vermerkt: Da und sofern es in praktizierter Synodalität um neue ‚Glaub-Würdigkeit' christlicher Botschaft und Sendung geht, sieht sich auch synodales Bemühen um Erneuerung des
Glaubens – als personales Geschehen wie als ‚inhaltliche' Vergewisserung der „Wahrheit des Evangeliums"[34] in der Pluriformität orts-
und weltkirchlicher Einheit[35] – sehr grundsätzlichen Fragen und
Herausforderungen ausgesetzt im komplexen Verhältnis von ‚Wahrheit' und ‚Wahrhaftigkeit', wie sie seit langem und in vielerlei
Varianten und Differenzierungen in säkularen und besonders in wissenschaftlichen Diskursen erörtert werden; deutlich wird dies in für
Glaubensverkündigung keineswegs belanglosen, teilweise sich wider-
streitenden Positionen, wie etwa der These ausschließlich geschichtlicher, insoweit bedingter und mithin je neu in ihrer Geltung und
Aussagbarkeit auszuweisender ‚Wahrheit', oder gar der These einer
umfassenden, aber gerade so selektiven und ‚dogmatischen' (da
andere Zugänge zugleich ausschließenden), letztlich empirie- und
wissenschaftsfeindlichen exklusiven ‚Wahrheits'-Beanspruchung in
Gestalt eines „„angewandten Postmodernismus'" der (insoweit ideologisch) Auserwählten.[36] Synodalität meint demgegenüber einen
Prozess gemeinsamen, transparenten und hinhörenden Suchens
nach nochmals in eigener Weise ‚wahren' Glaubensvollzügen und
Glaubensinhalten, wie es in einem hierzu grundlegenden Pro-
grammwort treffend zum Ausdruck kommt: „Eine synodale Kirche
ist eine Kirche des Zuhörens, in dem Bewusstsein, dass das Zuhören

---

[34] EG 45.
[35] Vgl. *M. Eckholt*, Synodalität und Kontextualität, in: ZMR 105 (2021) 6f.
[36] Cf. dazu *T. Thiel*, Die neue Lust am Büßen. Hautfarbe ist kein Verbrechen: He-
len Pluckrose und James Lindsay demontieren die Dogmen des postmodernen
Klerus, in: Frankfurter Allgemeine Zeitung (FAZ), Nr. 69, 23.03.2022, 9.

‚mehr ist als Hören'. Es ist ein wechselseitiges Anhören, bei dem jeder etwas zu lernen hat: das gläubige Volk, das Bischofskollegium,
der Bischof von Rom – jeder im Hinhören auf die anderen und alle
im Hinhören auf den Heiligen Geist, den ‚Geist der Wahrheit' (Joh
14,17), um zu erkennen, was er ‚den Kirchen sagt' (vgl. Offb 2,7)."[37]
Solche Synodalität zielt auf ein weitgehend neues Miteinander in
Kirche, sie erfordert insbesondere von allen Beteiligten veränderte,
an solchem Miteinander Maß nehmende geistig-geistliche Grund-
haltungen, nicht zuletzt einen hiermit kompatiblen Umgang mit
Entscheidung, Autorität und Macht;[38] und sie beansprucht folglich
in alledem einen demgemäßen pastoralen Dienst gerade des geweihten und in solcher Synodalität verorteten Priesters.

Synodalität wie alle zuvor erwähnten Phänomene lassen in ihrer
jeweiligen Charakteristik darauf aufmerksam werden, dass und auf
welche Weise Kirche in ihren heutigen und künftigen Lebens- und
Wirkungskontexten ihrer Sendung gemäß für die Zukunft des christlichen Glaubenszeugnisses, der Gottesverehrung, des diakonischen
Dienstes und des ‚Gemeinde'-Lebens in radikal sich wandelnden Umbrüchen herausgefordert ist. Damit schließt sich gewissermaßen der
Kreis der einleitend zu dem vorliegenden Buch erwähnten Kontexte
von Ausbildung und Dienst künftiger Priester. Diese Kontexte erfor-
dern sorgfältige Beachtung, sie können konkrete zukunftsweisende
Inspiration gewinnen für das eine sich erneuernde Kirche auszeich-
nende engagierte Mühen um die Bedeutung und Gestaltungsfähigkeit
von Religion und Kirche in veränderter Gesellschaft, um die notwendigen Folgerungen und Veränderungen aus der Aufarbeitung des
Missbrauchsgeschehens sowie um eine produktive Bewältigung und
Gestaltung der sich vollziehenden kirchlichen Umbrüche. Mit kriti-
schem Realitäts- und Glaubenssinn, verbunden mit personaler wie
theologischer Kompetenz, geht es darum, soweit es an menschlichen

---

[37] *Papst Franziskus*, Ansprache bei der 50-Jahr-Feier der Errichtung der Bischofssynode (17. Oktober 2015), in: Sekretariat der Deutschen Bischofskonferenz
(Hrsg.), Die Berufung und Sendung der Familie in Kirche und Welt von heute.
Texte zur Bischofssynode 2015 und Dokumente der Deutschen Bischofskonferenz (Arbeitshilfen, Nr. 276), Bonn 2015, 23–33, hier 27.
[38] Vgl. ebd., 25f., bes. 28f., 31, des weiteren EG 119f., außerdem die grundlegenden Ausführungen von *C. Schönborn*, Ansprache bei der 50-Jahr-Feier der Errichtung der Bischofssynode (17. Oktober 2015), in: Sekretariat der Deutschen
Bischofskonferenz (Hrsg.), Die Berufung, (s. Anm. 37), 81–95, bes. 90–94.

Möglichkeiten liegt den erfahrenen Umbruch für notwendigen und erhofften Aufbruch zu nutzen – und zwar in einem zweifachen Sinn: nämlich als Aufbrechen zumeist selbstgeschaffener Verkrustungen und Fixierungen, die einer lebendigen Entfaltung von Glaube und Kirche im Wege stehen, und als kraftvolles Aufbrechen in eine davon entlastete, dem Wirken des göttlichen Geistes und verantwortlicher Gestaltung anvertraute, mithin in Vielem gewandelte Kirche in heutiger und künftiger konkreter Welt – mit einem demgemäß gerade ihrem eigentlichem Auftrag und ihrer spezifischen Sendung entsprechenden, aus diesem Wandel mitgeprägten, ihn mittragenden und mitverantwortenden priesterlichen Dienst.

4. Komplexität und Fokussierung: Perspektiven und Akzentuierungen der Beiträge

Die Beiträge dieses Bandes zeigen vielerlei Anknüpfungen an hier nur angerissene Kontexte und deren Phänomene, auch mit zusätzlichen Sichtweisen und anderen Gewichtungen. Auch so, in je themenbezogen differenzierter und auf Unterscheidung bedachter Vertiefung, spiegeln sie durchaus die Vielgestaltigkeit und Komplexität der aufgeworfenen und aufgegebenen Fragen und Probleme, und sie nehmen in je eigener Weise Herausforderungen und Chancen auf, die in alledem für den Dienst kommender Priester und für eine erneuerte Konturierung ihrer Ausbildung zu bedenken und zu klären sind. Vielgestaltigkeit prägt ebenso die gewählten Perspektiven der Autorinnen und Autoren wie damit einhergehende Problemanalysen, Interpretationen, Thesen und Postulate; sie zeigt sich auch in unterschiedlich begründeter, aber stets erkennbarer ,Sorge' – als Last wie als Impuls – hinsichtlich der Vorbereitung kommender Priester für deren personal wie professionell kompetenten Dienst. Zumal angesichts der breiten, unter vielseitiger Beteiligung geführten Diskussion über Dienst und Ausbildung von Priestern kann die vorliegende Publikation hierzu keine zusammenführende Konzeption oder Zusammenschau bieten, sie will vielmehr in den vorliegenden Experten-Stimmen gerade verschiedene Akzente und je spezifisch profilierte Sichtweisen dokumentieren. Nicht zuletzt schlägt sich Vielgestaltigkeit auch in durchaus unterschiedlichen Formen des denkerischen Mühens und seiner Präsentation nieder – in solcher Diversität zugleich ein geradezu verbindender Hinweis auf das Erfordernis gründlicher, kreativer Suche und Verständigungsbemühung mit dem Ziel tragfähiger Neuorientierung.

Die Auswahl der in diesem Buch enthaltenen Zugänge, Darlegungen und Problemanzeigen kann nicht beanspruchen, alle relevanten Aspekte solcher Suche zu repräsentieren, geschweige denn die auch in multi- und transdisziplinärer Hinsicht sehr viel umfassendere Gesamtheit zugehöriger inhaltlicher Gesichtspunkte. Wohl aber beabsichtigt sie, besonders gewichtige Aspekte der heute und auf Zukunft hin unabdingbaren erneuten Klärung priesterlicher Sendung und priesterlichen Lebens zur Sprache zu bringen, mit dem besonderen Augenmerk für eine zu Bisherigem anschlussfähige und zugleich mutig-zukunftsfähige Konzeption und Gestaltung der Ausbildung und des Dienstes künftiger Priester. Die Beiträge der Autorinnen und Autoren finden sich in Orientierung ihrer jeweiligen Fokussierung einem von drei als bedeutsam identifizierten Elementen inhaltlicher Strukturierung eingefügt: Herausforderungen, Vergewisserungen, Perspektiven.

Gemäß der engen Verknüpfung der unterschiedlichen Elemente der in dieser Publikation bedachten komplexen ‚Sache' meint auch diese dreiteilige Zuordnung der Beiträge nicht beziehungslose Abgrenzung, sie soll eher orientierende Markierung für den lesenden Zugang bilden. Es wird mithin nicht überraschen, dass die beiden besonders aufschlussreichen Reflexionslinien, d. h. die Beachtung der konkreten Gestaltung der Ausbildung und des Dienstes von Priestern wie der diese Gestaltung inspirierenden grundlegenden Konzeptionen und Optionen, die aus unterschiedlichen fachlichen Zugängen erarbeiteten Beiträge auch unabhängig von ihrer Zuordnung gewissermaßen wie ein roter Faden durchziehen. Auch darin wird nochmals die wechselseitige Bezogenheit von Konkretem und Grundlegendem unterstrichen, ohne deren jeweiliges sorgfältiges Bedenken weder Probleme priesterlicher Existenz und des zugehörigen spezifischen Dienstes sachgerecht in den Blick geraten noch wohlbegründete und erst so zukunftsweisende Konturierungen priesterlicher Aufgabe und Sendung erörtert werden können. Letzteres aber bildet eine wesentliche Intention und damit den spezifischen Fokus des hier Vorgelegten; es kann so auch zu differenzierter Klärung sowohl persönlicher und fachlicher Kompetenzen künftiger Priester beitragen wie zu kritischer Vergewisserung ihrer Motivationen, Hoffnungen und Erwartungen.

1.
Herausforderungen

Neubestimmung der diakonischen Dimension des Priesterseins

Klaus Baumann

0. Einleitung: Diakonische Priester sind authentische(re) Priester

Mit der vorgegebenen Thematik der „diakonischen Dimension" des Priesterseins wird vermutlich ein Antidot gegen die vielen Erscheinungsformen jenes abstoßenden Klerikalismus erwartet, der nicht nur zum Vertuschen der sexuellen Missbrauchsverbrechen von Priestern an Kindern und Jugendlichen führte, sondern inzwischen auch Sammelbegriff für den vielfältigen Rollenmissbrauch insbesondere von Priestern wurde. Von einer Neubestimmung der diakonischen Dimension werden Impulse für authentischeres Priestersein erhofft. Die implizite These lautet: Diakonische Priester sind authentische(re) Priester. Sie ersetzt nicht die Fragen rund um die Zölibatsdisziplin der katholischen Priester im römischen Ritus, die allerdings nicht Gegenstand dieser Überlegungen zum „Diakonischen des Priesterseins" sind.[1]

Allerdings ist der Begriff „diakonisch" vieldeutig, vielleicht sogar schillernd, allen Diskursregeln zu eindeutigem gemeinsamem Begriffsgebrauch und seiner häufigen, wohlklingenden Verwendung zum Trotz. Diese Mehrdeutigkeit möchte ich produktiv aufnehmen und drei sich mir nahelegende Gedankenanstöße geben, die die folgenden Ausführungen im Weiteren strukturieren – sie betreffen 1. die Handlungsebene, 2. die Ebene der Kompetenzen und 3. die Ebene durchgängiger (theologischer) Haltungen.

---

[1] Vgl. dazu die deutsche Seelsorgestudie: *K. Baumann et al.*, Zwischen Spirit und Stress, Würzburg 2017; vgl. *E. Frick/K. Baumann*, Priester im Gottesvolk: Zwischen identitärer und veränderter Identität, in: R. Meyer/B. Schmidt (Hrsg.), Priesterliche Identität? Erwartungen im Widerstreit, Münster 2021, 39–56. *E. Frick/K. Baumann*, Kausalität oder schamlose diskursive Macht? Über den Zusammenhang von Zölibatsverpflichtung und sexuellem Missbrauch von Kindern, in: ThQ 201 (2021) 362–377. – DOI 10.14623/thq.2021.3.362–378.

Im spontan mit „diakonisch" assoziierten Sinn ist primär an jene „Diakonie" gedacht, die immer wieder als einer von drei oder vier Grund- und Wesensvollzügen genannt wird: neben Verkündigung und Liturgie ebenso unverzichtbar die Diakonie, die – im Hören auf das Wort, im Feiern der Geheimnisse des Glaubens und im persönlichen und gemeinsamen Handeln gegen alle Not – miteinander die Gemeinschaft (communio, koinonia) der Kirche ausdrücken, bilden und vertiefen. Diakonie in diesem Sinn ist synonym mit Caritas, insofern diese nicht nur (aber auch) die organisierte, in Deutschland insbesondere verbandliche Caritas gleichen Namens meint. Not sehen und handeln. Hier liegt ein bewusst zu gestaltendes, sehr weites und umso mehr zu konkretisierendes *Handlungsfeld* für Priester.

In einem zweiten Sinn erinnert die Formulierung „diakonische Dimension des Priesterseins" vielleicht ebenso spontan daran, dass in der Chronologie des Weiheamtes jenen notwendig zuerst die Diakonenweihe erteilt wird, die später zu Priestern geweiht werden. Zu Recht kann man für die „diakonische Neubestimmung" fragen: Was bedeutet diese Vorordnung für die Priesterausbildung und die Phase des Diakonates vor der Priesterweihe? Welche basalen *Kompetenzen* sind somit mit dem Weiheamt verbunden bzw. zu entwickeln?

Mit der „diakonischen Neubestimmung" des Priesterseins ist drittens grundlegend auch die Neubestimmung des Verständnisses von „Diakonia" als biblischem Begriff selbst mitzuvollziehen, welche exegetische Studien (Collins, Hentschel) und das II. Vatikanische Konzil für das Verständnis des Weiheamtes nahelegen. Welche dauerhaften theologischen *Haltungen bzw. Einstellungen* impliziert dies „diakonisch" für das Priestersein?

1. Die diakonische Handlungsebene des Priesterseins

Sollen sich die Priester, erst recht, wo der Priestermangel zunimmt und die pastoralen Einheiten immer größer werden, außer „Verkündigung und Gebet" auch noch der Diakonie widmen? Dies könnte man mit Anspielung auf Apg 6,1–7 fragen, um sie von solchen Aufgaben wie die Zwölf durch die Sieben (um Stephanus) zu entlasten. Die Exegese würde dieser suggestiven Frage zwar den Boden entziehen und die lukanische Deckerklärung für den tiefer liegenden Kon-

flikt in der Urgemeinde zwischen Judenchristen und Hellenisten er-
hellen.[2] Außerdem – wie im nächsten Abschnitt eingehender auf-
gegriffen wird – sind die Priester zuerst Diakone und verlieren dies
nicht als Priester.

Somit gilt Erich Kästners Wort „Es gibt nichts Gutes, außer man
tut es" in einem sehr konkreten Sinn für das Handeln der Priester
wie aller anderen Glieder des Gottesvolkes[3] auch, in ihrer exponierten
Stellung jedoch umso akuter. Ganz im Sinn der matthäischen Phari-
säerpolemik Jesu (vgl. Mt 23) werden ihre Worte, so orthodox oder
provokativ, so intellektuell brillant, rhetorisch ansprechend oder
auch unangenehm salbungsvoll sie sein mögen, an ihrem konkreten
Verhalten gemessen. „Das Wichtigste" im Gesetz, „Gerechtigkeit,
Barmherzigkeit und Treue" (Mt 23,23 par), bleibt theoretisch, wo
der Verkündiger schon im täglichen Umgang mit anderen sich nicht
fair verhält, kein Verständnis für ihre Fehler aufbringt oder nicht
zuverlässig genug seine Zusagen einhält. Noch weniger wird „das
wichtigste" Gebot der Gottes- und Nächstenliebe (Mk 12,34 par)
wirklich ernst genommen, wo die Verkündiger nicht selbst in der
Begegnung mit der Not anderer Mitleid spüren und konkret helfen
und stattdessen sehenden oder abgewandten Auges an der Not der
Nächsten vorübergehen (vgl. Lk 10,25–37). Damit ist noch kein
konkretes diakonisches Handlungsfeld angesprochen. Das Gesagte
gilt bereits spürbar in den vielen Ereignissen und Begegnungen der
„Alltagsseelsorge" (Eberhard Hauschildt)[4] als Momenten der Wahrheit.[5] Vielmehr ist damit die durchgängige Geltung des grundlegenden Kommunikationsaxioms unterstrichen, das Paul Watzlawick
(1921–2007)[6] formulierte: Jegliche Form zwischenmenschlicher
Kommunikation habe zwei Ebenen, die Inhaltsebene und die Beziehungsebene. Allen im Verkündigungskontext wirksamen möglicherweise akademischen, intellektuellen oder auch „(pseudo-)spirituel-

[2] Vgl. *L. Schenke*, Die Urgemeinde. Geschichtliche und theologische Entwicklung, Stuttgart 1990. Vgl. auch unten Abschnitt 3.1.
[3] Vgl. *E. Frick/K. Baumann*, Priester im Gottesvolk (s. Anm. 1). *B. J. Hilberath*,
Bei den Menschen sein. Die letzte Chance für die Kirche, Ostfildern 2013.
[4] Vgl. *C. Albrecht/E. Hauschildt/U. Roth* (Hrsg.), Praktische Theologie des Alltags, Stuttgart 2021.
[5] Vgl. *K. Demmer*, Die Wahrheit leben, Freiburg i. Br. 1991.
[6] *P. Watzlawick/J. H. Beavin/D. D. Jackson*, Menschliche Kommunikation. Formen, Störungen, Paradoxien, Bern 1969, bes. 57–82.

len" Vorlieben zum Trotz ist dabei stets die Beziehungsebene die wichtigere und definiert, wie die inhaltliche Mitteilung zu verstehen ist. Das Beziehungs- bzw. zwischenmenschliche Verhalten des Priesters ist Metakommunikation zur inhaltlichen Botschaft, die er von sich gibt oder für die seine Rolle „eigentlich" steht.

Eine diakonische Neubestimmung auf der Handlungsebene wird auch darauf zielen, dass Priester operativ (und nicht nur administrativ) sozial tätig werden und sich nicht darauf zurückziehen, dass Fürbittgebet, Krankensalbungen oder Beerdigungen *auch* Werke der Barmherzigkeit sein können, so sehr dies stimmt. Was ist vom „Hirtendienst" eines Priesters zu halten, der nie den Kontakt zu einer Wohngruppe von Menschen mit Behinderung sucht, die keine 200m von der Pfarrkirche entfernt liegt, ja sie nicht einmal zur Kenntnis nimmt, und das, obwohl sie „sogar" in Trägerschaft der Caritas ist? Er konterkariert damit (wie nicht minder ggfs. das Pastoralteam insgesamt) zusätzlich alle Rede von einer inklusiven oder einer neuen Sozialraumorientierung der Pastoral.

Letztere interessiert sich für die Situation der Menschen von deren Bedürfnissen her in ihrem konkreten sozialen Feld (Stadtviertel, Quartier, ländliche Gemeinden, usw.) mit seinen Infrastrukturen, Mängeln und Besonderheiten. Ihre seelsorgliche Neugier darauf und Erkundung dieser Bedürfnisse und sozialen Felder im persönlichen Kontakt mit den Menschen vor Ort (Gottesdienstbesucher und über sie hinaus) können Priester selbst mit konkreten Methoden umsetzen und hierin als Impulsgeber für die pastoralen Dienste und Gemeindeteams fungieren.[7] Natürlich bedeutet das nicht, der Priester müsse alles oder gar alles selbst tun. Der Priester muss nicht *alle* Hartz-IV-Empfänger kennen und ihnen nahe sein, nicht *allen* Kranken oder Pflegebedürftigen, nicht *allen* Obdachlosen, nicht *allen* Migranten (Flüchtlinge), nicht *allen* Straffälligen bzw. Strafentlassenen, nicht *allen* Trauernden, nicht *allen* zerbrochenen Familien – jedoch sollte er offen sein und bereit für sie – und möglicherweise sich auch sehr konkret einsetzen, konkret anpacken.

---

[7] Vgl. z. B. die praktischen Vorschläge zum Beginnen: Nadelmethode – Analyseraster – Befragung von Schlüsselpersonen – Stadtteil- bzw. Dorfbegehung – Arbeit mit Karteikarten: *Erzbischöfliches Seelsorgeamt* (Hrsg.), Not und Ressourcen wahrnehmen. Fünf praktische Methoden zur Schärfung des diakonischen Blicks, Freiburg i. Br. o. J.

Die Hochwasserkatastrophe im Ahrtal im Sommer 2021 traf das Studienhaus St. Lambert in Lantershofen wegen seiner günstigen Lage nicht unmittelbar; es diente jedoch ohne Zögern und sehr effektiv zur ersten Nothilfe und Notunterbringung für Betroffene. Seine Alumnen und durch sie animierte Seminaristen anderer Diözesen packten darüber hinaus zusammen mit Hilfswerken und unmittelbar Flutgeschädigten in den betroffenen Gemeinden des Ahrtales in den konkreten Aufräum- und Sicherungsarbeiten mit an. Es war wohl das Sinnvollste und Erfüllendste, das sie in der Situation tun konnten – und anscheinend auch mit aller Kraft taten.

Das Impulspapier des Freiburger Priesterrates „Zur Identität des Priesters in der Vielfalt der unterschiedlichen Rollen" (2020) schlägt entsprechend als Konkretion vor: „Jedem Priester wird ans Herz gelegt, dass er sich ein exemplarisches Feld wählt, in dem er einen Dienst an den Armen und Notleidenden und an ihrer Würde leistet", nachdem es zuvor unterstrich: „Caritas ist in ihrem Dienst kein ‚Anhängsel' oder etwas zusätzlich Dazukommendes. Auch Priester brauchen die Erfahrung der Liebe Gottes ohne Vorbehalt. Und es stellt sich die Frage: Wie können Priester durch ihr (exemplarisches) Engagement in dieser Sorge Werkzeuge der Begegnung mit der heilenden, tröstenden, befreienden Kraft und Gegenwart Gottes werden?"[8]

Konkretes diakonisches Handeln hatte auch Dietrich Bonhoeffer für authentisches christliches Handeln und als Ort der Gotteserfahrung im Blick: „Unser Verhältnis zu Gott ist kein ‚religiöses' zu einem denkbar höchsten, mächtigsten Wesen – dies ist keine echte Transzendenz – sondern unser Verhältnis zu Gott ist ein neues Leben im ‚Dasein-für-Andere', in der Teilnahme am Sein Jesu. Nicht die unendlichen, unerreichbaren Aufgaben, sondern der jeweils gegebene erreichbare Nächste ist das Transzendente."[9]

Das wird weder die Verkündigungs- noch die liturgischen Aufgaben der Priester zurückdrängen oder gar verdrängen; diese diakonische Neubestimmung auf der Handlungsebene wird Verkündi-

---

[8] *Sekretariat des Priesterrates* (Hrsg.), Zur Identität des Priesters in der Vielfalt der unterschiedlichen Rollen, Freiburg i. Br. 2020, 10 – https://www.ebfr.de/media/download/integration/1117563/impulspapier_identitaet_priester.pdf   (Zugriff: 10.03.2022).

[9] *D. Bonhoeffer*, Widerstand und Ergebung, Werke 8, 558.

gung und Liturgie vielmehr demütig verlebendigen und inspirieren und die Kirche als Gemeinschaft aufbauen und ausrichten.

Die Corona-Pandemie mit ihren unausweichlichen Belastungen – erst recht für alte und alleinlebende Menschen – zeigt ein durchwachsenes Bild an diakonischer Phantasie, Kreativität und Praxis von pastoralen Teams und Priestern … Ernüchtert stellten Personalverantwortliche von Diözesen fest, wie sich unter diesen Bedingungen die Spreu vom Weizen trennte – und die Gläubigen vor Ort nicht minder.

2. Diakonische Basiskompetenzen für die Leitungsaufgaben von Priestern

Vor der Priesterweihe steht in der Tradition der Kirche die Diakonenweihe: Jeder Priester ist zuerst Diakon und wird als solcher dann Priester.[10]

Als leitende Intention für die ganze Formation mit Studium und Praxiseinsätzen drückte Johannes Paul II. im postsynodalen Schreiben *Pastores dabo vobis* (PDV, 25.03.1992, hier Nr. 58) sehr klar aus: „Für eine angemessene Ausbildung ist es notwendig, dass die verschiedenen Erfahrungen der Priesterkandidaten einen klaren ‚Dienst'charakter annehmen, in enger Verbindung mit den anderen Erfordernissen, die zur Vorbereitung auf das Priesteramt gehören, und (keineswegs zum Nachteil des Studiums) in Beziehung zu den Diensten der Verkündigung des Wortes, der Liturgie und der Leitung. Diese Dienste können zur konkreten Umsetzung der Beauftragungen des Lektorats, des Akolythats und des Diakonenamtes [sic] werden." Anstelle von Diakonie führt der Papst im Sinn des *munus gubernandi* neben den *munera praedicandi et sanctificandi* (für Wort und Liturgie) die Leitung an.

Die Leitung soll Dienst sein. Während in modernen Management-Theorien „servant leadership" propagiert wird[11], wurde und

---

[10] Vgl. *K. Baumann*, Erst Diakon, dann Priester – Zum Sinn der Ausübung des Diakonats auf dem Weg zur Priesterweihe, in: Korrespondenzblatt Collegium Germanicum et Hungaricum 112 (2012) 75–83.

[11] Die Bezeichnung geht auf *R. K. Greenleaf*, Servant Leadership, New York 1977, zurück; *Ders.*, The Power of Servant Leadership, San Francisco 1997; vgl. *K. Jennings/J. Stahl-Wert*, Dienen lernen im Leadership. Mit fünf Grundsätzen zum

wird die geläufige Rede vom „Dienst" der Priester dagegen überall dort aufs Äußerste desavouiert, wo die damit verbundenen priesterlichen Leitungsaufgaben und Machtausübungen offen oder verborgen Menschen verletzen und beschädigen. Mitunter führt dies verständlicherweise inzwischen zu allergischen Reaktionen auf die Rede vom priesterlichen „Dienst". Wo immer Macht bzw. Einfluss ausgeübt wird – Leiten heißt nichts anderes[12] –, besteht die Gefahr von Macht*missbrauch*. Wo Machtmissbrauch in der Kirche durch ihre Führungskräfte geschieht, ist dies umso skandalöser, als dies ausdrücklich dem Ethos und Auftrag Jesu widerspricht, zumal angesichts der missbräuchlichen Praxis der Mächtigen in der damaligen Welt: „Bei euch aber soll es nicht so sein, sondern wer bei euch groß sein will, der soll euer Diener (*diakonos*) sein, und wer bei euch der Erste sein will, soll der Sklave (*doulos*) aller sein." (Mk 10,43f)

Was ist in dieser Situation kairologisch als diakonische Neubestimmung des Priesterseins zu gewinnen aus der Tatsache, dass jeder Priester zuvor zum Diakon geweiht wird?

In einem Beitrag für das Korrespondenzblatt des Germanicum et Hungaricum schlug ich vor zehn Jahren einige Elemente der Diakonatspraxis für die Ausbildung der künftigen Priester vor wie

– Eigene sozial-caritative Praxis.
– Kennenlernen der Dienste und Einrichtungen der Caritas in ihrer Komplexität aus unterschiedlichen Perspektiven und als tagtäglich verlässliche kirchliche Praxis der Nächstenliebe: aus der Perspektive der professionellen und freiwilligen Caritas-Mitarbeiterinnen und -Mitarbeiter, aus der Perspektive der Hilfesuchenden bzw. Pflegebedürftigen, aus der Perspektive der Gottesdienstgemeinde und des Pastoralteams (samt Leitung).
– Besseres Verstehen der Organisations- und Handlungslogiken professioneller sozialer Arbeit (incl. Wohlfahrtspflege) und von deren Potenzial für die Kirchengemeinden in der Zivilgesellschaft.
– Besondere Sorge für Menschen „am Rande".
– Training der Kommunikations- und Dialogfähigkeit: Ein längeres Diakonatspraktikum stellt eine hervorragende Gelegenheit dar,

---

„Serving Leader", Offenbach a. M. 2007; *M. Hartmann,* Servant Leadership in diakonischen Unternehmen, Stuttgart 2013.

[12] Vgl. *P. G. Northouse,* Leadership. Theory and Practice, Thousand Oaks (CA) [5]2010.

sich im Feld diakonischer bzw. seelsorglicher Gesprächsführung als
elementarem pastoralen Dienst weiter einzuüben[13], in geeigneten
Supervisionsgruppen die Erfahrungen zu reflektieren und die eigenen Haltungen und Verhaltensweisen so weiterzuentwickeln, dass
sie selbst mehr („magis") zur Botschaft Jesu „passen", weil in ihnen
sein „Geist" wirkt und spürbar wird. Dies beginnt mit der Bereitschaft und Fähigkeit zu einem Zuhören, in dem die Gesprächspartner wirkliches Interesse an ihrer Person und Lage spüren, Takt und
Offenheit, Annahme und Mit-Gehen.[14]
Kairologisch ist spätestens an dieser Stelle jedoch zu ergänzen: Gerade mit Blick auf die Anforderungen von Leitungsaufgaben als Dienst
in vollem Bewusstsein vorhandener struktureller Asymmetrien und
zur Prävention von Missbrauch der Macht in seinen vielen Varianten bietet das Diakonsein für das Priesterwerden[15] eine Entwick-
lungschance und -aufgabe, in der jene Kompetenzen erworben und
für eine sichere Praxis gefestigt werden können und müssen, die
analog in therapeutischen Berufen zum Ethik-Kodex unter dem Begriff ‚Abstinenz' gehören:
Jeder Diakon wie Priester ‚bedarf einer Kompetenz zur sicheren
Einhaltung von Abstinenz in allen sprachlichen und körperlichen
Äußerungen. Verbale Angriffe wie taktlose oder kränkend-entwer-
tende Äußerungen ebenso wie körperliche Übergriffe beschädigen
die seelsorgliche Arbeit. Diakone, Priester und alles Seelsorgeper-
sonal sind verpflichtet, ihre Kompetenz und persönliche Autorität
nicht zur Befriedigung narzisstischer, erotischer, sexueller, finanzieller oder aggressiver Bedürfnisse zu missbrauchen. Die Verpflichtung
zur Abstinenz gilt über die Beendigung der seelsorglichen Arbeits-
beziehung hinaus.'[16]

---

[13] Ein Theorie-Praxis-Kurs zur diakonischen Gesprächsführung (5 ECTS) sollte
spätestens in der Master-Phase des Studiums mit umfangreichen Übungs- und
Selbsterfahrungsteilen vorgesehen werden.

[14] Vgl. *K. Baumann*, Erst Diakon (s. Anm. 10).

[15] „Es geht also bei der pastoralen Bildung nicht bloß um organisatorische Bildung, auch nicht allein um die richtige Theologie der priesterlichen Sendung,
sondern um die Entwicklung der menschlichen und spirituellen Qualitäten, die
den eigentlichen Seelsorger ausmachen, in dem Christus, der Hirte, den heutigen
Menschen begegnen will." *J. Neuner*, Einleitung und Kommentar zum Dekret
über die Ausbildung der Priester, in: LThK² Erg.-Bd. II, 309–353, hier: 350.

[16] Von mir adaptiert für die Seelsorge aus: Psychoanalytische Berufsethik der

Abstinenz bedeutet einen bewussten, entschiedenen, freien Verzicht. Wo dieser nicht frei und gelöst möglich ist, ist der Betreffende für die Aufgabe in diesem konkreten Fall weder kompetent noch geeignet. Er darf sie primär zum Schutz der anderen Person nicht fortführen. Sollte sich dies in weiteren Situationen und personellen Konstellationen wiederholen, ist es ein klarer Hinweis dafür, dass der Betreffende grundsätzlich nicht die genügende innere Freiheit – die kirchlichen Dokumente sprechen von affektiver Reife (PDV 43ff) – besitzt, die für den priesterlichen Dienst *unverzichtbar* ist. Diese genügende innere Freiheit zu gewinnen bzw. zu sichern, ist die Aufgabe einer persönlichkeitsorientierten Priesterausbildung[17], in der die Seminaristen sich mit ihren bewussten und latenten narzisstischen, erotischen, sexuellen, finanziellen und aggressiven Bedürfnissen im Sinne qualifizierter Selbsterfahrung (weit über „Geistliche Begleitung", Betrachtungspunkte und intellektuelle Diskurse hinaus) auseinandersetzen und sich innerlich, zwischenmenschlich und *coram Deo* in emotionaler Tiefe kennen- und annehmen lernen, um tatsächlich (ggfs.) als Priester „dienen" zu können.

3. Die exegetische Neubestimmung von „diakonia" und das II. Vatikanische Konzil weisen in eine „diakonische" Grundhaltung als Lebensstil des Priesterseins[18]

3.1. Die exegetische Neubestimmung von „diakonia"

Wenig von katholischer Seite im deutschsprachigen Raum beachtet, fand – v. a. seit dem Jahr 2000 – auf evangelischer Seite eine kontroverse Diskussion um das richtige Verständnis der biblischen

---

Deutschen Psychoanalytischen Vereinigung, Berlin 29.05.2019, 4. Vgl. alternativ mit weiteren Aspekten *M. Rosenberger/W. Wolbert/S. Müller/W. Schaupp,* Ethikkodex professioneller Seelsorger, in: StZ 227 (2009), 447–458.

[17] Vgl. *K. Baumann,* Persönlichkeitsorientierte Priesterausbildung. Priesterliche Identitätsbildung zwischen Stabilität und Veränderung, in: *ThGl 94* (2004) 221–238.

[18] *K. Baumann,* Die diakonische Dimension des Amtes in der Kirche – Bischof, Priester, Diakon, in: G. Dal Toso/P. Schallenberg (Hrsg.), Iustitia et caritas. Soziallehre und Diakonie als kirchlicher Dienst an der Welt, Paderborn 2015, 87–100.

Wortfamilie ‚diakonia' statt. Darin wird der organisierten Diakonie
vorgehalten, sich auf eine Fehlinterpretation der biblischen Begriffe
zu stützen. Diese Diskussion bezieht sich auf philologisch-exegeti-
sche Studien des irischen Bibelwissenschaftlers John Collins (*1931)
und kann sowohl vertiefende Neubesinnung als auch neue Missver-
ständnisse über Diakonie und Diakonat hervorrufen. Die behauptete Fehlinterpretation[19] liegt demnach in dem im 19. Jahrhundert
aufgekommenen Verständnis, wonach Diakonie das „demütige und
aufopferungsvolle Handeln an den Schwachen und Kranken aus der
Liebe zu Christus"[20] sei. Diakonie wurde gleichbedeutend mit selbst-
verleugnender Liebestätigkeit, diakonisch mit einer Motivation zu
sozialem Handeln, die aus dem Glauben an Christus resultiere, der
sich selbst erniedrigte und sein Leben hingab. Demgegenüber wurde
der Begriff diakonia in antiken griechischen Texten exegetisch neu
bestimmt im Sinne von Beauftragung; Hilfsbereitschaft oder Wohl-
tätigkeit werden bei der Ausübung solcher diakonia in antiken au-
ßerbiblischen Texten *nicht* vorausgesetzt:

> „Diakonia bezeichnet [...] unterschiedliche Arten von Beauftra-
> gungen und deren Ausführung, die häufig mit einer Vermittlungs-
> oder Botentätigkeit verbunden sind. Durch die Beauftragung ent-
> steht in der Regel ein hierarchisch strukturiertes Verhältnis zwi-
> schen Auftraggeber/in und Beauftragter/m, oft auch zwischen Be-
> auftragter/m und Adressaten. Gegenüber der/m Auftraggeber/in
> ist ein/e diakonos untergeordnet und zur Rechenschaft verpflich-
> tet, gegenüber den – häufig vorhandenen – Adressaten kann er
> oder sie unter Umständen durchaus mit einer gewissen, zum Teil
> auch hohen, an die Beauftragung geknüpften Autorität auftreten.
> Erst vom literarischen Kontext und insbesondere vom Inhalt des
> Auftrags lässt sich ableiten, welche Art von Tätigkeit vorliegt und
> wie diese zu bewerten ist. Das Spektrum reicht dabei von der Aus-
> führung konkreter, eher unscheinbarer Arbeiten und Dienste bis
> hin zur Beauftragung mit wichtigen Aufgaben im Namen politi-
> scher und religiöser Autoritäten oder Gottheiten."[21]

---

[19] *J. N. Collins*, Diakonia: re-interpreting the ancient sources, New York 1990.

[20] *H. W. Beyer*, Art. diakoneo, in: ThWNT, Bd. 2, 1935, 81–93.

[21] *A. Hentschel*, Gibt es einen sozial-karitativ ausgerichteten Diakonat in den
frühchristlichen Gemeinden?, in: Pth 97 (2008), 290–306; hier: 293; *A. Hentschel,*

Im Licht einer solchen Grundbedeutung von diakonia als (wichtiger) Beauftragung erhalten die einschlägigen neutestamentlichen Texte mit der Wortfamilie diakoneo neue Akzentuierungen. Die Bedeutung von diakonia als Tischdienst in einigen dieser Texte – auch in Jesu Selbstbezeichnung als Tischdiener im letzten Abendmahl (Lk 22,27) – lassen anklingen, dass damit eine Beauftragung verbunden ist, die in Pflichterfüllung gegenüber dem übergeordneten Auftraggeber auszuführen ist. Dies wird besonders deutlich in Jesu Weisungen zur Ausübung von Herrschaft in Mk 10,42f (par. Mt 20,25–27; Lk 22,25f). Diejenigen, welche in der Gemeinschaft der Jünger Jesu in Führungspositionen sind, sollen nicht Befehle erteilen und wie die Mächtigen in der Welt herrschen, sondern sich als diakonoi verstehen und selbst Befehle ausführen. Dass Jesus nicht gekommen ist, um sich „dienen" zu lassen, sondern um selbst zu „dienen" (Mk 10,45), ist ebenso zu lesen: Er ist nicht gekommen, um Aufträge zu erteilen, sondern selbst den Auftrag Gottes auszuführen und sein Leben als Lösegeld hinzugeben. Entsprechend sollen seine Jünger sich als Beauftragte verstehen, deren Auftrag sie in die Kreuzesnachfolge führt. Mk 10,42–45 steht eindeutig nicht im Kontext eines Mahles oder Tischdienstes.

Apg 6,1–7 – die Bestellung der Sieben – wird zwar in der Regel als Geburtsstunde eines eigenständigen diakonischen Amtes in der Urgemeinde gelesen, das karitativ ausgerichtet ist. In Apg wird diakonia jedoch auch für Verkündigung und Missionstätigkeit verwendet (vgl. Apg 1,17.25; 20,24; 21,19) sowie für spezielle Sonderaufgaben wie die Übergabe einer Kollekte (Apg 11,29; 12,25). Apg 6,4 wollen die Apostel bei der diakonia des Wortes und Gebetes bleiben und die Sieben für die diakonia der Versorgung der Witwen einsetzen. Auch diese diakonia ist somit primär als offizielle Beauftragung zu verstehen. Damit lässt sich für die Apostelgeschichte zusammenfassen, dass es in den urchristlichen Gemeinden unterschiedliche Arten von diakonia gibt. Sie sind in Verantwortung gegenüber dem jeweiligen Auftraggeber zu erfüllen. Ähnliches könne auch für die Wortverwendung im übrigen Neuen Testament gesagt werden. Den Ertrag der Neubestimmung des Wortes diakonia im Neuen Testament fasst die Neutestamentlerin Anni Hentschel (*1972) so zusammen:

Diakonia im Neuen Testament. Studien zur Semantik unter besonderer Berücksichtigung der Rolle von Frauen, Tübingen 2007.

„Diakonia wird im Neuen Testament definitiv nicht zum terminus technicus für gemeindliche Praxis im Sinne eines Ethos des sich unterordnenden Dienstes und der Nächstenliebe, diakonia ist vielmehr ein technischer Begriff, der eine Beauftragung signalisiert und gemäß den neutestamentlichen Zeugnissen v. a. in den Bereichen Verkündigung und Gemeindeleitung, in konkreten Situationen aber durchaus auch für weitere spezifische Aufgaben und Botengänge, wie etwa die Überbringung der Kollekte oder die Versorgung der Witwen (Apg 6,1–7) verwendet wurde."[22]

In diesem Licht ist zu lesen, was die Internationale Theologische Kommission in ihren Studien zum sakramentalen Diakonat konstatierte: „Die Begriffe diakonein und diakonos werden im NT sehr allgemein gebraucht"[23]. Sie sind ein Sammelbegriff für die verschiedenen Dienste und Ämter der frühen Kirche: „Amt im Sinne Jesu muss immer ‚diakonia' sein; nicht zufällig, nicht nebenbei, sondern sehr bewusst und ausdrücklich wählt die Heilige Schrift dieses Wort zu seiner Wesensbestimmung. Die griechische Sprache bot eine ganze Reihe von Möglichkeiten, das Amt in einer menschlichen Gemeinschaft – auch im religiös-kultischen Bereich – zu charakterisieren (archai, exousiai, archontes). Das Neue Testament wählte keine davon, sondern entschied sich für eine Bezeichnung, die weder in der jüdischen, noch in der hellenistischen Umwelt üblich war."[24]

Ähnlich wie bei agape/caritas findet bei diakoneo und diakonia eine begriffliche Umprägung durch die biblische Verwendung statt: Die beiden Begriffe werden neutestamentlich von ihrem Bezug auf Jesus Christus spezifisch geprägt und inhaltlich konkretisiert, d. h. von seinem Leben der vom Vater empfangenen Sendung im Heiligen Geist. Sie ist eine Sendung der Liebe. Die liebende Zuwendung zu den Menschen, zu der auch die Kritik an den Pharisäern, am äußerlichen Kult und an jeglichem Unrecht gehört, ist mehr als nur ein Aspekt der Ausführung seines Auftrages, wird sie nicht nur als ethi-

---

[22] A. *Hentschel*, Gibt es einen sozial-karitativ ausgerichteten Diakonat (s. Anm. 21), 305f.

[23] G. L. *Müller* (Hrsg.), Der Diakonat – Entwicklung und Perspektiven. Studien der Internationalen Theologischen Kommission zum sakramentalen Diakonat (Übersetzung aus dem Französischen: K. Pichler), Würzburg 2004, 19.

[24] E. *Dassmann*, Ämter und Dienste in den frühchristlichen Gemeinden, Bonn 1994, 37 – zit. nach G. L. *Müller*, Diakonat (s. Anm. 23), 19, Fn. 12.

sches Verhalten, sondern in ihrer theologischen Dimension aus der Sendung der Liebe des Vaters verstanden. Selbst seine Annahme des Leidensweges und sein Tod am Kreuz sind Teil dieser Liebe/agape. Sie ist die innere Form, die Beziehungsqualität von Auftrag wie Ausführung, von „diakonia". Es liegt auf der Hand, dass Diakonie in diesem Sinne von Beauftragung quasi synonym für „Sendung" steht.

In diesem Sinne kann die gesamte Sendung und das gesamte Wirken Christi als „Diakonie" verstanden werden, in der Jesus unter den Menschen war als der, der dient (vgl. Lk 22,27), nachdem er nicht daran festgehalten hatte, Gott gleich zu sein, „sondern er entäußerte sich und wurde wie ein Sklave (doulos) und den Menschen gleich. Sein Leben war das eines Menschen; er erniedrigte sich und war gehorsam bis zum Tod, bis zum Tod am Kreuz." (vgl. Phil 2,6–8)

Der Gehorsam gilt dem, der ihm den Auftrag gab und somit der vom Vater empfangenen diakonia. Im Blick darauf mahnt Paulus die Gemeinde in Philippi: „Seid untereinander so gesinnt, wie es dem Leben in Christus Jesus entspricht." (Phil 2,5) Dies verstand im Geist der Reich-Gottes-Botschaft Jesu und seiner Bergpredigt mit ihren Seligpreisungen bereits das Urchristentum als einen fundamentalen Wertewandel für alle. Dessen Dynamik und Umsetzung trifft in der Christentums- und Menschheitsgeschichte stets auf hartnäckige Widerstände und ist der Christenheit zu jeder Zeit neu aufgegeben – der Kirche als Ganzer und in ihr in besonderer Weise dem kirchlichen Amt. Von der diakonia Christi selbst kann somit kein spezifisches diakonisches Amt direkt hergeleitet werden. Dennoch geht die Sendung Christi durch die Sendung der Kirche und aller ihrer Glieder als seines messianischen Volkes weiter – als diakonia im Sinne von Beauftragung, einer Sendung im Dienst der Liebe Gottes, nach innen wie nach außen.

Dies gilt in ganz besonderer Weise auch für die Apostel (von griech. apostoloi = Gesandte; vgl. paradigmatisch Joh 13,1–5: Fußwaschung) und von ihnen her auch für alle Formen von Dienstämtern, welche die Kirche von ihren Ursprüngen an ausgebildet hat. Sie alle stehen in der „Sendung der Kirche im Dienst der Liebe" (DCE 42) und haben ihr zu dienen.[25] Jedes Dienstamt hat dazu zu dienen, dass die Kirche als Ganze und alle ihre Glieder ihren

---

[25] Vgl. für Abschnitt 3.1. meine ausführlichere Darstellung der Diskussion in *K. Baumann*, Lehrbrief 20: Diakonie als Wesensvollzug der Kirche (Theologie

Auftrag, ihre Sendung für die Welt verwirklichen und auf diese Weise Gott verherrlichen. Es hat die Aufgabe, dem gemeinsamen Priestertum aller Gläubigen zu dienen, welches seinerseits im „Dasein für andere"[26] besteht. „Der Sinn des ministeriellen Priestertums liegt deshalb in der geschichtlichen Ermöglichung und Stärkung des gemeinsamen Priestertums des Volkes Gottes, nicht umgekehrt."[27]

3.2. II. Vatikanisches Konzil: Diakonie und Dienst des ganzen Gottesvolkes, Diakonie und Dienst der Priester

a) Die gemeinsame Sendung = Beauftragung des Volkes Gottes, das gemeinsame Priestertum der Gläubigen

Die Grundkoordinaten der Ekklesiologie des II. Vatikanischen Konzils implizieren auch das Grundverständnis des sakramentalen Amtes der Kirche. Die ganze Sendung der Kirche wird in der Dogmatischen Konstitution über die Kirche *Lumen gentium* (LG) als Sakrament, als Werkzeug und Zeichen verstanden „für die innigste Vereinigung mit Gott wie für die Einheit der ganzen Menschheit" (LG 1), mit ganz besonderer Beachtung „der Armen und Bedrängten aller Art" (GS 1). „Werkzeug" impliziert genau den wirksamen Dienst, für den das Werkzeug (die Kirche!) da ist. LG 29 spricht darum von der *Diakonie* der Liturgie, der Verkündigung und der Liebestätigkeit (*diaconia liturgiae, verbi et caritatis*). Alle drei Grundvollzüge gehören zusammen und brauchen einander gegenseitig, um die Sendung der Kirche als Dienst für das Heil der Welt und zur Verherrlichung Gottes Tag für Tag zu leben, wie Benedikt XVI. (in DCE 25a) nochmals ausdrücklich unterstrichen hat.

---

im Fernkurs. Der christliche Glaube: Aufbaukurs, Code-Nr. 20.01.15), Würzburg 2013, 35–40.

[26] *B. J. Hilberath*, Das priesterliche Dienstamt. Eine systematisch-theologische Perspektive, in: R. Meyer/B. Schmidt (Hrsg.), Priesterliche Identität? Erwartungen im Widerstreit. Münster 2021, 57–70, hier: 65.

[27] *P. Hünermann*, Theologischer Kommentar zur Konstitution über die Kirche *Lumen gentium*, in: Herders Theologischer Kommentar zum Zweiten Vatikanischen Konzil, Bd. 2, Freiburg i. Br. 2004, 554; vgl. 560: „notwendigen spirituellen Reifungsprozess" etc.

In dieser umfassenden diakonischen Sendung folgt die Kirche den Spuren ihres Herrn (vgl. 1 Petr 2,21), wie LG 8 sehr grundsätzlich darlegt: „So ist die Kirche, auch wenn sie zur Erfüllung ihrer Sendung menschlicher Mittel bedarf, nicht gegründet, um irdische Herrlichkeit zu suchen, sondern um Demut und Selbstverleugnung auch durch ihr Beispiel auszubreiten. Christus wurde vom Vater gesandt, ,den Armen frohe Botschaft zu bringen, zu heilen, die bedrückten Herzens sind' (*Lk* 4,18), ,zu suchen und zu retten, was verloren war' (*Lk* 19,10). In ähnlicher Weise umgibt die Kirche alle mit ihrer Liebe, die von menschlicher Schwachheit angefochten sind, ja in den Armen und Leidenden erkennt sie das Bild dessen, der sie gegründet hat und selbst ein Armer und Leidender war. Sie müht sich, deren Not zu erleichtern, und sucht Christus in ihnen zu dienen" (LG 8).

Weil alle drei Grundvollzüge im Sinn von LG „Diakonie" sind, erweist es sich übrigens als glückliche Namenswahl, mit der lateinischen Übersetzung des neutestamentlichen Zentralbegriffes „agape" die organisierte kirchliche soziale Praxis als *caritas* zu bezeichnen. Diese Diakonie nimmt grundsätzlich die Kirche als Ganze mit allen ihren Gliedern in Anspruch. Für nichts anderes ist sie da. Papst Benedikt XVI. prägte dafür die Kurzformel von der „Sendung der Kirche im Dienst der Liebe" (DCE 42) und Papst Franziskus ruft in *Evangelii Gaudium* (EG) alle Glieder der Kirche als des Volkes Gottes dazu auf, missionarisch zu leben und den „Schatz des Lebens und der Liebe" (EG 265) zu teilen, den sie in Jesus Christus empfangen und stets bei sich haben. Träger der Sendung („Diakonie" als Beauftragung) ist das gesamte pilgernde Gottesvolk, die ganze Kirche. Papst Franziskus sagt wohl aufgrund des Korrekturbedarfs vieler Amtsträger und Gläubigen (in EG 102): „Die Laien sind schlicht die riesige Mehrheit des Gottesvolkes. In ihrem Dienst steht eine Minderheit: die geweihten Amtsträger." Alle sind sie zur Heiligkeit im Leben der Gottes- und Nächstenliebe berufen (LG Kap. V). In nichts anderem besteht für alle Getauften ihr gemeinsames Priestertum. Es ist die Grundlage für und Zielgröße des Priestertums der Weihe.

b) Die Diakonie als Beauftragung des priesterlichen Dienstes

Der Diakonat war durch seine Reduzierung auf eine Durchgangsstufe hin zur Priesterweihe in der jahrhundertelangen Praxis der römisch-katholischen Kirche kaum noch wahrgenommen worden, so

dass auch die „diakonische Natur" des sakramental geweihten hierarchischen Amtes als solchen nicht mehr das kirchliche *Bewusstsein*
prägte. Stattdessen gewann ein sacerdotal-kultisches Verständnis
auch in der vorzugsweisen Bezeichnung „Priester" statt „Presbyter"
die Oberhand, in der die neutestamentlich christologische Aufhebung des jüdischen kultischen Opferverständnisses verloren zu
gehen drohte und zu amtstheologischen Vereinseitigungen führte.[28]
Nicht ohne Grund unterstrich darum LG für das hierarchische
Amt: „Jenes Amt aber, das der Herr den Hirten seines Volkes übertragen hat, ist ein wahres Dienen, weshalb es in der Heiligen Schrift
bezeichnenderweise mit dem Wort ‚Diakonia', d. h. Dienst [‚diakonia' seu ministerium], benannt wird (vgl. Apg 1,17 u 25; 21,19;
Röm 11,13; 1 Tim 1,12)." (LG 24) Der Caritaswissenschaftler Ri-
chard Völkl schrieb 1969 in seiner Pastoral-Ekklesiologie des II. Vatikanums: „Da der Diakon zur Hierarchie, zum ‚Klerus', gehört, ist
der Diakonat als ‚beständige Stufe' [LG 29] ein Bekenntnis der Kirche zu ihrer grundsätzlich diakonischen Aufgabe und zur neutestamentlichen Forderung an die ‚Ersten', die ‚Diener' aller zu sein (vgl.
Mk 10,44f.). Er bezeugt, dass das ganze und eine kirchliche Amt
[…] dem Volke Gottes ‚dient', er bezeugt aber gerade auch im sozi-
al-caritativen Bereich [LG 29; AG 16] die ‚dienende Kirche', die ‚Kirche der Armen', die ‚ecclesia caritatis'."[29]

Das II. Vatikanische Konzil nannte sein am 07. Dezember 1965
promulgiertes Dokument „Presbyterorum Ordinis" (PO) „Dekret
über Dienst und Leben der Priester", „Decretum de presbyterorum
ministerio et vita". Mit dem Begriff „Ministerium" verwendet dieser
Titel dasselbe Wort, mit dem das Konzil (21.11.1964) in *Lumen gentium* die Diakone von den Priestern unterschied: „In der Hierarchie
eine Stufe tiefer stehen die Diakone, welche die Handauflegung
‚nicht zum Priestertum, sondern zur Dienstleistung empfangen'." – „non ad sacerdotium, sed ad ministerium". Diese alte Wendung – zitiert wird damit die Traditio Apostolica III, 2 noch unter
ihrer älteren Bezeichnung „Constitutiones Ecclesiae aegyptia-

---

[28] Vgl. *B. J. Hilberath,* Dienstamt (s. Anm. 26), 62–64; *K. Lehmann/E. Schlink*
(Hrsg.), Das Opfer Jesu Christi und seine Gegenwart in der Kirche, Freiburg i. Br.
1983; *A. Vanhoye,* Prêtres anciens, prêtre nouveau selon le Nouveau Testament,
Paris 1980.

[29] *R. Völkl,* Dienende Kirche. Kirche der Liebe, Freiburg i. Br. 1969, 86.

cae" – hat hier gemäß Herbert Vorgrimlers Kommentierung zwei Richtungen: „Offenbar werden damit im Sinn der mittelalterlichen Theologie eucharistisch-konsekrierende Vollmachten ausgeschlossen [...]. So ist die Wendung zunächst vorbeugend als Abwehr gegen jene Überheblichkeiten der Diakone und deren Übergriffe in das priesterliche munus zu verstehen, die im Altertum und im Frühmittelalter zum Verschwinden der Diakone in der abendländischen Kirche geführt hatten."[30] Die andere Richtung gilt dem „ministerium" jedoch selbst: „Insofern ‚ministerium' das Amt in der Kirche als Dienstamt charakterisiert, kommt diesem Amt im ganzen und allen seinen Stufen das ‚servitium' (die Diakonie) zu, wie die Kirchenkonstitution wiederholt betont, also nicht nur dem Diakon. Man hätte die Wendung insofern verdeutlichen können, als das Dienen des Amtes in der heutigen Gestalt der Hierarchie nicht genügend zum greifbaren Ausdruck kommt und der wiederhergestellte Diakonat gerade dazu bestimmt ist, diesen demütigen Dienst der Hierarchie in besonderer Weise zu bekunden, aber das ist nicht klar genug zum Ausdruck gekommen."[31] Peter Hünermann sieht in Verbindung mit der Relatio zum Text mit dieser Wendung eine „funktionale Differenzierung der Dienste der Diakone und der Presbyter vorgenommen."[32] Nach Hünermann wirkt sich in der Kirchenkonstitution die darin „fehlende Beziehung des Dienstes der Bischöfe und der Presbyter auf das mündige Volk Gottes, auf die Stärkung und die Zurüstung dieses Volkes für seine Sendung"[33] auch auf den Diakonat aus und stellt 2004 etwas resigniert fest: „Der Dienst der Diakone hat sich wesentlich daran zu orientieren, die Kirche im Ganzen und die einzelnen Gemeinden zu diakonischen Gemeinschaften werden zu lassen. Die Auslösung eines solchen fundamentalen Impulses, die Kirche in der Gegenwart wieder zu einer dienenden Kirche zu machen, ist durch die Einführung des Diakonats bislang nicht oder nur in einem sehr begrenzten Umfang eingelöst worden."[34] Weder die Wiederherstellung des Ständigen Diakonates noch deren mangelnder Effekt im genannten Sinne entbinden die Priester ihres eige-

---

[30] *H. Vorgrimler*, Kommentar zu LG 29, in: LThK² Erg.-Bd. I, 256–259, hier: 258.
[31] Ebd.
[32] *P. Hünermann*, Theologischer Kommentar (s. Anm. 27), 458.
[33] Ebd.
[34] Ebd.

nen Anteils an der ihnen bleibenden fundamentalen diakonischen
Aufgabe, „die Kirche in der Gegenwart wieder zu einer dienenden
Kirche zu machen."

3.3. Die prophetische Botschaft Alfred Delps über das Schicksal der Kirchen: Rückkehr in die Diakonie – das Werk erfüllter Menschen

„Mit gefesselten Händen"[35] schrieb Alfred Delp 1944/45 im Gefängnis kurz vor seiner Hinrichtung durch die Nazis am 02. Februar
1945 über das Schicksal der Kirchen in der kommenden Zeit. Das
ist mittlerweile über 75 Jahre her und wirkt geradezu prophetisch
für heute und die Zukunft, auch für die Neuorientierung des Priesterseins – vorab bereits aber auch für das II. Vatikanum.

Zuerst und selbstverständlich dürfen die Kirchen nach Delp der
Welt nicht weiter eine zankende, gespaltene Christenheit vorführen.
Eine leider immer noch kaum erfüllbare Voraussetzung. Sodann
hänge es von zwei Sachverhalten ab, „ob die Kirche noch einmal einen Weg zu diesen Menschen finden wird"[36]. Meist wird hier nur der
von Delp zuerst genannte Sachverhalt zitiert: „Der eine Sachverhalt
meint die Rückkehr der Kirchen in die ‚Diakonie': in den Dienst der
Menschheit. Und zwar in einen Dienst, den die Not der Menschen
bestimmt, nicht unser Geschmack oder das Consuetudinarium einer
noch so bewährten kirchlichen Gemeinschaft. ‚Der Menschensohn
ist nicht gekommen, um sich bedienen zu lassen, sondern um zu
dienen' [Mk 10,45]."[37] Nach weiteren Erläuterungen dazu fügt Delp
den zweiten Sachverhalt an: „Das alles aber wird nur verstanden und
gewollt werden, wenn aus der Kirche wieder erfüllte Menschen kommen. […] Die erfüllten Menschen, nicht die heilsängstlichen oder
pfarrerhörigen erschreckten Karikaturen. Die sich wieder wissen als
Sachwalter und nicht nur *Sach*walter Christi, sondern als die, die ge-
betet haben mit aller Offenheit: fac cor meum secundum cor tuum.
Ob die Kirchen den erfüllten, den von den göttlichen Kräften erfüllten, schöpferischen Menschen noch einmal aus sich entlassen, das ist
ihr Schicksal. […] Und nur dann schlagen in ihnen die bereiten

---

[35] A. *Delp*, Mit gefesselten Händen. Aufzeichnungen aus dem Gefängnis, Freiburg i. Br. 2007.
[36] Ebd., 139.
[37] Ebd., 139f.

Herzen, denen es gar nicht darum geht, festzustellen, wir haben doch recht gehabt; denen es nur um eines geht: im Namen Gottes zu helfen und zu heilen."[38] Der erste Sachverhalt hängt für Delp vom zweiten ab – von erfüllten Menschen, auch und erst recht, wo sie Priester sind. Denn offenbar hat er diese im Blick, wo er die Rückkehr in die Diakonie konkretisiert: „Es wird kein Mensch an die Botschaft vom Heil und vom Heiland glauben, solange wir uns nicht blutig geschunden haben im Dienste des physisch, psychisch, sozial, wirtschaftlich, sittlich oder sonstwie kranken Menschen. [...] Es hat keinen Sinn, mit einer Predigt und Religionserlaubnis [sic], mit einer Pfarrer- und Prälatenbesoldung zufrieden die Menschheit ihrem Schicksal zu überlassen."[39]

Nach dem II. Weltkrieg schien in einer fatalen volkskirchlichen Selbsttäuschung erst einmal widerlegt, was Delp als ehrliches Eingeständnis der Kirchen forderte: „Ehrliche Nüchternheit in der Feststellung, dass die Kirche heute nicht zu den führenden Mächten und Kräften der Menschheit gehört."[40] Auch mit dem Gemeinde-Pathos der 1970er und 80er Jahre[41] fiel vielen dieses Eingeständnis schwer, ungeachtet prominenter Einzelstimmen wie Karl Rahner. 2022 ist das Eingeständnis statistisch fast unvermeidlich, wo katholische und evangelische Kirchenmitglieder in Deutschland noch knapp die Hälfte der deutschen Bevölkerung ausmachen. Es handelt

---

[38] Ebd., 141f.

[39] Ebd., 140f. Auch die Diskussion um den Zölibat erledigt sich häufig dort, wo zölibatäre Priester als „erfüllte Menschen" sich den Menschen in ihren vielfältigen Nöten widmen. Wo der Zölibat nicht Ausdruck von Erfüllung (des paulinischen pleroma nach Delp) ist, verliert er ohnedies seine Sinnhaftigkeit, die gerade kein Nein zu echten Beziehungen zu Frauen und Männern ist, sondern diese mal wie selbstverständlich, mal durchlitten mit der innigen Freundschaft mit Jesus Christus verbindet. Vgl. ähnlich PDV 44: „Im Hinblick auf die Zölibatsverpflichtung muß die gefühlsmäßige Reife imstande sein, in die menschlichen Beziehungen unbeschwerter Freundschaft und tiefer Brüderlichkeit eine große, lebendige und persönliche Liebe zu Jesus Christus miteinzuschließen."

[40] A. Delp, Mit gefesselten Händen (s. Anm. 35), 144.

[41] Vgl. R. Bucher, 1935 – 1970 – 2009. Ursprünge, Aufstieg und Scheitern der „Gemeindetheologie" als Basiskonzept pastoraler Organisation der katholischen Kirche. Theologie.Geschichte Beiheft 1/2010, Münster 2010, 289–316 – https://theologiegeschichte.de/ojs/public/journals/3/Komplettausgabe_tgBeiheft1.pdf (Zugriff: 10.03.2022); Ders., ... wenn nichts bleibt, wie es war. Zur prekären Zukunft der katholischen Kirche, Würzburg 2012.

sich um ein Eingeständnis, das läuternd für eine diakonische Neubestimmung bzw. Rückbesinnung auf die diakonische Werkzeug-
lichkeit (Sakramentalität im Sinne von LG 1) der Kirche wie ihres
geweihten Amtes[42] wirken könnte. Deren Wirksamkeit im Heiligen
Geist hängt – wie auch die Christentumsgeschichte zeigt – nicht
von ihrer weltlichen Macht ab, im Gegenteil. A. Delp war überzeugt:
„Die Wucht der immanenten Sendung der Kirche hängt ab vom
Ernst ihrer transzendenten Hingabe und Anbetung." (144) Die
„Wucht" darf und kann in seinem Sinne nicht anders als „diakonisch" interpretiert werden.

4. Theologiestudium und Einstellungswandel – auch eine kirchen-
systemische Aufgabe

Soll die diakonische Dimension des Priesterseins neu gelebt werden,
muss sie bereits wesentlich in der Ausbildung auch mit dem Theologiestudium integriert sein. Bislang wird der neue Impuls dafür von
Papst Franziskus in der Apostolischen Konstitution über die kirchlichen Universitäten und Fakultäten *Veritatis gaudium* (VG; 08.12.2017)
weder von den vatikanischen Dikasterien, noch weltkirchlich, noch in
Deutschland umgesetzt, der sich darin für die Priesterausbildung und
das Theologiestudium findet: „Die Theologische Fakultät hat das Ziel,
die katholische Lehre mit größter Sorgfalt aus der göttlichen Offenbarung zu erheben, sie nach der ihr eigenen wissenschaftlichen Metho-
de tiefer zu durchdringen und systematisch darzulegen sowie im Lich-
te dieser Offenbarung sorgsam nach Lösungen für die menschlichen
Probleme zu suchen." (VG 69)

Ich beziehe mich auf den Schlussteil des Satzes: Die sorgsame Suche nach „Lösungen für die menschlichen Probleme" stimmt fast
wörtlich, jedenfalls der Sache nach weitgehend mit dem Gegenstand
der Wissenschaft Soziale Arbeit überein[43] und ist originär Teil des Ge-
genstandes von Caritas-(und Diakonie-)wissenschaft. Diese fehlt im

---

[42] *K. Baumann*, Die diakonische Dimension (s. Anm. 18). Vgl. *R. Bucher*, Priester des Volkes Gottes. Gefährdungen. Grundlagen. Perspektiven, Würzburg 2010.
[43] Vgl. *E. Engelke/C. Spatscheck/S. Bormann*, Die Wissenschaft Soziale Arbeit.
Werdegang und Grundlagen, [4]Freiburg i. Br. 2016, 20 passim. Vgl. *R. B. Gehrig/
M. Opatrný/N. Birher/K. Baumann* (Hrsg.), Spiritualität, Ethik und Soziale Ar-

kanonischen Curriculum katholisch-theologischer Fakultäten weiterhin fast vollständig. Damit bleibt die „diakonische Dimension" im Theologiestudium für die kirchliche Sendung wie ihre Berufe weitgehend der Beliebigkeit überlassen. Das kommuniziert zumindest implizit die Botschaft, die alle wohlfeilen Lippenbekenntnisse zum „Diakonischen" widerlegt: Das ist nicht wirklich wichtig. Insofern haben wir weiterhin eine strukturelle, in sich widersprüchliche Doppelbotschaft im kanonischen Theologiestudium und der Priesterausbildung, die eine Neubestimmung der diakonischen Dimension des Priesterseins systemisch mehr als erschwert.

Denn solche Doppelbotschaften untergraben die Bildung nachhaltiger, dauerhafter wertorientierter Einstellungen und Haltungen der einzelnen, auch wenn sie phasenweise diakonische Erfahrungen auf der Handlungsebene als erfüllend erlebten. Die dynamisch stabile Bildung von wertorientierten Einstellungen hängt von vielen sozialpsychologischen und innerpsychischen Faktoren ab, darunter von der persönlichkeitsspezifischen Fähigkeit zur Internalisierung[44] theologischer Einsichten und Wertoptionen. Die Neubestimmung der diakonischen Dimension des Priesterseins darf allerdings nicht nur den einzelnen aufgebürdet werden, sondern stellt eine kirchensystemische Aufgabe dar, die aktuell nicht erfüllt wird.

Ob die systemischen Konsequenzen[45] jedoch gezogen werden, u. a. in der zu erwartenden neuen Ratio Nationalis im Bereich der Deutschen Bischofskonferenz, bleibt eine offene Frage – trotz aller „theologischen Richtigkeit", welche die obigen Ausführungen über die Perspektive des II. Vatikanums haben mögen. Papst Franziskus drückte solche Skepsis ganz ähnlich in *Evangelii gaudium* (EG) aus: „„Von allen [...] ist die geistliche Bekehrung, die intensive Gottes- und Nächstenliebe, der Eifer für Gerechtigkeit und Frieden, der

---

beit, Freiburg i. Br. 2021. DOI: https://doi.org/10.6094/978-3-928969-88-8 (Zugriff: 10.03.2022).

[44] Vgl. *L. Rulla*, Anthropology of the Christian Vocation, Vol. 1, Rome 1989; *G. Bohner*, Einstellungen, in: W. Stroebe/K. Jonas/M. Hewstone (Hrsg.), Sozialpsychologie, [4]Berlin u. a. 2002, 265–315.

[45] Vgl. *K. Baumann/E. Frick*, Über systemische Ursachen sexuellen Missbrauchs durch Priester. Überlegungen im Licht der deutschen Seelsorgestudie. Konsequenzen für den priesterlichen Dienst, in: V. Dessoy/P. Klasvogt/J. Knop (Hrsg.), Riskierte Berufung – ambitionierter Beruf. Priester sein in einer Kirche des Übergangs, Freiburg i. Br. 2022, 139–157.

evangeliumsgemäße Sinn für die Armen und die Armut gefordert.'
(Libertatis nuntius, 6.8.1984, XI) Ich fürchte, dass auch diese Worte
nur Gegenstand von Kommentaren ohne praktische Auswirkungen
sein werden" (EG 201).

Von meinem emeritierten Passauer Kollegen Isidor Baumgartner
kenne ich den erfahrungsgesättigten Aphorismus: „Wer hilft, wird
ein anderer." Diakonisches Handeln im obigen Sinn kann mit der
regelmäßigen Praxis aus guten Absichten und Motivationen erst
wirklich diakonische Haltungen ausbilden. Darum steht die Handlungsebene am Anfang. Momente der Wahrheit. Es ist Freude, Trost
und Grund zur Dankbarkeit sowie Herausforderung für die Geweihten, dass es – unbeschadet aller Kritik, Anfragen und der genannten
unerfüllten kirchensystemischen Bedingungen – viele kompetent
und authentisch diakonische Priester gibt und noch mehr Getaufte,
die mit ihnen ihr gemeinsames Priestertum in Gottes- und Nächstenliebe diakonisch-authentisch in der Welt von heute leben.

Priesterwerden in einer zukunftssensiblen Kirche

Siegfried Kleymann

„Wie zeigen sich dir Vorzeichen einer zukünftigen Kirche und was bedeutet es für dich, in ihr als Priester zu leben? Welche Folgen hat das für die Priesterausbildung?" Als mir diese persönlichen Fragen von Spiritual Freitag in der Osterwoche 2021 gestellt werden, entschließe ich mich, sie mit in die Osterzeit zu nehmen und sie bis Pfingsten aus meiner Perspektive als Pfarrer einer Münsteraner Innenstadtgemeinde in Tagebuchform zu betrachten: Was sind die Signaturen einer zukunftssensiblen Kirche?

08. April 2021 – Donnerstag der Osteroktav

„Ich will euch eine Zukunft und eine Hoffnung geben." (Jer 29,11) Dieses Gotteswort, das durch den Propheten Jeremias vermittelt wird, hatten wir als Pastoralteam auf die Osterlichter drucken lassen. Ein Trostwort inmitten der Pandemie. Die 800 Kerzen waren vor Ostern schnell vergriffen. So dachten wir. Doch dann entdecke ich im Keller zwei übersehene Kisten mit Kerzen. Ich trage die Kerzen in die Kirche und stelle sie ans Taufbecken, zum Mitnehmen für die Zeit nach Ostern. So können wir inmitten des Pandemie-Alltags die Verheißung hören: „Ich will euch eine Zukunft und eine Hoffnung geben."

Abendlicher Besuch bei Freunden. Mit dem Fahrrad komme ich an einem Gymnasium vorbei. Vor dem Portal hängt, als Überbleibsel vom letzten Schultag, ein Transparent: „ABIstrologie. Die Zukunft steht in den Sternen." Unwillkürlich denke ich: Wie schade, dass sie nicht schreiben: „Die Zukunft liegt in Gottes Hand." Und doch: Für die Schülerinnen und Schüler trifft das offenbar ihr Empfinden. Viele vermeintlich verlässliche Sicherheiten sind brüchig geworden. Vielleicht werden die jungen Leute mit einer wachen Sensibilität für die Unverfügbarkeit des Lebens ausgestattet, von der der Soziologe Hartmut Rosa spricht.[1]

---

[1] Vgl. *H. Rosa*, Unverfügbarkeit, Salzburg 2018.

09. April 2021 – Freitag der Osteroktav

Beim Frühstück höre ich im Radio die Stimme einer Kreml-Kritike-
rin. Ihr Protest sei notwendig für die Zukunft ihrer Kinder und Kin-
deskinder. Dafür lohne sich ihr Einsatz. Bei den Protesten von „fridays
for future" wird Widerspruch gegen eine zukunftsvergessene Weiter-
so-Politik bei uns laut. Neben mir liegt das frisch gedruckte SZ-Maga-
zin („Ein Designheft") mit der Titelaufschrift: „Alles anders. Zeit für
einen frischen Blick in die Zukunft". Zukunft allerorten. In welches
Engagement führt das Nachdenken über die Zukunft?

Zurück in die Gegenwart. Im Pfarrzentrum ist eine Station für
Corona-Schnelltests. Ein Apotheker und ein Arzt haben angefragt,
den pandemiebedingt leerstehenden Raum zu nutzen. Jetzt kommen
täglich zwischen hundert und vierhundert Personen, mit Dankbarkeit für den Service vor Ort.

Die Sonne scheint und beschert dem Kirchplatz wieder einen großen Besuchsandrang. Auf der Rasenfläche hat in den letzten Wochen
eine wunderbare Stuhlvermehrung mit ausrangierten Gartenstühlen
stattgefunden. Auf ihnen unzählige Menschen, junge, alte, Paare, einzelne. In der Sonne sitzen, durchatmen, gemeinsam mit anderen und
doch allein, zu zweit oder in kleiner Gruppe. Schon in winterlicher
Kälte – wie beim Après-Ski – war das so und erst recht in diesen
Frühlingstagen. Der Kirchplatz als Refugium. Abstand von Inzidenz-
berechnungen und Infektionsstatistiken. Durchatmen, Kraft schöpfen, einen Kaffee trinken oder einen Sekt, ein Buch lesen, der Seele
Raum geben. In kurzen Gesprächen zwischen Tür und Angel, beim
Wegräumen von umgefallenen Stühlen und mit grundsätzlichem
Wohlwollen trage ich dazu bei, dass der Kirchplatz ein gastfreundli-
cher Ort ist. Ab und zu schenken wir Kaffee aus, einfach so. Umsonst.

Die Schnelltests im Pfarrzentrum und das Atemholen auf dem
Kirchplatz: Welcher Weg in die Zukunft öffnet sich hier? „Ich will
euch Freiraum und Gastfreundschaft geben."

14. April 2021 – Zweite Osterwoche

Der Küster hat heute frei. Ich übernehme es, die Kirche zu öffnen.
Von morgens bis abends können Menschen kommen, verweilen
und gehen, beten, Atem holen, eine Kerze anzünden. Ob sich der
Sinn weitet im Gewölbe des Kirchraums, ob die Betenden ein Paket

voller Sorgen tragen, ob sie mit Worten beten oder schweigend da sind, ob sie diese Zeit des Alleinseins schätzen oder als Großeltern mit ihren Enkelkindern eine Kerze anzünden? Wichtig ist die freie Entscheidung zum Kommen und zum Gehen. Hier wird eine Kirche, die oftmals mit Reglementierung und Kontrolle in Verbindung gebracht wird, als Ort der Freiheit erfahren. Ein priesterlicher Dienst: einen Raum öffnen, in dem Menschen auf ihre Weise in Berührung kommen können mit dem Geheimnis Gottes.

17. April 2021 – Zweite Osterwoche

Es irritiert mich, wenn von ‚der Kirche' die Rede ist. Vor allem, wenn sie als Handelnde oder Sprechende bezeichnet wird. Um wen geht es da? Wer spricht, wenn ‚die Kirche' spricht? Wer handelt, wenn ‚die Kirche' handelt? Es sind immer sehr konkrete Menschen, mit ihren Aufgaben, ihren Prägungen, ihren Machtpositionen oder Abhängigkeiten, mit ihren Verstrickungen oder ihrer Freiheit, um die es geht. So irritiert befrage ich den Titel meiner Aufzeichnungen: Kann ‚die Kirche' zukunftssensibel sein? Oder geht es um konkrete Menschen, die gemeinsam mit anderen nach Vorzeichen des Kommenden suchen und fragemutig unbekannte Wege einschlagen? Und die kritisch sind gegen verallgemeinernde Formulierungen.

18. April 2021 – Dritter Sonntag der Osterzeit

„So steht es geschrieben …" Das ist ein zentraler Satz im Evangelium am heutigen dritten Ostersonntag, an dem ich mit der Predigt betraut bin. Die ‚Schrift' – die Tora, die Botschaft der Propheten und das Buch der Psalmen – wird zum Deutungsmuster für die Passion und die Auferweckung Jesu: „Und er legte ihnen dar, ausgehend von Mose und allen Propheten, was in der gesamten Schrift über ihn geschrieben steht." (Lk 24,27) Welche Deutungsmuster bestimmen mein und unser Leben? Von welchen Narrativen bin ich und sind wir in unserer Gesellschaft geprägt?

Während der Osterzeit wird in den Gottesdiensten in einzelnen Abschnitten die Apostelgeschichte vorgelesen. Hier begegnen mir Aufbruchsgeschichten, stark idealisiert, einen längeren Prozess zusammenfassend, getragen von dem Vertrauen auf das Wirken Gottes in der Menschengeschichte. Täglich neu lese ich mich in diesen Horizont hinein. Mit meiner theologischen Ausbildung empfinde es als eine ebenso schöne wie herausfordernde Aufgabe, die biblischen Deutungsmuster und die gegenwärtige Wirklichkeit in der Predigt ins Gespräch zu bringen und mich in der Eucharistie inmitten der Mitbetenden auf den auszurichten, der mit uns auf dem Weg ist.

19. April 2021 – Dritte Osterwoche

Soeben habe ich das Buch „Ins Innere hinaus" von Christian Lehnert[2] über Engel, Mächte und Gewalten zu Ende gelesen. Wie in den Reflexionen zur „Unverfügbarkeit" von Hartmut Rosa[3] und zum „Lob des Fatalismus" von Matthias Drobinski[4] ist es von einer Skepsis gegenüber den Sicherheitsversprechen und Machbarkeits-vorstellungen geprägt, von denen die globale Marktwirtschaft und die politische Agenda bestimmt sind. Das Versprechen „Wenn du willst, kannst du nur" und das Axiom „Du bist selbst verantwortlich für das, was aus dir wird" werden von vielen Menschen als brüchig erfahren. Es bleibt ein tastender Glaube mit einer inneren Offenheit für das Geheimnis des Lebens: „Religionen (und mit ihnen die Künste, ihre Schwestern in der Feier des Ungedachten und Unmög-lichen, des Konjunktivs und der Utopie) erscheinen mir als Wege in die Freiheit, als Instanzen, die den Menschen kritisch herausführen können in die Erfahrung von heilsamer Fremde."[5]

23. April 2021 – Dritte Osterwoche

Heute tritt eine neue bundesweite Corona-Schutzverordnung in Kraft. Mit weitreichenden Einschränkungen soll der Verbreitung des Virus Einhalt geboten werden. Gleichzeitig richten sich in Zei-tungsbeiträgen und theologischen Artikeln die Blicke nach vorn: Lassen sich schon während der Pandemie Konsequenzen für die Zeit danach erkennen? Ich lese bei Christoph Jacobs und Kathrin Oel eine Bilanz aus pastoralpsychologischer Sicht: „Die Pandemie ist ein Jahrhundert-Ereignis mit Langzeitfolgen, die die Pastoral

---

[2] *C. Lehnert*, Ins Innere hinaus. Von den Engeln und Mächten, Berlin 2020.

[3] *H. Rosa*, (s. Anm. 1).

[4] *M. Drobinski*, Lob des Fatalismus, München 2018.

[5] *C. Lehnert*, Ins Innere (s. Anm. 2), 71.

und die Gesamtentwicklung in Kirche und Gesellschaft auf Jahre hin prägen. Es wird breit gestreute Krisenfolgen geben: im Leben der Menschen und im Leben der Kirche – mit langfristigen Konsequenzen bisher ungeahnten Ausmaßes."[6] Wie werden die Erfahrungen von Unsicherheit, Ohnmacht und Zerbrechlichkeit weiterwirken? Wird eine christliche „Botschaft der Entmachtung von Angst vor Krankheit und Schuld"[7] vernehmbar sein? Es brauche in der Kirche ein entschlossenes Umsteuern in Richtung Individualseelsorge und Sozialpastoral: „Die Krise ermöglicht eine Neuausrichtung der Kirche im Dienst der Menschen, einen missionarisch-diakonischen Neustart mit den Schwerpunkten der Einzelseelsorge und Sozialpastoral. Die Pastoral wird sich umorientieren müssen von der Selbstbewahrung und Bestandssicherung der Kirche hin zu einer hingebend diakonischen Pastoral. Hier liegt die Zukunft."[8] Verantwortlich für diese Ausrichtung sind für Kathrin Oel und Christoph Jacobs die in der Seelsorge Tätigen ebenso wie die wissenschaftlich arbeitenden Theologinnen und Theologen: „Die Gläubigen und die Gesellschaft erwarten, dass die Seelsorgenden sich persönlich – mit Liebe, mit Energie und mit Zeitaufwand – um die Menschen kümmern. Und dass es dafür theologisch begründete tragfähige pastorale Gesamtkonzepte gibt."[9]

26. April 2021 – Vierte Osterwoche

Genau vor einem Jahr bin ich in das Pfarrhaus Heilig Kreuz eingezogen und seither in der Gemeinde als Pfarrer tätig. Die Kirchengemeinde ist eine Stadtpfarrei, zentral gelegen, fahrradfreundlich, ein Viertel mit großstädtischem Flair, prächtige Bürgervillen vom Beginn des 20. Jahrhunderts, Einfamilienhäuser aus den 60er Jahren, Mehrfamiliengebäude und umgebaute ehemalige Kasernen, teure Stadtwohnungen ebenso wie sozialer Wohnungsbau. Zur Pfarrei ge-

---

[6] C. *Jacobs/K. Oel*, Der Mensch in der Krise ist Gottes Anliegen. Pastoralpsychologische Perspektiven in der Corona-Krise, in: ThGl 110 (2020) 308–320, hier: 309.

[7] K. *von Stosch*, Die Corona-Krise als Lernfeld für Kirche und Systematische Theologie, in: ThGl 110 (2020) 239–247.

[8] C. *Jacobs/K. Oel*, Mensch (s. Anm. 6), 320.

[9] Ebd., 316.

hören knapp 10.000 Personen, einige wenige davon kenne ich persönlich. Im Jahr 2000 gab es auf dem Pfarrgebiet noch drei Gemeinden und drei Kirchen. Mit der Fusion 2004 wurden die beiden kleineren Kirchen geschlossen: Sie beherbergen nun einen Verlag und ein Altenheim.

Ich lebe mich in die Geschichte der Kirchengemeinde ein. Was sie heute prägt, hat ihren Ursprung im Wirken früherer Generationen: in der mittelalterlichen Kreuztracht, die dem Kreuzviertel seinen Namen gibt, im kongenialen Wirken des Architekten Hilger Hertel beim Bau der neugotischen Kirche (1899–1902) und in der einfühlsamen Erneuerung durch den Architekten Bernhard Mensen hundert Jahre später; in der Gründung der drei Pfarreien Heilig Kreuz, Dreifaltigkeit und St. Bonifatius, der Gestaltung des Gemeindelebens im 20. Jahrhundert, geprägt von der Theologie des II. Vatikanischen Konzils, dem Zusammenschluss der drei Gemeinden Anfang des neuen Jahrtausends. Seit 2015 leuchtet von den vier Seiten des Kirchturms die Inschrift „Ja ich bin da" in die Nacht. Ich freue mich an der Installation und füge mich mit demütigem Respekt ein in den Fluss der einer Glaubens-, Kirchen-, Weltgeschichte, die ich – so gut ich es kann – heute mitgestalte.

27. April 2021 – Vierte Osterwoche

Dienstgespräch in unserem Pastoralteam. Einmal wöchentlich treffen wir uns: der Pastoralreferent, der schon seit 16 Jahren in der Gemeinde ist und mit vielen Menschen vertraut ist; die Pastoralreferentin, die nach ihrer Elternzeit vor einem Jahr in Heilig Kreuz angefangen hat und mit halber Stelle arbeitet; der aus der Republik Kongo stammende ‚Priester der Weltkirche', der soeben seine theologische Dissertation abgeschlossen hat; die Kirchenmusikerin, bei der Musik und Seelsorge zusammenklingen; die beiden Diakone, die nebenberuflich in der Gemeinde mitwirken; die Pastoralassistentin, die für drei Jahre zur Ausbildung in der Gemeinde ist. Hin und wieder kommen zum Teamgespräch die Mitarbeiterin aus dem Gemeindesozialbüro und der Sozialarbeiter aus der ‚Offenen Kinder- und Jugendarbeit' dazu. Ich schätze dieses Team sehr: Frauen und Männer, unterschiedlichen Alters, mit verschiedenen Ausbildungen, Sichtweisen und Kompetenzen. Jede und jeder von uns ist verantwortlich für die eigenen Bereiche; im Team ergänzen und bereichern wir uns. Für die Zukunft der Kirche erscheint mir ein solches Zusammenwirken wesentlich.

29. April 2021 – Vierte Osterwoche

Der tschechische Theologe Tomáš Halík schreibt, über lange Zeit habe er den intellektuellen Dialog mit der mehrheitlich agnostischen Gesellschaft als entscheidend gesehen. Heute sehe er jedoch „als noch viel wichtiger die Kultivierung des persönlichen geistlichen Lebens und die persönliche geistliche Begleitung an."[10] Ich kann diese Einschätzung nachvollziehen. In den vergangenen Jahren ist die Zahl der Menschen, denen der regelmäßige gemeinsame Gottesdienst wichtig ist, stark zurückgegangen. Die Pandemie hat die Erosion des Gemeindelebens verstärkt: Gemeinschaftsbildende Feste und Feiern sind ausgefallen; die Organisation des Gemeindelebens in Pfarreirat und Kirchenvorstand funktioniert über digitale Medien zwar recht passabel – aber das gemeinsame Feierabendgetränk danach fehlt doch. Manche, die sonst in der Kirchengemeinde engagiert waren, haben sich ins Häusliche, Familiäre und Private zurückgezogen. Wodurch sie ihren Glauben prägen lassen, welche geistlichen Anregungen sie suchen, mit wem sie wie über existentielle Fragen von Tod und Leben, Angst und Hoffnung sprechen, liegt in der Freiheit und Verantwortung der Einzelnen. Wie kultivieren Menschen ihr Glaubensleben? Mir fällt auf, wie wenig ich darüber weiß, aus welchen Hoffnungsressourcen, mit welchen Ritualen und durch welche Kommunikationsformen sich das ‚private' Leben der Gemeindemitglieder in Heilig Kreuz gestaltet. Mit der kirchlichen Gottesdienstgestaltung bin ich vertraut, meinen eigenen geistlichen Tagesrhythmus pflege ich, aber mit anderen darüber zu sprechen, ob und wie sie persönlich beten, in der Bibel lesen, sich geistlich nähren, kommt bei mir außerhalb der Geistlichen Begleitung kaum vor. Ist die persönliche Frömmigkeit ein Schutzraum, der nur mit sehr vertrauten Menschen betrachtet wird? Oder eine Leerstelle, die sorgsam versteckt und zum Tabu gemacht wird? Oder eine Landschaft, für die eine hilfreiche Kartographie fehlt?

---

[10] *T. Halík*, Die Zeit der leeren Kirchen. Von der Krise zur Vertiefung des Glaubens, Freiburg i. Br. 2021, 22.

01. Mai 2021 – Vierte Osterwoche

Zum 1. Mai erscheint ein ZEIT-Interview mit dem Philosophen
Wolfram Eilenberger.[11] Mit Blick auf die gesellschaftliche Situation
beobachtet er: „Wir sind im Modus der Machbarkeiten gefangen.
Wir sind in unserer Situationsbeschreibung noch nicht verzweifelt
genug, um zu begreifen, dass die Checker-Posen des ‚Man müsste
doch nur' zu kurz greifen. Aus meiner Sicht sind solche Posen eher
Verzweiflungstaten. Rhetorisch wie politisch. Wir haben in Wahrheit
keine tragbaren Lösungen für die Fragen, vor denen wir derzeit stehen. Wir haben nicht einmal die treffenden Begriffe zur Beschreibung des Problemhorizonts." Anknüpfend an die Philosophin Han-
nah Arendt und ihren Begriff der „Natalität" führt Eilenberger aus:
„Ein Kind wird uns geboren und damit ein neuer Anfang gemacht,
der in seiner konkreten Gegebenheit von niemandem genauso ge-
plant, gemacht, designt oder gewollt werden kann. Es ist eine Gabe,
deren Ursprung für uns unverfügbar bleibt, jedenfalls war dies bisher die menschliche Situation." Die Offenheit für das Unverfügbare
und die Anerkennung der begrenzten Machbarkeit gehören für Eilenberger zusammen: „Meines Erachtens sind unsere modernen Gesellschaften zu stark auf die Immanenz gerichtet, auf das Handeln
der Menschen in der Welt, auf unsere ausschließliche Eigenmacht.
Wir leiden an einer Transzendenz-Armut."

In der Vorabendmesse zum 5. Ostersonntag habe ich das Evangelium vom Weinstock und den Reben verkündet (Joh 15). Jesu
Freiheit gründet in seiner Ausrichtung auf den Vater, die Freiheit
der johanneischen Gemeinde in der Ausrichtung auf Jesus Christus
und in ihm auf den Vater. Meine Sehnsucht: in dieser Ausrichtung
leben zu können.

02. Mai 2021 – Fünfter Sonntag der Osterzeit

Die Kantate „Es ist euch gut, dass ich hingehe" von Johann Sebas-
tian Bach (BWV 108) begleitet mich in den frühen Sonntagmorgen.
In ihr bricht im Tenor-Rezitativ unvermittelt die Frage auf: „Dein
Geist wird mich also regieren, dass ich auf rechter Bahne geh; durch

---

[11] https://www.zeit.de/kultur/2021-04/wolfram-eilenberger-corona-krise-philoso
phie-kapitalismus-hoffnung-entwurzelung/komplettansicht (Zugriff: 05.02.2022).

deinen Hingang kommt er ja zu mir. Ich frage sorgenvoll: Ach, ist er nicht schon hier?" Musikalisch variiert Johann Sebastian Bach den Wechsel aus Frage, Erwartung und Präsenz auf einzigartige Weise. Dieser Zusammenklang von ‚schon wirksam' und ‚noch erwartet' prägt auch den Hymnus des „Veni sancte spiritus"[12] und die Bitte um einen geistgewirkten Klimawandel: dass Verwundetes heilen kann, Verdorrtes mit neuem Leben erfüllt und Verdrecktes gereinigt wird. Ich möchte – so gut ich es kann – an diesem Klimawandel mitwirken und andere ermutigen, mit ihren Möglichkeiten zu einer lebensfreundlichen Atmosphäre beizutragen.

04. Mai 2021 – Fünfte Osterwoche

Er ist Mitte zwanzig, noch im Studium, blickt wach und verantwortungsbewusst auf die Welt. Als Jugendlicher war er Messdiener, in seiner Gemeinde engagiert, im freiwilligen sozialen Dienst weltwärts erfahren. Jetzt überlegt er, aus der Kirche auszutreten. Beispielhaft sei für ihn eine Erfahrung, die er bei einer Firmung habe machen müssen. Als Ministrant sei er beim Firmungsgottesdienst eingesprungen und mit dem Tragen der bischöflichen Mitra betraut gewesen. Als er sie statt mit dem vorgesehenen Velum mit seinen eigenen Händen nimmt, kommt der Sekretär des Weihbischofs auf ihn zu, schlägt ihm auf die Hände und raunt: „Nicht mit deinen ungeweihten Händen!" In der Gemeinde passiert: nichts. Der Weihbischof zelebriert weiter. Auch nach dem Gottesdienst: Schweigen.

Ich bin erschrocken und zornig über diese Erfahrung von Demütigung, Gleichgültigkeit und kollektivem Wegsehen. Während mir der junge Mann von seiner Geschichte erzählt, inszenieren Amtsträger wie gewohnt eine mittelalterliche Ständeliturgie und bemühen sich, auf juristischem Weg von ihrer Schuld freigesprochen zu werden. Im Heilig-Geist-Hymnus heißt es: „Wärme du, was kalt und hart; löse, was in sich erstarrt; lenke, was den Weg verfehlt". Ist diese Bitte von der Wirklichkeit gedeckt? Und wird das ehrliche, von taktischen Finessen befreite Eingeständnis einer menschenverachtenden Kirchenpraxis durch die Verantwortlichen von den Opfern gehört und angenommen werden können?

---

[12] Zum Hymnus „Veni sancte spiritus" vgl. Gotteslob. Kath. Gebet- und Gesangbuch, Stuttgart 2013, Nr. 343/344.

06. Mai 2021 – Fünfte Osterwoche

Wiederentdeckt: der Text „Steht noch dahin" von Marie Luise Kaschnitz (1901–1974). „Ob wir davonkommen ohne gefoltert zu werden, ob wir eines natürlichen Todes sterben, ob wir wieder hungern, die Abfalleimer nach Kartoffelschalen durchsuchen, ob wir (…) den Nächsten belauern, vom Nächsten belauert werden, und bei dem Wort Freiheit weinen müssen. (…) ob wir es fertigbringen mit einer Hoffnung zu sterben, steht noch dahin, steht alles noch dahin."[13]
Als Priester in einer zukunftssensiblen Kirche? Ob Frauen und Männer in der Kirchenleitung gleichberechtigt wirken, ob die römisch-katholische Kirche zu einer fundamentalistischen Sekte mit mafiösen Strukturen verkommt, ob die Glaubenden der christlichen Konfessionen eine versöhnte Verschiedenheit leben, ob der Name Gottes zu einem unverständlichen Fremdwort geworden ist, „steht noch dahin, steht alles noch dahin."

07. Mai 2021 – Fünfte Osterwoche

Momentaufnahmen des heutigen Tages: Als Zeichen der Solidarität mit gleichgeschlechtlichen Paaren haben die Mitglieder des Pfarreirates beschlossen, für das Wochenende eine Regenbogenfahne aufzuhängen. Vor der Kirche bauen die Frauen der Initiative Maria 2.0 ein Zelt auf: Zeichen für das wandernde Gottesvolk, eine ‚Kirche unterwegs'. Kreativ, einfühlsam und gastfreundlich gestalten die Frauen eine Woche lang Abend für Abend Gebetszeiten auf dem Kirchhof und halten die Sehnsucht nach einer geschwisterlichen Kirche wach. Mit dem jungen Mann, der seine Heimat in Eritrea verlassen hat, der als Geflüchteter in Deutschland geduldet ist und mit im Pfarrhaus wohnt, räume ich die Reste einer Renovierungsaktion im Dachgeschoss auf. Zusammen mit der neuen Mitarbeiterin im Gemeindesozialbüro plane ich ihre ersten Arbeitswochen; mit einer Frau aus der Gemeinschaft „Opus Dei" spreche ich über die „Stunde für Gott", eine monatliche Anbetungszeit, die das „Opus Dei" in der Kreuzkirche abhält. Als Priester in dieser Wirklichkeit zu leben, bedeutet für mich: mich täglich auf die Vielfalt des Lebens einzulassen und sie

---

[13] *M. L. Kaschnitz*, Steht noch dahin. Betrachtungen, Berlin 1970 (TB 1981), 7.

mit Achtung und Respekt zu würdigen. Wenn wir als Kirchengemeinde zu einem respektvollen Umgang in unserer Gesellschaft beitragen und einen Betrag zu ihrer Humanisierung leisten können, bin ich sehr dankbar. Vielleicht ist es ein Fingerzeig des Heiligen Geistes, dass in unserer Gemeinde gleichgeschlechtliche Paare und Mitglieder des „Opus Dei" in unmittelbarster Nachbarschaft leben.

10. Mai 2021 – Sechste Woche der Osterzeit

Am kommenden Sonntag werde ich in einer Dialogpredigt mit Pastor Égide Muziazia über die Einheit nachdenken. Égide stammt aus dem Kongo, ich aus Deutschland. So erscheint es uns sinnvoll, mit unseren unterschiedlichen weltkirchlichen Perspektiven über die Einheit zu sprechen. Anders als bei der Uniformität, in der alles gleich aussieht, entsteht Einheit in der Begegnung von Verschiedenen. Welch ein Geschenk, wenn sich in der Begegnung Verständigung und in der Vielfalt das Wunder der Einheit ereignet. Theologisch wird dieses Geschenk ‚Gnade' genannt. Diese Gnade kann ersehnt, erhofft, erbeten werden. Kirchenamtlich zu verordnen oder mit Reglementierungen zu sichern ist sie nicht. Während wir die Dialogpredigt zum Thema Einheit vorbereiten, lese ich römische Mahnungen an die deutsche Kirche, sich mit dem Synodalen Weg nicht von der Weltkirche abzuspalten und die Einheit nicht aufs Spiel zu setzen. Ist mit dieser Warnung Einheit oder vielmehr Uniformität gemeint? Welche Angst vor der geistgewirkten Verschiedenheit drückt sich in diesen Mahnungen aus?

13. Mai 2021 – Christi Himmelfahrt

Der Kalender des Osterfestkreises ist vom Lukasevangelium geprägt: Auferweckung, Erhöhung und Geistsendung werden in zeitlichem Abstand von vierzig bis fünfzig Tagen begangen. Ganz anders im Johannesevangelium: Hier fallen Erhöhung und Kreuzigung in eins und in der Begegnung mit dem Auferstandenen ereignet sich die Sendung des Geistes. Beide Zeitkonzeptionen ermutigen mich in meinem Nachdenken über die Zukunft der Kirche zu wacher Zeitgenossenschaft und geduldiger Gegenwärtigkeit. Was geht? Was geht jetzt? Was geht nicht mehr? Oder noch nicht? Welche Leerstellen bleiben? Was lässt sich aus eigener Kraft und mit bestem Willen

nicht ändern? Wo bauen wir Potemkinsche Kirchdörfer: aufwändig
gestaltete Fassaden, hinter denen sich die Sorge um Machterhalt, die
Angst vor Bedeutungslosigkeit und die Verachtung der Hilflosigkeit
verbergen? Ob die Anerkennung der eigenen Armseligkeit und Bedürftigkeit der Schatz ist, den Glaubende weitergeben können?

19. Mai 2021 – Mittwoch vor Pfingsten

Ich finde ein Foto wieder, das mir vor Jahren der Cusaner Johannes
Ries nach Besinnungstagen zum Jahreswechsel geschickt hat, und einige Zeilen fallen mir ein:

© Johannes Ries

Empfänglich für das Leben
das sich unverfügt
in die leeren Hände legt

Welch ein Geschenk
wenn das Empfangen
gemeinsam geschieht

Was für ein Bild
für die Gemeinschaft
der Glaubenden

Vielleicht ist es meine Aufgabe als Geistlicher, Bilder wiederzuentdecken und Worte zu suchen für das Wunder des Lebens und das Kommen des Heiligen Geistes.

21. Mai 2021 – Freitag vor Pfingsten

Die Architekturbiennale in Venedig wird bald eröffnet. Sie steht bis zum 21. November unter dem Titel „How will we live together?" und entwirft Visionen für 2038. Welche Geschichten werden erzählt, wer wird erinnert, wer wird vergessen sein? Was kann wieder zum Leben erweckt werden? Wie ist eine globale Weltgerechtigkeit möglich? Wie lassen sich Ökonomie und Ökologie verbinden und wie lassen sich alternative Formen zum Privateigentum finden? Diese Fragen spiegeln sich in den architektonischen Entwürfen. Wie spiegeln sie sich in der Architektur unserer Pfarrgemeinde, unserer Weltkirche? „How will we live together?" Ich möchte eine Kirche mitgestalten, in der sich ein weiter Raum öffnet, in der sich Menschen mit Wohlwollen begegnen, in der sie die Möglichkeit gelingenden Zusammenlebens erfahren und – in Ausrichtung auf den Auferstandenen – aus der verwandelnden, ermutigenden Kraft seines Geistes leben.

22. Mai 2021 – Samstag vor Pfingsten

Heute ist der Tag meiner Priesterweihe. Ich begehe ihn, wie meistens, als einen stillen Tag. Ich schaue auf die Osterzeit zurück und versuche ein Fazit: Was bedeuten meine Erfahrungen für die Priesterausbildung, für das „Priesterwerden in einer zukunftssensiblen Kirche"?

1. Das persönliche und kirchliche Werden geschieht in einer sich verändernden, wandelnden Glaubens- und Lebens-Geschichte. Es erscheint mir fundamental, das Leben als lebenslanges Lernen und ‚geistliche Übung' zu begreifen und uns in eine Kultur des neugierigen Anfangens und lebenslangen Entdeckens einzuüben. Ob wir etwas können, ist dabei weniger entscheidend als die Frage, ob wir uns darauf ausrichten, etwas zu erlernen. Das gilt in jeder Lebensphase. Und es ist gut, in der Ausbildung damit entdeckungsfreudig anzufangen.

2. Priestersein heißt für mich: Welten miteinander ins Spiel zu bringen. Wie der Alltag im Licht des Evangeliums erscheint und wie die frohe Botschaft von der Gegenwartserfahrung beleuchtet

wird, zeigt sich jeweils neu. Um eine wechselseitige Resonanz zu ermöglichen, bedarf es der Bereitschaft zu einer wachen Zeitgenossenschaft ebenso wie zu einer immer neuen Ausrichtung auf das Evangelium und die Gegenwart des Auferstandenen. Ich hoffe auf eine
Priesterausbildung, die dazu anregt und Übungsräume öffnet.

3. Die Unverfügbarkeit ist eine Grunderfahrung der vergangenen
Wochen. Ich kann sie als unangenehm empfinden oder sie als offene
Tür für das Wirken des Heiligen Geistes sehen. Priester zu werden in
einer zukunftssensiblen Kirche, heißt für mich: Ich nehme zwischen
Allmachtsphantasien und Ohnmachtsgefühlen meine Teilmächtigkeit
wahr. Ich kann mit meinen Begabungen und meiner Liebe in dieser
Welt wirken – in die ich hineingestellt bin und die auf mich wirkt.
Ich wünsche allen, die sich auf die Priesterweihe vorbereiten, die Fähigkeit, ihre Charismen zu entdecken, mit ihren Grenzen vertrauens-
voll umzugehen und freudig ihre Teilmächtigkeit zu entdecken. Und
ich wünsche ihnen Menschen, die sie dabei gut begleiten.

„In die Schule der Frauen gehen"

Der Not wendende Beitrag von Frauen in der Priesterausbildung

Margit Eckholt

1. Klerikale und machtasymmetrische Strukturen aufbrechen – der zentrale Beitrag von Frauen in der Priesterausbildung

In der überarbeiteten Ratio Fundamentalis (2016), in der die Priesterausbildung in der katholischen Kirche neu geregelt wird, wird von der „Kenntnis und Vertrautheit mit der Dimension des Weiblichen" gesprochen, die sich „günstig und wesentlich für die menschliche und geistliche Bildung des Seminaristen" erweise (Nr. 95), vom konkreten Einsatz von Frauen in der Priesterausbildung ist nicht die Rede. In den deutschen Diözesen und Erzdiözesen sind mittlerweile Frauen als Referentinnen und Studienleiterinnen in der Diakonen- und Priesterausbildung tätig. Der kanadische Kardinal Marc Ouellet, Präfekt der Bischofskongregation, hat sich in der Mai-Ausgabe 2020 der Vatikan-Zeitschrift „Donne Chiesa Mondo" („Frauen Kirche Welt") für eine stärkere Beteiligung von Frauen an der Priesterausbildung ausgesprochen. Es gebe viele Möglichkeiten, sie in den Prozess einzubeziehen, die aktuellen Ausbildungsregeln müssten „weiterentwickelt" werden, denn wir „befinden uns immer noch in einem klerikalen Konzept".[1] Das ist eine Kritik, die Papst Franziskus in vielen seiner Ansprachen und Schreiben benannt hat. Klerikalismus ist „eines der Übel der Kirche",[2] es verhindert das „Wachstum der Laien"[3] und der Charismen im ganzen Volk Gottes, und gerade hier geht es ihm darum, wie er im Nachsynodalen Schreiben „Querida Amazonia"

---

[1] Vgl. https://www.domradio.de/themen/vatikan/2020-04-24/wir-brauchen-die-meinung-von-frauen-kardinal-will-staerkere-rolle-von-frauen-priesterausbildung (Zugriff: 26.04.2022).
[2] *Papst Franziskus*, Keine Kirche ohne Frauen. Mit einer Einführung versehen und herausgegeben von G. Sailer, Stuttgart 2016, 74f.
[3] Ebd.

(2020)[4] geschrieben hat, die „Kraft und die Gabe der Frauen" (QA 99–103) zu stärken, denn ohne sie wären „viele Gemeinschaften in Amazonien auseinandergefallen" (QA 101). Die „Weitergabe des Glaubens" wäre in Gemeinden, die manchmal jahrzehntelang nicht von einem Priester aufgesucht worden sind, ohne die „Präsenz von starken und engagierten Frauen", nicht möglich gewesen, Frauen, „die, gewiss berufen und angetrieben vom Heiligen Geist, tauften, Katechesen hielten, den Menschen das Beten beibrachten und missionarisch wirkten. Jahrhundertelang hielten die Frauen die Kirche an diesen Orten mit bewundernswerter Hingabe und leidenschaftlichem Glauben aufrecht. Mit ihrem Zeugnis haben sie uns alle bei der Synode angerührt" (QA 99). Deswegen geht es darum, die „Räume für eine wirkungsvollere weibliche Präsenz in der Kirche"[5] zu erweitern, und dazu gehört in einer besonderen Weise die Präsenz von Frauen in der Ausbildung von Priestern, sowohl im wissenschaftlichen als auch praktisch-geistlichen Teil der Ausbildung. Beeindruckend ist, wie auf der 1. Kirchlichen Versammlung in Lateinamerika und im Vorbereitungsdokument für diese Versammlung, das auf einen umfänglichen „proceso de escucha" (ein „Hearing") im ganzen Volk Gottes in Lateinamerika zurückgeht, die Kritik am Klerikalismus vertieft worden ist, wie Machtfragen in der Kirche benannt worden sind und die Bedeutung herausgestellt worden ist, Frauen stärker in kirchliche Prozesse und Strukturen einzubeziehen.[6]

Klerikalismus ist „ein hierarchisch-autoritäres System, das auf Seiten des Priesters zu einer Haltung führen kann, nicht geweihte Personen in Interaktionen zu dominieren, weil er qua Amt und Weihe eine übergeordnete Position inne hat"[7]; so geht es auch aus der MHG-Studie hervor, die von den deutschen Bischöfen 2014 angesichts des von Klerikern verübten Missbrauchs an jungen Menschen

---

[4] Vgl. QA.

[5] *Papst Franziskus*, Keine Kirche ohne Frauen (s. Anm. 2), 54.

[6] Síntesis narrativa. La escucha en la 1 Asamblea eclesial para América Latina y el Caribe. Voces del Pueblo de Dios, in: https://prensacelam.org/wp-content/uploads/2021/09/Sintesis-Narrativa-FINAL-1.pdf (Zugriff: 26.04.2022).

[7] *H. Dreßing et al.*, Sexueller Missbrauch an Minderjährigen durch katholische Priester, Diakone und männliche Ordensangehörige im Bereich der Deutschen Bischofskonferenz (MHG-Studie), Mannheim/Heidelberg/Gießen 2018, 28.

und Frauen in Auftrag gegeben und im September 2018 veröffent-
licht worden ist. Die Analysen der MHG-Studie im Blick auf die Ursachen des Missbrauchs – Klerikalismus, traditionelle Sexualmoral
und fehlende Beteiligung von Frauen in Kirche – waren Ausgangspunkt des Synodalen Wegs der deutschen Ortskirche und stellen
ein durchgängiges Motiv aller vier Foren des Synodalen Wegs dar.[8]
Es geht, so formuliert es der Entwurf des Grundtextes des Forums
„Priesterliche Existenz heute", „um nichts Geringeres als um Fragen
des Abschieds vom patriarchal geprägten System mit seinen män-
nerbündischen Strukturen und um einen Neuansatz für das Priestertum des Dienstes innerhalb des gemeinsamen Priestertums aller
Gläubigen; um Fragen des Abschieds von überhöhten und sakrali-
sierten priesterlichen Rollenbildern und um Überlegungen zur Einbindung von Frauen auf unterschiedlichen kirchlichen Ebenen; um
Fragen des Abschieds vom rein männlichen und zölibatären Zu-
gangsweg zum Priesteramt".[9] In einem der Handlungstexte des Forums „Frauen in Diensten und Ämtern der Kirche" wird entsprechend gefordert, dass Frauenforschung und feministische Theologie
einen „ausdrücklichen Stellenwert in den Studien- und Fortbil-

---

[8] Der am 1. Dezember 2019 offiziell eröffnete Synodale Weg ist ein von der Deut-
schen Bischofskonferenz und dem Zentralkomitee der deutschen Katholiken
(ZdK) eröffneter Reformprozess, in dessen Rahmen auf insgesamt 5 Synodalver-
sammlungen bis März 2023 die Fragen von „Macht und Gewaltenteilung in der
Kirche", „Priesterliche Existenz heute", „Frauen in Diensten und Ämtern der
Kirche", „Leben in gelingenden Beziehungen – Liebe leben in Sexualität und
Partnerschaft" behandelt werden. Jedes Forum wird von einem Vertreter der
Deutschen Bischofskonferenz und einer Vertreterin bzw. einem Vertreter des
ZdK gemeinsam geleitet, die Mitglieder sind sowohl von der Deutschen Bischofskonferenz als auch vom ZdK berufen, sie gehören kirchlichen Verbänden an, arbeiten in unterschiedlichen kirchlichen Feldern oder sind in der Wissenschaft tätig. Als Ergebnisse der Arbeit in den Foren werden jeweils ein Grundtext und
verschiedene Handlungstexte vorgelegt, die von der Synodalversammlung in einem mehrstufigen Prozess abgestimmt werden. Vgl. https://www.synodalerweg.
de/ (Zugriff: 22.02.2922).
[9] Vorlage des Synodalforums II „Priesterliche Existenz heute" zur Ersten Lesung auf
der Zweiten Synodalversammlung (30.9.–2.10.2021) für den Grundtext, in:
https://www.synodalerweg.de/fileadmin/Synodalerweg/Dokumente_Reden_Beitrae
ge/4.1_SV-II-Synodalforum-II-Grundtext_Lesung1.pdf, 3 (Zugriff: 22.02.2022).
https://www.synodalerweg.de/fileadmin/Synodalerweg/Dokumente_Reden_Beitrae
ge/SV-III-Synodalforum-II-Handlungstext.PersoelichkeitsbildungUndProfessionali
sierung-Lesung1.pdf (Zugriff: 26.04.2022).

dungsprogrammen von Fakultäten und Instituten und vor allem im
Kontext der Priester- und Ordensausbildung erhalten" sollen, weil
„auf diesem Weg (…) Grundlagen für ein Genderbewusstsein gelegt
(werden), das Auswirkungen haben wird auf die pastorale Praxis".[10]

Hier ist ein wichtiges Moment formuliert, das auch in den folgenden Überlegungen zu einer stärkeren Einbeziehung von Frauen in die
Priesterausbildung leitend sein wird: Sicher verändert sich die „Kultur" des Miteinanders und kann Klerikalismus aufgebrochen werden
durch eine gleichberechtigte Teilnahme von Frauen im Team des
Priesterseminars, durch ihre Tätigkeit als Professorinnen in den verschiedenen Disziplinen der theologischen Wissenschaft und als Referentinnen und Studienleiterinnen für die verschiedenen Felder pastoraler und geistlicher Praxis, aber die mit dem Klerikalismus
verbundenen Asymmetrien und Machtstrukturen, die in die Beziehung zwischen Priestern und Frauen Hierarchien einziehen, können
erst dann überwunden werden, wenn es auch auf Ebene des Denkens
zu einem Wandel kommt. Gleichberechtigung und der Weg zu einer
geschlechtergerechten Kirche vollziehen sich in der Praxis und werden in vielen Gemeindeteams, in neuen Modellen der partizipativen
Gemeindeleitung, bei denen auch Frauen Leitung übernehmen,
praktiziert, auch auf vielen anderen Ebenen kirchlicher Praxis. Aber
dies muss auch verbunden sein mit Schulung und Bildung, vor allem
mit der Auseinandersetzung mit der theologischen Arbeit, die in den
letzten Jahrzehnten dazu beigetragen hat, die philosophischen und
theologischen Denkmuster, die psychischen „Codes und Praxen,
Traditionen und Sozialgrammatiken, Ideologien und Bilder"[11] aufzu-
decken, die zu genau diesen Machtasymmetrien und Geschlechterhierarchien geführt haben und dazu, dass Frauen und ihre vielfältigen Beiträge in Pastoral, Mission, Bildungs- und theologischer
Arbeit unsichtbar gemacht worden sind.

---

[10] Vorlage des Synodalforums III „Frauen in Diensten und Ämtern in der Kirche"
zur Ersten Lesung auf der Zweiten Synodalversammlung (30.9.–2.10.2021) für den
Handlungstext „Frauen an Theologischen Fakultäten, Instituten und Kirchlichen
Hochschulen", in: https://www.synodalerweg.de/fileadmin/Synodalerweg/Doku-
men te_Reden_Beitraege/5.2_SV-II-Synodalforum-III-Handlungstext.Fakultaeten-
Le sung1.pdf, 2 (Zugriff: 26.04.2022).
[11] *U. Leimgruber*, Frauen als Missbrauchsbetroffene in der katholischen Kirche?,
in: D. Reisinger (Hrsg.), Gefährliche Theologien. Wenn theologische Ansätze
Machtmissbrauch legitimieren, Regensburg 2021, 119–136, 120.

Johannes XXIII. war der erste Papst, der die „Frauenfrage" zu den
zentralen „Zeichen der Zeit" zählte, das 2. Vatikanische Konzil hat
die fehlende Gleichberechtigung von Frauen, ihre Diskriminierung
in Wirtschaft, Politik, Gesellschaft und Kultur angeprangert (vgl.
GS 29), Frauen konnten in Kommissionen und Arbeitsgruppen des Konzils mitwirken und haben im Blick auf das neue Verständnis von Ehe
und Familie oder die Bedeutung, die dem Laienapostolat und seinen
verschiedenen Feldern zukommt, entscheidend mitwirken können.
Ein zentrales Motiv des 2. Vatikanischen Konzils ist die Entdeckung
der gemeinsamen und gleichen Würde aller Glaubenden, von Männern und Frauen, davon sind die Konzilstexte geprägt, die Kirchenkonstitution, das Laien- oder Missionsdekret; eine Ekklesiologie ist
grundgelegt worden, die die Kirche als Volk Gottes versteht, die bei
der Taufberufung ansetzt und die Ämter als „ministeria" sieht, die
im Dienst des ganzen Volkes Gottes stehen, so dass auf allen Ebenen
kirchlichen Lebens und in der Welt vom ganzen Volk Gottes entsprechend Zeugnis vom Evangelium gegeben werden kann. So ist es nach
dem Konzil zur Ausgestaltung neuer pastoraler Berufe für Laien gekommen, Frauen haben religionspädagogische und theologische Studien absolviert und sind als Gemeinde- und Pastoralreferentinnen in
Gemeinden und auf anderen Ebenen kirchlicher Praxis, vor allem der
Caritas und der Bildungsarbeit tätig, und sie haben sich auch in der
theologischen Wissenschaft qualifiziert, so dass mittlerweile ca. 23 %
der Professuren an Fakultäten und Instituten für katholische Theologie von Frauen besetzt sind. Forschungsarbeiten von Frauen (und
Männern), die sich mit theologischer Frauenforschung und feministischer Theologie oder gendertheoretischen Ansätzen auseinandersetzen, sind dabei jedoch oft nur am Rande wahrgenommen worden,
sie haben für die Ausbildung von Priestern an Fakultäten und Seminaren wenig Relevanz, nicht zuletzt weil bis vor kurzem explizit femi-
nistisch arbeitende Theologinnen nicht an theologischen Fakultäten
und in der Priesterausbildung tätig werden konnten. Eine Auseinandersetzung mit der Vielfalt von – auch weiblichen – Gottesbildern,
mit „mächtigen" Frauen in der Leitung von Ordensgemeinschaften,
mit philosophisch-theologischen Denkstrukturen, in denen frauen-
feindliche und geschlechterhierarchische Kategorien das Ämter-
und Machtgefüge in der Kirche untermauerten, wurde nicht geführt.
Theologische Anthropologie ist in diesem Sinn „blass" geblieben, sie
hat sich mit Erfahrungen und Lebenswelten von Männern und Frau-

en, mit kulturellen und psychischen Codes und Strukturen, mit Bildern und Ideologien des Weiblichen oder Männlichen wenig auseinandergesetzt. Die Pastoraltheologin Ute Leimgruber spricht hier – im Anschluss an die Publizistin Carolin Emcke – von „hidden patterns", von der „Macht der Gendergrammatiken, die den Körpern und Identitäten der Menschen und Gesellschaften eingeschrieben sind",[12] und die gerade auch das Verhältnis zwischen Priestern und Frauen geprägt haben und prägen. Auch in der MHG-Studie wird auf diese „vermachtete Geschlechteranthropologie"[13] hingewiesen, auf das „doppelt asymmetrische Verhältnis zwischen Priestern und Frauen" angesichts der „geistliche(n) Autorität des Priesters" auf der einen und angesichts „seine(r) besondere(n) Stellung als Mann" auf der anderen Seite. Mit einer solchen „vermachteten Geschlechteranthropologie" geht eine spezifische „Konstruktion des Sein-Sollens der Frauen" überein[14] mit der Konsequenz, dass Frauen dann ein „ganz spezifischer Platz in der Kirche" zugeschrieben wird, der an der „Natur" der Frau, ihrem spezifischen weiblichen „Wesen" festgemacht wird – Zuschreibungen, die (meist) aus der Feder von Männern fließen.

Im Nachsynodalen Schreiben „Querida Amazonia" spricht Papst Franziskus von den indigenen Völkern als den „Hauptgesprächspartnern" (QA 26), in gewisser Weise sollen wir in ihre Schule gehen, um ein ökologisches Denken und eine Schöpfungsspiritualität im Dienst der „Sorge um das gemeinsame Haus der Schöpfung" zu erlernen. In ähnlicher Weise ist es notwendig und Not wendend, dass das Lehramt in die „Schule der Frauen" geht, um im Miteinander von Männern und Frauen Theologie und Priesterausbildung im Dienst einer geschwisterlichen und geschlechtergerechten Kirche auszugestalten. Papst Franziskus weist immer wieder darauf hin, dass eine „Theologie der Frau" zu entwickeln sei, in der – und hier schließt er sich Papst Johannes Paul II. und seinem Apostolischen Schreiben „Mulieris dignitatem" (1988) an – der „Genius der Frau"

---

[12] Ebd., 119. U. Leimgruber bezieht sich u. a. auf *C. Emckes* Publikation „Ja heißt ja, und …", Frankfurt a. M. 2019.
[13] *U. Leimgruber*, Frauen als Missbrauchsbetroffene in der katholischen Kirche? (s. Anm. 11), 130.
[14] Ebd.

zur Entfaltung kommen müsse.[15] Gerade auch im Kontext der Priesterausbildung wird – vor allem in internationalen Kontexten – eine
solche „Theologie der Frau" gefordert. „Wir befinden uns immer
noch in einem klerikalen Konzept", so äußerte sich Kardinal Marc
Ouellet im genannten Interview in der Zeitschrift „Donne Chiesa
Mondo". Es sei problematisch, wenn Frauen nicht in die Priesterausbildung integriert würden, das sei gerade im Blick auf die Seelsorge problematisch, denn, so der Kardinal, „die Aufmerksamkeit
für Menschen ist von Natur aus weiblich". Hier werden – wie in
den Impulsen, die Papst Franziskus im Blick auf die Geschlechteranthropologie setzt – spezifische Wesensaussagen im Blick auf das
„Frau-Sein" gemacht, die Gefahr laufen, wenn sie nicht kritisch reflektiert werden, weiterhin asymmetrische Geschlechterhierarchien
zu setzen und Zuschreibungen im Blick auf „die Frau" und „das
Weibliche" vorzunehmen, die weiterhin von frauenfeindlichen und
verletzenden Codes und Bildern geprägt sind.

Wenn Priesterausbildung heute ein Bewusstsein für die „Frauen-
frage(n)" entwickeln will, wird es wichtig sein, sie nicht auf den
Grund einer „Theologie der Frau" zu stellen, sondern sich mit
den – im folgenden zweiten Kapitel näher zu betrachtenden – kritischen Perspektiven auseinanderzusetzen: um verstehen zu lernen,
was mit der „Frauenfrage" gemeint war, warum sich eine feministische Theologie ausgebildet hat und wie diese in gender-theoreti-
schen Ansätzen weiterentwickelt wird. Das ist einerseits Aufgabe
der akademischen Theologie, das ist andererseits Aufgabe der
Priesterausbildung, wenn es im engeren Sinn darum geht, dass An-
wärter auf das Priesteramt sich mit der eigenen geschlechtlichen
Identität auseinandersetzen und mit ihrer Fähigkeit, Beziehungen
zu Frauen in dem Sinn gestalten zu können, dass sie von Anerkennung und gegenseitiger kritischer Aufmerksamkeit geprägt sind,

---

[15] *Papst Franziskus*, Keine Kirche ohne Frauen (s. Anm. 2), 54/55: „Die Frau ist
für die Kirche unabdingbar. Maria – eine Frau ist wichtiger als die Bischöfe. Ich
sage das, denn man darf Funktion und Würde nicht verwechseln. Man muss
noch mehr über eine gründliche Theologie der Frau arbeiten. Nur wenn man
diesen Weg geht, kann man besser über die Funktion der Frau im Inneren der
Kirche nachdenken. Der weibliche Genius ist nötig an den Stellen, wo wichtige
Entscheidungen getroffen werden. Die Herausforderung heute ist: reflektieren
über den spezifischen Platz der Frau gerade auch dort, wo in den verschiedenen
Bereichen der Kirche Autorität ausgeübt wird."

vom Miteinander-Lernen und der gemeinsamen Mission im Dienst
des Evangeliums.

2. Keine „Theologie der Frau", sondern eine kritische und genderbewusste Theologie ausbilden

Die verstärkte Präsenz von Frauen in der Priesterbildung kann dazu
beitragen, dass Priesteramtskandidaten ein Bewusstsein entwickeln
für eine „Kultur der Anerkennung" unter den Geschlechtern in aller
Diversität, für eine gleichberechtigte Zusammenarbeit in einer geschwisterlichen Kirche. Dazu gehört die theologisch fundierte Auseinandersetzung mit anthropologischen Grundkonstanten und ihre
kritische Reflexion, vor allem dann, wenn mit Bildern des Weiblichen und Männlichen weiterhin traditionelle Geschlechterhierarchien fortgeschrieben werden. Das ist sicher wesentlicher Bestandteil
der theologisch-akademischen Ausbildung, die nicht im engeren
Sinn Aufgabe der Priesterausbildung in Seminaren ist; aber wird
ernst genommen, dass Theologie immer auch erfahrungsbezogen
ist, müssen auch in Zukunft Inhalte der akademischen Ausbildung
stärker auf die praxisbezogene und geistlich-psychologisch orientierte Ausbildung in Priesterseminaren reflektiert werden. Persönliche
Erfahrungen, die immer in die eigene psychische, geschlechtliche,
soziale, kulturelle Identität eingebettet sind, bilden auch einen
„theologischen Ort", der zusammen mit den theologischen Orten
wie Schrift, Tradition, patristische oder scholastische Theologie,
Lehramt usw. der Gewinnung theologischer Erkenntnis dient. Dazu
gehören dann Prozesse der „Unterscheidung der Geister", in denen
das Gespür geschult und die Fähigkeit ausgebildet werden, „Versuchungen zu durchschauen und sie zurückzuweisen", „toxische"
Systeme zu erkennen[16] – und diese sind oftmals immer noch mit
Bildern des Weiblichen verwoben, wie sie sich in der Tradition ausgebildet haben. Darum soll im Folgenden – sicher im Rahmen dieses Aufsatzes in einer sehr rudimentären Form – auf zwei solcher
Bilder reflektiert werden, die in den lehramtlichen Impulsen zu einer
„Theologie der Frau" immer wieder herangezogen werden und die

---

[16] *K. Mertes*, Vorwort, in: D. Wagner, Spiritueller Missbrauch in der katholischen
Kirche, Freiburg i. Br. 2019, 5–12, 10.

auch heute noch – unreflektiert – ein frauenfeindliches und diskriminierendes Potential bergen.

2.1. Anthropologische Grundfragen – Geschlechterverhältnisse

In den theologisch-anthropologischen Debatten der letzten Jahrzehnte sind im Blick auf die Geschlechterbeziehungen oft die Modelle von „Differenz" und „Gleichheit" gegenübergestellt worden, auch in feministisch-theologischen Arbeiten ist von einem Differenz- bzw. einem Gleichheitsfeminismus die Rede. In seinen auch heute noch lesenswerten Reflexionen „Mann und Frau als Problem theologischer Anthropologie" hat Karl Lehmann auch in der Rezeption humanwissenschaftlicher Überlegungen darauf hingewiesen, dass es eine „Ideologie der biologischen Unterschiede, aber auch eine Ideologie der Gleichartigkeit" gibt, und „beide gereichen Mann und Frau zum Schaden",[17] und er schließt sich selbst – zwar mit kritischer Distanz – dem Modell der „Polarität der Geschlechter" an, das in den theologischen Debatten der 1980er Jahre aus lehramtlicher Perspektive in den Vordergrund gerückt worden ist und das Apostolische Schreiben „Mulieris Dignitatem" (1988) von Johannes Paul II. charakterisiert.[18] „Mulieris Dignitatem" ist der erste umfängliche lehramtliche Text über „Berufung" und „Würde" der Frau, in dem entgegen diskriminierender Praktiken in Gesellschaft und Kirche die Gleichwertigkeit der Frau betont wird und vor allem unter Rekurs auf die theologischen Ansätze von Louis Bouyer, Hans Urs von Balthasar, Pierre Teilhard de Chardin und Henri de Lubac[19] ein geschlechteranthropologisches Modell vorgelegt wird, das von der Differenz und Polarität der Geschlechter ausgeht und der Frau einen spezifischen „Genius" (MD 30) zuschreibt, der in der Schöpfung und einem an Geschlechtertypologien gekoppelten Modell der Liebe grundgelegt ist. Die Frau „empfängt Liebe", und diese Grund-

---

[17] K. *Lehmann*, Mann und Frau als Problem der theologischen Anthropologie. Systematische Erwägungen, in: T. Schneider (Hrsg.), Mann und Frau – Grundproblem theologischer Anthropologie (QD 121), Freiburg i. Br. 1989, 53–72, 66.

[18] Vgl. MD.

[19] Vgl. z. B. *H. U. von Balthasar*, Gedanken zum Frauenpriestertum, in: IKaZ 25 (1996) 491–498; *Ders.*, Sponsa Verbi. Skizzen zur Theologie II, Einsiedeln 1960; *Ders.*, Pneuma und Institution. Skizzen zur Theologie IV, Einsiedeln 1974; *H. de Lubac*, Die Kirche. Eine Betrachtung, Einsiedeln 1968.

struktur des „Empfangens" prägt sie in ihrem „Frausein": „Wenn wir
sagen, die Frau empfängt Liebe, um ihrerseits zu lieben, meinen wir
nicht nur oder vor allem die der Ehe eigene bräutliche Beziehung.
Wir meinen damit etwas Universaleres, das sich auf die Tatsache
selbst des Frauseins in den interpersonalen Beziehungen gründet,
die dem Zusammenleben und -wirken der Personen, von Männern
und Frauen, die verschiedenste Gestalt verleihen." (MD 29) In einer
essentialistischen Weise wird hier bestimmt, was „das Wesen", „die
Natur" „der Frau" ausmacht, unabhängig von ihrer sozialen, ökonomischen oder ethnischen Einbettung. „In diesem weiten und differenzierten Zusammenhang *stellt die Frau einen Eigenwert dar als
menschliche Person* und gleichzeitig als jene konkrete Person *in ihrem
Frausein*. Das trifft auf alle Frauen und auf jede einzelne von ihnen
zu unabhängig von dem kulturellen Rahmen, in dem jede sich befindet, und unabhängig von ihren geistigen, psychischen und körperlichen Merkmalen, wie zum Beispiel Alter, Bildung, Gesundheit,
Arbeit, verheiratet oder ledig." (MD 29) Die biblisch-schöpfungs-
theologischen Texte werden in diesem Ansatz auf dem Hintergrund
aristotelischer und neuplatonischer Traditionen[20] interpretiert, und
genau hier steht das weibliche Moment als empfangendes Prinzip
dem männlichen – zeugenden – Prinzip polar gegenüber, und dies
verbindet sich mit der neutestamentlichen Interpretation der Ge-
schlechterverhältnisse im Epheserbrief (Eph 5,21–33) über die
Braut-Bräutigam-Metaphorik, die dann in patristisch-mystischen
theologischen Ansätzen weiter entfaltet wird. „Die Berufung der
Frau zur Existenz neben dem Mann (‚eine Hilfe, die ihm entspricht':
Gen 2,18) in der ‚Einheit der zwei' bietet in der sichtbaren Welt der
Geschöpfe besondere Voraussetzungen, damit ‚die Liebe Gottes aus-
gegossen wird in die Herzen' der nach seinem Bild geschaffenen
Wesen. Wenn der Verfasser des Epheserbriefes Christus einen Bräutigam und die Kirche eine Braut nennt, bestätigt er mit dieser Analogie indirekt *die Wahrheit über die Frau als Braut*. Der Bräutigam ist
der Liebende. Die Braut wird geliebt: *Sie empfängt die Liebe, um ih-*

---

[20] Vgl. *P. von Gemünden*, Die emotionale Frau und der vernünftige Mann? Die
Affekte und der Logos in ihrer Zuordnung zu den Geschlechtern in der Antike.
Ein Kapitel Historischer Psychologie, in: Dies., Affekt und Glaube. Studien zur
Historischen Psychologie des Frühjudentums und Urchristentums, Göttingen
2009, 138–159.

rerseits zu lieben." (MD 29) Aufgrund der „inneren Logik" des biblischen Textes, so der Papst, „ist es gerade die Frau, die diese Wahrheit allen offenbar macht: die Braut" (MD 29), und es ist in diesem
Sinn eine Wahrheit, die sich in ihr Wesen als Frau einschreibt.

Wenn Papst Franziskus von einer „Theologie der Frau" spricht
und dazu in verschiedenen Ansprachen Impulse gibt, bewegt er
sich in den Bahnen dieser Geschlechteranthropologie. Er spricht
von einem „neuen Paradigma", das sich ausgebildet hat, „das Paradigma von Gegenseitigkeit in Gleichwertigkeit und Unterschiedlichkeit. In der Beziehung zwischen Mann und Frau sollte also anerkannt werden, dass beide notwendig sind, da sie zwar eine
identische Natur besitzen, aber mit eigenen Ausprägungen. Die
Frau ist notwendig für den Mann und umgekehrt, damit die Person
wirklich zu ganzer Fülle gelangt".[21] Papst Franziskus rekurriert damit auf das Polaritätsmodell, er betont die „Differenz" zwischen
Mann und Frau, nicht im Sinn eines „Gegensatzes" oder einer „Unterordnung", sondern diese Differenz dient „der Gemeinschaft und
der Fortpflanzung, stets als Abbild Gottes, ihm ähnlich".[22] Problematisch wird dieses Polaritätsmodell dann, wenn die Geschlechtertypologien essentialistisch interpretiert werden und wenn
„Wesensbilder", die – wie Karl Lehmann deutlich macht – „ideal-
typisch" zu interpretieren sind, auf den je konkret gelebten Lebensentwurf von Männern und Frauen bezogen werden. „Konkrete Männer und konkrete Frauen sind niemals reine Ausprägungen eines
Wesens. Sie sind eher Mischformen ... Dabei darf es nie [...] um
einen ausschließlichen Gegensatz von ‚weiblich und männlich' gehen. Dies legt sich nicht nur von den biologischen und psychologischen Erkenntnissen her nahe, sondern ist auch das Körnchen
Wahrheit im Modell ‚Androgynie'."[23] Karl Lehmann geht hier einen
Weg, der in gendertheoretischen Ansätzen eingeschlagen wird, jede
Ausprägung der Geschlechtlichkeit ist in soziale, kulturelle, politische und ökonomische Kontexte einzubetten, und wird auch davon
geprägt. Darum ist nicht zu verstehen, warum Papst Franziskus

---

[21] *Papst Franziskus*, Keine Kirche ohne Frauen (s. Anm. 2), 63.
[22] Ebd., 139.
[23] *K. Lehmann*, Mann und Frau als Problem der theologischen Anthropologie
(s. Anm. 17), 71.

den – wie er schreibt – „sogenannten Gendertheorien"[24] mit Vorbehalten begegnet. Werden essentialistische Geschlechtermodelle
vertreten, besteht die Gefahr einer „Mystifikation";[25] wenn sich eine
„Metaphysik der Geschlechter in einem geschichtslosen Bereich vollzieht, der jenseits der konkreten, auch konflikthaltigen Begegnung
von Mann und Frau angesiedelt wird", besteht stets die „lauernde
Gefahr, dass die Andersheit der Frau in subtilen Formen doch wiederum als Unterlegenheit und Unterordnung begriffen wird".[26] Und
hier schreibt sich dann auch die Eva-Maria-Typologie ein, die in der
Geschichte des Christentums immer wieder zu frauenfeindlichen
und diskriminierenden Praktiken geführt und gerade auch das Verhältnis zwischen Priestern und Frauen geprägt hat.

2.2. Eva-Maria-Typologien aufbrechen

Die Geschlechteranthropologie lehramtlicher Texte orientiert sich
im Blick auf das Bild der Frau an Maria. „Bei ihr", so Johannes
Paul II. in „Mulieris Dignitatem", „wird auf vollkommenste und un-
mittelbarste Weise die innige Vereinigung der Ordnung der Liebe –
die durch eine Frau in die Welt der menschlichen Personen ein-
zieht – mit dem Heiligen Geist deutlich." (MD 29) Zitiert wird
hier Lk 1,35 „Der Heilige Geist wird über dich kommen", und damit
wird das empfangende Moment als Wesensbestimmung der Frau
über die biblische Metaphorik mit der Offenbarungsstruktur christlichen Glaubens verbunden. Von dort ausgehend wird auch bei
Papst Franziskus die Brücke zwischen Maria und der Kirche gebaut:
„Eine Kirche ohne die Frauen ist wie das Apostelkollegium ohne
Maria. Die Rolle der Frau in der Kirche ist nicht nur die Mutter-
schaft, die Mutter der Familie, sondern sie ist stärker: Sie ist wirklich
die Ikone der Jungfrau Maria, der Gottesmutter; diejenige, die der
Kirche hilft zu wachsen! Aber bedenkt, dass die Madonna wichtiger

---

[24] *Papst Franziskus*, Keine Kirche ohne Frauen (s. Anm. 2), 140. Zur Auseinandersetzung vgl. *M. Eckholt*, Die Freiheit der „imago Dei". Anmerkungen zur Gen-
der-Diskussion in theologisch-anthropologischer Perspektive, in: Dies. (Hrsg.),
Gender studieren. Ein Lernprozess für Theologie und Kirche, Ostfildern 2017,
189–227.

[25] *K. Lehmann*, Mann und Frau als Problem der theologischen Anthropologie
(s. Anm. 17), 71.

[26] Ebd., 67.

ist als die Apostel! [...] Die Kirche ist weiblich: Sie ist die Kirche, Braut, Mutter. Aber [...] die Rolle der Frau in der Kirche darf nicht nur auf die der Mutter, der Arbeiterin hinauslaufen, eine einge-schränkte Rolle [...]. In der Kirche muss man [...] an die Frauen denken aus der Perspektive riskanter, aber fraulicher Entscheidun-gen. Das muss noch besser verdeutlicht werden. Ich glaube, wir ha-ben in der Kirche noch keine vertiefte Theologie der Frau ent-wickelt."[27] Wenn Papst Franziskus die Kirche so eng mit Maria verbindet, bezieht er sich auf patristische und mystische Traditio-nen, die die Braut-Bräutigam-Metaphorik des Epheser-Briefs (Eph 5,21–33) mariologisch und ekklesiologisch interpretieren. Dabei ist Maria, so wie Christus der „neue Adam" ist, die „neue Eva" und so der „typus ecclesiae". Die Frau – Eva – ist in einer spezifischen In-terpretationsgeschichte der Schöpfungserzählungen mit der Sünde in Verbindung gebracht worden, vor allem im Zuge der Ausbildung der Erbsündenlehre. Diese Interpretationsgeschichte beginnt jedoch bereits in der Schrift: Im Buch Jesus Sirach (3.–2. Jh. v. Chr.) heißt es: „Von einer Frau nahm die Sünde ihren Anfang, ihretwegen müs-sen wir alle sterben." (Sir 25,24) – wobei Exegetinnen heute darauf hinweisen, dass es im biblischen Text offenbleibt, ob „ihretwegen" auf die Frau oder die Sünde bezogen ist. Gerade die Weisheitstradi-tionen vermitteln ein negatives Frauenbild, und sie stellen auch das Umfeld für die neutestamentlichen Texte dar, in denen die Unter-ordnung und mindere Würde von Frauen explizit formuliert ist. Ge-rade 1 Tim 2,11–15,[28] ein aus dem Umfeld der paulinischen Gemein-den erwachsener Text, und der Paulustext 1 Kor 11,7–9[29] sind in

---

[27] *Papst Franziskus*, Keine Kirche ohne Frauen (s. Anm. 2), 56. Papst Franziskus verweist auf H. U. von Balthasar (ebd., 59).

[28] 1 Tim 2,11–15: „Eine Frau soll sich still und in voller Unterordnung belehren lassen. Dass eine Frau lehrt, erlaube ich nicht, auch nicht, dass sie über ihren Mann herrscht; sie soll sich still verhalten. Denn zuerst wurde Adam erschaffen, danach Eva. Und nicht Adam wurde verführt, sondern die Frau ließ sich verfüh-ren und übertrat das Gebot. Sie wird aber dadurch gerettet werden, dass sie Kin-der zur Welt bringt, wenn diese in Glaube, Liebe und Heiligkeit ein besonnenes Leben führen."

[29] 1 Kor 11,7–9: „Der Mann darf sein Haupt nicht verhüllen, weil er Abbild und Abglanz Gottes ist; die Frau aber ist der Abglanz des Mannes. Denn der Mann stammt nicht von der Frau, sondern die Frau vom Mann. Der Mann wurde auch nicht für die Frau erschaffen, sondern die Frau für den Mann."

diesem Sinn für die Ausbildung von Bildern des Weiblichen in der christlichen Tradition von zentraler Relevanz gewesen. In der Schöpfungsgeschichte selbst ist eine solche Unterordnung der Frau nicht angelegt,[30] dem Weiblichen – Frauen – kommt in beiden Schöpfungserzählungen (Gen 1–3) dieselbe Würde wie dem Männlichen – Männern – zu; Gen 1,27 gibt hier eine zentrale Orientierung, allen Menschen – männlich oder weiblich – kommt die gleiche Gottbildlichkeit zu. Dieser Text tritt in frauenfeindlichen Traditionen in den Hintergrund, und in apokryphen Texten wird mit dem Bild der Eva die „Sünderin" und „Verführerin" verbunden.[31] Hier tritt dann auch die paulinische Tradition in den Hintergrund, dass die Sünde mit der Übertretung Adams – des „Menschen" – geschehen ist und dass in Christus der Mensch im Sinn des „anthropos" geheilt ist (Röm 5,12); die Verfehlung wird nun Eva zugeschrieben. Das schlägt sich dann auch nieder in der Interpretation der Gottbildlichkeit des Menschen bei den Kirchenvätern und bei Thomas von Aquin. Unter Referenz auf 1 Kor 11,7 betont Thomas, dass allen Geschlechtern auf einer primären Ebene dieselbe Gottebenbildlichkeit zukomme, es aber „noch eine andere, dem Manne vorbehaltene Bedeutung der Gottebenbildlichkeit gebe: ‚Aber inbezug auf etwas Sekundäres findet sich das Gottesbild im Mann, und inbezug auf dieses findet es sich nicht in der Frau. Denn der Mann ist das Prinzip der Frau und ihr Ziel, so wie Gott Prinzip und Ziel der gesamten Schöpfung ist.'"[32] Die Unterwerfung der Frau unter den Mann ist für Thomas Strafe und Buße

---

[30] Vgl. hier die Studien von *H. Schüngel-Straumann*, Die Frau am Anfang. Eva und die Folgen, Freiburg i. Br. 1989, und: *E. Moltmann-Wendel* (Hrsg.), Weiblichkeit in der Theologie. Verdrängung und Wiederkehr, Gütersloh 1988; darin: *E. Moltmann-Wendel*, Männlich und weiblich schuf Gott sie. Feministische Theologie und menschliche Identität, 9–30; *H. Schüngel-Straumann*, „Von einer Frau nahm die Sünde ihren Anfang"? Die alttestamentlichen Erzählungen von „Paradies" und „Sündenfall" und ihre Wirkungsgeschichte, 31–55.

[31] *E. Gössmann*, „Eva" in der hebräischen Bibel und in der Deutung durch die Jahrhunderte, in: Dies., Eva – Gottes Meisterwerk (Archiv für philosophie- und theologiegeschichtliche Frauenforschung, Bd. 2), München ²2000, 11–44, 22: In der Apokalypse Abrahams z. B. wird die Frau zur „Verkörperung sexueller Begierde und die Schlange die des Bösen".

[32] *Thomas von Aquin*, S. th. I q 93, a.4 ad 1 – zitiert in: *E. Gössmann*, „Eva" in der hebräischen Bibel (s. Anm. 30), 32/33.

für die Sünde Evas.[33] Das macht er auch unter Rückbezug auf
Aristoteles an der Lehre von der Zeugung des Menschen fest; in diesem Sinn ist die Frau nur ein „mas occasionatus"[34] – ein verminderter Mann –, eine Lehre, die in der theologischen Anthropologie Geschichte machen wird, auch im Protestantismus: „Der Mann aber ist
Ursprung und Prinzip, aus dem die Frau, und ist das Ziel, um des-
sentwillen sie hervorgebracht worden ist", so zitiert die Dogmen-
geschichtlerin Elisabeth Gössmann die protestantischen Autoren
Gisbert Voetius und Johannes Sauerbrei.[35]

Der befreite und erlöste „Typus" der Frau ist demgegenüber Maria in ihrer Nähe zum Heilsgeheimnis in Jesus Christus. Über den
Rückbezug auf Maria erhält die Frau in der Erlösungsordnung dieselbe Würde wie der Mann, es kommt damit zur Ausgestaltung einer
Eva-Maria-Typologie, in der ein Bild des Weiblichen – Eva – einem
anderen – Maria – gegenübergestellt wird, wobei die mit diesen Bildern verbundenen Symboliken in der Geschichte christlicher Tradition in der Moderne immer mehr „ausgemalt" werden: auf der einen
Seite die Verführerin, die in erotischer Hinsicht aufreizende Frau,
die Gefahr für den Mann; auf der anderen Seite die demütige, keu-
sche, sittsame und gehorsame Frau, die Mutter oder Jungfrau – zwei
Lebensformen, die bis weit in das 20. Jahrhundert in lehramtlichen
Texten den Frauen als Vorbild vor Augen gestellt werden und die
auch die Priesterausbildung und das hier vermittelte Frauenbild geprägt haben. Eva steht für Körperlichkeit und Verkörperung der Affekte, die in der griechischen Philosophie dem „nous", dem Verstand, untergeordnet waren.[36] Maria ist nicht der Körperlichkeit
verhaftet, sie steht für ein doppeltes Weiblichkeitsideal, das auch

---

[33] *Thomas von Aquin*, S. th. IIa IIae, q 164, 2 c – zitiert in: *E. Gössmann*, „Eva" in
der hebräischen Bibel (s. Anm. 31), 34.

[34] Vgl. dazu auch den Aufsatz: *E. Gössmann*, ,Naturaliter femina est subiecta vi-
ro'. Die Frau – ein verminderter Mann? Thomas von Aquin, in: R. Jost (Hrsg.),
Wie Theologen Frauen sehen – von der Macht der Bilder, Freiburg i. Br. 1993,
37–56.

[35] *E. Gössmann*, „Eva" in der hebräischen Bibel (s. Anm. 31), 33, Fußnote 50.

[36] *P. von Gemünden*, Die emotionale Frau und der vernünftige Mann? (s. Anm.
20). P. von Gemünden verweist z. B. auch auf Texte von Philo von Alexandrien,
in denen die Überordnung des Männlichen deutlich wird: „Der Verstand ist ja
der sinnlichen Wahrnehmung wie der Mann dem Weibe in jeder Hinsicht über-
legen." (150, mit Bezug auf *Philo*, Quaest in Ex 1,7).

das Schreiben von Johannes Paul II. „Mulieris dignitatem" durchzieht: das „Ideal der Jungfrau-Mutter, der Königin, dem körperfreien weiblichen Ort, der Zuflucht und – spirituelle – Intimität gewährt und das Ideal der demütigen, selbstlosen und sexualitätsfreien Dienerin, die durch ihren Vorsprung der unbefleckten Empfängnis von anderen Frauen nie ganz einzuholen ist, der aber in Selbstverleugnung dennoch nachzueifern ist."[37] Diese „geheimen Körper-Bilder Eva und Maria"[38] prägen bis heute die Frauenbilder – von Männern und Frauen –, und sie haben auch die Priesterausbildung geprägt, in der Maria ein zentraler Stellenwert zukommt.[39] Wenn Kardinal Ouellet in seinem Interview darauf hinweist, dass es auch heute noch in der Seminarausbildung Stimmen gebe, die Frauen als „Gefahr" sehen, und dass Frauen darum gemieden werden müssen, so wirken genau diese Traditionen nach. Die „gute" katholische Frau hat sich an Maria zu orientieren, das ist, um ein Wort der Historikerin Rebecca Solnit aufzugreifen, „mansplaining" par excellence, das sich interessanterweise in der Theologie und kirchlichen Lehre des 19. Jahrhunderts zuspitzt,[40] in Zeiten, in denen auf dem Hintergrund aufklärerischer Ideen die Frauenbewegung entsteht und mit der Gründung neuer apostolischer weiblicher Kongregationen, mit in Schule, Krankenhaus, Pastoral aktiven Frauen auch im kirchlichen Kontext sich ein neues, emanzipiertes Frauenbild auszugestalten beginnt. Aber erst mit der Entstehung feministischer Theologie im römisch-katholischen Kontext nach dem 2. Vatikanischen Konzil wird es zu einer Auseinandersetzung mit dem über Maria transportierten Bild des Weiblichen kommen, das Eva und Maria neu zusammenführen wird.[41]

Es wird wichtig sein, in der Priesterausbildung – sowohl im Studium als auch in der Seminarausbildung – diese Bilder und Typologien des Weiblichen und Männlichen kritisch lesen zu lernen und

---

[37] *R. Ammicht Quinn*, Körper – Religion – Sexualität. Theologische Reflexionen zur Ethik der Geschlechter, Mainz 2004.

[38] Ebd.

[39] *G. Augustin*, Zur Freude berufen. Ermutigung zum Priestersein, Freiburg i. Br. 2010, 263.

[40] Vgl. dazu *M. Wagner*, Die himmlische Frau. Marienbild und Frauenbild in dogmatischen Handbüchern des 19. und 20. Jahrhunderts, Regensburg 1999.

[41] Vgl. *M. Eckholt*, Frau aus dem Volk. Mit Maria Räume des Glaubens öffnen, Innsbruck 2015.

aufzubrechen. Das ist eine der zentralen Aufgaben von in der Priesterausbildung tätigen Frauen, aber auch Aufgabe von allen an der
Priesterausbildung Beteiligten, denn die Gefahr, diesen „geheimen
Körperbildern" zu folgen, besteht auch heute noch und kann sich
z. B. bei der Auswahl von in der Priesterausbildung tätigen Frauen
niederschlagen. Der lehramtliche theologische Diskurs ist, bei aller
Wertschätzung, die Frauen entgegengebracht wird, auf dem Hintergrund einer theologischen Anthropologie formuliert, in der diese
Typologien und Bilder nachwirken und in der diese – werden sie
nicht kritisch reflektiert – auch heute noch Gefahr laufen können,
Diskriminierung und Missbrauch Vorschub zu leisten.[42]

3. Frauen in der Priesterausbildung – Not wendend auf dem Weg der Reform der Kirche

Frauen sind in den letzten Jahren immer mehr in der akademischen
Ausbildung der zukünftigen Priester tätig und immer mehr auch als
Dozentinnen, Referatsleiterinnen oder geistliche Begleiterinnen in der
Seminarausbildung und der Fortbildung von Priestern. Nur im Miteinander von Männern und Frauen, von Klerikern und Laien kann
sich gegenseitiges Verständnis und ein von Anerkennung geprägtes
und vielleicht sogar freundschaftliches Miteinander ausgestalten und
können gemeinsam spirituelle Ressourcen neu freigelegt werden, die
für die Sendung des Priesters und sein „ministerium" im Dienst der
vielen Dienste im Volk Gottes von Bedeutung sind.

Wenn in diesen Überlegungen die Frage gestellt worden ist nach
der Bedeutung von Frauen und der „Frauenfrage" – um die Formulierung von Johannes XXIII. aufzugreifen – in der Priesterausbildung, so ist deutlich geworden, dass die „Präsenz" von Frauen auch
bedeutet, Typologien des Männlichen und Weiblichen kritisch reflektieren zu lernen, und so bedeutet ihre „Präsenz" auch, die Frage
nach der „priesterlichen Existenz heute" neu zu stellen, nach der

---

[42] An dieser Stelle kann auch die Auseinandersetzung mit dem Zugang von Frauen
zu kirchlichen Ämtern ansetzen. In der Folge dieser Argumentationslinie sind Ämter von Frauen immer „Ämter sui generis". Papst Franziskus spricht so in „Querida
Amazonia" von „spezifisch weiblichen Diensten und Charismen" (QA 102). Die
Ämter sind durch den Frauen „eigenen weiblichen Stil" geprägt (QA 103).

Identität des Priesters als Mann und als solcher in seinen Bezügen zu anderen Menschen und zur Welt. Johannes Paul II. hat in „Mulieris dignitatem" auf einen wichtigen Aspekt verwiesen, der nicht allein genderspezifisch für „die Frau" zutrifft, sondern die Männer – Priester – in gleicher Weise betrifft und ihrer Identität neue Horizonte erschließt. Es sei gerade der „Genius der Frau", der in besonderer Weise an Maria abzulesen ist, „die Sensibilität für den Menschen, für das eigentlich Menschliche" (MD 30)[43] wachzuhalten. Im Miteinander mit Frauen wird es Priestern möglich sein, diese Sensibilität für den Menschen zu schulen. Aber genau dazu gehört es auch, die „Bilder" des Weiblichen oder Männlichen auf dem Hintergrund feministisch-theologischer Hermeneutiken und gendertheoretischer Perspektiven lesen zu lernen, um sensibel zu werden für das „machtvoll-verborgene(s) Wirken bestimmter Codes und Praxen, Traditionen und Sozialgrammatiken, Ideologien und Bilder",[44] die auch heute noch Gefahr laufen können, Missbrauch auf unterschiedlichen Ebenen – intellektuellem, geistlichem und sexuellem Missbrauch – Vorschub zu leisten. Das ereignet sich im Alltag, es sind oft „unbedachte […] Äußerungen und unhinterfragte […] Positionen",[45] in denen die traditionelle Frauenverachtung und Geschlechterhierarchie nachwirken. Frauen in der Priesterausbildung, gerade auch als geistliche Begleiterinnen, können helfen auf dem Weg der „Unterscheidung der Geister", um ein Gespür für die vielschichtigen Ebenen des Miteinanders zu entwickeln, für die eigenen Wünsche, für das eigene Begehren, sie können lehren, Grenzen zu respektieren und auch zu setzen. Die Pastoraltheologin Ute Leimgruber macht in ihren Studien zum Missbrauch an erwachsenen Frauen deutlich, dass dieser oft „nivelliert oder legitimiert" wird,

---

[43] Ebenso heißt es in MD 30: „Wenn die Würde der Frau von der Liebe zeugt, die sie empfängt, um ihrerseits zu lieben, scheint das biblische Urbild der ‚Frau' auch *die rechte Ordnung der Liebe* zu enthüllen, *welche die eigentliche Berufung der Frau darstellt* […]. Die moralische Kraft der Frau und ihre geistige Kraft verbinden sich mit dem Bewußtsein, daß *Gott ihr in einer besonderen Weise den Menschen anvertraut.* Natürlich vertraut Gott jeden Menschen allen und jedem einzelnen an. Doch dieses Anvertrauen betrifft in besonderer Weise die Frau – eben wegen ihrer Fraulichkeit –, und es entscheidet in besonderer Weise über ihre Berufung."
[44] *U. Leimgruber,* Frauen als Missbrauchsbetroffene in der katholischen Kirche? (s. Anm. 11), 120.
[45] Ebd., 129.

weil „die Geschichten patriarchalischer Ansprüche auf Frauen und ihren Körper noch nicht zur Geschichte geworden sind", und weil die „lange Geschichte von Sexismus und Antifeminismus, von männlichem Anspruchsdenken auf weibliche Körper, von patriarchaler Herrschaft und weiblicher Duldsamkeit"[46] nicht kritisch reflektiert worden ist. Und „im Katholischen", so Ute Leimgruber, wirken diese *hidden patterns* „in einer doppelten Legitimationsstruktur, die sich in der klerikalen ebenso wie in der patriarchal-männlichen Matrix abbildet. Es gilt, sie sichtbar zu machen und die Kategorien, in denen sie wirken, zu dekonstruieren".[47] Geistliche Begleitung in der Priesterbildung, an der auch Frauen beteiligt sind, kann sich an gelungenen – freundschaftlichen – Beziehungen zwischen Priestern und Frauen orientieren, in der Geschichte christlichen Glaubens gibt es viele Beispiele: Paula von Rom und Hieronymus, Franz und Clara von Assisi, Teresa von Ávila und Johannes vom Kreuz, Johanna Franziska von Chantal und Franz von Sales, Johannes XXIII. und Adelaide Coari, Kardinal Suenens und Veronica O'Brian. Aber ohne je neue Prozesse der „Unterscheidung der Geister" und das Wissen um die „hidden patterns", um die Geschichte des Unsichtbar-Machens und der Ausgrenzung von Frauen, um das Wissen um die vielfältigen Bilder des Weiblichen und Männlichen in der Geschichte christlichen Glaubens sind auch diese Beispiele freundschaftlicher Beziehung zwischen Männern und Frauen heute nicht mehr zu vermitteln. Aber dann können sie erschlossen werden als Beispiele, dass die Gemeinschaft von Männern und Frauen in der Priesterausbildung die „Sensibilität für das Menschliche" schulen kann, der Sendung der Priester neue Horizonte erschließen kann und in diesem Sinn ein zentraler gemeinsamer Schritt auf dem Weg der Reform der Kirche im Dienst der Verkündigung des Evangeliums und eines „guten Lebens" für die ganze Schöpfung, vor allem für die, die Not leiden, ist.

---

[46] Ebd., 121.
[47] Ebd., 120.

„Let's talk about Sex"
Vom ehrlichen Umgang mit der Sexualität in der
Priesterausbildung

Wunibald Müller

Hinführung

Damit fängt es an: offen über die Sexualität reden, die sexuellen Gefühle
zulassen, in der Lage sein, die Sexualität zu gestalten. So einfach und
zugleich so schwer ist es, wenn es darum geht, der Sexualität den ihr
gebührenden Platz in der Priesterausbildung einzuräumen. Doch, um
gleich mit dem Positiven fortzufahren: Die Zeiten haben sich geändert.
Endlich wird das Thema Sexualität im Rahmen der Priesterausbildung
nicht länger tabuisiert oder als ein Randthema betrachtet.

Manche äußern sogar die Befürchtung, dass man sich inzwischen
bei der Ausbildung im Priesterseminar zu sehr mit dem Thema Sexualität beschäftigt. Ich erinnere mich an einen Artikel eines Theologen in einer angesehenen Tageszeitung, in dem er mit Blick auf
den sexuellen Missbrauch durch Kleriker dafür plädierte, bei der
Ausbildung von angehenden Priestern noch mehr den Fokus auf
die Spiritualität zu legen. Dem kann ich grundsätzlich zustimmen.
Was mir aber nicht gefiel, war der Eindruck, den er vermittelte, wonach man inzwischen bei der Ausbildung der Sexualität mehr Aufmerksamkeit schenke als der Spiritualität.

Unbestritten ist: Wer Priester werden will, muss sich intensiv mit
seiner Spiritualität auseinandersetzen. Er muss sensibel sein für den
inneren Anruf, diesen Beruf anzustreben. Für ihn ist es wichtig, eine
lebendige, geerdete Spiritualität zu pflegen, die sich in schwierigen
Phasen, Krisen und Zeiten der Verunsicherung und Umbrüche,
auch was das zölibatäre Leben betrifft, als resilient erweist. Oft hat
ein Kandidat noch keine eigene Spiritualität. Er muss sie erst entwickeln, aufbauen, pflegen – und das auch mit der Hilfe, die ihm
dabei im Rahmen der Priesterausbildung angeboten wird.

Das aber muss einhergehen mit einer intensiven Auseinandersetzung mit der eigenen Sexualität. Man kann das eine nicht gegen das

andere ausspielen, will man vermeiden, dass die so notwendige Auseinandersetzung mit der eigenen Sexualität nicht stattfindet oder wegspiritualisiert wird. Spiritualität und Sexualität sind gleichermaßen zentrale Themen, die fundamental mit dem Leben und Beruf eines Mannes, der Priester werden will oder Priester ist, zu tun haben. Auch können sie sich gegenseitig bereichern und zu einer gelungenen Gesamtentwicklung des Kandidaten beitragen.[1]

1. Hinter unserer Sexualität steht nicht der lüsterne Satan, sondern die Kraft der Ewigkeit

Mit unserer Sexualität ist uns eine Kraft verliehen worden, die wesentlich zu unserem Menschsein gehört. Auch gehört sie mit zu dem Schönsten, was uns geschenkt werden konnte. Hinter ihr steht nicht, um es mit den Worten der heiligen Hildegard von Bingen auszudrücken, der lüsterne Satan, sondern die Kraft der Ewigkeit. Es kann daher auch nicht gut gehen, wenn wir diese Kraft, die nicht nur ein Anhängsel von uns ist, sondern fundamental zu uns gehört, nicht ernst nehmen und sie in ihrer Wirksamkeit und Mächtigkeit unterschätzen. Schon der römische Dichter Horaz wusste: Man mag versuchen, die Natur mit der Heugabel auszutreiben, sie kehrt stets zurück.[2]

Die vitalen Kräfte, die mit unserer Sexualität einhergehen, lassen sich nicht einfach unterdrücken, verdrängen, ausmerzen. Auch nicht und schon gar nicht durch Spiritualität. Was hier passiert, illustriert eine Radierung von Félicien Rops, über die Sigmund Freud schreibt: „Ein asketischer Mönch hat sich – gewiss vor den Versuchungen der Welt – zum Bild des gekreuzigten Erlösers geflüchtet. Da sinkt dieses Kreuz schattenhaft nieder, und strahlend erhebt sich an seiner Stelle, zu seinem Ersatze, das Bild eines üppigen nackten Weibes in der gleichen Situation der Kreuzigung".[3]

Solange uns unsere sexuellen Kräfte nicht bewusst sind, entziehen sie sich unserer Kontrolle. Die Folge davon ist, dass unsere Sexualität

---

[1] Vgl. *W. Müller*, Kann denn Liebe Sünde sein? Sexualität und Spiritualität, Leipzig 2020.

[2] Vgl. *Horaz*, Briefe I, 10,24: Naturam expelles furca, tamen usque recurret.

[3] *S. Freud*, Werkausgabe in 2 Bd., Bd.2, Frankfurt a. M. 1978, 87 f.

sich verselbständigt und in bestimmten Situationen sich nicht nur mit voller Macht meldet, sondern auch versucht, sich Ausdruck zu verschaffen. Dazu kommt: Wenn unsere Sexualität verdrängt wird, löst sie sich nicht einfach auf. Sie bleibt uns erhalten, führt aber vom Leben abgespalten ein kärgliches Schattendasein und kann sich nicht normal entwickeln. Sie bleibt ein unentwickeltes Negativ, dem die Farbenpracht und Lebendigkeit abgeht, die bei einem entwickelten Film sichtbar wird. Das grundsätzliche Potenzial, das in unserer Sexualität steckt, kommt nicht zur Entfaltung. Da die Sexualität unterentwickelt bleibt, wird sie entsprechend unreif gelebt, wenn sie schließlich doch zugelassen und schier übermächtig wird.

Der Verzicht auf die praktizierte Sexualität aus religiösen oder anderen ideellen Gründen, der als eine besondere Leistung gesehen wird, kann sich sehr schnell als Bumerang erweisen. Die Sexualität, die wie in einer Dunkelkammer eingesperrt nicht wirklich lebt und sich nicht entwickeln kann, wird schließlich doch gelebt, allerdings auf eine manchmal infantile Weise, die sich nicht im Einklang befindet mit den eigenen moralischen Vorstellungen und dem gewählten Lebensstil. Wer dagegen mit seiner Sexualität in Berührung ist, schafft zumindest eine wichtige Voraussetzung, um erwachsen und gestalterisch mit ihr umgehen zu können.

2. Allein das Versprechen, zölibatär zu leben, genügt nicht

Hier darf man sich nichts vormachen. Allein das Versprechen abzugeben, auf die gelebte Sexualität zu verzichten, beseitigt nicht die Macht und die Kraft der Sexualität mit ihrem Verlangen, gelebt zu werden. Genau dafür sind wir ja mit unserer Sexualität ausgestattet. Es ist daher auch das Natürlichste der Welt, wenn sich unsere Sexualität meldet. Daher müssen die Ausbilder*innen im Priesterseminar hellhörig werden, wenn sie mitbekommen, dass ein Kandidat anscheinend kein Interesse an seiner Sexualität hat. Auch ist es daher verständlich, dass für viele Priester der rechte Umgang mit ihrer Sexualität und ihrem sexuellen Verlangen und Verhalten ein Leben lang ein mühevolles Unterfangen ist. Das spricht für sie, zeigt es doch, eine welch zentrale Rolle der Sexualität in unserem Leben zukommt.

Über all das muss im Rahmen der Ausbildung gesprochen werden. Mit dem Spiritual, manchmal auch einem Psychologen oder Psychotherapeuten. Auch untereinander darf das Thema nicht ausgeklammert werden. Es muss Orte geben, an denen man sich in einer großen Offenheit darüber austauschen kann. Ich habe gute Erfahrungen damit gemacht, mich mit den Teilnehmern eines Kurses über ein Wochenende an einem Ort außerhalb des Priesterseminars ohne Seminarleitung und Spiritual zu treffen. Dabei sprach ich das Thema Sexualität direkt an und versuchte eine Atmosphäre zu schaffen, in der es den Priesteramtskandidaten leichter gemacht wurde, sich offen über Sexualität und ihre Erfahrungen damit auszutauschen. Auch gab es Gelegenheit, im persönlichen Gespräch mit mir über mögliche Schwierigkeiten, die einzelne damit haben, zu reden. Als hilfreich hat sich auch gezeigt, nach dem Freisemester unter Leitung einer neutralen Person, zum Beispiel einer Psychologin, über persönliche Erfahrungen, die sie in der Externitas gemacht haben, die auch in einem Zusammenhang mit Fragen zölibatären Lebens stehen, ins Gespräch zu kommen. Dabei ging es unter anderem um Freundschaften, die man in dieser Zeit eingegangen ist, um Coming out, Probleme mit dem Alleinsein und Erfahrungen des Sichverliebens.

3. Wie umgehen mit dem Bedürfnis und Verlangen, Lust zu erfahren?

Mit Blick auf die Ausbildung von Priesteramtskandidaten gilt es zu beachten, dass unsere Sexualität neben der Fortpflanzungsfunktion auch eine Entspannungs- und Lustfunktion hat. Lust ist eine wesentliche Erfahrung unseres Menschseins. Das kann man nicht übergehen, wenn von jemandem verlangt wird, zölibatär zu leben. Vielmehr muss der zukünftige Priester gut hinschauen, wie er mit seinem Verlangen nach Lust, auch nach sexueller Lust, umgeht, ob und wie er in der Lage ist, sie auf eine Weise zu leben, dass sie zu einer Bereicherung seines Lebens beiträgt, ohne ihn damit in Konflikt mit dem Zölibat zu bringen.

Es gibt viele Möglichkeiten, Lust zu erfahren. Eine schöne Einladung wahrnehmen, reisen, gutes Essen und Trinken, anregende Gespräche oder angenehme Berührungen können uns Lust erfahren lassen. Unsere Sexualität ist so etwas wie der königliche Weg, Lust zu erfahren. Auch wenn unsere Sexualität mehr ist als Sex oder die Erfahrung von Lust, hat die Erfahrung von Lust einen Wert für sich. So haben viele Menschen einfach nur Sex, weil es ihnen Spaß macht.

Man darf sich daher auch nicht wundern, wenn viele Priester ihre Sexualität in der Selbstbefriedigung ausleben. Andere gehen ins Bordell. Wieder andere leben in festen oder vorübergehenden Beziehungen, in denen sie auch ihre Sexualität leben. Auch Sexfilme oder Pornographie sind für manche eine Möglichkeit, ihre sexuellen Bedürfnisse zu befriedigen. In Fällen von sexuellem Missbrauch spielen auch noch andere Faktoren eine Rolle, doch dieser wird durch die fehlende notwendige klare Auseinandersetzung mit der eigenen Sexualität und ein unzureichendes Ernstnehmen unserer sexuellen Bedürfnisse begünstigt.

Ich betone diesen Lustaspekt der Sexualität, weil er nach meiner Kenntnis in der Vergangenheit in der Ausbildung von angehenden Priestern viel zu wenig gesehen, berücksichtigt und ernst genommen wurde. Der Verzicht auf die genitale Sexualität wird dann zu schnell verspiritualisiert, die menschliche Situation und Wirklichkeit nicht angemessen berücksichtigt.

Um in diesem Bereich das Feld im Rahmen der Priesterausbildung besser als bisher bestellen zu können, muss die Erfahrung von Lust, die in einem Rahmen geschieht, der anderen nicht schadet, grundsätzlich als positiv gesehen werden. Sie ist nicht von vornherein mit einem negativen Vorzeichen zu versehen. Das setzt voraus, dass kirchlicherseits sexuelle Lust nicht länger verteufelt wird. In dieser Hinsicht hört man inzwischen auch andere Töne. So, wenn Papst Franziskus in einem Interview in der Süddeutschen Zeitung vom 11. September 2020 mit den Worten zitiert wird: „Die Lust kommt direkt von Gott, sie ist weder katholisch oder christlich noch irgendetwas anderes, sie ist einfach göttlich".

Thomas von Aquin würdigt die positive Seite von Lust, wenn er hervorhebt, dass wir ganz in der Gegenwart leben, wenn wir etwas bewusst genießen[4], zum Beispiel einen wunderschönen Sonnenuntergang nach einem anstrengenden Tag. Ganz im Augenblick gehen wir auf, wenn eine Person, die mich liebt oder die ich liebe, mich zärtlich berührt. In diesem Moment gibt es nur die Berührung und was sie in mir auslöst. Alles in mir ist davon eingenommen. Ich bin ganz da, lebe im Augenblick.

---

[4] Vgl. dazu *Thomas von Aquin*, S. th. I-II, q. 31–34 u. 38 a; auch *O. H. Pesch*, Thomas von Aquin. Grenze und Größe mittelalterlicher Theologie. Eine Einführung, Mainz 1988, 228–231.

Will die Kirche ihr Image als Spielverderberin der Freude und Lust, die mit Sexualität einhergehen können, verlieren, muss sie ein neues Verhältnis zu Genießen und Lust bekommen. Das aber dürfte auch entsprechende positive Auswirkungen auf die Ausbildung im Priesterseminar haben. Bis dahin, dass die Erfahrung von Lust als ein Geschenk Gottes verstanden wird, das auch einem Priester nicht versagt werden kann, und es von ihm abhängt, wie er diese Erfahrung in sein persönliches Leben, seine Lebensgestaltung so integrieren kann, dass es zu einer Bereicherung seines, auch zölibatären, Lebens beitragen kann.

Ich will aber auch nicht verschweigen, dass ich es für den konsequenteren und ehrlicheren Weg sehe, es den Männern, die Priester werden wollen, selbst zu überlassen, ob sie zölibatär oder in einer ehelichen Partnerschaft leben wollen. Auch, weil es vom Einzelnen abhängt, wie sehr es ihm gelingt, hier zu einer Form zu finden, die auch für ihn stimmig ist. Über welche Möglichkeiten, spezielle Eigenschaften, ein entsprechendes Charisma er verfügt.

4. Die normale Entwicklung der menschlichen Sexualität fördern

Die Botschaft, die bei der Formation zukünftiger Priester also klar vermittelt werden soll, ist: In der Sexualität hat Gott uns mit einer Kraft ausgestattet, die wir voll bejahen und für die wir dankbar sind. Dabei wird die mögliche Schattenseite der Sexualität nicht übersehen, etwa, wenn mit der menschlichen Sexualität missbräuchlich umgegangen wird. Aber, gerade weil man das verhindern will, muss man sich realistisch mit der menschlichen Sexualität auseinandersetzen. So sieht auch die im Auftrag der Deutschen Bischofskonferenz durchgeführte MHG-Studie über sexualisierte Gewalt im Kontext der katholischen Kirche[5] einen Zusammenhang von Zölibat und sexualisierter Gewaltausübung durch Priester, wenn die Entscheidung oder auch die Verpflichtung, zölibatär zu leben, dazu führt, sich der Auseinandersetzung mit der eigenen Sexualität nicht zu stellen.

---

[5] Vgl. sog. ‚MHG-Studie': *H. Dreßing et al.*, Forschungsprojekt Sexueller Missbrauch an Minderjährigen durch katholische Priester, Diakone und männliche Ordensangehörige im Bereich der Deutschen Bischofskonferenz. Projektbericht, Mannheim/Heidelberg/Gießen 2018.

Die für einen reifen Umgang mit der Sexualität notwendige sexuelle Entwicklung findet dann nicht oder nur bedingt statt. Die bewusste und realistische Auseinandersetzung und schließlich die Annahme unserer Sexualität sind aber wesentliche Voraussetzungen, um über unsere Sexualität verfügen zu können. Wir sind es, die entscheiden, wie wir mit ihr umgehen, wie wir sie leben und gestalten wollen. Das verlangt von uns, uns mit unserer Sexualität vertraut zu machen, um ihre Macht zu wissen, unsere Sexualität als einen Teil von uns zu verstehen, der gegenüber wir in Verantwortung stehen, es also an uns liegt, wie wir unsere Sexualität leben, wir sie beherrschen und nicht unsere Sexualität uns beherrscht.

Geschieht das, ist der Boden bereitet, um gute Voraussetzungen zu schaffen, die dazu beitragen können, einen zölibatären Lebensentwurf zu wagen und zu gestalten, bei allen Vorbehalten, die nicht ganz ausgeräumt werden können, solange von den Priesteramtskandidaten verlangt wird, diesen Lebensstil zu akzeptieren, wollen sie zu Priestern geweiht werden. Drei Bereichen, nämlich Identitätsfindung, Befähigung zu innigen, verbindlichen Beziehungen und Fähigkeit zur Hingabe kommt aus meiner Sicht dabei eine besondere Rolle zu.

5. Identitätsfindung und Homosexualität

In der Zeit der Identitätsfindung geht es darum, immer klarer herauszufinden, wer wir hinsichtlich unserer sexuellen Orientierung sind – heterosexuell, homosexuell, bisexuell oder transsexuell? Ist klar, wie unsere sexuelle Orientierung ausgerichtet ist, ist es wichtig, diese Ausrichtung zu bejahen und anzunehmen.

Das gilt auch für schwule Männer. Da ihre Anzahl unter den Priesteramtskandidaten und Priestern verglichen mit der Anzahl von schwulen Männern in der Gesamtbevölkerung überproportional hoch ist, will ich ausführlicher darauf eingehen. Auch, weil über eine lange Zeit und zum Teil bis heute die Einstellung der katholischen Kirche zur Homosexualität, zu homosexuellen Menschen und homosexuellem Verhalten negativ geprägt war und ist. Das aber hatte und hat entsprechend negative Auswirkungen auf die Ausbildung von Priesteramtskandidaten und die Situation schwuler Priester.

So fördert die Tabuisierung von Homosexualität im kirchlichen Kontext und die offizielle Linie der katholischen Kirche, wonach homosexuelle Männer nicht zu Priestern geweiht werden dürfen – siehe die entsprechende vatikanische Instructio aus dem Jahr 2005, die 2016 leicht revidiert und ergänzt wurde – das Vermeidungsverhalten schwuler Priesteramtskandidaten, sich mit ihrer Homosexualität auseinanderzusetzen. Die Folge davon ist bzw. kann sein, dass jene, die homosexuell sind und zum Priester geweiht werden wollen, ihre wirkliche Orientierung verbergen und die so notwendige Auseinandersetzung mit der eigenen Sexualität und Homosexualität nicht stattfindet.

Dieser Mangel, so die Verfasser der MHG-Studie, bewirkt eine Verdrängung der homosexuellen Neigung, die dann aber auf einer sehr unterentwickelten Stufe doch ausgelebt wird.[6] Schon gar nicht findet bei dem Priester ein Coming-out statt, eine wesentliche Voraussetzung, um verantwortungsvoll, erwachsen, realistisch mit seiner homosexuellen Veranlagung umgehen zu können.

Für den schwulen Priesteramtskandidaten und späteren Priester ist es aber wichtig, genauso wie das für den heterosexuellen Priester gilt, alles zu tun, was dazu beiträgt und notwendig ist, um reif, erwachsen und verantwortlich mit seiner Sexualität umgehen zu können. Das schuldet er einmal sich selbst und trägt zu einer größeren Lebenszufriedenheit bei, da er damit die Voraussetzungen schafft, seine Sexualität so in sein Leben zu integrieren und zu leben, dass es eine Bereicherung für ihn darstellt. Weiter schützt ihn das auch vor einem unreifen, unverantwortlichen Umgang mit seiner Sexualität. Hat es sich doch in der Vergangenheit gezeigt, dass psychosexuell unreife heterosexuelle und homosexuelle Priester einen Risikofaktor darstellen, was die Möglichkeit eines sexuellen Missbrauchs betrifft. Dieser Risikofaktor wird bei unreifen schwulen Priestern durch eine negative Einstellung der katholischen Kirche zur Homosexualität verstärkt.

Meint die katholische Kirche es ernst mit der Prävention von sexualisierter Gewalt durch Kleriker, muss sie ihre negative Einstellung zur Homosexualität an sich und einhergehend damit auch zu homosexuellen Priestern ändern. Jener Passus in der vatikanischen In-

---

[6] Vgl. ebd.

structio, wonach Personen, die „tiefsitzende homosexuelle Tendenzen haben", nicht zu Priestern geweiht werden dürfen, muss gestri-
chen werden.[7]

Für die Ausbildung von Priesterkandidaten heißt das: wo es nötig
ist, ist es Aufgabe der Formation, ihnen zu helfen, ihre Homosexualität anzunehmen. Denn, so der geistliche Schriftsteller Henri Nouwen[8], homosexuelle Gefühle berühren ebenso wie heterosexuelle Gefühle den Kern des inneren Lebens eines Menschen. Und wer
vorgibt, diese homosexuellen Gefühle nicht zu haben, tut so, als
könne er ohne Herz leben. Er unterschlägt damit nicht nur, homosexuell zu sein, sondern kapselt sich damit auch von der Quelle ab,
aus der seine innigsten Gefühle, seine Liebe und Leidenschaft, seine
Fürsorge und Hingabe, gespeist werden.

Meint die katholische Kirche es ernst mit der Prävention von sexualisierter Gewalt durch Kleriker, muss sie ihre negative Einstellung
zur Homosexualität an sich und einhergehend damit auch zu homosexuellen Priestern ändern.

Die Botschaft muss hier lauten: Homosexuelle Männer sind als
Kandidaten willkommen. Für sie gelten die gleichen Kriterien, die
für heterosexuelle Kandidaten gelten, um zu Priestern geweiht werden
zu können. In den meisten deutschen Diözesen ist das nach meiner
Kenntnis bereits Praxis. Bei einer solchen Vorgehensweise kann man
auch unvoreingenommener der Frage nachgehen, was es denn ist,
dass der Priesterberuf vielen schwulen Männern als besonders attraktiv erscheint. Auch ist man vielleicht offener dafür, den Reichtum zu
sehen, der möglicherweise mit Homosexualität und homosexuellen
Priestern einhergehen kann, und dass diese mitunter ein eigenes Charisma besitzen, das sie in diesen Beruf einbringen können.

Die erwähnte Instructio ist ein Beispiel dafür, wie dilettantisch
und willkürlich vatikanische Behörden, aber letztlich auch die Päps-
te, die diese Instructio abgesegnet haben, mit Erkenntnissen der mo-

---

[7] *Kongregation für das Katholische Bildungswesen*, Instruktion über Kriterien zur Berufungsklärung von Personen mit homosexuellen Tendenzen im Hinblick auf ihre
Zulassung für das Priesterseminar und zu den heiligen Weihen (4. November 2005),
Teil 3 – https://www.vatican.va/roman_curia/congregations/ccatheduc/documents/
rc_con_ccatheduc_doc_20051104_istruzione_ge.html (Abfrage: 13.04.2022).
[8] Vgl. *H. Nouwen*, The Self-Availability of the Homosexual, in: W. Overholtzer
(Hrsg.), Is Gay Good?, Philadelphia 1971, 210.

dernen Sexualmedizin und Sozialwissenschaft, überhaupt der gesamten Homosexualitätsforschung, umgehen. Man übergeht sie schlicht, weil sie einem ‚nicht in den Kram passen'.

Es hat sich gezeigt, dass es sich rächt und letztlich auch unverantwortlich ist, diese Erkenntnisse zu übergehen. Weit mehr als das in der Regel für viele kirchliche Stellungnahmen zu Homosexualität und Homosexuellen zutrifft, schenken diese Erkenntnisse der Wirklichkeit homosexueller Menschen ihr Augenmerk. Davon würden aber die Verantwortlichen in der Priesterausbildung profitieren. Viele tun es inzwischen, andere bleiben uneinsichtig. Zum Schaden der schwulen Kandidaten und schwulen Priester, aber auch zum Schaden der Kirche und der Gläubigen. Gerade auch hier gilt: Eine konstruktive Begleitung im sexuellen Bereich setzt eine entsprechende Qualifikation der Verantwortlichen voraus.

Zusammenfassend lässt sich sagen: In einem Umfeld, in dem eine positive Einstellung zur Homosexualität und zu homosexuellen Priestern vorherrscht, dürfte es den schwulen Priesteramtskandidaten nicht schwerfallen, sich ernsthaft mit ihrer Sexualität und Homosexualität auseinanderzusetzen, zu ihrer homosexuellen Orientierung zu stehen und diese zu akzeptieren. Das aber wird nach meiner Einschätzung zu einer größeren Lebenszufriedenheit der betroffenen Priester beitragen und unreifes, unverantwortliches sexuelles Verhalten, bis hin zu sexuellem Missbrauch, reduzieren.

6. Fähigkeit zur Intimität

Der angehende Priester sollte bereits während der Ausbildung darauf vorbereitet werden, was es zu beachten gilt, um später als zölibatärer Priester zufrieden leben zu können. Dazu gehört auch die Fähigkeit, beziehungsfähig zu sein, Beziehungen knüpfen und pflegen zu können. Das ist eine Lebensaufgabe, die schon vor der Zeit im Priesterseminar beginnt, auf die in dieser Zeit aber ein besonderes Augenmerk gerichtet werden muss. Diese Fähigkeit ist die Voraussetzung, um dann auch als ehelos Lebender Intimität erfahren zu können.

Intimität kann auf unterschiedliche Weise erfahren werden. Sei es als *körperliche* Intimität, bei der sich Personen, die sich viel bedeuten, körperlich nahe sind, Körperkontakt haben, sich umarmen, sich berühren, ohne dass das sofort mit einer sexuellen Konnotation einhergehen muss. *Emotionale* Intimität erfahren sie, wenn sie sich mit anderen Personen über sehr persönliche Dinge, ihre Hoffnungen, Träume, Befürchtungen, Nöte austauschen können. *Soziale* Intimität meint, mit anderen ein gutes Essen zu genießen oder einen Urlaub miteinander zu verbringen. *Spirituelle* Intimität dürfen sie erleben, wenn sie offen mit anderen über ihre Spiritualität reden oder mit ihnen beten und meditieren und Gottesdienste feiern. Von *zölibatärer* Intimität spricht man, wenn zwei Menschen eine tiefe Freundschaft miteinander teilen, ohne verheiratet zu sein und ohne dadurch körperlich oder psychisch das Versprechen der Ehelosigkeit zu verletzen.

Auch für Priester ist es wichtig, eingebunden zu sein in tiefe, bedeutungsvolle Beziehungen zu gleichaltrigen Männern und Frauen, in denen sie das Gefühl haben, dazuzugehören und getragen zu sein, die Erfahrung machen, geliebt zu werden und zu lieben. Sie brauchen solche Beziehungen, in denen sie Intimität, Nähe, Annahme, Unterstützung erfahren. Beziehungen, in denen sie so sein dürfen, wie sie sind. Die sie auch herausfordern, sie in ihnen die Möglichkeit haben, in ihrer Beziehungs- und Intimitätsfähigkeit zu wachsen und sich verwundbar zu machen. Zu solchen Beziehungen gehören auch Verbindlichkeit, Verantwortung für den anderen zu übernehmen und sich auf Kompromisse einzulassen, indem man auch auf die Bedürfnisse und Wünsche des anderen eingeht. Das alles und mehr trägt zur notwendigen menschlichen Reifung, der Bereicherung des Lebens und damit auch zur Lebenszufriedenheit eines Priesters bei.

Das aber setzt voraus, dass auch für die Person, die vorhat, ehelos zu leben, es wichtig ist, sich dem emotionalen Reifungsprozess, der zur Beziehungsfähigkeit führt, zu stellen, und sie solche Prozesse nicht abkürzt oder nicht zulässt. Die Entwicklung unserer Fähigkeit zur Intimität schließt an die Zeit der Identitätsfindung an. Es ist die Zeit, in der wir uns in besonderer Weise auf Prozesse einlassen, die uns dazu befähigen, uns auf tiefe, innige Beziehungen einlassen zu können. Dazu zählen Freundschaften, Erfahrungen, bei denen wir lernen, angemessen mit Nähe und Distanz umgehen zu können, sich Verlieben, sexuelle Kontakte etc. Weiter geht es dabei darum, sich in einen anderen Menschen einfühlen zu können oder sich auf eine vertraute und tiefe Weise mit einem anderen Menschen austauschen zu können.

Die Formation im Priesterseminar sollte also dazu dienen, den angehenden Priestern zu helfen, für sich Formen zu entwickeln, in denen sie ihr Bedürfnis und ihr Verlangen nach Intimität stillen können. Was sie tun können und müssen, um nicht zu vereinsamen. Wie sie mit ihrem Verlangen nach gelebter Sexualität in Beziehungen umgehen können. Zumindest darf man dort das Thema nicht tabuisieren, darf man nicht darum herumreden, die Kandidaten mit billigen Sprüchen abspeisen oder den ganzen Themenbereich so spirituell überhöhen, dass die menschliche konkrete Situation dabei aus dem Blick gerät.

7. Hingabefähigkeit

Die Fähigkeit zur Intimität ist eine wesentliche Voraussetzung für die Hingabefähigkeit, die sich entwicklungspsychologisch betrachtet der Phase, in der wir die Fähigkeit zur Intimität lernen, anschließt. Bei dieser Fähigkeit, die man auch als Generativität bezeichnet, geht es darum, zunehmend in der Lage zu sein, nicht nur bei sich zu bleiben, sondern in der Sorge und im Einsatz für andere, für etwas Größeres, über das eigene Selbst hinauszuschreiten. Generativität bezieht sich zunächst auf die Fortpflanzungsfähigkeit, Produktivität und Kreativität.

Es gibt aber auch Personen, die aufgrund spezieller Begabungen diese Fähigkeit nicht auf die eigene Nachkommenschaft anwenden, sondern auf andere Formen altruistischer Interessen und schöpferischer Tätigkeiten. Bei zölibatär lebenden Menschen kann die Fähigkeit der Generativität zum Beispiel in ihrer Hingabe für andere zum Ausdruck kommen. Diese Hingabe macht sie ,weiter', lässt sie über sich hinausschreiten. Es ist die Bereitstellung ihrer Energie, Sorge, Hingabe für andere, um so sich selbst zu transzendieren und jene Seite in sich zu entfalten, die zur ganzen Menschwerdung, zum ganzen Menschsein gehört.

Bei ehelosen Menschen kann man hier von einem *generativen Zölibat* sprechen. Darunter versteht man, produktiv und verantwortungsvoll zu sein, ohne Kinder zu haben und ohne das Gefühl zu haben, deswegen unvollkommen zu sein. Von einem gelungenen generativen Zölibat spricht man, wenn die betreffende Person bei sich eine Verantwortung für die größere Gemeinschaft spürt und diese dann auch für das Leben und das Wohlergehen der nächsten Generation umsetzt. Diese Erkenntnisse sollten bei der Formation künftiger Priester berücksichtigt werden. Zeigen sie doch, dass eheloses Leben gelingen kann, wenn es eine Form menschlicher Selbstverwirklichung ist.

Dabei muss und darf die dynamische Bewegung, wie wir sie von der Ekstase her kennen, nicht ausgespart werden. Ganzhingabe vollzieht sich auf unterschiedliche Weise: in der sexuellen Begegnung, in der ekstatischen Begegnung mit der Natur, in der Hingabe für andere Menschen oder Gott. Wir machen dabei Erfahrungen, bei denen wir uns entgrenzen und in einen Zustand gelangen, bei dem wir das Alltägliche überbieten, über uns hinausschreiten. Solche Erfahrungen gehören mit zum Lebenselixier.

Da aber sind wir wieder bei der Sexualität angekommen. Echte Hingabe stellt keine Gegenposition zur Sexualität dar. Vielmehr benötigt die Hingabe die Kraft, die in unserer sexuellen Energie steckt, um umgesetzt werden zu können. Das versteht man unter Sublimation der Sexualität, bei der sexuelle Energie zu Gunsten einer anderen Aktivität verbraucht wird. Das ist leichter gesagt als getan und anfällig für Verkürzungen und spirituelles Bypassing, bei dem normale menschliche Bedürfnisse zu schnell verspiritualisiert werden. Es bedarf daher der ehrlichen, offenen, kritischen, auch begleiteten Auseinandersetzung damit, soll am Ende eine gesunde Form von Hingabe daraus entstehen.

Zum Schluss

Die heilige Hildegard von Bingen kann dabei ein Vorbild dafür sein, mit welcher Grundeinstellung das Thema Sexualität im Rahmen der Priesterausbildung angegangen werden kann und sollte. Für sie gab es nichts Unreines in der Schöpfung. In ihr haben für sie ungezähmte Leidenschaft und zärtliche Sehnsucht, körperliche Lust und geistige Höhenflüge, die Freude am Partner und der Verzicht auf erotische Erfüllung um des Himmelsreiches willen ihren Platz.[9]

---

[9] Vgl. *C. Feldmann*, Hildegard von Bingen. Nonne und Genie, Freiburg i. Br. 2008, 142.

Priesterinnen und Priester für eine Kirche, die anders ist

Martin Werlen

Dieser Titel provoziert. Bereits das erste Wort. Da merken wir gleich, in welchen Schwierigkeiten wir als Kirche stecken. Und diese haben direkt zu tun mit der Ausbildung der Menschen, die eine besondere Verantwortung tragen. Das erste Wort des Titels erinnert uns an die Grundlage des Weihesakramentes, die wir oft vergessen: Das Sakrament der Taufe. Dort wird allen zugesagt, dass sie zu Christus gehören, der Priester, König und Prophet ist. Daran gibt es nichts zu rütteln. Welchen Geschlechts auch immer: Alle Getauften haben Anteil am Priesteramt, Königsamt und Prophetenamt Christi. Es gibt sie also, die Priesterinnen in unserer Kirche. Selbstverständlich. Ein Grundsatz kirchlichen Lebens lautet: lex orandi, lex credendi – die Kirche glaubt so, wie sie betet. Es lohnt sich, das nicht nur zu wissen und zu sagen, sondern vor allem zu leben.

Auch der zweite Teil des Titels provoziert: für eine Kirche, die anders ist. Wir brauchen nicht eine andere Kirche, aber eine Kirche, die anders ist. Diese Einsicht des großen französischen Theologen Yves Congar (1904–1995) hat auch Papst Franziskus an den Anfang des weltweiten synodalen Prozesses gestellt. Wenn wir eine Kirche brauchen, die anders ist, so hat das große Auswirkungen auf die Ausbildung der Priester und – hoffentlich bald – der Priesterinnen. Wir brauchen Priesterinnen und Priester für eine Kirche, die anders ist. Das ist die Herausforderung: Wie soll die Kirche anders sein? Da merken wir gleich, dass es heute besonders spannend ist, Kirche zu sein. Vielleicht so spannend, wie schon lange nicht mehr. Keine Alternative für Glaubende ist: Sich abzuschotten und zu warten, bis der Sturm vorüber ist. Wir sind aus verschiedenen Gründen herausgefordert, Kirche neu zu entdecken und neu zu leben.

Dass wir eine Kirche brauchen, die anders ist, hat nicht zuletzt auch mit den Priestern zu tun und ihrer Ausbildung. Dazu gehören die jungen, die mittelalterlichen und die alten Priester, die Bischöfe und der Papst. Die Kirche hat in vielen Bereichen versagt und ihre Berufung verraten. Sie spricht an den Menschen vorbei. Sie dreht sich um sich selbst. Da wird so viel Gutes, was durch die Kirche

Tag für Tag geschieht, von der Öffentlichkeit kaum wahrgenommen. Es wird von den negativen Schlagzeilen in den Schatten gestellt. Menschen laufen protestierend, resigniert oder unberührt davon. In dieser Situation reicht es nicht mehr, ein paar kleine Anpassungen zu machen oder hier oder dort etwas zu ändern. Das genügt auch nicht bei der Ausbildung der Priesterinnen und Priester. Das Zweite Vatikanische Konzil bezeichnet das Priesterseminar als das „Herz der Diözese" (OT 5). Also: Hier ist großer Handlungsbedarf! Sozusagen eine Herzoperation.

1. Vom Gestern übers Heute in die Zukunft

Die Zeit des Modells der Priesterausbildung, das vom Konzil von Trient geprägt ist, aber vor allem im 19. und im 20. Jahrhundert auf eine vom damaligen Konzil nicht beabsichtigte Weise verengt wurde, ist offensichtlich vorbei. Und doch wurden in den vergangenen Jahrzehnten noch Ausbildungsstätten errichtet oder ausgebaut, die auf dem Bisherigen aufbauen. Dasselbe gilt für Strategiepapiere zur Priesterausbildung, die wohl kleinere und größere Ergänzungen anbringen, aber grundsätzlich bei dem Gewohnten bleiben. Dass wir eine neue Ausbildung der Priester und Priesterinnen brauchen, klopft unüberhörbar laut an die Türe der Kirche. Nicht erst heute. Selbstverständlich gab und gibt es immer hervorragende Priestergestalten, doch sie haben ihre wahre Ausbildung weitgehend nicht in den dafür eingerichteten Institutionen erhalten. Ob das Herz der Diözese vielleicht nicht anderswo ist? Wir brauchen neue Wege. Wie sehen die aus?

Die Ausbildung der Seelsorgerinnen und Seelsorger muss evangelischer werden, das heißt: mehr vom Evangelium genährt.[1] Pater Paul-Antoine Drouin, früher Generalvikar des französischen Bistums Le Mans und jetzt Mitarbeiter in einer Pfarrei des Bistums Nantes, formulierte das in einem Interview mit Radio Vatikan so: „Der Kern der Sache – und ich glaube, dass der Heilige Vater uns seit Beginn seines Pontifikats darauf hinweist – ist die Rückkehr

---

[1] Begriffe wie evangelisch, katholisch und orthodox werden hier in ihrer tiefsten Bedeutung gebraucht. Es ist ein Skandal, wenn wir solche Wörter ohne zu erschrecken gebrauchen, um uns voneinander abzugrenzen.

zum Evangelium, zum Geheimnis des Kreuzes, zum Geheimnis der Auferstehung, zur Inkarnation. Für uns Priester, denke ich, wird dies die große Reform unseres Lebens sein: ein inkarniertes Priestertum zu sein, inmitten der Männer und Frauen dieser Zeit."[2]

Das Priesterbild – wie die Kirche als Gesamte – ist immer noch stark geprägt von der konstantinischen Wende (312/313). Der Kaiser – und in der Folge auch die Kirche – haben nicht so sehr inkarniertes Glaubensleben in den Mittelpunkt gestellt, sondern die Macht und Größe Gottes. Damit wurde die immer größer werdende Macht der Kirche legitimiert. Das bezeugen bis heute zum Beispiel die Basiliken, die besonderen Stühle für die Bischöfe, die prächtigen Gebäude, das höfische Getue. Der heilige Martin, der 371 vom Volk zum Bischof gewählt wurde, hat sich dagegen gewehrt und wurde deshalb von seinen Kollegen im Bischofsamt lächerlich gemacht. Der Glaubenssinn der Gläubigen hat gespürt, wer durch das Leben das Evangelium verkündet: Martin wurde zu einem der populärsten Heiligen. Die Amtskirche ist aber nicht seinen Weg weitergegangen, sondern den seiner Bischofskollegen. Man hat Martin, wie die anderen Heiligen, auf ein Podest gestellt. Damit entsorgen wir sie gewissermaßen. Dort oben haben sie nicht mehr viel mit uns zu tun. Wir halten sie ungefährlich auf Distanz. Vielleicht schauen wir noch zu ihnen hinauf, aber vom Sockel können sie so auch uns nicht reißen. Nein, das ist nicht unser Weg als Getaufte. Alfred Delp schreibt 1944 im Gefängnis: „Der Herrgott holt uns von allen Postamenten herunter. Was ich sonst so elegant und selbstsicher unternahm, um auszukommen, ist zerbrochen."[3] So ganz gelungen ist das dem Herrgott seit dieser Zeit und auch mit dem Zweiten Vatikanischen Konzil noch nicht. Im November 2021 schrieb mir ein junger Mann, der bereits verschiedene Gefängnisse von innen kennt, aus einer Institution für Drogenentzug über seine dortigen Erfahrungen. Ganz kurz erwähnte er auch den Besuch des Bischofs: „Dann kam mit einer Verspätung Bischof XY, der kurz bis zur Kirche mit seiner luxuriösen Karosse mit Chauffeur begleitet wurde. Dann ins Hofcafé und am Schluss erst hielten wir die Messe im Gästehaus in so einer Art Saal." Wie anders wäre wohl über den Besuch berichtet, wenn der Bischof

---

[2] https://www.vaticannews.va/de/welt/news/2021-10/frankreich-katholisch-kirche-missbrauch-reform-laien-drouin.html (Zugriff: 15.12.2021).
[3] A. *Delp*, Aufzeichnungen aus dem Gefängnis, Freiburg i. Br. 2019, 36.

von der nächsten Bushaltestelle angekommen wäre und beim Eingangstor verregnet um Einlass gebeten hätte? Er hätte bei der Begegnung dasselbe sagen können, aber er hätte etwas zu sagen gehabt. Nota bene: Der Bischof wurde von Papst Franziskus ernannt. Er ist also nicht einer der alten Generation.

2. Auf dem Boden der Wirklichkeit bleiben

Das Schlüsselwort für die Ausgestaltung eines inkarnierten Priestertums ist *Demut*. Was das heißt, führt uns das lateinische Wort *humilitas* bildhaft vor Augen. Humus heißt Erde. Wir sollen auf dem Boden der Wirklichkeit bleiben. Das ist das Gegenteil von Abheben, von Klerikalismus, von Machtgehabe. In seiner Menschwerdung zeigt Gott selbst diesen Weg. Wer Jesus Christus nachfolgt, kann nicht einen anderen Weg gehen als den der Demut. Der Christushymnus im Brief des Apostels Paulus an die Gemeinde in Philippi (2,5–11) lässt da keinen Zweifel. Silja Walter hat ihn zum Hymnus gedichtet, der im Stundengebet der Kirche im deutschsprachigen Raum steht:

> Du Wort, das der Vater spricht,
> behältst deine Gottheit nicht
> als Beute und Raub,
> du springst in den Staub:
> Du Leben, du Licht
> wirst Mensch, der zerbricht,
> da fließen die lebenspendenden Wasser
> des Heils.
> Halleluja.[4]

In der Kapelle des Studienhauses St. Lambert in Lantershofen ist das eindrücklich dargestellt: Der Altar steht an der tiefsten Stelle. Der Weg Gottes zu den Menschen ist Zentrum unseres Glaubens und der Liturgie, auch wenn die meisten Gotteshäuser architektonisch eine andere Optik darlegen. Der Chorraum ist – wie der Platz des

---

[4] *S. Walter*, Spiritualität II. Gesamtausgabe Bd. 10, Freiburg (Schweiz) 2005, 525.

Kaisers und seiner Entourage – im Kaisersaal (Basilika) vom Volk getrennt und erhöht. Der Weg Gottes zu den Menschen ist im Prolog des Johannesevangeliums mit einem eindrücklichen Bild dargestellt, von Fridolin Stier wörtlich in die deutsche Sprache übersetzt: „Und Er, das Wort, ward Fleisch, zeltend unter uns" (Joh 1,14). Was haben wir aus dieser Aussage gemacht? Nicht etwa genau das Gegenteil? Das Wort ist mitten unter uns – zeltend, und nicht festgemauert. Also mit uns auf dem Weg. Und zum Zelt – ‚tabernaculum' in lateinischer Sprache – heißt es im Kirchenrecht: „Der Tabernakel, in dem ständig die heiligste Eucharistie aufbewahrt wird, darf nicht beweglich sein; er muss aus festem, undurchsichtigem Material gefertigt und so verschlossen sein, dass, soweit irgend möglich, die Gefahr der Profanierung vermieden wird" (CIC can. 938 § 3). Diese Weisung ist nachvollziehbar, müsste uns aber zumindest zu denken geben. Was haben wir aus dem Zelt gemacht, in dem Gott mitten unter uns sein will? Diese Frage bewegte wohl zumindest einen vor der letzten Papstwahl kaum bekannten Kardinal – es war Kardinal Bergoglio –, als er unter anderem sagte: „In der Offenbarung sagt Jesus, dass er an der Tür steht und anklopft. In dem Bibeltext geht es offensichtlich darum, dass er von außen klopft, um hereinzukommen ... Aber ich denke an die Male, wenn Jesus von innen klopft, damit wir ihn herauskommen lassen. Die egozentrische Kirche beansprucht Jesus für sich drinnen und lässt ihn nicht nach außen treten."[5] Schon lange vorher hat Ähnliches der große Prediger Johannes Chrysostomus (347–407) gesagt: „Willst du den Leib des Herrn ehren? Vernachlässige ihn nicht, wenn er unbekleidet ist. Ehre ihn nicht hier im Heiligtum mit Seidenstoffen, um ihn dann draußen zu vernachlässigen, wo er Kälte und Nacktheit erleidet. Jener, der gesagt hat: ‚Dies ist mein Leib', ist der gleiche, der gesagt hat: ‚Ihr habt mich hungrig gesehen und mir nichts zu essen gegeben', und ‚Was ihr dem geringsten meiner Brüder getan habt, das habt ihr mir getan.' [...] Was nützt es, wenn der eucharistische Tisch überreich mit goldenen Kelchen bedeckt ist, während er Hunger leidet? Beginne damit, den Hungrigen zu sättigen, dann verziere den Altar mit dem, was übrigbleibt."[6]

---

[5] https://weltkirche.katholisch.de/Aktuelles/Brandrede-Bergoglios-aus-dem-Vorkonklave (Zugriff: 15.12.2021).

[6] *Joannes Chrysostomus*, In Evangelium S. Matthaei homiliae, 50,34. PG 58.

3. Hochschulen des Lebens

Was heißt all das für die Ausbildung von Priesterinnen und Priestern für eine Kirche, die anders ist? Die Ausbildungsstätte ist nicht auf einen Ort fixiert, aber von einem Ort aus gestaltet und begleitet. Die Ausbildung geschieht vor allem außerhalb. Die Universität oder die theologische Schule ist eine wichtige Stelle, aber nicht die zentrale. Auf die wichtigste Hochschule macht uns der große Maler Vincent van Gogh in einem Brief aufmerksam: „Wenn jemand auch nur eine kurze Zeit am unentgeltlichen Lehrgang der großen Hochschule des Elends teilgenommen hat und auf die Dinge geachtet hat, die er mit eigenen Augen sieht und mit eigenen Ohren hört, und wenn er darüber nachgedacht hat, so wird auch er schließlich glauben und er wird vielleicht mehr daraus lernen, als er sich selbst bewusst ist."[7] Diese Hochschule kann man in jeder Stadt und in jedem Dorf besuchen. Erfolgreich ist diese Schule aber nur, wenn wir den Menschen im Elend nicht von oben herab begegnen, sondern als Lernende. Bei seinem Besuch des Flüchtlingslagers auf der Insel Lesbos am 5. Dezember 2021 sprach Papst Franziskus zu den dort lebenden Menschen: „Ich bin hier, um eure Gesichter zu sehen und euch in die Augen zu schauen. Es sind Augen voller Angst und Erwartung, Augen, die Gewalt und Armut gesehen haben, Augen gerötet von zu vielen Tränen. Der Ökumenische Patriarch und liebe Bruder Bartholomaios sagte vor fünf Jahren auf dieser Insel etwas, das mich sehr beeindruckte: ‚Wer Angst vor euch hat, hat euch nicht in die Augen geschaut. Wer Angst vor euch hat, hat eure Gesichter nicht gesehen. Wer Angst vor euch hat, sieht eure Kinder nicht und vergisst, dass Würde und Freiheit über Angst und Trennung hinausgehen, vergisst, dass Migration nicht ein Problem des Mittleren Ostens und Nordafrikas, Europas und Griechenlands ist. Es ist ein Weltproblem' (Ansprache des Patriarchen Bartholomaios im Flüchtlingslager Moria, Lesbos, 16. April 2016)."[8] In dieser Hochschule lernt man in dem Maß, in dem man mit größtem Respekt auf die anderen Menschen zugeht, unabhängig von deren Kultur, Hautfarbe, Religion, Sprache, Alter, Lebensform oder Geschlecht. Jeder Mensch ist ein Geschenk Gottes. In seinem

---

[7] *Vincent van Gogh*, Sämtliche Briefe Bd. 1, Bornheim-Merten 1985, 207.
[8] https://www.vatican.va/content/francesco/de/speeches/2021/december/documents/20211205-grecia-rifugiati.html (Zugriff: 15.12.2021)

Werk ist der Meister gegenwärtig, auch wenn wir manchmal lange nach ihm suchen müssen. Jeder Mensch ist sozusagen ein brennender Dornbusch, aus dem uns Gott seinen Namen offenbart: Ich bin da! (vgl. Ex 3,1–15). Jeder Mensch ist heiliger Boden. Bereits vor unserer Ankunft ist Gott bei ihm. Dieses Wissen macht demütig und respektvoll.

Das zeigt sich auch im Lebensstil. Papst Franziskus legt die Zusammenhänge zwischen dem Miteinander zwischen Gott und Mensch, zwischen Mensch und Mensch und zwischen dem Menschen und der ganzen Schöpfung in seiner Enzyklika „Laudato si'" ausführlich und konkret dar. „Wenn wir uns der Natur und der Umwelt ohne diese Offenheit für das Staunen und das Wunder nähern, wenn wir in unserer Beziehung zur Welt nicht mehr die Sprache der Geschwisterlichkeit und der Schönheit sprechen, wird unser Verhalten das des Herrschers, des Konsumenten oder des bloßen Ausbeuters der Ressourcen sein, der unfähig ist, seinen unmittelbaren Interessen eine Grenze zu setzen. Wenn wir uns hingegen allem, was existiert, innerlich verbunden fühlen, werden Genügsamkeit und Fürsorge von selbst aufkommen. Die Armut und die Einfachheit des heiligen Franziskus waren keine bloß äußerliche Askese, sondern etwas viel Radikaleres: ein Verzicht darauf, die Wirklichkeit in einen bloßen Gebrauchsgegenstand und ein Objekt der Herrschaft zu verwandeln. Andererseits legt der heilige Franziskus uns in Treue zur Heiligen Schrift nahe, die Natur als ein prächtiges Buch zu erkennen, in dem Gott zu uns spricht und einen Abglanz seiner Schönheit und Güte aufscheinen lässt" (LS 11–12).

Wer in der Kirche in Zukunft eine große Verantwortung trägt, muss es riskieren, in der Nachfolge Jesu Christi Gewohntes loszulassen und in die Tiefen des Lebens hinabzusteigen. Dies kann freiwillig geschehen, aber auch ungewollt. Ein eindrückliches Beispiel für Letzteres gibt uns P. Konrad Just aus dem Zisterzienserstift Wilhering in Österreich, der wegen seines Widerstandes gegen den Nationalsozialismus ins Konzentrationslager kam. So schreibt er über die Erfahrung, als in Dachau eine Kapelle eingerichtet wurde: „Das Unerhörte wird wahr. Der Herrgott hält Einzug in Dachau. In dieser Hölle, die Dachau war und blieb bis zum Schluss, wohnte der Herrgott vom 22. Jänner 1941 bis zur Auflösung des Lagers und darüber hinaus ununterbrochen unter den Geächteten. Er war unser treuester Freund."[9] Wir sind immer wieder in

---

[9] *P. K. Just,* Zisterzienser von Wilhering. Meine Erlebnisse in den KZ-Lagern Dachau und Buchenwald 1938–1945, Stift Wilhering 2006, 110.

der Versuchung, den Gottesdienst einfach an uns vorbeigehen zu lassen. P. Konrad schreibt über die Heiligen Messen im Lager: „Ich glaube, es herrschte Katakombenstimmung" – also wie bei der Eucharistiefeier in den ersten Jahrhunderten in der Verfolgung. „Die Epistel des hl. Paulus hatte etwas Bestechendes für uns, wir meinten, Paulus rede uns an, so wirklichkeitsnah klangen die hl. Texte. Groß war die Andacht. Man hatte noch nicht genug Hostien, alles drängte sich nach vorn, um nur ein Splitterchen des so lange und so hart entbehrten Himmelsbrotes zu erhaschen ... Nun war das Unbegreifliche wahr geworden. Wie oft hatte ich in stillen Stunden mich danach gesehnt, nur noch ein einziges Mal die hl. Kommunion zu bekommen."[10] So kann P. Konrad bekennen: „Jetzt, da alles vorüber ist wie ein böser Spuk, danken wir dem Herrgott nicht nur für die Rettung, sondern auch dafür, dass er uns das alles erleben hat lassen. Mehr als die Seminarerziehung haben uns die KZ-Jahre fürs Leben und für die Stärkung unseres Glaubens mitgegeben. Da lernten wir den Wert des praktischen Christentums, die echte Werktagsheiligkeit, lieben und schätzen."[11]

Die Ausbildungsstätte ermöglicht und ermutigt, nicht nur unter sich zusammenzuarbeiten, sondern bis an die Ränder der Kirche und der Gesellschaft zu gehen und Menschen zu begegnen. Dazu gehören in unserer Zeit in besonderer Weise Menschen auf der Suche nach einer neuen Heimat, in Abhängigkeiten Gefangene, Vergessene im Gefängnis. Bewusst werden Künstlerinnen und Künstler aufgesucht, weil sie in besonderer Weise dazu berufen sind, die Not und die Freuden der Menschen wahrzunehmen und unsere Augen dafür zu öffnen. Begegnungen mit Menschen aus anderen Kulturen, Religionen und Weltanschauungen sind Herausforderungen, die den Horizont weiten und Gottes Wirken an unerwarteten Orten erfahren lassen. Die Ausbildungsstätte ist nicht mehr wie ein Kloster in der Abgeschiedenheit, sondern ein Ort mittendrin, wie dies Andreas Knapp in einem Gedicht treffend beschreibt:

unser Stadtviertel
ist unser Kloster
und die belebten Straßenkreuzungen
sind unser Kreuzgang

---

[10] Ebd., 111.
[11] Ebd., 119f.

unsere Klosterwerkstätten
sind die Fabriken
und unsere Gebetszeiten
werden von der Stechuhr diktiert
unsere Fürbitten
stehen in der Zeitung
die Probleme der Nachbarn
hören wir als Tischlesung
und ihre Lebensgeschichten
sind unsere Bibliothek
die Gesichter der Menschen
sind unsere Ikonen die wir verehren
und im leidgezeichneten Antlitz
schauen wir auf den Gekreuzigten[12]

Die Erfahrungen draußen und drinnen werden im gemeinsamen Gottesdienst und im persönlichen Gebet vor Gott getragen. Gottes Wort fällt dabei auf den bereiten Acker, der sich nach Samen des Lebens sehnt. In der geistlichen Begleitung und mit Hilfe von Fachleuten werden die verschiedenen Facetten zu einer Schule des Lebens.

Wer diese Schule kennt, kann mit einem weiten Horizont und einem demütigen Herzen profitieren von den Vorlesungen in Philosophie und Homiletik, in Dogmatik und in Kirchenrecht, in Kirchengeschichte und in Moraltheologie, in Liturgiewissenschaft und in Sozialwissenschaften, in biblischer Theologie und Spiritualitätsgeschichte, in Kunstgeschichte und Pastoraltheologie, in Musik und Gesang.

4. Facetten der Ausbildungsstätte

Braucht es neben diesen verschiedenen Vorlesungen noch einen Ort des Zusammenlebens? Selbstverständlich. Aber er ist nicht das Herz der Diözese. Das Herz der Diözese sind die Menschen, die Gott am Herzen liegen. Die Ausbildungsstätte mit den Verantwortlichen ist besorgt, dass die ihnen anvertrauten Menschen entdecken, dass sie am

---

[12] A. *Knapp*, Brennender als Feuer. Geistliche Gedichte, Würzburg [7]2014, 89.

Herzen Gottes sind und diese Entdeckung auch bei anderen machen, besonders bei den Menschen am Rand der Kirche und der Gesellschaft. So wird die Ausbildungsstätte zu einem entscheidenden Hebel beim dringend notwendigen evangelischen Paradigmenwechsel.

Die Ausbildungsgemeinschaft setzt sich zusammen aus Menschen, die sich für den Seelsorgedienst vorbereiten, aber auch aus Menschen verschiedener anderer Berufe. Der Aufnahmeprozess soll so gestaltet sein, dass selbst die zwölf Apostel Aufnahme finden und die uns bekannten Jüngerinnen und Jünger in den Evangelien. Alle müssen bereit sein, sich auf einen synodalen Prozess einzulassen. Entscheidend sind nicht Grenzen, die wir Menschen uns leider auch in der Kirche – der Gemeinschaft aller Getauften – setzen, sondern die ehrliche Gottsuche. Hier können sie die Vielfalt menschlichen Lebens kennen und die verschiedenen Charismen schätzen lernen. Damit die priesterliche Berufung wirklich ein Dienst wird, ist der gemeinsame Weg bereits in der Ausbildung von großer Bedeutung. Die Priesterinnen und Priester können nicht abgesondert ausgebildet werden, wenn ihr Dienst mittendrin in der Gesellschaft ist. Die Fähigkeit zum Miteinander ist eine Voraussetzung für die Nachfolge Christi. Gottes Wort ist eindeutig: „Es ist nicht gut, dass der Mensch allein ist" (Gen 2,18). Das gilt auch für priesterliche Menschen – besonders für sie. Jesus sandte seine Jüngerinnen und Jünger mindestens zu zweit aus: „Danach setzte der Herr zweiundsiebzig andere ein und sandte sie je zwei und zwei vor sich her in alle Städte und Orte, wohin er gehen wollte" (Lk 10,1). Die Fokussierung auf die zölibatäre Lebensform in den vergangenen Jahrzehnten hat diese Weisung immer mehr außer Acht gelassen. Die Folgen sind im persönlichen Leben und in der Glaubwürdigkeit gravierend: Vereinsamung, Verwahrlosung, Eigensinn, abgehoben sein, den Kontakt zu den Menschen verlieren, Menschen zur Befriedigung eigener Bedürfnisse suchen. „Es ist nicht gut, dass der Mensch allein ist." Darum hat der heilige Augustinus eine Priestergemeinschaft gegründet – und viele andere nach ihm. Je mehr die Priester allein blieben, umso mehr ist die synodale Dimension, die wesentlich zur Kirche gehört, verloren gegangen. Wie in monarchischen oder aristokratischen Staaten wurde von oben gesagt, was unten zu tun war. Kirche ist immer als Gemeinschaft unterwegs – oder sie ist nicht als Kirche unterwegs. Das Leitungsteam der Ausbildungsgemeinschaft lebt dieses Miteinander vor. Sie arbeiten in ei-

nem Großraumbüro. Stellen wir uns einmal Jesus und seine Jüngerinnen und Jünger in Einzelbüros vor, wie das heute noch in der
Kirche üblich ist – leider auch in Klöstern! In den Gängen mit unzähligen Türen ist kaum etwas vom Feuer zu spüren, das nach dem
Willen Jesu brennen sollte (vgl. Lk 12,49). Jeder für sich. Wie anders
ist das im Evangelium: Das Miteinander ist und bleibt entscheidend.
Das wird eindrücklich sichtbar in der Schilderung, wie Judas im
Zwölferkreis ersetzt wurde. Da wurde nicht ein gelehrter Einzelgänger gesucht, sondern ein erfahrener Gemeinschaftsmensch. So lesen
wir in der Apostelgeschichte: „Es ist also nötig, dass einer von den
Männern, die mit uns die ganze Zeit zusammen waren, als Jesus,
der Herr, bei uns ein und aus ging, angefangen von der Taufe durch
Johannes bis zu dem Tag, an dem er von uns ging und in den Himmel aufgenommen wurde – einer von diesen muss nun zusammen
mit uns Zeuge seiner Auferstehung sein" (Apg 1,21–22). Ist nicht
das gemeinsame Unterwegssein – das Zweite Vatikanische Konzil
spricht vom Volk Gottes auf dem Weg – genau das, was Kirche auszeichnen sollte und seit Jahrhunderten an allen Ecken und Enden
fehlt? Papst Franziskus hat die Bedeutung der Synodalität der Kirche
neu ins kirchliche Bewusstsein gerufen. Er sagt: „Genau dieser Weg
der Synodalität ist das, was Gott sich von der Kirche des dritten
Jahrtausends erwartet. Was der Herr von uns verlangt, ist in gewisser
Weise schon im Wort ‚Synode' enthalten. Gemeinsam voranzuge-
hen – Laien, Hirten und der Bischof von Rom –, ist ein Konzept,
das sich leicht in Worte fassen lässt, aber nicht so leicht umzusetzen
ist."[13] Das Miteinander soll uns auszeichnen, nicht das Nebeneinan-
der oder sogar das Gegeneinander. Wie orthodoxer, evangelischer,
pfingstlicher und katholischer würden wir doch wahrgenommen,
wenn die Verantwortlichen in der Leitung gemeinsam arbeiten würden! Das gilt für alle kirchlichen Institutionen: für Pfarreien, für
Klöster, für theologische Fakultäten, für Ordinariate, für kirchliche
Ausbildungsstätten, auch für die Kurie in Rom. Einige peinliche Dokumente bis in die Gegenwart wären uns so gewiss erspart geblieben! Als Getaufte könnten wir beitragen, dass diese Kultur des Miteinanders, das wir im Evangelium lernen, auch in den Betrieben
gelebt wird, in denen wir als Getaufte Verantwortung tragen. Nicht

---

[13] https://www.vaticannews.va/de/vatikan/news/2021-05/vatikan-synode-kirche-
mission-dokument-deutsch-wortlaut.html (Zugriff: 15.12.2021).

umsonst werden Großraumbüros «Kathedralen der Interaktion» genannt.

Die Ausbildungsstätte ist vor allem eine Erzählgemeinschaft, weil die Kirche eine Erzählgemeinschaft ist. Das haben wir von unseren jüdischen Schwestern und Brüdern übernommen. Wir erzählen einander von unseren Begegnungen mit dem lebendigen Gott, der immer wieder so überraschend ist. Darum kennen wir die Geschichte von Moses und erzählen sie heute noch. Darum gehen die Jünger von Emmaus zu den anderen: „Noch in derselben Stunde brachen sie auf und kehrten nach Jerusalem zurück und sie fanden die Elf und die mit ihnen versammelt waren. Diese sagten: Der Herr ist wirklich auferstanden und ist dem Simon erschienen. Da erzählten auch sie, was sie unterwegs erlebt und wie sie ihn erkannt hatten, als er das Brot brach" (Lk 24,33–35). Die Kirche ist zutiefst eine Erzählgemeinschaft. Darum sind uns die vier Evangelien geschenkt. Ist es nicht gerade das, was wir leider weitgehend aus dem Blick verloren haben? Erzählen wir einander von unseren Begegnungen mit dem lebendigen Gott? Von unseren Gotteserfahrungen? Silja Walter hat mich dazu immer wieder ermutigt – auch mit ihrem Beispiel. Gott ist da. Darum sollen wir ihn mit offenen Augen und aufgeschreckten Ohren suchen. Das ist der Kern benediktinischen Lebens. Aus diesen Begegnungen können wir leben und unser Leben gestalten. So kann Paulus sagen: „Caritas Christi urget nos" – „Die Liebe Christi drängt uns" (2 Kor 5,14). Im geschwisterlichen Miteinander lernen wir, unsere Heilsgeschichte zu akzeptieren und dafür Gott zu danken. So werden auch die Baustellen im eigenen Leben zu Hochschulen des Lebens. Glücklich der Mensch, der sie nicht nur genervt aushält oder klagend oder verachtend vorübergehen lässt. Der Ort meiner Hoffnung ist der Ort, an dem ich angebunden bin. In diesem Miteinander und im Ruhen in sich selbst in der Gegenwart Gottes hat selbstverständlich auch der Humor seinen Platz.

Viele Erscheinungsformen der Kirche sind nicht so sehr geprägt vom Evangelium, sondern von der konstantinischen Wende. Wenn sie dem Glauben im Wege stehen, müssen wir den Mut haben, sie zu evangelisieren. Nehmen wir in den Ausbildungsstätten für Priesterinnen und Priester die Heiligen von den Sockeln herunter! Dann hören wir plötzlich ihre Botschaften neu, selbst Aspekte, die seit Jahrhunderten überhört wurden. Plötzlich geht uns auf: Da stehen nicht irgendwelche Gesetze und Leistungen im Mittelpunkt, sondern die Liebe – Gottes Liebe. Ist es nicht gerade das, was uns bei guten Heiligenbiografien berührt? Sie bringen uns einen Menschen und sein Geheimnis näher. Sie entrücken ihn nicht zum Supermenschen. An ihren Festtagen lesen wir dann nicht mehr ausgewählte zahme Texte aus ihren Federn, sondern solche, die bewegen. Fridolin Stier (1902–1981) schreibt in seinem Tagebuch: „Jeder Heilige ist schrecklich. Aber die Heiligen der II. Nokturn sind es nicht: entfleischte, blutleere, bleichsüchtige Musterknaben der herrschenden Kirchenmoral sind sie geworden (iudicium secundum modum iudicantis). Die bigotten Exempel des hl. Alfons von Liguori, ‚Der vollkommene Christ'! Der hl. Aloisius von Gonzaga, einst uns Knaben und Burschen als Vorbild der ‚heiligen Reinheit' vorgestellt, habe vor seiner schönen Mutter die Augen niedergeschlagen. Als ich das meiner frommen Großmutter erzählte, fuhr sie auf: ‚Was sagst du, it amol dr Muetter hat er in Gsicht luege kenna? Dem Männle hätt'i de Hintere versohlet …' Diese Heiligen riechen muffig; unsägliche Langeweile geht von ihren Bildern aus."[14] Probieren wir es doch, dort, wo die Seelsorgerinnen und Seelsorger ausgebildet werden! Dann bringen die Heiligen Dynamik in festgefahrene Fragen der Kirche. So betet die heilige Teresa von Ávila (1515–1582): „Du, Herr, meiner Seele, dir hat vor den Frauen nicht gegraut, als du durch diese Welt zogst, im Gegenteil, du hast sie immer mit großem Mitgefühl bevorzugt und hast bei ihnen genauso viel Liebe und mehr Glauben gefunden, als bei den Männern, […]. O ja, mein König, einmal muss es doch den Tag geben, an dem man alle erkennt. Ich spreche nicht für mich, denn meine Erbärmlichkeit hat die Welt schon erkannt, und ich bin froh, dass sie bekannt ist, sondern weil ich die Zeiten so sehe, daß es keinen Grund gibt, mutige und starke Seelen zu übergehen, und seien es die von Frauen."[15] Und von der heiligen Thérèse von Lisieux (1873–1897) erfahren wir: „Der liebe Gott ist im Begriff, mich in einem Alter zu sich zu nehmen, da ich noch nicht die Zeit gehabt hätte, Priester zu sein … Wenn ich hätte Pries-

---

[14] F. Stier, Vielleicht ist irgendwo Tag. Die Aufzeichnungen und Erfahrungen eines großen Denkers, Freiburg i. Br. ²1993, 88.
[15] Vgl. P. Rath (Hrsg.), „Weil Gott es so will". Frauen erzählen von ihrer Berufung zur Diakonin und Priesterin. Freiburg i. Br. 2021, 7, dort zitiert nach: Teresa von Ávila, Weg der Vollkommenheit, hrsg., übersetzt u. eingeleitet v. U. Dobhan u. E. Peeters, Freiburg i. Br. 2003, 90.

ter werden können, hätte ich in diesem Juni die heiligen Weihen empfangen. Was tat also Gott? Damit ich nicht enttäuscht würde, ließ er mich krank werden. Auf diese Weise konnte ich nicht dabei sein, und ich sterbe, bevor ich mein Amt ausüben könnte."[16] Die heilige Edith Stein (1891–1942) sagte 1931 in einem Vortrag: „Die neueste Zeit zeigt einen Wandel durch das starke Verlangen nach weiblichen Kräften für kirchlich-caritative Arbeit und Seelsorgshilfe. Von weiblicher Seite regen sich Bestrebungen, dieser Betätigung wieder den Charakter eines geweihten kirchlichen Amtes zu geben, und es mag wohl sein, dass diesem Verlangen eines Tages Gehör gegeben wird. Ob das dann der erste Schritt auf einem Weg wäre, der schließlich zum Priestertum der Frau führte, ist die Frage. Dogmatisch scheint mir nichts im Wege zu stehen, was es der Kirche verbieten könnte, eine solche bislang unerhörte Neuerung durchzuführen."[17] Zu letzterer Einsicht kam 1976 auch die päpstliche Bibelkommission.[18] Wenn es also nicht um eine Glaubensfrage geht, worauf gründet das Nein? Wenn es nicht um eine Glaubensfrage geht, warum kann ein Papst sagen, dass die Kirche keine Vollmacht hat, Frauen zu weihen? Diese „bislang unerhörte Neuerung" ist im Urteil großer Heiliger und kompetenter Fachleute ein notwendiger evangelischer Schritt zu einer Kirche, die anders ist.

---

[16] Vgl. *P. Rath* (s. Anm. 11), 7, dort zitiert nach: Bericht der jüngeren Schwester Céline 1910 vor dem Diözesangericht des Bischofs von Bayeux und Lisieux, Bd. 1 der Heilig- u. Seligsprechungsakte von Thérèse von Lisieux.

[17] Vgl. *P. Rath* (s. Anm. 11), 8, dort zitiert nach: Vortrag vor der Katholischen Akademikervereinigung in Aachen am 30. Oktober 1931, in: E. Stein Gesamtausgabe 13, Freiburg i. Br. 2000, 77.

[18] Die Kommission hatte sich zwei Jahre dem Studium der Frau in der Bibel gewidmet. Die Ergebnisse wurden nicht publiziert, sondern dem Heiligen Stuhl zur Verfügung gestellt. Vgl. https://www.vatican.va/roman_curia/congregations/cfaith/pcb _documents/rc_con_cfaith_pro_14071997_pcbible_ge.html (Zugriff: 21.02.2022). Der Wortlaut der Stellungname und das Abstimmungsverhältnis in der Kommission sind aber in verschiedenen Publikationen aufgenommen, z. B. https://wir-sind-kirche.de/?id=373&id_entry=4347&out=print (Zugriff: 21.02.2022).

5. Romane zur geistlichen Lesung

In der Ausbildungsstätte sind zwei Romane Pflichtlektüre. Die beiden Romane „Der gottlose Pfarrer"[19] und „Der gläubige Kardinal"[20] des Autors Ulrich Harbecke sind eine geistliche köstlich kreativ sprühende Umsetzung dessen, was es heute braucht: Priesterinnen und Priester für eine Kirche, die anders ist. Ausgelöst wurden die Romane durch einen Bischof und Kardinal, der Priester ausbilden ließ, damit die Kirche katholisch bleibt – einengend gemeint, nicht im ursprünglichen Sinne der Weite. Ausgelöst durch Getaufte, die ihren gottlosen Pfarrer nicht fallenlassen, wird sogar der Kardinal gläubig.

6. Zuversichtliche Aussichten

Die großen Fragen, die die Menschen in der Ausbildungsstätte bewegen, sind nicht mehr Äußerlichkeiten, die bislang manchen Seminaristen und Bischof bewegt haben. Die Kleidung, die die Priesterinnen und Priester der Zukunft auszeichnen soll, ist ihr Leben. „Denn ihr alle, dir ihr auf Christus getauft seid, habt Christus angezogen" (Gal 3,27). In einer solchen Ausbildungsstätte wachsen die Menschen nicht in der Machthülle und Überheblichkeit, sondern in der Demut. Da wird im Leben der zukünftigen Seelsorgenden Wirklichkeit, was nach der Einsicht des Zweiten Vatikanischen Konzils die Sendung der ganzen Kirche auszeichnet, die anders ist: „Freude und Hoffnung, Trauer und Angst der Menschen von heute, besonders der Armen und Bedrängten aller Art, sind auch Freude und Hoffnung, Trauer und Angst der Jüngerinnen und Jünger Christi" (GS 1).

---

[19] *U. Harbecke,* Der gottlose Pfarrer. Düsseldorf 2005.
[20] *U. Harbecke,* Der gläubige Kardinal. Düsseldorf 2004.

2.
Vergewisserungen

Infragestellung und Begründung des sakramentalen kirchlichen Dienstamtes

Josef Freitag

Nicht verschiedene Fundamentalkritiken des sakramentalen Weihe-amtes in der katholischen Kirche, sondern die grundsätzliche Infra-gestellung seiner Notwendigkeit für die Kirche scheinen in der öffentlichen, innerkirchlichen Debatte mit der Entscheidung im Synodalen Weg, das Amt als solches zur Debatte zu stellen, ange-kommen zu sein. So jedenfalls verstanden und verstehen viele diesen Beschluss.[1] Manche Reaktionen verstärken diesen Eindruck.[2]

Lässt sich das apostolische, kirchliche Amt, das *sacramentum ordinis*, als für die Kirche notwendig, genauer: mit der Kirche als Kirche mitgegeben und so als Implikat des Kircheseins und damit als für Kirche konstitutiv mitgegeben und *insofern* notwendig begründen?

1. Sichtweise des 2. Vatikanischen Konzils in der Kirchenkonstitution „Lumen gentium"

Das 2. Vatikanische Konzil hat in der Kirchenkonstitution „Lumen gentium" historisch zurückhaltend aber klar formuliert: „So wird das aus göttlicher Einsetzung kommende kirchliche Dienstamt (mi-nisterium ecclesiasticum divinitus institutum) in verschiedenen

---

[1] Vgl. dazu: https://www.synodalerweg.de/fileadmin/Synodalerweg/Dokumente_Reden_Beitraege/2021-10-01_SVII_TOP4_1_Synodalforum_II_-_Grundtext_-_Erste_Lesung_amendments.pdf (Zugriff: 17.05.2022).

[2] Vgl. *M. Ebner*, Braucht das Christentum Priester? Eine Vergewisserung aus dem Neuen Testament (Teil 1 und 2 am 21. und 22.1.2022), in: Feinschwarz – https://www.feinschwarz.net/braucht-das-christentum-priester-eine-vergewisserung-aus-dem-neuen-testament-teil-1 und https://www.feinschwarz.net/braucht-das-chris-tentum-priester-eine-vergewisserung-aus-dem-neuen-testament-teil-2 (Zugriff: 24.01.2022); und ganz anders im Blick auf den Bruch der Reformation den Artikel des evangelischen Reformationshistorikers *T. Kaufmann*, Der radikale Umbruch der Reformation, in: Frankfurter Allgemeine Zeitung (FAZ), Nr. 248, 25.10.2021, 7.

Ordnungen (diversis ordinibus) ausgeübt von jenen, die schon seit alters her (ab antiquo) Bischöfe, Priester, Diakone (Episcopi, Presbyteri, Diaconi) heißen."[3] Es geht also nicht nur um das Priesteramt, sondern um das gesamte, eine und ganze sakramentale Dienstamt.

Nicht unwichtig ist die leitende Grundeinordnung dieses sakramental einen wie zugleich differenzierten Amtes in der Einleitung des 3. Kapitels von „Lumen gentium", unter der Überschrift „Die hierarchische Verfassung der Kirche (De constitutione hierarchica Ecclesiae), insbesondere das Bischofsamt": „Um Gottes Volk zu weiden und immerfort zu mehren, hat Christus der Herr in seiner Kirche verschiedene Dienstämter (varia ministeria) eingesetzt, die auf das Wohl des ganzen Leibes ausgerichtet sind. Denn die Amtsträger (ministri), die mit heiliger Vollmacht ausgestattet sind (sacra potestate pollent), stehen im Dienst (inserviunt) ihrer Brüder, damit alle, die zum Volk Gottes gehören (de Populo Dei sunt), und sich daher der wahren Würde eines Christen erfreuen, in freier und geordneter Weise sich auf das nämliche Ziel hin ausstrecken (ad eumdem finem libere et ordinarie conspirantes) und so zum Heile gelangen." (LG 18)[4]

Noch wichtiger ist die konziliare, bewusste Veränderung im Ansatz und Aufbau der Kirchenkonstitution, nämlich von der „streitenden Kirche", verstanden als „sakraler Herrschaftsverband" im ersten Entwurf, der dem Konzil am 1.12.1962 zur Debatte vorgelegt wurde, hin zum Mysterium der Kirche als Ansatz und Ausgangspunkt für das Selbstverständnis der Kirche und ihres Amtes, näherhin des sakramentalen Ordo in ihr.[5] In seiner Darstellung des Entwurfsvorschlages

---

[3] LG 28. Mit Verweis auf das Ordo-Dekret des Konzils von Trient im 2. Kapitel der Doktrin und in Kanon 6 (DH 1765 und 1776). Die Übersetzung des zitierten Textes lautet in [45]DH 4153: „So wird der von Gott eingesetzte kirchliche Dienst in verschiedenen Ständen von jenen ausgeübt, die schon von alters her Bischöfe, Presbyter und Diakone heißen." Schon vorher in LG 20.3: „Die Bischöfe haben den Dienst an der Gemeinschaft zusammen mit ihren Helfern, den Priestern und Diakonen (presbyteris et diaconis), übernommen."

[4] Näher am lateinischen Text die Übersetzung in [45]DH 4142: „Christus, der Herr, hat, um das Volk Gottes zu weiden und ständig zu mehren, in seiner Kirche verschiedene Dienste eingesetzt, die auf das Wohl des ganzen Leibes ausgerichtet sind. Denn die Diener, die über heilige Vollmacht verfügen, dienen ihren Brüdern, damit alle, die zum Volk Gottes gehören und sich daher der wahren christlichen Würde erfreuen, zum Heil gelangen, indem sie frei und geordnet auf dasselbe Ziel hin zusammenwirken."

[5] Vgl. Herders Theologischer Kommentar zum Zweiten Vatikanischen Konzil,

der deutschen und österreichischen Bischofskonferenz vom Januar/
Februar 1963 (für die 2. Konzilsperiode) schreibt Hünermann:

„Im Gegensatz zum Schema der theologischen Kommission, wo
das Volk Gottes wesentlich von der Mittlerschaft durch die Amtsträger abhängig ist und infolgedessen die Hierarchie überall vorangeht, ist hier eine grundlegend andere Sichtweise gegeben: Am Anfang stehen die Aussagen über die Würde aller Mitglieder des Volkes
Gottes und des Leibes Christi. Die Kirche, die einen Leib aus vielen
Gliedern bildet, weist eine gewisse Struktur auf. Aber alle, die dazu-
gehören, erfreuen sich der gleichen fundamentalen Würde [...].
Diese Gleichheit und Würde aller Glieder der Kirche stellt zugleich
die grundlegende Norm im Verhalten der einzelnen Christen zueinander dar. Diese so konstituierte Kirche aber hat verschiedene
Dienste und Charismen nötig, damit sie entsprechend gedeihen
kann. Christus beschenkt seine Kirche damit: ‚Er gab den einen das
Apostelamt, andere setzte er als Propheten ein, andere als Evangelis-
ten, andere als Hirten und Lehrer, um die Heiligen für die Erfüllung
ihres Dienstes zu rüsten, für den Aufbau des Leibes Christi' (Eph
4,11f.). Die Kirche kann eines solche Dienstes nicht entbehren. Drei
Elemente umfasst dieser Dienst: Die Verkündigung, die Heiligung
und die Regierung. Indem die deutschsprachigen Bischöfe an die
Ausführungen über das Volk Gottes und den Leib Christi eine Reflexion auf die Dienste anschließen, die das Volk Gottes auf seinem
Weg durch die Geschichte braucht, stellen sie die Ekklesiologie vom
Kopf wieder auf die Füße. Im Unterschied zum vorbereiteten Schema ist die Kirche nicht ein sakraler Herrschaftsverband, der durch
das Wirken bevollmächtigter Bischöfe konstituiert und aufgebaut
wird. Vielmehr hat das von Gott her konstituierte Volk Gottes, das
als eine Gemeinschaft freier Personen bezeichnet wird, Dienste nötig, um sich in der Geschichte entfalten zu können. Diesen Diensten
haben dann die verschiedenen Diener zu obliegen, die mit der entsprechenden Funktion betraut werden. Die deutschsprachigen Bischöfe öffnen mit dieser wichtigen systematischen Begründung des
Amtes in der Kirche zugleich das Tor, um von einer die neutestamentlichen Charismen in unterschiedlicher Weise einbeziehenden

hrsg. von P. Hünermann und B. J. Hilberath, Bd. 2, Freiburg i. Br. 2004. Hüner-
manns eigener Theologischer Kommentar zur dogmatischen Konstitution über
die Kirche *Lumen gentium*, ebd., 269–565, näherhin 294–337.

Entfaltung kirchlicher Ämter reden zu können. Zugleich ist damit eine klare Abhebung des gemeinsamen Priestertums des ganzen Volkes Gottes von den amtlichen Diensten gegeben. Das gemeinsame Priestertum der Gläubigen steht nicht mehr in der Gefahr als ein lediglich metaphorisches ‚Priestertum' im Blick auf den amtlichen Dienst missverstanden zu werden."[6]

In seiner theologischen Würdigung dieses Dokumentes, das die Kirchenkonstitution maßgeblich in Aufbau und Aussagen bestimmt hat, hält Hünermann fest: „Durch die Art und Weise, wie die deutschsprachigen Bischöfe die Konstitution der Kirche und in Verbindung damit das gemeinsame Priestertum der Gläubigen bestimmen, erst danach die Angewiesenheit dieses Volkes Gottes auf Dienste charakterisieren, räumen sie die Schwierigkeiten mit dem exegetischen Befund und die wichtigsten Stolpersteine für eine ökumenische Verständigung mit den Kirchen des Ostens und des Westens aus dem Weg. Indem die ministeria in der Kirche auf das Volk Gottes bezogen werden, und zwar auf Grund der Notwendigkeiten und Angewiesenheiten dieses Volkes auf Dienstleistungen, wird es für die Bischöfe möglich, die geschichtliche Entwicklung der Ämter in einer theologisch verantwortlichen Weise zu thematisieren und in die Entfaltung der ministeria einzubeziehen. [...] Die generelle Charakteristik der Dienste und der Amtsträger, die einem mündigen, von Gott selbst begnadeten Volk zu dienen haben, beendet die ideologisch überhöhte, im römischen Schema behauptete direkte Heilsmittlerschaft der Amtsträger und die daraus resultierende Passivität des lediglich empfangenden Volkes Gottes."[7]

Der Grundansatz in der Kirchenkonstitution nicht beim Amt, sondern beim Mysterium der Kirche in ihrer Entstehung aus Gottes Initiative und dem Handeln von Vater, Sohn und Geist selbst, ihre Erstdarstellung als Volk Gottes aus und für alle Völker und der Dienstcharakter aller Dienste, Diener und Hierarchie in der Kirche für genau dieses Volk Gottes im Sinne des Handelns Gottes sind auch im schon zitierten Einleitungssatz zum „Hierarchiekapitel" der Kirchenkonstitution programmatisch festgehalten.[8] Was Hünermann zur Entstehung ausführt, zeigt sehr deutlich, dass es sich um

---

[6] Ebd., 329f.
[7] Ebd., 336.
[8] S. Anm. 4.

die Grundorientierung, nicht nur um Einzelaussagen handelt, um den Horizont, in dem alles Einzelne sich erst in seiner Ausrichtung, Bedeutung und Wirkung erschließt.

Die heute ebenfalls drängende Frage nach der möglichen Ordination der Frauen ins sakramentale Amt wird in diesem Beitrag, dem es um die Begründung des sakramentalen Dienstamtes geht, nicht eigens behandelt und muss es auch nicht. Denn es geht ja um die Begründung des sakramentalen Dienstamtes überhaupt, nicht um die Begründung oder Ablehnung der Frauenordination. Außerdem: Sowohl Befürworter als auch die Bestreiter oder Verneiner der Möglichkeit der Frauenordination setzen den sakramentalen Ordo als existent und notwendig, als angestrebt, gewollt oder – bei Ablehnung der Frauenordination – nur als Frauen nicht zugänglich, voraus. Beide bestreiten das Amt, und zwar das existierende sakramentale Amt, nicht. Sie sehen es als zur Wirklichkeit und zum Wesen der Kirche gehörig an. Genau deswegen wird es ja von Frauen angestrebt und gewollt oder für Frauen befürwortet. Das Amt gibt nicht nur Macht in der Kirche. Es muss für die Kirche als Kirche wesentlich sein. Wäre es nicht für die Kirche und ihr Kirchesein notwendig, müsste man es gar nicht anstreben. Man könnte und sollte (besser) auf anderen Wegen und mit anderen Mitteln – je nach Kirchenbild – Einfluss, Mitbestimmung und Gestaltungsmacht in der Kirche zu gewinnen versuchen. Das Ringen ums Amt, um den sakramentalen Ordo, wäre nicht vorrangig, wäre eher verschwendete, so oder so vergebliche Liebesmüh, für manche Auffassung vielleicht sogar schädlich oder kontraproduktiv, weil das falsche System stützend, oder einfach überflüssig.

2. Zur neutestamentlichen Begründung des sakramentalen kirchlichen Dienstamtes

Das sakramentale kirchliche Dienstamt setzt gerade in seinen Kernvollzügen (Verkündigung, Heiligung und Leitung) mit der Bezeugung des für uns gekreuzigten und von den Toten auferweckten bzw. auferstandenen Jesus von Nazareth das Oster*geschehen* voraus. Dieses Ostergeschehen wird in seinen „Rändern" und Wirkungen historisch greifbar, kann aber nur als Pascha*mysterium* glaubend erkannt und angenommen werden. In diesem Osterglauben wird das

Ostergeschehen bzw. das Mysterium paschale als nicht nur einst geschehen, sondern genauer: seitdem begonnen, für alle zum Glauben
Kommenden als *heute* wirksam erlösend vorausgesetzt und angenommen. Dieses für alle Menschen geschehene und sie aus der Gewalt und Knechtschaft des Todes und der Sünde herausholende Paschamysterium wird in der Feier der Taufe und dann immer wieder
in der Feier der Eucharistie und im Zuspruch der Vergebung der
Sünden wirksam und wirklich, und zwar im Namen und Auftrag
dieses auferstandenen Jesus Christus als Feier der Kirche.[9] Daher
kann das kirchliche Dienstamt nicht rein historisch in einem juri-
dischen Stiftungsakt vom vorösterlichen Jesus eingesetzt und begründet worden sein und historisch-kritisch aufgezeigt werden. Es
setzt zu seiner Grundlegung, Entstehung und Sendung das Ostergeschehen, die Ostererfahrung und den Osterglauben voraus, ist
also ein nachösterliches Geschehen (wie bei allen Sakramenten).
Die Entstehung dieses apostolisch-kirchlichen Amtes kann deshalb
auch nicht als punktueller, bevollmächtigender Stiftungs- und Sen-
dungsakt vorgestellt und gedacht werden, sondern als ein Geschehen, das im Paschamysterium wurzelt, das von ihm getragen ist
und im Glauben an dieses „Geschehen für uns" den zum Osterglauben Gekommenen allmählich bewusst wird, von ihnen erkannt und
angenommen werden kann.

Dieses Bewusstwerden, Erkennen und Annehmen geschieht
grundlegend in der Erfahrung der Begegnung mit dem Auferstandenen selbst, besonders wenn diese Begegnung als Sendung erfahren,
angenommen und umgesetzt wird (Mt 28,16–20; Lk 24,30–49; Joh

---

[9] Vgl. SC 7: „Um aber dieses so große Werk zu vollenden, ist Christus immer bei
seiner Kirche, besonders in den liturgischen Handlungen. Gegenwärtig ist er im
Opfer der Messe sowohl in der Person des Dieners – ‚derselbe bringt jetzt das
Opfer durch den Dienst der Priester dar (idem nunc offerens sacerdotium ministerio), der sich selbst einst am Kreuze dargebracht hat' [DH 1743] –, als auch vor
allem unter den eucharistischen Gestalten. Gegenwärtig ist er mit seiner Kraft in
den Sakramenten, so dass, wenn einer tauft, Christus selbst tauft. Gegenwärtig ist
er in seinem Wort, da er ja selbst spricht, während die heiligen Schriften in der
Kirche gelesen werden. Gegenwärtig ist er schließlich, während die Kirche betet
und singt, er, der versprochen hat: ‚Wo zwei oder drei in meinem Namen versammelt sind, da bin ich in ihrer Mitte' (Mt 18,20). In der Tat gesellt sich Christus in
diesem so großen Werke, in dem Gott vollkommen verherrlicht wird und die
Menschen geheiligt werden, immer die Kirche zu, seine hochgeliebte Braut, die
ihren Herrn anruft und durch ihn dem ewigen Vater Verehrung erweist."

20,19–23). Das Apostelsein und die apostolische Sendung entspringen nicht nur der Begegnung zwischen dem Auferstandenen und denen, denen er erscheint und die sich zum Teil als ausdrücklich von ihm gesandt erfahren und darin auch anerkannt und zu offiziellen, öffentlichen Zeugen werden, sondern im Vollzug des jeweiligen Gesandtseins zu den Menschen und im Zusammenhang der mit und aus dieser Sendung und Bezeugung entstehenden Gemeinschaft der Glaubenden und der mit und in dieser Gemeinschaft, der Kirche (bzw. örtlichen Kirchen) gemachten Erfahrungen (vgl. Paulusbriefe und Apostelgeschichte). Diese Erfahrungen sind nicht nur innerkirchliche Erfahrungen, sondern gerade solche mit Außenstehenden, die zum Glauben kommen oder eben nicht; auch mit solchen, die den Glauben an Christus ausdrücklich ablehnen, seine Zeugen sogar verfolgen oder gleichgültig bleiben.

Das lukanische Doppelwerk, das Johannesevangelium und die Paulusbriefe machen sehr deutlich, dass es den Dienst der Apostel wie den Glauben und dann den kirchlichen Dienst und das kirchliche Dienstamt nicht geben kann ohne die Ausrüstung mit dem Hl. Geist, die verheißene Kraft aus der Höhe, auf die die Jünger zuerst in Jerusalem, aber auch sonst je warten, sie erbitten und ihr entsprechen müssen, d. h. auf sie angewiesen *bleiben* (Lk 24,49; Apg 1,4f.8.14; 2; 9,15–19; 10–11,18; Joh 20,21–23). Paulus wird erst als Apostel und in Ausübung dieses Apostolates sein Apostelsein erfassen, begreifen und begründen lernen (vgl. z. B. Gal; 2 Kor; Röm).

Paulus wird nicht schon durch die Christusbegegnung vor Damaskus zum Apostel. Es wird ihm erst in der Stadt gesagt werden, was er tun soll; ihm müssen die Hände aufgelegt und er muss getauft werden; und er hat zu lernen, was er wegen seiner Berufung zu tun und zu erleiden haben wird (Apg 9,15–19. 22,9–16; Paulus selbst in Gal 1.10–19; 2,1–10)[10]: „Paulus, zum Apostel berufen, nicht von Menschen oder durch Menschen, sondern durch Jesus Christus

---

[10] Es geht mit seiner Aussonderung in Antiochien zur 1. Missionsreise weiter (Apg 13,1–4); er muss seinen Weg anders nehmen als er wollte, vom Hl. Geist geführt (Apg 15,40f. 16, 6–13). Das geht auf andere Weise von Jerusalem aus weiter: „Und siehe, nun ziehe ich, gebunden durch den Geist, nach Jerusalem und ich weiß nicht, was dort mit mir geschehen wird. Jedoch bezeugt mit der Heilige Geist von Stadt zu Stadt, dass Fesseln und Drangsale auf mich warten." (Apg 20,22f). Das gilt für Paulus von Jerusalem bis Rom!

und durch Gott, den Vater, der ihn von den Toten auferweckt hat."
(Gal 1,1)[11] Paulus begreift sein Apostelamt sowohl aus seiner Berufung wie auch aus dem Wirken der Kraft des Geistes Gottes in seinen Adressaten und der aus ihnen entstehenden Kirche bzw. Kirchen. Vom Wirken des Geistes in den Adressaten ist sein Amt zwar
unterschieden, aber nicht getrennt. Er begreift es und sein eigenes
Wirken wie seine Rolle an und aus Gottes Wirken an ihnen.[12]

Die Exegese hat klar herausgearbeitet, dass die Evangelien (die
Paulusbriefe ohnehin) im Licht der Ostererfahrung und des Osterglaubens entstanden und gestaltet wie überliefert worden sind. Das
mindert die Erinnerung an den vorösterlichen, historischen Jesus
nicht, sondern vertieft, versteht und erzählt sein Leben, seine Botschaft, sein Wirken und seine Person im Licht seines Leidens, Sterbens und Auferstehens. Die Evangelien und Briefe sind Zeugnisse
des Osterglaubens, der selbst aus der Geschichte und dem Geschick
Jesu hervorgeht. Sie wollen diesen Glauben wecken, was von Anfang
an durch Zeugen und deren Zeugnis als Wort- wie Lebenszeugnis,
nicht einfach durch Worte oder Inhalte allein geschieht.[13]

Die Apostelgeschichte formuliert in der Nachwahl des Matthias
in den Kreis der Zwölf nach dem Tod des Judas, wobei es keine weitere Nachwahl mehr gibt, die Anforderungen an dieses *Amt*: Augen-

---

[11] Vgl. ausführlich Röm 1,1–7, hier bes. V. 5: „Durch ihn haben wir Gnade und
Apostelamt empfangen [unterschieden und als eins verstanden], um unter allen
Heiden Glaubensgehorsam aufzurichten um seines Namens willen"; vgl. auch die
anderen Briefeinführungen 1 Kor 1,1; 2 Kor 1,1; Phil 1,1–2; 1 Thess 1,5 u. 2,4.7)

[12] Das ist nicht nur sein Argument beim sogenannten Apostelkonzil, sondern
ausdrücklich in seinem ersten Brief, in 1 Thess 2,13–15: „Darum danken wir
Gott unablässig dafür, dass ihr das Wort Gottes, das ihr durch unsere Verkündigung empfangen habt, nicht als Menschenwort, sondern – was es in Wahrheit
ist – als Gottes Wort angenommen habt; und jetzt ist es in euch, den Glaubenden
wirksam. Denn, Brüder und Schwestern, ihr seid dem Beispiel der Gemeinden
Gottes in Judäa gefolgt, die in Christus Jesus sind. Ihr habt von euren Mitbürgern
das Gleiche erlitten wie jene von den Juden. Diese haben Jesus, den Herrn, und
die Propheten getötet; auch uns haben sie verfolgt." Das Wirken des Wortes Gottes als Gottes Wort zeigt sich im Leben der Glaubenden, nicht nur in glaubender
Annahme, sondern auch in ihrem Erleiden!

[13] Die neue Gattung *Evangelium* entsteht mit dem Markusevangelium in der Bindung von Logien Jesu an bestimmte Situationen, an Geschichten im Leben Jesu
und an seine Person und sein Geschick; in diesen „Konstellationen", untrennbar
von Jesus selbst, von seiner Person, wird Gottes Wirken wahrnehmbar und wirksam – im Kern durch ihn und an ihm.

zeugenschaft mit den Elf „angefangen von der Taufe des Johannes bis zu dem Tag, an dem er (Jesus) von uns ging und in den Himmel aufgenommen wurde – einer von diesen muss nun mit uns Zeuge seiner Auferstehung sein" (Apg 1,22). Es gibt noch mehr als nur die beiden zum Losentscheid Aufgestellten, die die Kriterien erfüllen und daher als kompetente Zeugen und Ergänzung der „Zwölf" fungieren können. Aber der eine, der in das *Amt* des Zeugen nachrückt, wird durch das Los von Gott ausgewählt[14] (nach Vorauswahl durch die Apostel in der Gemeinde). Die weitere Geschichte zeigt, dass die historische Augenzeugenschaft für Paulus und Barnabas nicht gefordert werden. Für die Nachfolger der Apostel und für die in weiteren Gemeinden eingesetzten Leiter ohnehin nicht. Paulus versteht seine Damaskuserfahrung als Offenbarung des auferstandenen Jesus Christus. Er begreift sich also als Apostel im Sinne des Auferstehungszeugen und Auferstehungszeugnisses, auf das seine ganze Verkündigung und Befähigung als Apostel aufgebaut ist (Gal 1f). Sein Amt leitet er nicht von den (zwölf) Aposteln her; aber er hält fest, dass er es in Gemeinschaft mit ihnen und anerkannt von ihnen ausübt.

Auch die sieben „Diakone" in Apg 7 sind nicht nach den Kriterien des Amtes der Zwölf ausgesucht, gehören aber dennoch in den Aufgaben- und Zuständigkeitsbereich dieses Amtes, werden als Teil, eine Ausdifferenzierung ihres Amtes vorgestellt, die zugleich das Amtsverständnis und die Amtsausübung der Apostel mitprägt, das Apostelamt also als ein gestaltbares und differenzierbares Gefüge verdeutlicht, zu dem Nichtapostel gehören können, die einen Teil oder Aufgabenbereich des Apostelamtes erfüllen. Es ist auf jeden Fall ausdifferenzierbar, und zwar in Personen wie Aufgaben, ohne seine Einheit zu verlieren.

Auch Paulus hat kein fertiges Modell von Kirche und (Apostel-)Amt im Sinn, das er einführt, sondern beides, Kirchesein und apostolisches Amt, prägen und konfigurieren sich gegenseitig im

---

[14] Entsprechend formuliert Apg 10,40–43: „Gott aber hat ihn am dritten Tag auferweckt und hat ihn erscheinen lassen, *zwar nicht dem ganzen Volk, wohl aber den von Gott vorherbestimmten Zeugen: uns*, die wir mit ihm nach seiner Auferstehung von den Toten gegessen und getrunken haben. Und er hat *uns geboten, dem Volk zu verkünden und zu bezeugen* (kursiv von J. F.): Dieser ist der von Gott eingesetzte Richter der Lebenden und der Toten. Von ihm bezeugen alle Propheten, dass jeder, der an ihn glaubt, durch seinen Namen die Vergebung der Sünden empfängt." Entsprechend Apg 1,2b.8. 2,14.

Laufe des Geschehens allmählich aus. Dieser Herausbildungsprozess ist erst im Nachhinein in seinen Früchten und Ergebnissen genauer zu erkennen, ohne dass sie überall gleich ausfallen. Dieser Prozess geht durch die Zeit des Neuen Testaments weiter, hört danach nicht auf, wie die Didache und der 1. Clemensbrief gut erkennen lassen. Er geht ebenso im Lauf der Geschichte der Kirche bis heute und auch künftig weiter.[15] Verbindlichkeiten werden erst im Nachhinein aus verschiedenen Entwicklungen deutlich und (dann auch) festgestellt.

Die Eigenart des apostolischen und dann des kirchlichen Amtes ist bis heute erkennbar; sie bleibt im Kern gleich: Das Amt empfängt jemand von Christus bzw. Gott selbst, was in den Gnadengaben (Charismen) und in der Sonderung und Sendung (durch den Heiligen Geist; unter Gebet und Handauflegung) und der Befähigung durch sie und in den Früchten daraus sichtbar wird. Das Amt wird nicht eigentlich von den Weihenden gegeben – das tut Gott –, sondern von ihnen nur kirchlich „vermittelt". Zugleich wird die Gemeinschaft mit den „Säulen", den öffentlichen und anerkannten Auferstehungszeugen und -zeugnissen gewahrt. Die Aufgaben werden abgesprochen und geteilt, was Spannungen und Streit nicht ausschließt,[16] aber der Streit behält nicht das letzte Wort, sodass in der Trennung gemeinsamer und gegenseitiger Friede und Gemeinschaft gewahrt werden. Es geht nicht um „Claims" und Ansprüche, auch wenn solche immer wieder erhoben werden, sondern um die mit dem amtlichen Dienst in der Kirche erfahrbar gegebenen Sendungen und Aufträge. Deren nähere Ausgestaltung und Miteinander in gegenseitiger Zuordnung ist nie endgültig abgeschlossen, sondern klärt

---

[15] Dazu gehören die Aussagen zum Bischofsamt im 2. Vatikanischen Konzil, die Neujustierung des Papstamtes im Verhältnis zum Bischofsamt, die Einführung des ständigen Diakonates; nach dem Konzil die Aufhebung der „ordines minores" zugunsten von Diensten, deren Entwicklung sich nach den Bedürfnissen der Kirche richtet; die Neubestimmung des „Klerus" aus einer Rechtsauffassung (man wurde Kleriker durch die Tonsur) zu einer sakramentalen Bestimmung: Zum Klerus gehören künftig nur die ordinierten Bischöfe, Priester und Diakone. Dazu gehören auch die Auseinandersetzung um die Ordination von Frauen und die Synode über die Synodalität der Kirche in ihrem die ganze Kirche involvierenden Prozesscharakter.

[16] Vgl. das „Apostelkonzil" und den Streit um Johannes/Markus, der zur Trennung von Barnabas und Paulus führt (Apg 15,36–41).

sich und bleibt eine in der Entwicklung der Kirche sich weiter ent-
wickelnde Wirklichkeit. Auch die sich ausbildende Organisation der
Gemeinschaft und Hierarchie dient der Wahrung der Einheit der
Kirche(n) und vor allem der Wahrung des Handelns Gottes selbst
an den Glaubenden durch die Beauftragten (in Wort und Sakrament), damit spätere Generationen nicht Jünger „zweiter Hand"
werden, in menschlicher Verwässerung der Tradition des von Christus Empfangenen (vgl. 1 Kor 11,23–26: „Denn ich habe vom Herrn
empfangen, was ich euch dann überliefert habe ..."[17]).

Wenn und weil die Kirche und das apostolische Amt, dann das
aus ihm in der nachapostolischen Zeit hervorgehende kirchliche
Amt (Ordo) gleichursprünglich und aufeinander korrelativ bezogen
und angewiesen sind, nicht nur in ihrem Wirken, sondern in ihrer
Konstitution, Eigenart und Ausprägung, und weil das Amt nicht
vor oder über der Kirche, sondern nur in ihr gegeben sein kann,
wie umgekehrt die Kirche nicht ohne Amt/Ordo, sondern wegen
der Vorordnung Christi vor der Kirche und der bleibenden Initiative
des Handelns Gottes in ihr und an den Menschen nur mit Hilfe der
Vergegenwärtigung des Wirkens Christi in der Kirche als Kirche leben und ihre Sendung erfüllen kann, ist gerade aus dieser gegenseitigen, inneren und konstitutiven Verwiesenheit deutlich, dass auch
die Entwicklung von Kirche und Amt korrelativ sind und sich gegenseitig neu ausprägen, bestimmen und durchdringen können
und auch müssen.

So wenig die Kirche als Kirche in neutestamentlicher Zeit schon
fertig ist, sondern Kirche im Werden bleibt, auch wenn sie grundlegend als Kirche gegeben ist, so wenig ist das Amt in ihr in seinen
Ausprägungen und innerkirchlichen Korrelationen schon fertig, sondern in Entwicklung. Daher ist es auch nicht einfach neutestamentlich ablesbar, bestimmbar oder fixierbar, aber eben auch nicht beliebig
gestaltbar. Daher ist aus dem Neuen Testament keine fertige oder gar
endgültige, sondern nur eine grundlegende Theologie und Bestimmung des sakramentalen kirchlichen Dienstamtes zu erheben.

---

[17] So auch 1 Kor 15,3 für das Auferstehungszeugnis in 1 Kor 15,1–11. Wieder anders Pauli Ringen mit den „Überaposteln" in 2 Kor 10; 11–13.

3. Priestersein (und Priestertum) ist von Person und Gesamtgeschick Jesu
   Christi her neu und allein von dort her zu bestimmen und zu entfalten

Das christliche und das katholische Verständnis dessen, was das sakramentale kirchliche Dienstamt und seine Aufgabe ist, ist nicht an
Priester-Begriffen zu gewinnen oder an vorgegebenen Vorstellungen
vom Priestertum oder Apostolat/Gesandtsein, sondern nur an Jesus
Christus selbst („Wie mich der Vater gesandt hat, so sende ich euch.
[…] Empfangt den Heiligen Geist: Denen ihr die Sünden erlasst, denen sind sie erlassen; denen ihr sie behaltet, sind sie behalten." – Joh
20,21–23; vgl. Mt 16,19 und 18,18), weil er der einzige Priester ist,
der einzige „Mittler" zwischen Gott und den Menschen, der einzige
Versöhner und Sendende. Der einzige, in dem alles zusammengefasst
und eins wird.[18] Hier ist einfach zum richtigen Verstehen daran zu
erinnern, dass das Priestersein Christi einerseits die Gesamtwirklich-
keit seines Erlöserseins bezeichnen kann, andererseits aber auch darin eine bestimmte, nämlich die heiligende Dimension, neben und
verbunden mit seiner prophetischen/verkündigenden Dimension
(Christus als Prophet, Zeuge, Verkünder, Lehrer, …), seiner königli-
chen/leitenden Dimension (Christus als König, Davidssohn, Meister, Hirt, Richter, …) und seiner dienenden Dimension (Christus
als Diakonos, als Gottesknecht, als Fußwaschender, als sich Ent-
äußernder). In Christus sind diese Dimensionen (wichtige aus dem
Alten Bund in personalen Gestalten bezeugte Weisen des Wirkens
Gottes) geeint. Sie laufen in ihm zusammen und werden in der Taufe allen Christen durch die Gemeinschaft mit Christus zur Teilhabe
eröffnet. Das gilt aber genauso von den Grunddimensionen von Kirche und vom Amt. In keiner Amtsgestalt kann eine dieser Dimensionen fehlen, auch wenn sie in ihrem Zueinander unterschiedlich

---

[18] „Denn Einer ist Gott, Einer auch Mittler zwischen Gott und Menschen: der
Mensch Christus Jesus, der sich als Lösegeld hingegeben hat für alle, ein Zeugnis
zur vorbestimmten Zeit, als dessen Verkünder und Apostel ich eingesetzt wurde – ich sage die Wahrheit und lüge nicht –, als Lehrer der Völker im Glauben
und in der Wahrheit." (1 Tm 2,5–7). „Es gibt nicht mehr Juden und Griechen,
nicht Sklaven und Freie, nicht männlich und weiblich; denn ihr alle seid einer
in Christus Jesus." (Gal 3,28). Und in dieser Logik spricht der Epheserbrief von
der anakephalaiosis oder recapitulatio, d. h. „das All in Christus als dem Haupt
zusammenzufassen, was im Himmel und auf Erden ist, in ihm" (nach neuer Ein-
heitsübersetzung: Eph 1,10; vgl. dazu auch Eph 4,11–13).

akzentuiert sind (kein Christ und kein Amtsträger muss alles vollziehen und „darstellen"; denn er wird ergänzt von anderen Amts- und Dienstgestalten, auch konkret-persönlich in der Kollegialität jedes sakramentalen kirchlichen Dienstamtes und seiner Empfänger).[19]

Dieses grundlegend partizipative Verständnis von Christsein in Teilhabe an Christus und seiner Sendung wie Ämtern ist im Konzil ausdrücklich für das Verständnis des gemeinsamen und amtlichen Priestertums, und zwar als von Christus erwirkt, für Getaufte[20] wie Ordinierte (Bischöfe, Priester, Diakone) als Strukturraster verstanden und entfaltet worden, in Kurzform für das Volk Gottes im 2. Kapitel von „Lumen gentium" (LG 11–13), dann auch für die Bischöfe, Priester und Diakone im 3. Kapitel. Nach dem den Getauften, also allen Christen gewidmeten ersten Absatz bestimmt LG 10.2 die beiden Gestalten des Priestertums als Partizipation am einen Priestertum, genauer: dem alleinigen Priestersein Jesu Christi, und zwar in *Gegenseitigkeit*: „Das gemeinsame Priestertum der Gläubigen aber und das amtliche bzw. hierarchische Priestertum sind, auch wenn sie sich dem Wesen und nicht bloß dem Grad nach unterscheiden, dennoch einander zugeordnet; das eine wie das andere nämlich nimmt auf seine besondere Weise am einen Priestertum Christi teil" (ad invicem tamen ordinantur; unum enim et alterum suo peculiari modo de uno Christi sacerdotio participant). Beide sind auf Christus als ihre wahre und einzige Grundlage und Quelle angewiesen

---

[19] M. E. gilt das auch vom Papstamt. Denn das Papstamt besteht nicht ohne das Kollegium und die Kollegialität der Bischöfe. Vgl. LG 22.1; „Insofern dieses Kollegium aus vielen zusammengesetzt ist, bringt es die Vielfalt und Universalität des Volkes Gottes, insofern es aber unter einem Haupt gesammelt ist, die Einheit der Herde Christi zum Ausdruck" (LG 22.2); LG 23,1: „Die kollegiale Einheit zeigt sich auch in den wechselseitigen Beziehungen der einzelnen Bischöfe zu den Teilkirchen und zur Gesamtkirche. Der Römische Bischof ist als Nachfolger des Petrus das immerwährende Prinzip und Fundament der Einheit der Vielheit sowohl der Bischöfe wie der Gläubigen. Die einzelnen Bischöfe aber sind sichtbares Prinzip und Fundament der Einheit in ihren nach dem Bild der Gesamtkirche gestalteten Teilkirchen, in denen und aus denen die eine und einzige katholische Kirche besteht. Aus diesem Grund vergegenwärtigen die einzelnen Bischöfe ihre Kirche, alle zugleich aber mit dem Papst die ganze Kirche im Band des Friedens, der Liebe und der Einheit."

[20] Für die Getauften detaillierter in LG 34–36 (im Laienkapitel) im Sinne der Teilhabe an Christi Amt als Priester (sacerdos), Prophet und König, auch wenn diese Konkretisierungen Laien heute weniger „schmecken" werden.

und in dieser Angewiesenheit zugleich aufeinander verwiesen und
angewiesen – m. E. zum *gegenseitigen* Dienst und zur *gegenseitigen*
Ergänzung, nicht nur in den Sakramenten, sondern auch in der Verkündigung und Durchdringung der Welt mit dem Evangelium.[21] LG
32 expliziert nicht nur Vielfältigkeit, sondern die grundlegende Gemeinsamkeit: „gemeinsam die Würde der Glieder aufgrund ihrer
Wiedergeburt in Christus, gemeinsam die Gnade der Kindschaft, gemeinsam die Berufung zur Vollkommenheit, ein Heil, eine Hoffnung und ungeteilte Liebe. [...] Der Unterschied nämlich, den der
Herr gesetzt hat, bringt Verbundenheit mit sich, da ja die Hirten
und die anderen Gläubigen durch gemeinsame Bezogenheit anei-
nander gebunden sind (communi necessitudine devinciantur)".
Und: „Die Laien aber sind besonders dazu berufen, die Kirche an
den Stellen und unter den Umständen gegenwärtig und wirksam zu
machen, wo sie selbst nur durch sie Salz der Erde werden kann" (LG
33.2). Das könnten inzwischen viele Stellen und Umstände, vielleicht die meisten sein. Auf jeden Fall sind die „Hirten" hier für ihren Dienst auf die Laien unbedingt angewiesen.

Man kann auch aus den Begriffen des Neuen Testamentes für
Priester oder Priestertum bzw. aus der Tatsache, dass diese Begriffe
für die christlichen Verantwortlichen keine Verwendung finden,
sondern diese funktionale Bezeichnungen bekommen (Episkopos =
Aufseher; Presbyter = Ältester/Erfahrener; Diakonos = Diener), kein
Argument dafür schmieden, dass es christlich keine Bischöfe, Priester, Diakone im heutigen Sinn geben könne. Es stimmt: Die Evangelien stellen Jesus und die Apostel nicht in eine priesterliche, kulti-
sche, opfer- oder tempelgebundene Tradition. Jesus stammt nicht
aus dem Stamm Levi (Hebr 7,13f; vgl. 7,11–27), auch nicht von Aa-
ron ab oder aus einem hohepriesterlichen Geschlecht. Er wird auch
nicht als Hiereus (sacerdos, Priester, Hohepriester) bezeichnet. Der
Hebräerbrief stellt ihn auch nicht als Hohenpriester vor, sondern

---

[21] Vgl. das ganze Laienkapitel LG 30–38. Ausdrücklich: „Die Hirten wissen nämlich, dass sie von Christus nicht eingesetzt sind, um die ganze heilmachende Sendung der Kirche gegenüber der Welt alleine auf sich zu nehmen, sondern dass es
ihre vornehmliche Aufgabe ist, die Gläubigen so zu weiden und ihre Dienstleistungen und Gnadengaben so zu prüfen, dass alle auf ihre Weise zum gemeinsamen Werk einmütig zusammenwirken" (LG 30). Damit ist jeder Alleingenüg-
samkeit der Hirten eine Absage erteilt, begründet mit Eph 4,15f.

als dessen Überbietung.[22] „Das Gesetz nämlich macht Menschen zu Hohepriestern, die der Schwachheit unterworfen sind; das Wort des Eides aber, der später als das Gesetz kam, setzt den Sohn ein, der auf ewig vollendet ist." (Hebr 7,28). Jesus Christus ist und bleibt einmalig und ist von Gott selbst „eingesetzt", nicht als „Amtsträger", sondern in seiner Person. Aus seiner Person und seinem Dienst ergibt sich im Kern das, was Apostelsein, apostolischer Dienst und Nachfolge in diesem Dienst ist. Jegliches Amt ist von seiner Person her zu denken, zu leben und auszuüben. Wer Priester im christlichen Sinne ist, lässt sich nur an Jesus Christus selbst ablesen, an seinem Wort und Handeln, seinem Geschick und seiner Person und seiner Selbsthingabe für die Menschen. Von ihm her ist Apostelsein und dann jegliche Dienstgestalt in der Kirche ganz neu bestimmt, nämlich im sich ausdifferenzierenden Gefüge des einen Gesamtdienstes Christi. Es besteht in Teilhabe an seinem alleinigen, ewigen Dienst. Christus kann „Apostel und Hohepriester unseres Bekenntnisses" (Hebr 3,2), „Hirt und Bischof eurer Seelen" (1 Petr 2,25), „Hohepriester" (hiereus, nur im Hebräerbrief, nur nach der Ordnung Melchisedeks, diese überbietend: „das Wort des Eides aber, der später als das Gesetz kam, setzt den Sohn ein, der auf ewig vollendet ist" [Hebr 7,28]) genannt werden, womit jeweils sein Gesamtdienst angesprochen ist. Presbyter oder diakonos wird Christus nicht direkt genannt,[23] doch sein Dienen und Dienst sind ganz klar. Die Bedeutung der Bezeichnungen Bischof, Presbyter und Diakon formen sich im

---

[22] Auch wenn Hebr 5,1–10 Christus als Hohenpriester vorzustellen scheint, problematisieren das die folgenden Verse nicht nur ausdrücklich, vor allem der Anfang des Hebräerbriefes macht deutlich, dass Christus über alles Bisherige hinaus als Sohn und Abglanz seiner Herrlichkeit und Abbild seines Wesens verstanden wird, seine Rolle und Stellung von den Engeln, ja über sie hinaus verstanden wird (Hebr 1). Zugleich wird auf verschiedene Weise seine „Erniedrigung" und seine Rolle als Mensch erschlossen. „Denn er, der heiligt, und sie, die geheiligt werden, stammen alle aus Einem; darum schämt er sich nicht, sie Brüder zu nennen. [...] Darum musste er in allem seinen Brüdern gleich sein, um ein barmherziger und treuer Hoherpriester vor Gott zu sein und die Sünden des Volkes zu sühnen. Denn da er gelitten hat und selbst in Versuchung geführt wurde, kann er denen helfen, die in Versuchung geführt werden." (2,11.17f)

[23] Nur einmal „Diener der Sünde" in der klaren Abweisung dieser als denkerische Konsequenz erwähnten Vorstellung (Gal 2,17). Sachlich ganz deutlich in Phil 2,7: „er entäußerte sich, wurde wie ein Sklave (morphän doulou) und den Menschen gleich." Oder Mk 10,45 (diakonäsai).

christlichen, kirchlichen Sprachgebrauch als termini technici in einem eigengeprägten, christlichen Sinn im Gesamtgefüge ihres Dienstes innerhalb der Kirche aus. Sie entwickeln und bestimmen ihren jeweiligen Sinn in der Kirche in gegenseitiger Beziehung.

Mit Christusglaube und Taufe wird das Christsein grundgelegt. Es prägt sich in dieser Grundgestalt, in dem Aufgenommensein in und Teilhaben an Leben und Geschick (Tod und Auferstehung) Christi, in seiner Sendung, im Empfang des Heiligen Geistes (vgl. 1 Kor 12,13; Gal 3,28.) aus. Die Taufe bleibt auch später das Grundmuster für die sakramentalen Ordinationen: In allen wird „nur" der Heilige Geist empfangen und Anteil gegeben an der Sendung Christi, aber auf je verschiedene und je eigene Art und Weise, näher bestimmt im Ordinationsgebet, und zwar in der Zuordnung zum Dienst Christi und in Hinordnung auf den Leib Christi, das Volk Gottes, die Kirche. Es wird nicht nur der sogenannte „character indelebilis" aus der Tauftheologie übernommen (die Unwiederholbarkeit der jeweiligen Weihe, weil Gottes Gnadengabe unwiderruflich, d. h. treu ist), sondern vor allem der Empfang des Heiligen Geistes und die daraus konkret resultierende Prägung und Befähigung – immer im Rahmen und Zusammenhang der Kirche.

4. Der konstitutive Bezug von Bischöfen, Priestern, Diakonen auf das Volk Gottes, die Kirche

Der zweite Strang der Ausprägung der Beteiligung bzw. Teilhabe an Wirklichkeit und Sendung Christi ist viel komplexer und mit den Aposteln in ihrer Sendung und ihren Aufgaben verbunden. Er umfasst viele mit- und ineinander verflochtene Aspekte.

„Die Zwölf" werden bald als offizielle Repräsentanten und Stammväter des in Jesus Christus neu gesammelten, berufenen und erneuerten Volkes Gottes verstanden. Sie repräsentieren dieses Volk, sie bilden auch sein Fundament;[24] sie spielen darin aber auch eine einzigartige Rolle als von Jesus erwählte Gesandte und offizielle Zeugen, deren Autorität als gemeinsame als apostolisch *gilt*. Sie, aber nicht nur sie, wirken in Jesu Namen und Kraft Zeichen und Wunder,

---

[24] Anschaulich die Bilder in der Offb 21,9.14.22. Oder Eph 2,20–22.

lehren, verkünden, gelten als „Säulen", halten die Anhänger des „neuen Weges" in Gemeinschaft zusammen. Bei aller Eigenständigkeit in der Berufung zählt sich Paulus dieser Gemeinschaft zu und kümmert sich leidenschaftlich um deren Einheit (z. B. 1 Kor 1–4).

Die Apostel suchen und gewinnen Mitarbeiter und es geht dann auch um deren Rolle und Status. Die meisten Fragen um das Amt entstehen oder entbrennen aus dem Ringen um dieses Miteinander unter den Mitarbeitern, auch um ihr Miteinander mit und in den Gemeinden, im Ringen um die Eigenart, den Zusammenhalt und die Ordnung in wie zwischen den entstehenden Gemeinden. Auffällig ist dabei, dass es nicht „den" Nachfolger Christi gibt, wohl die Gruppe, das „Kollegium" der Apostel, als deren Sprecher Petrus in den Evangelien, aber auch in der Apostelgeschichte dargestellt ist. Zeigt sich die Vielfalt in der Einheit der Person Christi in der Einheit der Vielfalt des Kollegiums, das seine Einheit je neu empfangen und erringen muss?[25]

Das „Amt" der Apostel bzw. das apostolische Amt stellt sich erst im Nachfolgegeschehen in und zwischen den Gemeinden in Reflexion und Erfahrung näher heraus und prägt sich aus. Wir können diesen Prozess aus den uns zur Verfügung stehen Quellen nicht mehr wirklich, geschweige denn genau oder gar flächendecken rekonstruieren. Dienst, Rolle und Autorität der Apostel gehen in vielfältiger und unterschiedener Form weiter.

Zu dieser Differenzierung gehört die Unterscheidung in Apostel und davon unterschiedene Nachfolger der Apostel in der nachapostolischen Zeit. Nachfolger bekommen die Apostel im und als Gemeinschaft/*Kollegium* der Bischöfe.

Dazu gehört die Ausdifferenzierung des apostolischen Amtes und Dienstes in die sich institutionalisierenden Dienste/Ämter der Episkopoi, Presbyteroi und Diakonoi einerseits und weiterer Dienste und Ämter in den Gemeinden und unter den Gemeinden andererseits.

Die zugehörigen Beschreibungen tauchen im Neuen Testament und danach auf, sind aber nicht immer eindeutig identifizierbar, geschweige denn sind ihr Miteinander oder gar ihre gegenseitige (unausweichliche) Abgrenzung und Kooperation bestimmbar.

---

[25] Einmütigkeit gilt später als deutliches Zeichen des Geistes und des Willens Gottes, dass „der Geist und wir beschlossen haben" (Apg 15,28). Ohne Einmütigkeit kann ein Konzil nicht zur Entscheidung kommen.

Dazu gehört das klare Bewusstsein charismatischer Gaben, die eben nicht institutionalisierbar sind, sondern freie Gaben des Geistes bleiben, die in ihrer Fruchtbarkeit, eben im Aufbau der Gemeinde und Gemeinschaft, erkennbar werden. Charismatische Aufbrüche sind nicht wirklich zu domestizieren, wohl fruchtbar zu machen. Auf Dauer werden sie für das Leben der Kirche fruchtbar oder scheitern. Von daher bleibt einerseits das Amt notwendig, aber es hat weder die alleinige Verfügungsgewalt noch ein Monopol für die Entwicklung und Gestaltung der Kirche.

Dazu gehört das Bewusstsein, die Botschaft und das Wirken wie die Kraft Christi bezeugen und weitergeben zu dürfen, aber auch zur Geltung bringen zu müssen, was nur in der Unterscheidung von anderen Mächten, anderem Wirken und anderen Wirkweisen als bei Christus gelingen konnte und kann. Damit hatten nicht erst Paulus oder die Apostelgeschichte, sondern schon Jesus selbst zu ringen. Es geht darum, die Authentizität der Botschaft und des Wirkens Jesu Christi zu wahren, was nur in einem permanent weitergehenden und sich vertiefenden Unterscheidungsprozess erreicht werden kann. Es geht nicht ohne Differenzen, Konflikte, gar Spaltungen, Skandale oder sogar Verführungen ab. Fast der ganze erste Korintherbrief handelt von solchen Konflikten und Spaltungen, im zweiten kommt das Ringen um die Autorität des Apostels hinzu. Daran wird nicht nur die Differenz der Boten zu Christus selbst schärfer bewusst,[26] sondern in dieser Differenz geht es darum, wie Christus selbst im Wirken seiner Boten und Zeugen wirkt und zur Geltung kommt. Das ist eine der wichtigen Fragen für die sogenannten Pastoralbriefe: Wie können das Wirken Gottes und das Wirken der Menschen einerseits unterschieden werden und wie kann zugleich andererseits das Wirken Gottes durch einen Menschen verlässlich erkannt und den Menschen zugänglich wie verlässlich annehmbar werden? Diese unvermeidbaren Unterscheidungsprozesse dürften wesentlich zur Ausbildung eines Bewusstseins beigetragen haben, dass nicht nur wahre und falsche Apostel oder Zeugen zu unterscheiden sind, sondern auch, wer im Namen Gottes und der Sendung durch Christus sprechen, handeln, wirken und entscheiden kann und darf – und wer nicht. Kurz: wer nicht nur charismatisch

---

[26] Vgl. nur 1 Kor 1,13: „Ist denn Christus zerteilt? Wurde etwa Paulus für euch gekreuzigt? Oder seid ihr auf den Namen des Paulus getauft worden?"

Zeuge Christi ist, sondern es in Christi und eben auch der Gemeinde Auftrag tut und tun darf und kann. Und dass jemand sich darauf verlassen kann, es bei der so bestimmten Person mit der Botschaft und dem Wirken Christi selbst zu tun zu haben, auch wenn das Wirken Christi keineswegs auf diese offiziell-öffentlichen Zeugen und Beauftragten beschränkt wird und ist. Dabei geht es nicht nur um Ordnung, sondern um Verlässlichkeit: dass jemand sich in diesen Personen und ihrem Wirken darauf verlassen kann, mit dem Wort und Wirken Christi selbst zu tun zu haben, nicht nur mit deren eigenen Worten, (auch wenn bzw. sogar weil es ohne ihre eigenen Worte und ihr eigenes Wirken nicht geht!).

Dazu gehört die Frage: Wie wird eine Gemeinde als solche handlungsfähig und Handlungssubjekt? Oder gar eine Gruppe oder ein Verbund von Gemeinden? Und wie bleiben die dazu Beauftragten zugleich an Jesus Christus rückgebunden? Geht das ohne auf ihn zurückgehendes und zurückgebundenes Amt?

Je mehr die Kirche wächst, desto komplexer wird dieser Grundvorgang werden, desto mehr muss in ihm geregelt werden, müssen Zuständigkeiten, Zugehörigkeiten, Gefolgschaft entstehen und dies auf immer weiteren und höheren Ebenen. Deutlich wird auf jeden Fall, dass das, was dann später das kirchliche Dienstamt, die Dienstämter, ihre „Hierarchie" (Gefüge, Zuordnung, Zusammenhalt, Einheit) zu tun haben, entscheidend nicht nur mit Wahrung der Einheit, sondern auch mit der Authentizität und Verlässlichkeit des Wirkens Gottes in den „Amtsträgern" zu tun hat. Das ist der innere Kern dessen, dass die Alte Kirche bestimmte Ämter als sakramental begreift, dass in ihrer Ausübung oder zumindest in bestimmten Tätigkeiten dieser Ausübung durch die Amtsträger Gottes Wirken verlässlich anzutreffen und zu empfangen ist.

Worauf es mir hier ankommt, ohne in Einzelheiten gehen zu können, ist die Grundauffassung, dass es Amt und Ämter der Kirchen nicht nur als „naturrechtliche"[27] braucht, also in dem Sinne, dass es keine Gemeinschaft ohne Ämter und Amtsträger geben kann. Es geht vielmehr vor allem darum, die Sendung und das Wirken Christi authentisch und verlässlich weiterzugeben und in diesem Wirken die Einheit und Wahrheit der Gemeinschaft mit Christus

---

[27] Ubi societas, ibi ius. Keine Gemeinschaft/Gesellschaft ohne Recht.

und untereinander zu wahren. Dass das nur gehen kann in der Kraft des Geistes, die in der sakramentalen Ordination von der Kirche für den Ordinierten erbeten wird und dann auch den Gläubigen in den von ihm „gespendeten" Sakramenten mitgeteilt und in ihnen empfangen werden kann, ist nicht ohne den Donatistenstreit näher entschieden worden. Deswegen ist das Amt als *theologische*, sakramentale, nicht nur als natürlich-persönlich, „naturrechtlich"-gesellschaftlich funktionierende Größe zu begreifen und zu wahren, gerade weil ein Amt immer auch als solche funktioniert bzw. wirkt und vor allem sichtbar ist.

Was in der Inkarnation Christi grundgelegt ist, dass ein Mensch selbst zum entscheidenden Zeugen und Wirkort Gottes wird, das geht qua Taufe an alle Christen über. Aber in eigener, unterscheidbarer Weise geschieht das in der sakramentalen Ordination der Amtsträger auf neue, eigene, nicht nur im Vergleich zur Taufe und Firmung intensivere oder gesteigerte Weise: Die Ordinierten stehen um der Menschen willen im Schnittpunkt von Gott und Mensch, und zwar als diese Person, die *als Person* in Dienst genommen wird, in Differenz, Analogie, Nachahmung wie Nachfolge des Dienstes und der Person Christi und als Verweis auf sie. Sie bleiben Menschen,[28] aber dürfen, sollen und müssen das Gegenüber Christi zu den Menschen, das Christus vom Vater her gerade als Mensch und Bruder Gewordener, der *so* als ihr Heiland und Herr erfahren wurde, darstellte, ihrerseits im Verweisen auf ihn darstellen, repräsentieren, vergegenwärtigen. Das bleibt für Menschen immer eine Überforderung, kann daher nur von Gott selbst bewirkt und ermöglicht werden, und zwar sakramental, in dem diese Person in ihrem Handeln zum Sakrament, zum Zeichen und Werkzeug des Wirkens Christi wird. Es ist gratia gratis data, um der anderen willen gegeben, nicht zur eigenen Heiligung (gratia gratum faciens, wie in Taufe und Firmung).

Menschen sind das Buch, das Menschen noch lesen … und lesen können. Es geht im christlichen Glauben nicht nur um Texte, Glaubensinhalte, Vertrauenshaltung, Überzeugungen und Werte, sondern um den Menschen in seinem Menschsein, dass sich Jesus

---

[28] „Aus den Menschen genommen und für die Menschen eingesetzt zum Dienst vor Gott" (Hebr 5,1[–5]). Narrativ im Kontrast von Apg 14,8–18 (Paulus und Barnabas bestreiten ihr Gleichsetzung mit Göttern) zu Apg 12,21–23 (Herodes wehrt sich nicht gegen die Gleichsetzung mit Gott und stirbt daran).

Christus in ihm ausprägen kann und dieser Mensch darin sein Leben findet, ewiges Leben. Das ist grundlegend und ein für allemal geschehen in Jesus Christus. In ihm ist der Sohn Gottes in Jesus Christus Mensch geworden, um Menschen für sich zu gewinnen. Das war und ist Gottes äußerstes und wirksamstes Mittel (nie ohne seinen eigenen Heiligen Geist!), seine äußerste und zugleich Menschen zugängliche Weise, Menschen in sein Leben aufzunehmen. Dieser Grundvorgang in der Geschichte des Glaubens geht in Differenz und gottgewirkter Entsprechung in Menschen je neu und personal in der Kirche weiter, im Kern in jedem Christen, aber gesellschaftlich-öffentlich, sowohl kircheninntern wie gegenüber der „Welt" und den Menschen, durch Getaufte, die in der Nachfolge Jesu sich in sein Wirken und Werk für das Volk Gottes sakramental, zeichenhaft, werkzeuglich „ordinieren" lassen. In dieser Vor-Gabe kann und darf dieser Mensch transparent wirken und werden für Jesus Christus und seinen Gott und Vater. Das geschieht nicht nur durch die sakramentale Weihe, es kann auch charismatisch, als freie Gabe des Hl. Geistes jemandem gewährt werden (wie es grundlegend auch in der Weihe geschieht: durch Empfang des Heiligen Geistes), allerdings ohne dass damit die Verlässlichkeit der Weitergabe wie in der sakramentalen Befähigung verbunden ist.[29]

In beiden Weisen kann die Verheißung erfahren werden und sich realisieren, wie sehr Gott einen Menschen in seinen Dienst nehmen kann und will – immer für andere. „Kein Mensch weiß, was Gott aus ihm machte, wenn er sich ihm ganz überließe." Dieser Satz wird Ignatius von Loyola zugeschrieben, der selbst ordiniert *und* charismatisch war.

Ein Fazit: Deswegen braucht die Kirche sakramental geweihte Menschen und Dienstämter. Sie sind keine Steigerung der Taufe, gerade weil sie die Taufe voraussetzen und in der Taufe wurzeln. Vielmehr bieten sie die für die Getauften und um der Fruchtbarkeit des Lebens aus der Taufe willen notwendigen Dienste und Gaben Gottes an, die sich keiner selber geben kann.

Die ordinierten Ämter sind eine eigene Gabe Gottes, insofern sind die Gaben der Berufung zum Dienst als Diakon, Priester und

---

[29] Auch hier hat das sakramentale Amt kein Monopol. Es stellt die via ordinaria Gottes dar, nicht die via unica oder exclusiva!

Bischof Gottes via ordinaria, wie Gott den Menschen, gerade den Bekehrten, treu bleibt, damit sie nicht stehenbleiben und fallen, sondern ihr volles Entwicklungspotential, nicht nur ihre eigenen Anlagen und Möglichkeiten, sondern gerade die größeren Möglichkeiten der Gnade Gottes und aller seine Gaben entfalten und reifen lassen können. Oder einfacher: dass sie *als Christen* wachsen – nicht nur „besser" werden, sondern hin zur Fülle Christi, des einen neuen Menschen mit und aus allen Menschen! (Eph 4,13).

Sakramentales kirchliches Dienstamt ist Dienst am Christsein und am Kommen wie Wachsen des Reiches Gottes schon in dieser Welt, daher bleibt es immer vorläufig, ist es notwendig von Gott in Christus und im Hl. Geist getragen, unvollendet, also auch unvollkommen. Aber immer stellt es auch die Verheißung und den Vorgeschmack der von Gott schon gegebenen Gaben dar, wenn auch nicht ohne menschliche Mängel, die erst in der Vollendung überwunden sein werden. Aber dann braucht es kein sakramentales Dienstamt mehr.

Die Berufung zum priesterlichen Leitungs- und Heiligungsdienst in einer partizipativen Kirche

Jürgen Werbick

1. Das Weihepriestertum unter Legitimationsdruck

Die römisch-katholische Kirche hat seit dem Zweiten Vatikanischen Konzil das gemeinsame Priestertum der Gläubigen neu entdeckt und viele Verwirklichungen dieses gemeinsamen Priestertums im Leben der Kirche gewürdigt. Das geschah nicht immer „freiwillig" und aufgrund tieferer theologischer Einsicht, sondern auch unter dem Druck der Verhältnisse: Die stark zurückgehende Zahl geweihter Priester hat in Deutschland wie in anderen Weltregionen die Verantwortung der Nichtgeweihten für das Leben der Gemeinden, die Verkündigung des Wortes Gottes, die Feier von Gottesdiensten, die Seelsorge und die Diakonie der Kirche ins Blickfeld gerückt, aber auch die priesterliche Dimension des Glaubenszeugnisses in den unterschiedlichen gesellschaftlichen Feldern und Räumen ekklesiologisch aufscheinen lassen. Das hat mitunter das Bedenken, auch die Angst mobilisiert, das theologische Profil des Weihepriestertums müsse unscharf werden und die priesterlichen Berufungen würden nicht zuletzt deshalb zurückgehen, weil in der Kirche viele Aufgaben, die zuvor den Priestern vorbehalten waren, nun mehr oder weniger selbstständig von Nichtgeweihten übernommen werden können.[1]

Diese Situation ist nicht schon mit der Neuentdeckung des gemeinsamen Priestertums, sondern eigentlich erst da klärungsbedürf-

---

[1] Diese Angst kommt etwa auch im Verbot der Homilie von Laien in der sonntäglichen Eucharistiefeier zum Ausdruck. Wenn es hier zu Unklarheiten kommt, führe das – so befürchtet man – „unter anderem zu einem Rückgang der Kandidaten für das Priestertum und verdunkelt die besondere Stellung des Seminars als typischen Ort für die Ausbildung der geistlichen Amtsträger" (*Instruktion zu einigen Fragen über die Mitarbeit der Laien am Dienst der Priester* vom 15. August 1997, Ziffer 2 [VApS, Nr. 129], Bonn 1997, 13).

tig geworden, wo kirchlich-amtliche Beauftragungen in Übung gekommen sind, mit denen nichtgeweihte Theolog(inn)en in den
hauptamtlichen Dienst in Gemeinden und andere kirchliche Verantwortungsbereiche gesandt wurden und ihnen damit zumindest qua-
si-amtliche Rollen zugewiesen wurden. Dass in jüngerer Zeit vielfach
Ehrenamtliche solche Aufgaben übernehmen, weil auch nicht mehr
genügend nichtgeweihte Hauptamtliche zur Verfügung stehen oder
finanziert werden können, macht zusätzlich deutlich, dass das gemeinsame Priestertum *aller* Gläubiger nicht nur – wie ursprünglich
im Blick – Bedeutung für die individuelle Heiligung und das Zeugnis der „Laien" in gesellschaftliche Räume hinein hat, sondern zum
wesentlichen Faktor für die Wahrnehmung kirchlich-amtlicher
Aufgaben geworden ist. Mit der Beauftragung von „Laien" zur Taufspendung im Bistum Essen scheint nun ein weiteres Unterschei-
dungsmerkmal zwischen dem Weihepriestertum und dem Tätigwer-
den von Nichtgeweihten in kirchlichen Aufgaben unscharf zu
werden: der Dienst der Sakramentenspendung und damit ja auch
der Heiligung. So wird vielfach die Frage aufgeworfen, ob man –
womöglich durch die Umstände gezwungen – auf diesem Weg weitere Schritte gehen wird und weitere bisher exklusiv priesterliche
Aufgaben etwa im Bereich des Heiligungsdienstes auch an „Laien"
übertragen werden.[2] Das würde unvermeidlich die Frage zuspitzen,
worin denn nun das Spezifikum des Weihepriestertums gegenüber
dem allgemeinen Priestertum zu sehen ist.

Die Brisanz dieser Frage speist sich auch aus exegetischen Beiträgen nicht erst der jüngeren Zeit, in denen geltend gemacht wird, dass
das Weihepriestertum, wie es sich in der Kirche Ende des ersten Jahrhunderts auszubilden begann, in den Zeugnissen des Neuen Testaments nicht schon so vorgesehen oder festgelegt war, wie es sich
dann kirchlich entwickelt hat. Neutestamentlich scheint ein größerer
Spielraum bei der (amtlichen) Verfassung und in der Leitung der Gemeinden eröffnet zu sein, als er dann in der Kirche des Westens genutzt wurde. Und es scheint auch aufgrund dieses Befundes die Frage

---

[2] Diese Hoffnung oder Befürchtung scheint sich auch kaum dadurch begrenzen
zu lassen, dass die Übertragung der Taufspendung an „Laien" an sich eine eher
disziplinäre Maßnahme darstellt. Nichtgeweihte waren ja immer schon bevollmächtigt, die Taufe gültig zu spenden. Sie taten es, wenn nicht ein lebensbedroh-
licher Notfall vorlag, eben nur unerlaubt.

naheliegend, ob die herkömmliche Abgrenzung des Weihepriestertums vom allgemeinen Priestertum der Gläubigen so klar ist, wie das in der kirchlichen Praxis seit dem Zweiten Vatikanum mehr oder weniger selbstverständlich in Anspruch genommen wurde.

2. Die Vorgaben

Das Zweite Vatikanum spricht mit großer Hochschätzung davon, dass Jesus Christus „seinem ganzen mystischen Leib Anteil an der Geistsendung [gegeben habe], mit der er gesalbt worden ist." In seinem „mystischen Leib" werden – so das Dekret über Dienst und Leben der Priester *Presbyterorum Ordinis* weiter – „alle Gläubigen zu einer heiligen und königlichen Priesterschaft, bringen geistige Opfer durch Jesus Christus Gott dar und verkünden die Machttaten dessen, der sie aus der Finsternis in sein wunderbares Licht berufen hat." Damit aber die Gläubigen „zu einem Leib, in dem ‚nicht alle Glieder den selben Dienst verrichten' (Röm 12,4), zusammenwachsen, hat der gleiche Herr einige von ihnen zu amtlichen Dienern eingesetzt. Sie sollten in der Gemeinde der Gläubigen heilige Weihevollmacht besitzen zur Darbringung des Opfers und zur Nachlassung der Sünden und das priesterliche Amt öffentlich vor den Menschen in Christi Namen verwalten."[3] Dieses priesterliche Amt leitet *Presbyterorum ordinis* aus der Sendung der Apostel durch Christus ab, an der die Bischöfe umfassenden, die Priester einen für ihre spezifische Aufgabe eingeschränkten Anteil erlangen. Diese amtliche Verfassung ihrer Sendung macht ihre Zuordnung zu den im Leib Christi zum gemeinsamen Priestertum Berufenen wie die Unterscheidung von deren Priestertum aus. In *Lumen Gentium* 10 wird erläutert, das „Priestertum des Dienstes, das heißt das hierarchische Priestertum" unterscheide sich „dem Wesen und nicht bloß dem Grade nach" vom gemeinsamen Priestertum der Gläubigen; „das eine wie das andere nämlich [nehme] auf je besondere Weise am Priestertum Christi teil." Die besondere Teilhabe des Priestertums des Dienstes wie die des gemeinsamen Priestertums wird im Folgenden so herausgearbeitet:

---

[3] PO 2.

„Der Amtspriester nämlich bildet kraft seiner heiligen Gewalt, die
er innehat, das priesterliche Volk heran und leitet es; er vollzieht
in der Person Christi das eucharistische Opfer und bringt es im
Namen des ganzen Volkes Gott dar; die Gläubigen hingegen wirken kraft ihres königlichen Priestertums an der eucharistischen
Darbringung mit und üben ihr Priestertum aus im Empfang der
Sakramente, im Gebet, in der Danksagung, im Zeugnis eines heiligen Lebens, durch Selbstverleugnung und tätige Liebe."

Es fällt auf, dass an dieser Stelle wie an der entsprechenden in *Presbyterorum ordinis* peinlich vermieden wird, nichtgeweihten Gliedern
des priesterlichen Volkes Gottes eine Teilhabe an Leitungs- und Ge-
staltungsaufgaben in der Kirche zuzusprechen, auch wenn man für
das Spezifische des priesterlichen Amtes vor allem auf die ihm mitgeteilte Heiligungsgewalt rekurriert. Eine gewisse Teilhabe des gemeinsamen Priestertums am priesterlichen Heiligungsdienst wird
immerhin darin gegeben gesehen, dass die Nichtgeweihten an der
eucharistischen Darbringung „mitwirken", Sakramente empfangen
und ihr Christsein in Gebet und im Zeugnis eines heiligen Lebens
zu verwirklichen suchen. Der Wesensunterschied zwischen Geweihten und Nichtgeweihten, den der Text als selbstverständlich voraus-
setzt, wird also daran festgemacht, dass die geweihten Amtsträger
eine heilige Gewalt innehaben und berechtigt ausüben, den Nichtgeweihten diese heilige Gewalt aber nicht mitgeteilt ist.[4]
   Man kann auf dem Hintergrund der Entwicklungen seit dem
Ende des Zweiten Vatikanums die Frage stellen, wie die den Geweihten exklusiv mitgeteilte heilige Leitungs- und Heiligungsgewalt genauer zu beschreiben und dementsprechend sachgemäß auszuüben
ist. *Lumen Gentium* bleibt in den folgenden Passagen eher vage –
wohl auch deshalb, weil man für selbstverständlich hält, was hier zu
sagen wäre. Diese Selbstverständlichkeit ist heute nicht mehr gegeben bzw. – nähme man sie noch in Anspruch – einigermaßen frag-

---

[4] Zum Verständnis der Texte vgl. *E. Mitterstieler*, Das Priestertum aller Getauften.
Für eine geschwisterliche Kirche aus dem Geist des Zweiten Vatikanischen Konzils. Impulse und Quellentexte, Würzburg 2021. Zur Auslegung von *Lumen Gentium* 10 vgl. *H. Rikhof*, Das gemeinsame Priestertum der Gläubigen und das
Priestertum des Dienstes. Wie liest man *Lumen Gentium* 10?, in: ThPQ 155
(2007) 79–89.

würdig geworden. Das mag für die Leitungsgewalt deutlicher gesehen werden als für die Heiligungsgewalt. Aber auch hier scheinen sich – wie oben angedeutet – inzwischen Fragen zu stellen.

Die elementare ekklesiologische Selbstverständlichkeit ist die im Vollmachts-Verständnis liegende selbst: Sie ist den Geweihten von Jesus Christus selbst übertragen, wird in persona Christi capitis ausgeübt und repräsentiert Christus *gegenüber* der Gemeinde.[5] Die Geweihten leisten ihren Dienst an der Gemeinde, indem sie die Vollmacht ausüben, sie zu leiten und zu heiligen. Die Gemeinden sind gehalten, sich diesen Dienst leisten zu lassen, ihn dankbar entgegenzunehmen, sodass er in ihnen Frucht bringen kann. Das Gegenüber zur Gemeinde ist traditionell im Sinne des (Voll-)Macht-Gefälles vorgestellt: als *Von-oben-nach-unten-Verhältnis*. Die Geweihten Amtsträger sind jeweils die aktiv Handelnden, das priesterliche Gottesvolk empfängt mehr oder weniger „aktiv", was ihm durch ihr Handeln mitgeteilt wird. Das scheint mit der hierarchischen Verfassung der römisch-katholischen Kirche normativ vorgegeben – und ist doch für viele Zeitgenossen ein etwas aus der Zeit gefallenes Verständnis von Leitung. Man darf sich fragen, ob man – unbeschadet des hierarchischen Prinzips der Kirchenverfassung – ekklesiologisch von den gegenwärtigen Diskussionen um die koinonial-partizipative Verfassung der Gemeinden und eine entsprechend partizipativ ausgerichtete Leitungskompetenz profitieren kann. Ich hege die Vermutung, dass das auch einen geistlichen Gewinn für die Wahrnehmung der Leistungsvollmacht im Sinne des Leitungs*dienstes* einbringen kann.[6]

---

[5] Die Gemeinde selbst repräsentiert Christus als seinen Leib. In diese Repräsentation einbezogen, aber spezifisch qualifiziert und bevollmächtigt geschieht repraesentatio Christi *capitis*.

[6] Dazu habe ich mich andernorts ausführlicher geäußert: J. *Werbick*, Communio: Kirche teilen. Zukunftsvision mit einer inspirierenden Vergangenheit, in: M. Klaedtke/D. Riek/J. Schlesinger/D. Tewes (Hrsg.), Praxis Partizipation. Voraussetzungen und Wege zu einer Kirche der Beteiligung, Würzburg 2016, 27–49.

3. Der Dienst der Leitung als Dienst in und an der koinonia der Glaubenden

Das in der römisch-katholischen Kirche über lange Jahrhunderte „eingeübte" Verständnis von Leitung und Leitungsvollmacht setzt andere Akzente und hat einen klerikalen Stil des Leitens in Gemeinden und Ortskirchen hervorgebracht. Das „klerikale" Leitungsmodell ist ein Standesmodell mit geradezu ontologischer Absicherung, klerikal im antiken Wortsinn – und weithin auch im antik-römischen Verständnis. Es ist nach dem Vorbild der antiken Beamtenlaufbahn konzipiert und entsprechend vollmachts-theoretisch gedacht. Der Beamte ist durch Berufung in sein Amt eingesetzt und bevollmächtigt, seinem Amt zukommende (Rechts-)Akte zu setzen, die gültige (Rechts-)Folgen nur nach sich ziehen, wenn sie von den dazu Bevollmächtigten gesetzt werden. Das also ist die Logik: Der Inhaber eines (Leitungs-)Amtes darf das, weil und wenn er rechtsgültig in das entsprechende Amt eingesetzt und deshalb *zuständig* ist.

Dieses Modell ist nicht überholt. Staatliche Verwaltungen funktionieren immer noch in etwa so und müssen wohl so funktionieren. Aber es ist offensichtlich kein Modell mehr, nach dem man sich heute Führung „inhaltlich" vorstellt und Führungsaufgaben wahrgenommen sehen möchte. Streng genommen war es das vielleicht nie. Aber spätestens mit der Konfessionalisierung und Bürokratisierung der katholischen Kirche seit dem Konzil von Trient ist es das katholische Amts-Ideal geworden und das Schema, nach dem Führung – die Hirtenaufgabe der Amtsträger – modelliert, klerikalisiert wurde: Der Geweihte ist rechtmäßig in dieses Amt berufen; ihm ist in der Weihe mit der Heiligungsvollmacht auch die Leitungsvollmacht übertragen worden; so ist er exklusiv Entscheidungs- bzw. Gestaltungs-befugt: zuständig. Was er tut, erlangt mit dem rechtmäßig gesetzten Vollzug soziale (kirchliche) Gültigkeit – ja in manchen Vollzügen sogar Gültigkeit vor Gott und in Gottes Namen. So verlangt es von den einfachen Gläubigen entsprechende Beachtung.

Nun ist dem Verwalter des Amtes vom Tridentinum auch die hirten-spezifische Aufgabe und Berufung der Seelsorge zuerkannt. Und diese Aufgabe ist – wie seit dem 19. Jahrhundert immer klarer wird, weil sich die Ansprüche der „Schafe" an die Hirten deutlich differenzierten – keineswegs nur eine Zuständigkeitsfrage und so auch nicht einfach durch Inanspruchnahme von entsprechenden Vollmachten zu bewältigen. Sie setzt kommunikativ-fachliche Kompetenzen voraus und erfordert, dass sie von Menschen übernommen wird, die sich einfühlsam und kompetent darauf einlassen, den Menschen glaubens- und lebenshilfreich zu werden – von Menschen, die das *können*. Es reicht nicht, dass sie es dürfen: dazu berechtigt sind. Sie müssten auch die Voraussetzungen mitbringen oder ausbilden, den Dienst in der Nachfolge Christi zu leisten, der den Menschen hilft, ihren Befreiungsweg in die Gottesherrschaft zu finden und in der Gemeinschaft der Kirche zu gehen (vgl. Mk 10,45 par.).

Dass das Dürfen und das Können im konkreten Fall oft zusammenkamen, hat die herkömmlich-klerikale, vornehmlich an exklusiv innegehabten Vollmachten orientierte Priesterrolle länger intakt gehalten, als es für die Kirche vielleicht gut war. Seitdem die katholische Kirche genötigt ist, für den Glaubens- und Lebens-Dienst in den Gemeinden vielfach Nicht-Priester einzusetzen und die Anzahl der Priester so weit gesunken ist, dass sie diesen Dienst immer weniger selbst wahrnehmen und sich ihm immer seltener mit dem an sich erforderlichen Zeitaufwand widmen können, sind die Anfragen an das klerikale Führungsverständnis unüberhörbar geworden, und sie haben in vielen Bistümern neue Strukturüberlegungen ausgelöst. Die Frage ist, ob dabei am entscheidenden Punkt theologisch weitergedacht wird oder ob man pragmatisch weiterwurstelt.

Nichts gegen pragmatisches Weiterkommen-Wollen. Mitunter öffnen sich so Wege, die beim Konzepte-Entwickeln nicht in den Blick kämen. Aber es hilft vielleicht doch, sich darüber klarer zu werden, welche Art von Führung man in der Kirche in nachklerikalen Zeiten brauchen wird und welche Aufgaben dabei dem Weihepriestertum zukommen sollten, wenn die Kirche durch sie tatsächlich einen Dienst an den Menschen leisten und so ihrer Sendung nachkommen will. Dazu hier nur einige Anmerkungen, die sich auch amtstheologisch vertieften organisationssoziologischen Überlegungen verdanken, wie sie etwa Valentin Dessoy formuliert hat.[7]

Zunächst: Das Vollmachts- und Zuständigkeits-Modell ist amtstheologisch zwar weiterhin aus guten Gründen nicht überholt, aber es

---

[7] So in seinem Aufsatz: Partizipation – Schlagwort oder mehr?, in: Diak 49 (2018) 82–91. Vgl. auch die Beiträge in den Sammelbänden: *V. Dessoy/U. Hahmann/G. Lames* (Hrsg.), Macht und Kirche, Würzburg 2021 sowie *V. Dessoy/P. Klasvogt/J. Knop* (Hrsg.), Riskante Berufung – ambitionierter Beruf. Priester sein in einer Kirche des Übergangs, Freiburg i. Br. 2022.

deckt nur einen von mehreren wichtigen Aspekten für Leitung in der
Kirche ab. Geweihten Priestern sind Leitungs- und Weihevollmacht
übertragen. Aber das heißt nun nicht mehr, dass sie in der Kirche
und den Gemeinden den Dienst der Leitung und der Heiligung exklusiv wahrnähmen. Die dem Priesteramt traditionell zukommenden,
ihm vorbehaltenen Zuständigkeiten beziehen sich auf geistlich-ge-
meindliche Sachverhalte. Priester haben eine leitende Rolle bei der Sakramentenspendung, mit der die Gemeindemitglieder und die Gemeinden in die Sendung Jesu Christi einbezogen werden. Sie tragen
die Letztverantwortung dafür, dass das im Sinne dieser Sendung geschieht. Hier greift das Zuständigkeitsmodell, weil solche Aufgaben sozial und so auch kirchlich geordnet wahrgenommen werden müssen.
Das war ja die auch in der Reformation nach der Confessio Augustana
(VII) festgehaltene Einsicht. Dass diese geistlichen Leitungsaufgaben
theologisch, kommunikativ und spirituell möglichst kompetent wahrgenommen werden sollen, versteht sich von selbst. So kommt es also
auch hier *nicht nur* darauf an, dass man sie wahrnehmen darf, weil
man entsprechend dafür zugerüstet – geweiht – ist, sondern eben
auch darauf, dass man es kann: möglichst hilfreich tut.

Nun hat es sich in der Kirche vielfach als notwendig erwiesen,
dass Leitung kooperativ wahrgenommen wird, damit sie in den Gemeinden und pastoralen Räumen als hilfreich empfunden wird.
Nicht-Geweihte wirken in den Gemeinden und Pfarreien daran
mit, dass Gemeindeleitung durch das dafür zuständige Amt fruchtbar wahrgenommen wird. Das ist ohne Wenn und Aber anzuerkennen. Aber was geschieht da ekklesiologisch gesehen wirklich? Geben
die Priester den beteiligten „Laien" Anteil an ihrer Amtsvollmacht?
In welchen Grenzen können sie das? Und sind sie in jeder Hinsicht
und in jedem Fall „Herren des Verfahrens", so dass die Mitbeteilig-
ten in ihrer amtlichen Tätigkeit von denen abhängig bleiben, die ihnen an ihrer Vollmacht Anteil gegeben haben? Oder wird die Leitung tatsächlich geteilt? Und was hieße das für die spezifisch
priesterliche Vollmacht, *in persona Christi capitis* zu handeln?

In der Alltagswirklichkeit der Gemeinden erhebt sich da gar nicht
so selten die Frage: Ist es bei bestimmten kirchlichen Vollzügen
wichtiger, ob derjenige, der sie setzt, dafür kirchlich zuständig ist,
als Geweihter tun *darf*, was er tut, oder ob er es auch *kann*. Der Zu-
ständigkeits-Aspekt *Der darf das* sollte auch kirchlich immer mit
dem Qualitäts-Aspekt *Der oder Die kann das* verbunden sein. Ko-

operationsmodelle in der Seelsorge zeigen hier in erfreulicher Vielfalt, wie das gelingen kann, wenn man Leitungsaufgaben je nach den jeweils eingebrachten Fähigkeiten und Handlungsmöglichkeiten ohne Konkurrenz-Ängste miteinander teilt. Das verlangt von allen Beteiligten hinreichend Sensibilität, „Fach"-Kompetenzen und amtliche Zuständigkeiten in ein auskömmliches, für die Gemeinden auskömmliches Verhältnis zueinander zu bringen. Wo sich die Inhaber der Leitungs-Vollmacht nicht entsprechend einbringen, verstehen sie ihre priesterliche Aufgabe nicht als Dienst am Volk Gottes, sondern als klerikales Vorrecht.

Mit solchen Überlegungen ist das Thema Führung und Leitung aber noch bei weitem nicht kirchlich erschöpft. Die Wahrnehmung von Leitung hat ja längst ein ganz anderes Sinnzentrum als die Ausübung zugewiesener Entscheidungs- und Gestaltungsvollmachten, die traditionell-kirchlich die Priesterrolle ausmachten. Führen und Leiten heißt heute entscheidend – und das wird im gesellschaftlichen wie im ökonomischen Bereich vehement eingefordert – andere einbeziehen, sie für die „gemeinsame Sache" engagieren, ermöglichen, dass sie sich mit ihren spezifischen Möglichkeiten einbringen, damit die „gemeinsame Sache" durch das Engagement der so „Geführten" bestmöglich vorankommt. Führung und Leitung zielen auf *Empowerment*, aufs Involvieren und auf die Aktivierung der Ressourcen bei allen Beteiligten. Wer nicht in diesem Sinn zu führen versteht, verschleudert Ressourcen, wird selbst Teil des Problems, wenn man nicht gemeinsam vorankommt, statt der Initiator der gemeinsam gefundenen und auf den Weg gebrachten Lösung zu sein. Er hat kein Führungs-„Charisma", ist in seiner Leitungs-Position fehl am Platz. In säkularen Bereichen wird man versuchen, ihn durch Menschen mit mehr Führungskompetenz zu ersetzen.

4. Leitung und Partizipation

Im kirchlichen Bereich mit seinem hierarchisch-„ontologischen" Standesmodell ist so etwas kaum denkbar: Einmal – durch Weihe – an kirchlicher Leitungs- und Heiligungsvollmacht beteiligt heißt, in seinem priesterlichen Stand immer über sie verfügen zu können (es sei denn, man würde kirchlich disziplinär darin eingeschränkt oder daran gehindert). Und doch scheint mir, es sei theologisch legitim,

aus dem gesellschaftlich favorisierten Verständnis von Führung und
Leitung theologische Konsequenzen für die Wahrnehmung von Leitung in der Kirche abzuleiten. Wenn Führung heute auch kirchlich
primär die Initiative meint, Menschen so anzusprechen und zu motivieren, dass sie sich in die Sendung der Kirche einbeziehen lassen, so
ist der traditionell so wichtige disziplinäre Aspekt von Leitung nun
eher von untergeordneter Bedeutung. Leitungsvollmacht dient nicht
dazu, sich selbst durchzusetzen und andere in ihren Initiativen zu be-
hindern, sondern zu ermöglichen, Einbeziehung und Partizipation zu
ermöglichen. So wäre sie heute im Sinne einer Ermöglichungs-Pasto-
ral des Empowerments wahrzunehmen, mit der die hier Angesprochenen und Erreichten befähigt werden sollen, sich kompetent in die
Prozesse einzubringen, die das Kirche-Sein vor Ort und im größeren
Communio-Zusammenhang tragen und ausmachen.

Das Konzept ist anspruchsvoll. Man darf in ihm die Vision einer
missionarischen Pastoral von Papst Franziskus wiedererkennen, die
den Menschen die Freude des Evangeliums bezeugt und sie mit diesem Zeugnis einlädt, eigene Erfahrungen mit dem Evangelium zu
machen, aus den „geistlichen Ressourcen" zu schöpfen, die kirchlich
miteinander geteilt werden dürfen. Aber wird es nicht auch darum
gehen müssen, dass der Zugang zu den Quellen und „Ressourcen"
des Glaubens geschützt wird, damit den Gliedern der Gemeinden
das aus ihnen zufließt, was sie für glaubende und nach dem Glauben
suchende Menschen bereithalten?

Wenn Führung und Leitung kirchlich wie säkular primär Partizipation ermöglichen soll, so ist doch genau dies die ekklesiologisch
entscheidende Frage: Woran dürfen die Glieder der Gemeinde teilhaben? Und was hilft ihnen, diese spezifische Teilhabe tatsächlich
fruchtbar zu erlangen und zu leben? Sie haben teil an Entschei-
dungs- und Gestaltungsmacht, wird man zunächst antworten. Und
diese Antwort verliert auch ekklesiologisch nichts an Triftigkeit.
Aber sie bleibt gewissermaßen im Organisations-Vordergrund.
Kirchliche Entscheidungs- und Gestaltungsmacht wird ausgeübt,
um den Menschen eine „ressourcengerechte" Partizipation an den
geistlichen Überlieferungen und der sakramentalen Praxis zu ermöglichen, von denen der Glaube bei seiner Suche nach einem
Gott-erfüllten Leben Gebrauch macht und denen er vielfältige Formen eines erfüllten Lebens mit Gott und den Nächsten verdankt.

5. Partizipation woran?

Das traditionelle Hirten-Bild hat hier ganz hierarchisch an die Geweihten und entsprechend Bevollmächtigten denken lassen und die Akzente auf das Vorangehen, Beisammenhalten und Schützen der Herde gelegt, mitunter auch darauf, dass der Hirte die Herde zu ergiebigen Weideplätzen führt, damit sie genügend geistliche Nahrung fänden. Das Bild der Herde gibt wenig Assoziationen her, die auf eine Aktivierung zur Partizipation verweisen könnten. Es sieht ja so aus: Die Schafe sind da; die Herde soll geführt werden. Es soll möglichst kein Schaf verlorengehen. Punkt. In unserer Kirchen-Situation aber sind die Herden klein geworden, weil viele sich von der Führung durch die Hirten wenig versprechen und ihnen die geistliche Nahrung, zu der sie geführt werden sollen, wenig bedeutet. Wie soll der Hirte denn nun „missionarisch" sein und zum Teilnehmen motivieren? Indem er bezeugt, wie wertvoll die Nahrung ist, zu der er zu führen verspricht?

Die Antwort der „modernen" Pastoral: Die Glaubenden und nach Glauben Suchenden wollen und sollen sich nicht abspeisen lassen mit einer Kost, die ihnen mehr oder weniger fertig vorgesetzt wird. Sie wollen und sollen an dem Geschehen und an den Vollzügen partizipieren, in denen die Ressourcen des Glaubens erschlossen werden; sie wollen und sollen an dem partizipieren, was der Glaube als Ressource für Lebenssinn und geistliche Lebendigkeit in Anspruch nimmt – und dann sehen, ob das „etwas für sie ist". Kirchliche Führung bedeutet dann elementar, Menschen dabei zu helfen, von den geistlichen Ressourcen christlichen Glaubens einen *ressourcengerechten* Gebrauch zu machen, und Orte zu schaffen, Räume zu schützen, an denen es zu solcher Partizipation kommen kann: wo die Zeugnisse aus alter Zeit gehört und einigermaßen verstanden werden können; wo Zeugnisse eines erfüllten Lebens aus dem Glauben heute wahrgenommen und zur Herausforderung werden können; wo der Glaube zur Instanz werden kann, an der Menschen aufgeht, dass es im Leben um deutlich mehr geht als um den Erfolg beim Konkurrieren um knappe und umkämpfte Güter; wo die Feier der Gemeinschaft mit Gott und untereinander die sakramentale Partizipation – das Teilnehmen – an der Geschichte Gottes mit den Menschen begeht.

Ist das aber nicht immer noch wenn nicht klerikalistisch, so doch paternalistisch gedacht? Es muss die geweihten, mit ihnen vielleicht auch nichtgeweihte Profis in der Kirche geben, die den Laien die nötigen Fähigkeiten vermitteln, an den geistlichen Ressourcen „sachgerecht" teilzuhaben? Ja, es muss sie geben, die gut ausgebildeten Hauptamtlichen, die Kümmerer und Kümmerinnen mit Fachkompetenz, die sich als Mitglaubende einbringen, wo der Glaube schwer oder unverständlich geworden ist; es muss sie geben, die einigermaßen selbstvergessenen Dienerinnen und Diener, denen es nicht um das Image der Kirchen geht, sondern darum, dass Menschen auch dann noch das Frohmachende der Frohen Botschaft entdecken können, wenn man an den Kirchen fast verzweifeln möchte. Aber, und das ist vielleicht nicht unbedingt neu, vielleicht neu ins Bewusstsein getreten: Ihr Dienst ist keine Einbahnstraße. Und er ist nicht begrenzt durch Kirchenzugehörigkeit. In Gemeinden und über sie hinaus nehmen Menschen auf je ihre Weise teil an den geistlichen Ressourcen des Christlichen. Sie partizipieren mit je ihren Möglichkeiten am Ergiebig-Werden dieser Ressourcen und werden so zu Zeugen, an denen hie und da greifbar wird, was aus einem Leben werden kann, das aus diesen Ressourcen zu schöpfen versucht. Die Profis leben davon, dass das geschieht. Sie führen mit Glaubensmut, wenn sie die Erfahrung machen, dass sie von den „Geführten" immer wieder überholt werden. Sie nehmen das Leiten als Ermöglichen mit mehr Gelassenheit und Gottvertrauen wahr, wenn sie sehen, was da alles möglich wird: wenn sie erleben dürfen, dass nicht alles Fruchtbare und Weiterführende von ihnen ausgehen muss, wenn sie mit getragen sind vom gemeinsamen Priestertum der Gläubigen. Und sie haben ein Auge darauf, dass die Quellen und die sakramentalen Realisierungen des Glaubens so zugänglich bleiben, wie sie der Kirche auf ihrem Weg mitgegeben sind.

An die Alternative dazu mag man gar nicht denken: dass man beim Führen-Wollen kein Vertrauen hat in dieses Mitgetragen-Werden, kein Gespür für Partizipation, für das Bibel-, Sakramente-, Glauben- und Leben-Teilen, keine Leidenschaft deshalb, Menschen stark zu machen im Selbst-Glauben-, Sich-Einbringen- und Mitgestalten-Wollen, dass man sie vor allem kontrollieren und linientreu haben will. So würde man jede Autorität verlieren. Die lateinische Sprache war hintersinnig genau: Autorität hat, wer ermöglicht; heute möchte man hinzufügen: wer einen schöpferischen Umgang mit unserer Glaubensüberlieferung ermöglicht, Teilhabe an ihr stimuliert. Wer es darauf nicht ankommen lassen will, wer die Tradition für sich und „fertig" haben, verwalten und sie nur mit disziplinärem Druck weitergeben wollte, der wird vom Doppelsinn des Wortes traditio heimgesucht: Überlieferung und Verrat. Setzt man auf mündige Partizipation, kann es zu Irrtümern und Irrwegen kommen. Wo man sie auszuschließen versucht, hat man schon verraten, was man bewahren wollte.

6. In persona Christi

Es war hier viel von Partizipation die Rede, davon, Menschen für sie zu stärken, auch davon, Menschen Partizipation zuzutrauen. Da wird Leitung ausgeübt, Leitungsvollmacht in Anspruch genommen und heute vielfach zwischen Priestern, nichtgeweihten Seelsorger(innen)[8] und Ehrenamtlichen *geteilt*. Darf man aber nicht weiterhin die besondere kirchliche Sendung der geweihten Priester in der *Koinonia* all derer ekklesiologisch würdigen, die darin engagiert sind, hauptamtlich oder ehrenamtlich an der Wahrnehmung von Leitungsaufgaben teilzunehmen und so auch ihre Sendung zum gemeinsamen Priestertum der Gläubigen wahrzunehmen? Die besondere Sendung der Priester wird in der katholischen Ekklesiologie so zur Sprache gebracht, dass man sie als im Heiligungs- und Leitungsdienst als in persona Christi capitis handlungsbefugt und handlungsmächtig bezeichnet. Das darf heute vielleicht so übersetzt werden: Sie haben teil an der apostolischen Sendung und repräsentieren in diesem Sinne den, der sie sendet.[9] So nehmen sie – in allerdings genau umgrenzten Umfang – die Rolle Jesu Christi in der Gemeinde und für die Kirche ein. In dieser Rolle übernehmen sie die Kirchenkonstitutive Aufgabe, den Menschen die Berufung zur Gottesherr-

---

[8] Ich gehe selbstverständlich davon aus, dass Nichtgeweihte Seelsorger(innen) sein können und so genannt werden dürfen. Der Versuch eines deutschen Bischofs, diesen Sprachgebrauch in seiner Diözese – die er heute nicht mehr leitet – zu untersagen, hat erfreulicherweise nicht Schule gemacht.

[9] Vgl. *P. E. Persson*, Repraesentatio Christi. Der Amtsbegriff in der neueren römisch-katholischen Theologie, Göttingen 1966. Wo das Modell der Christus-Repräsentation auch für den Weihe-Ausschluss von Frauen in Anspruch genommen und geltend gemacht wird, Christus, der Mann, könne nur von Männern repräsentiert werden, trifft es heute auf entschiedenen Widerspruch; vgl. die Beiträge in: *M. Eckholt/J. Rahner* (Hrsg.), Christusrepräsentation. Zur aktuellen Debatte um die Zulassung von Frauen zum priesterlichen Amt, Freiburg i. Br. 2021.

schaft zu erschließen, sie zur Gemeinschaft derer zu versammeln, die diese Berufung leben wollen und mit ihnen die Geheimnisse zu feiern, in denen die Gottesherrschaft sakramental gegenwärtig ist, um die Menschen mit ihrem Segen zu heiligen. In dieser Rolle sind die Geweihten nicht zu ersetzen, so sehr sie bei ihrer Ausübung in vielerlei Weise auf die Mitwirkung Nichtgeweihter angewiesen sein werden, damit ihr Dienst fruchtbar werden kann.

Wenn von den ihnen in amtlicher Zuständigkeit vorbehaltenen Aufgaben die Rede sein soll, werden vor allem Aufgaben der Sakramentenspendung – des Heiligungsdienstes im engeren Sinn – in den Blick kommen, durch den die Gläubigen in der gnadenvermittelnden Einheit des Volkes Gottes gehalten und zu ihr versammelt werden. Bei der Wahrnehmung dieser Aufgaben tun sie heute gewissermaßen als „Treuhänder" der Kirche – in einer den Zeichen der Zeit angemessenen Weise –, was Jesus Christus für die Menschen seiner Zeit und für die Menschen aller Zeiten getan hat, als er sie dazu berief und heiligte, an der Gottesherrschaft teilzunehmen. Diesem priesterlich-sakramentalen Dienst der Einheit der Menschen in Christus mit Gott ist zugesagt, dass Gott durch den Dienst der Priester die Gnade mitteilt, die den Glaubenden bei ihrem Mitgehen auf dem Weg Jesu Christi durch Leiden und Tod in die Gottesherrschaft hinein zugänglich wird: die Gnade des Mit-und-in-Christus-verbunden-Seins zum Leib Christi. Die Würde dieses Dienstes muss und kann nicht mehr durch feudal anmutende Standesprivilegien zum Ausdruck kommen, wohl aber dadurch, dass er den Gemeinden tatsächlich geleistet wird, sodass sie seine Glaubens- und Lebensbedeutung erleben können.

So dürfte man es nicht hinnehmen, dass der priesterliche Dienst auch aufgrund der kirchlich festgesetzten Bedingungen, unter denen Menschen (einstweilen auch nur Männer) zu diesem Dienst zugelassen und kirchlich berufen werden, faktisch immer mehr zu einer kirchlichen Randerscheinung zu werden droht. Es scheint zu den Zeichen unserer Zeit zu gehören, die theologisch zu deuten sind, dass sich diese Alternative abzeichnet: Entweder modifiziert man diese Zulassungsbedingungen oder man läuft Gefahr, den kirchlichen Sinn des Weihepriestertums und seines Heiligungsdienstes zu verdunkeln, weil die von den Geweihten wahrgenommene Rolle Jesu Christi für die Gemeinden in deren Alltagserfahrung zunehmend ausfällt und sie ihn so als „notfalls" verzichtbar anzusehen beginnen. Hier darauf zu warten, dass sich die Zeiten schon wieder ändern werden und dann wieder genügend Priesterberufungen zu gegenwärtigen Bedingungen zu Verfügung stehen oder weniger Priester nötig sein werden, weil der „Gemeindeschwund" dann immer größere Seelsorge-Einheiten möglich macht, würde m. E. kirchlich zu viel aufs Spiel setzen und diejenigen allein lassen, die sich heute und morgen in das priesterliche Dienstamt berufen lassen.

Man würde zuletzt die Glaubwürdigkeit der Kirche in einer für das Bestehen der Kirche zentralen Frage aufs Spiel setzen: Die zu Priestern Geweihten sind aus theologisch guten Gründen die Vorsteher der Eucharistiefeier. Von ihr wird in den Texten des Zweiten Vatikanums mehrfach gesagt, sie sei die Quelle christlichen Lebens, aus dem und von dem her „die Kirche immerfort lebt und wächst",[10] und so auch „Quelle und Höhepunkt aller Evangelisation".[11] Die Pfarrer hätten deshalb vor Ort Sorge dafür zu tragen, „dass die Feier des eucharistischen Opfers Mitte und Höhepunkt des ganzen Lebens der christlichen Gemeinde ist."[12] Wie aber sollen die Gemeinden aus dieser Mitte leben können, wenn die Priester fehlen, die mit ihnen vor Ort Eucharistie feiern? Die Zeit scheint nicht mehr fern, da man sich in der Kirche die Frage stellen muss, ob der *Dienst*, den die Priester für die Gemeinden leisten dürfen, nicht die ekklesiologische Priorität haben muss vor der priesterlich-zölibatären Lebensform, von deren Übernahme man bisher den Zugang zum priesterlichen Amt abhängig macht. Dass der Zölibat dem priesterlichen Dienst in vielfacher Hinsicht zugutekam und immer noch zugutekommt, entspricht der jahrhundertelangen kirchlichen Erfahrung. Aber man wird fragen müssen, ob nicht auch andere Lebensformen auf je ihre Weise diesem Dienst zugutekommen können. Ob es bei weiteren Zugangswegen zum Priestertum des Dienstes in Zukunft so viele priesterliche Berufungen geben wird, wie sie in den Gemeinden gebraucht werden, ist hic et nunc nicht vorhersehbar. Es wird auch davon abhängen, wie glaubwürdig die Kirche in unserer Gesellschaft den Sinn des Christseins für ein Gott-erfülltes und deshalb menschlich erfüllendes Leben, damit aber auch den Sinn der priesterlichen Berufung zum Dienst der Heiligung des menschlichen Lebens bezeugen kann.

---

[10] LG 11 und 26.
[11] PO 5.
[12] CD 30.

Priester als homo theologicus?

Józef Niewiadomski

Wozu die ganze Mühe um Bildung und Ausbildung der Priester? Braucht es sie überhaupt noch? Stellen sie nicht – wie uns inzwischen auch hin und wieder die Schlagzeilenmentalität nahelegt – das große Hindernis für eine ‚Kirche der Zukunft‘ dar? Den aggressiven Diskursen über die priesterliche Existenz, die längst schon von untergründigem Diffamierungsklima getragen werden, das sich von einer sachlichen Abarbeitung der Missbrauchsskandale zunehmend entfernt hat, stehen auf der anderen Seite traditionell anmutende, oft kraftlos wirkende – von den ‚Resten einer Theologie des Ordo‘ inspirierte – Apologien gegenüber. Vieles von solchen Diskussionen scheint der Mentalität eines bereits seit Jahrzehnten geführten Positionskrieges in Sachen Kirchenreform zu entspringen. Ein Positionskrieg verändert meistens kaum etwas an der Frontenstellung; er trägt bloß zur Zerstörung des Hinterlandes – in dem Fall der Reste der Kirchenbindung – bei. Für beide Fronten spielt die Frage der theologischen Kompetenz von Priestern letztlich keine Rolle mehr. Dies umso mehr, als dass man längst dem Vorurteil frönt, dass Priesteramtskandidaten als homines theologici gegenüber Nichtklerikern auf dem Markt der religiösen Angebote sowieso schlechter abschneiden.

Der folgende Beitrag stellt sich bewusst zwischen die Fronten; er bringt eine Art von Erfahrungsbilanz eines über 70 Jahre alten Mannes, dessen Lebensgeschichte durch verschiedene Frontstellungen geradezu strukturiert war, bei denen er selber immer und immer wieder Grenzen überschreiten durfte. Im 24sten Lebensjahr zum Priester auf den Titel einer polnischen Diözese (Lublin) geweiht, habe ich den größten Teil meines Lebens im politischen und kirchlichen ‚Ausland‘ verbracht. Als hauptberuflich an Universitäten arbeitender und die ganze Zeit in der Seelsorge (ehrenamtlich) tätiger Priester – der immer wieder auch das Klischee des ‚polnischen Priesters‘ verdauen musste – setzte ich mich für eine lebensbejahende Kirchlichkeit ein, deswegen auch für eine saubere Unterscheidung zwischen den kulturell bedingten, deswegen auch variablen Formen der Ausübung des ordinierten Amtes und dem dogmatischen Kern dessen, was dieses Amt ist und auch sein soll.[1] Ich bin – so glaube ich zumindest – immer ein begeisterter Priester und Theologieprofessor gewesen. Die theologische Kompetenz verstand ich als conditio sine qua non des priesterlichen Dienstes, habe ich doch das Dictum meiner polnischen Professoren bestens internalisiert: „Eine gute Dogmatik verhindert Frömmigkeitsterror und religiöse Neurosen!"[2] Die Ängste vieler Hauptamtlicher vor dem nahestehenden ‚Untergang der Kirche' waren niemals meine Sache,[3] die im Kontext der Pandemie medial transportierte Wertung, Kirche sei nicht systemrelevant, zeigte mir aber bis zu welchem Grad das Missverständnis dessen, was Kirche sei, im öffentlichen Bewusstsein verankert ist.

---

[1] Vgl. *J. Niewiadomski*, Dramatische Figuren des Glaubens. Christlich glauben in den Herausforderungen von heute, Freiburg i. Br. 2019, 134–155; *Ders.*, Gütesiegel und Stolperstein zugleich. Reminiszenzen zum katholischen Verständnis des kirchlichen Amtes, in: LebZeug 73 (2018) 93–105; *Ders.*, „Menschen, Christen, Priester …" Dogmatische Überlegungen zur Amtstheologie auf dem Hintergrund der Diskussion über „kooperative Seelsorgemodelle", in: ThPQ 143 (1995) 159–169; *Ders.*, Gemeindeleitung und Ämterfrage. Überlegungen aus dogmatischer Sicht, in: E. Garhammer/U. Zelinka (Hrsg.), Gemeindeleitung heute – und morgen?: Reflexionen, Erfahrungen und Modelle für die Zukunft, Paderborn 1998, 55–70.

[2] Das Dictum habe ich von einem sehr traditionell denkenden Dogmatikprofessor übernommen. Im Kontext seiner Erzählungen über die Priester, die das Erbrochene der Schwerstkranken aufessen, nachdem sich diese nach dem Kommunionempfang übergeben haben, fragte er uns: „Meine Herren, waren das, was der fromme Priester aufgegessen hat, immer noch die ‚species' des Brotes? Merken sie sich: das Wunder der Transsubstantiation besteht nur solange, solange man es noch nach menschlichem Ermessen mit Brot zu tun hat. Essen sie deswegen niemals verfaulte Hostien auf!"

[3] Tief berührt hat mich seinerzeit die Lektüre der autobiographischen Aufzeichnungen eines Priesters, der fast sein ganzes Leben im Gefängnis verbrachte und sich immer wieder mit dem Gedanken auseinandersetzte, ob durch den politischen Druck die Kirche in der Tschechoslowakei sterben wird; vgl. *O. Madr*, Wie Kirche nicht stirbt. Zeugnis aus bedrängten Zeiten der Tschechischen Kirche, Leipzig 1993. Vgl. auch das Schicksal des im deutschen Sprachraum kaum bekannten polnischen Priesters (des 2016 seliggesprochenen) Władysław Bukowinski. Der brillante Intellektuelle geht 1936 auf eigene Bitte in die Ukraine und wirkt dort als Professor im Priesterseminar. Nach dem Ausbruch des Krieges unter dem stalinistischen Regime mehrmals verhaftet, verbringt er mehrere Jahre im Arbeitslager, wird schlussendlich nach Karaganda in Kasachstan verbannt, wo er im Untergrund (gewissermaßen vom Nullpunkt aus) unter den dorthin verbannten Deutschen und Polen die Kirche ‚aufbaut'. https://www.heiligenlexi kon.de/BiographienW/Wladyslaw_Bukowinski.html (Zugriff: 22.02.2022).

Was mich heutzutage ratlos macht, ist die Verbissenheit ‚kirchlicher Lager' bei der Auseinandersetzung um die spezifisch katholische Kirchlichkeit in unserer Welt. Und auch die Tatsache, dass an den Theologischen Fakultäten im Zeitalter einer erhöhten Sensibilität für Minderheiten die Priesteramtskandidaten – die ja längst eine kaum mehr wahrnehmbare, einer gesellschaftlichen Lobby aber ‚beraubte' Minderheit darstellen – als Sündenböcke zur Zielscheibe der schablonenhaften Kritik an den ‚Machstrukturen einer patriarchal verfassten kirchlichen Kultur' geworden sind. Hilft mir und auch den Leserinnen und Lesern eine Rückbesinnung auf den ‚Priester als homo theologicus' zur Weitung derart verengter Wahrnehmungshorizonte einer fast schon apokalyptisch anmutenden Zeit?

1. Biographische Reminiszenz: nur ein vermessener Einstieg?

Ein richtiger Dorfpfarrer – ein homo parochius – wollte ich sein! Schon als Kind. In einem Dorf in Ostpolen mit Bauern zusammen leben, Hochzeiten und Begräbnisse feiern. Vor allem die Hochämter! In der kindlichen Vorstellungskraft erschien ja der Priester als ‚homo liturgicus'. Deswegen spielte ich mit anderen Kindern am liebsten Prozessionen, bei denen ich natürlich der Pfarrer sein musste.[4] Dann kamen das Gymnasium und die Zeit der Rebellion. Im staatlich-kommunistischen Internat eingesperrt, sah ich in der Kirche den Hort der Freiheit, wollte deswegen weiterhin Priester werden und als Jugendkaplan die staatlich nicht gerne gesehenen kirchlichen Jugendwallfahrten organisieren, bei denen sich die Jugendlichen unbeschwert geben konnten. Das Studium der Theologie versprach die Eröffnung jener intellektuellen Horizonte, die durch das staatliche Bildungssystem ideologisch verengt wurden. Kein Wunder, dass ich den Eintritt ins Priesterseminar als faszinierendes intellektuelles Abendteuer in Sachen weltanschauliche Auseinandersetzung erlebt habe. Dabei war die

---

[4] Verblüfft musste ich im Priesterseminar die abwertenden Bemerkungen über diese Art des Priesterseins zur Kenntnis nehmen. Man bezeichnete ihn als „Agricola cum facultate celebrandi". Habe ich deswegen die sich als ‚revolutionär' gebärdenden Vorschläge zur Reform des Priesteramtes, die den Priester als ‚Nebenberuf' aus der Taufe heben wollten, immer bloß mit einem gewissen Schmunzeln kommentiert?

normative Vision dessen, was Priestersein in meinem Leben bedeuten sollte, klar vorgegeben. Als ‚homo ecclesiasticus', und dies mit Haut und Haaren, verstand ich mich als braver Soldat ‚in einem hierarchisch geordneten kirchlichen Heer'.[5] Deswegen studierte ich all das mit demselben Fleiß, was die an der Fakultät geltende Studienordnung vorschrieb. Alles stimmte ja überein: die soziale Rolle, die von den staatlichen Behörden und der durch diese manipulierten Öffentlichkeit mit Schikanen und Diffamierungen drangsaliert, von der kirchlichen Basis deswegen aber umso mehr geachtet wurde, meine Wünsche und auch der Wille zum und das Vertrauen in den Wert des kirchlichen Gehorsams, schlussendlich auch die gediegene theologische Ausbildung in Lublin, an der (damals) einzigen (staatlich geduldeten) Katholischen Universität des gesamten Ostblocks. Gerade der zunehmend größer werdenden theologischen Kompetenz wegen erlebten wir uns – die Seminaristen der ausgehenden 60-er Jahre – als revolutionäre Avantgarde im Kontext eines politisch falschen und kulturell sinnentleerten Systems.

Als mich die Leitung des Priesterseminars 1972 nach Innsbruck zum Studium geschickt hatte, wurden die inhaltlichen Konturen dessen, was ich heute als den damals in Entwicklung begriffenen konkreten ‚homo theologicus' beschreibe, nach und nach radikal in Frage gestellt. Und dies gerade deswegen, weil ich mich als ‚homo ecclesiasticus' begriffen und (gut augustinisch) der ‚Kirchlichkeit vor Ort' vertraut habe. Gerade mein Gespür für Kirchlichkeit musste mit der Zeit zu Konflikten führen. Die hohe Mauer, die das im Zentrum der Stadt angesiedelte Lubliner Seminar von der Umwelt abschirmte und mir dort tagtäglich das Gefühl vermittelte, in einer Gemeinschaft zu leben, die ‚nicht von dieser Welt' ist – war mir doch der Kommunismus der Inbegriff dessen, was diabolische civitas terrena sei –, war in Innsbruck nicht da. Das internationale Priesterseminar Canisianum war nicht nur nicht abgeschirmt; es lebte explizit den Geist der nach den berühmt berüchtigten 68-ern sich verändernden Welt. Der Abbau alter Strukturen, ritualisierter Gebetsformen und die Erprobung demokratischer Regeln des Zusammenlebens prägten das Klima des Alltags im Haus. Alle Seminaristen waren sich auf eine fast emphatische Weise dessen bewusst, dass sie

---

[5] Das Konzil von Trient vergleicht die Struktur der Hierarchie mit der „geordneten Schlachtreihe eines Heeres" (DH 1767).

dadurch nicht nur die demokratischen Spielregeln lernten, sondern im wahrsten Sinn des Wortes auch die ‚Verantwortung für das Haus‘, also für die konkrete Kirche vor Ort, trugen. Die nach und nach sich bei mir einstellende Erkenntnis, dass das kommunistisch geführte Internat und das der Gegenkultur verpflichtete Priesterseminar im Hinblick auf die Sozialisationsmechanismen und die Erziehung zur Anpassung an das ‚System‘ wie mimetisch sich verhaltende feindliche Brüder spiegelbildlich einander glichen, wurde fortan zur Herausforderung ersten Ranges. Die bereits in Polen erworbene theologische Kompetenz in Sachen weltanschaulicher Auseinandersetzung legte nun unweigerlich die Frage nach der Menschenfreundlichkeit solch weltanschaulicher Frontstellungen nahe.

Ausgerechnet die Maxime von Karl Marx wurde uns damals zum quasispirituellen Mantra: „Philosophen haben die Welt interpretiert, es kommt darauf an, sie zu verändern“. Im deutschen Sprachraum steuerte gerade die erste Welle der Begeisterung über die ‚Politische Theologie‘ auf ihren Höhepunkt. Kein Wunder, dass der Cantus firmus der Gespräche unter den Canisianern, aber auch der fleißig neu gedichteten Gebetstexte von Imperativen zum Ernstnehmen der Welt, der Gesellschaftsverantwortung, der ‚intellektuellen Redlichkeit‘, dem ‚unvoreingenommenen‘ Neuformulieren von Glaubensaussagen, vor allem aber dem Willen zur Kirchenreform beherrscht war. In der nun in meinem Bewusstsein in den Vordergrund tretenden Vision sollte der Priester der Zukunft vor allem homo politicus sein. Soziologische und politikwissenschaftliche Analysen bekamen bei dieser Ausprägung des homo theologicus den erstrangigen Wert in der Aneignung von Kompetenzen für das priesterliche Wirken. Ich empfand das keineswegs als fragwürdig, war doch in der damaligen Öffentlichkeit das biblisch-christliche Narrativ allgegenwärtig. Von einem Traditionsbruch in diesem Kontext konnte noch keine Rede sein. Wie ein Kontrapunkt begleitete allerdings schon damals unsere theologische Reflexion die These vom Auseinanderklaffen der Erwartungen der heutigen Menschen und der kirchlichen Doktrin. Über die tieferen Gründe dieser Kluft machten wir uns kaum Gedanken. Sowohl der Cantus firmus als auch der Kontrapunkt führten nach und nach zu einer Gewichtsverlagerung in der Gestaltung der eigenen Biographie. Der homo ecclesiasticus verschwand zunehmend im Schatten des mich faszinierenden homo academicus. Und dies nicht nur deswegen, weil es mir immer klarer wurde, dass ich nach meiner Priesterweihe an der Universität bleiben würde. Die Konflikte, denen die Innsbrucker Fakultät nach dem Entzug der kirchlichen Lehrerlaubnis für den Dogmatikprofessor (und den Betreuer meiner Diplomarbeit) P. Franz Schupp SJ jahrelang ausgeliefert war, strukturierten unser kirchlich-theologische Bewusstsein durch den Slogan: „Hierarchie contra Volk Gottes" und verschoben das Vertrauen der Seminaristen in Richtung der in ihrem Selbstverständnis dem Ideal der Autonomie verpflichteten Fakultät. Diese und nicht die Kirche erschien uns als der privilegierte, Theologie generierende, damit auch die Welt und Kirche verändernde Ort.[6] In unserer (damaligen) Vorstellung avancierte die Fakultät geradezu zur exklusiven Stätte der Formung zukünftiger Priester. Die dort erworbene theologische Kompetenz, kombiniert mit den dort und anderswo eingeübten kommunikativen Fähigkeiten für kirchliches Management und seelsorgerliche Tätigkeit, ermutigten zur immerwährenden Entwicklung von kritisch verfassten Zukunftsperspektiven und ‚Kirchenträumen'. Dass Träume auch zur Quelle von Frustrationen werden können, war uns damals wohl kaum bewusst. Als ‚kritischer Theologe', der durch sein Engagement die Kirche und die Welt verändern wollte, habe ich mich Mitte der 70-er Jahre für die Priesterweihe entschieden.

2. Heilsamer Schock eines sich kritisch gebenden homo theologicus

War es ein Zufall oder ein Fingerzeig der Vorsehung, dass ich – schon als Priester – der erste Assistent des neuen Dogmatikers P. Raymund Schwager wurde? Sein ungewöhnlicher – weil vom Orden nicht „programmierter" – Weg zur Professur und die Tatsache, dass er den entlassenen Dogmatiker ersetzte, stimmten die Studierenden skeptisch gegenüber seiner Person. Wie die meisten Angehörigen der

---

[6] Vergleicht man die Träume der 70-er Jahre mit der Realität von heute, wird man sich die zunehmende Bedeutungslosigkeit der Theologie in der scientific community eingestehen müssen. Und dies nicht deswegen, weil Theologie ‚im Würgegriff des Lehramtes' erstickt, wie dies viele 68-er immer noch glauben mögen. Das akademische Wissenschaftsethos kapituliert heute vor der Macht des Marktes. Die Rhetorik der Autonomie verschleiert die Macht des Starken leichter als die klassische Bindung an die Institutionen (inklusive der kirchlichen Institution).

Fakultät habe auch ich in den ersten Semestern seine Person und seine Theologie als Projektionsfläche für die vielen Frustrationen kirchenpolitischer Art benutzt. Klar, dass unter diesen Voraussetzungen sein Vorstoß, Theologie anders zu positionieren als im Rahmen eines festgefahrenen Positionskrieges mit der institutionellen Kirche, bei mir auf taube Ohren stieß. Mehr noch: die zu Beginn meiner Tätigkeit als Assistent bewusst ergriffene Rolle des bloß kritischen Beobachters des neuen Professors (und der kirchlichen Hierarchie) versperrte mir den Blick auf den kreativen und neue Theologien generierenden Wert seines Ansatzes. Weil ich mich auf *die Herausforderung der Auseinandersetzung mit dem wohl schwierigsten Problem der Selbstgerechtigkeit des kritischen Denkens* nicht einlassen konnte und auch nicht wollte, driftete ich in die Haltung des theologischen Zynismus ab, dessen Abgründe ich durch die knallharte Kritik der Fundamentalisten auch mir selber gegenüber verschleierte. Meine theologische Kompetenz – in Polen im Kontext einer klar strukturierten weltanschaulichen Auseinandersetzung erworben, im Kontext der ersten Erfahrungen mit dem liberalen Klima des Westens ‚kritisch‘ revidiert – machte mich gerade als homo theologicus in der Auseinandersetzung ‚mit meinem Chef‘ mehr als selbstsicher. Doch wurden gerade darin die Konturen dessen, was ich in meinem biographischen Kontext bis dahin als homo theologicus hätte beschreiben können, noch einmal radikal in Frage gestellt. Bei einer Tagung in Stuttgart, bei der Raymund Schwager ein Referat zur biblischen Hermeneutik aus der Perspektive der mimetischen Theorie von René Girard hielt, habe ich – wie es halt meine Art war – in der Diskussion Anfragen und Kritik geäußert, die an der Grenze akademischer Gepflogenheiten angesiedelt waren. In der Kaffeepause stand ich hinter ihm. Er unterhielt sich mit seinem Ordensmitbruder, dem Alttestamentler Norbert Lohfink. Sie sahen mich nicht. Ich hörte Lohfink sagen: „Wenn mein Assistent mich in der Öffentlichkeit derart unflätig kritisieren würde, wäre ich den schon längst losgeworden." Ich hörte Schwager sagen: „Ah, von dem bin ich ganz andere Dinge gewohnt." Mir fiel die Decke auf den Kopf. Ich fragte mich nämlich, was für eine Art von Spiritualität dieser Mann haben muss, dass er mich in meinem Zynismus erträgt und mich immer und immer wieder auffängt. Die Frage, ob und welche Spiritualität etwas Konstitutives sei für das, was man als einen echten homo theologicus beschreiben würde, begleitet seither meine Reflexionen über die Qualität der theologischen Kompetenz. Nach dem Erlebnis in Stuttgart habe ich angefangen, mich ernsthaft mit dem in Entwicklung begriffenen Ansatz von P. Schwager und seinem ‚autonomiekritischen Denken' auseinanderzusetzen. Heute weiß ich, er hat mich vor dem theologischen Zynismus gerettet. Nach und nach verabschiedete ich mich auch von den Träumen, etwas vollkommen Neues, auf jeden Fall anderes – sprich doch Besseres – als das von ihm Geschaffene auf die Beine zu bringen,[7] und gab mich zufrieden mit der Pflege (vielleicht auch Weiterentwicklung) seines Ansatzes der sog. Innsbrucker Dramatischen Theologie.[8]

3. Homo theologicus im dramatischen Verstehenshorizont

Warum dieser lang ausgefallene persönliche Exkurs in einem Aufsatz zum Thema „Priester als homo theologicus"? Zum einen steht und fällt der Ansatz der Dramatischen Theologie mit der fundamentalen Erkenntnis, dass es bei aller Bemühung um wissenschaftliche Objektivität beim Erkenntnisvollzug niemals einen bloß neutralen Beobachterstatus gibt. Es ist ein Trugschluss zu glauben, dass es zuerst den ‚homo' gibt, dem durch das Studium ein äußerliches theologi-

---

[7] Erst im Kontext der – nach dem Tod von Schwager – erfolgten Edition der Korrespondenz mit (seinem genialen Diskussionspartner) René Girard konnte ich das bemerkenswerte Eingeständnis eines homo theologicus von bester Qualität lesen: „In meinem Gebet danke ich Gott, dass er Ihnen diese Weisheit gegeben hat. Dieses Gebet ist für mich zugleich ‚das Mittel', nicht einer lächerlichen Rivalität zu verfallen, indem ich Sie als Modell (Meister des Denkens) nehme." Vgl. *R. Schwager*, Briefwechsel mit René Girard (Raymund Schwager Gesammelte Schriften: RSGS 6), Freiburg i. Br. 2014, 85.

[8] Zum Ansatz vgl. z. B.: *J. Niewiadomski*, Mut zur Dramatik. Raymund Schwagers Ringen mit dem Problem der Freiheit, in: Ders. (Hrsg.), Das Drama der Freiheit im Disput. Die Kerngedanken der Theologie Raymund Schwagers, Freiburg i. Br. 2017, 7–19; *Ders.*, Theologie für dramatische Zeiten des religiösen Pluralismus. Nachwort zur Reihe Raymund Schwager Gesammelte Schriften (RSGS) 8, Freiburg i. Br. 2017, 545–552; *Ders.*, Dogma und dramatische Geschichte als Schlusspunkt einer theologischen Biographie, in: M. Moosbrugger/J. Niewiadomski (Hrsg.), Auf dem Weg zur Neubewertung der Tradition. Die Theologie von Raymund Schwager und sein neu erschlossener Nachlass. Freiburg i. Br. 2015, 135–160. Vgl. auch: *Raymund Schwager Gesammelte Schriften* (RSGS), 8 Bde., Freiburg i. Br. 2014–2018.

sches Ornament – und zwar ad libitum, gewissermaßen als Hobby – angeheftet wird. Auf diese oder jene Weise sind im Drama theologischer Existenz alle Mitspieler. Selbst die Zuschauer und ‚bloß kritischen Beobachter' ergreifen Partei, identifizieren sich mit oder distanzieren sich von Rollen, Geschichten und Zusammenhängen. Schon deswegen gehört die biographische Verankerung jeder Thematik fundamental zum Thema selbst. Die Biographien werden aber nicht im luftleeren Raum entwickelt. Sie sind Ergebnis von Nachahmungs-, Distanzierungs-, Konflikts- und Versöhnungsprozessen. Was auf den ersten Blick wie eine banale Allerweltsweisheit klingt, das bekommt eine – auch für das hier behandelte Thema – große Sprengkraft, wenn man zur Weitung des Verstehenshorizontes die Grunddaten der für den Ansatz der Dramatischen Theologie wichtig gewordenen Mimetischen Theorie von René Girard hinzuzieht. Entgegen dem Pathos emanzipatorisch ausgerichteter, den Impuls der Selbstbestimmung in den Vordergrund rückender pädagogischer und politischer Kultur der Gegenwart rehabilitiert diese Theorie den traditionellen Zugang zur Frage der Bildungsprozesse, damit auch der Identität von Menschen, indem sie den Nachdruck auf Mimesis, also auf den Wert von Vorbildern und konkreten Inhalten legt.[9] Der auf sich und seine Authentizität so stolze, deswegen vom Pathos der Befreiung faszinierte rationale Mensch ist zuerst ein homo mimeticus. Für den hier zur Diskussion stehenden homo theologicus bedeutet dies ein Doppeltes: Zuerst die Unterstreichung des Wertes einer auf theologische Inhalte fokussierten theologischen Ausbildung. Dies umso mehr, weil das biblisch-christliche Narrativ den meisten Jugendlichen und Menschen mittlerer Generation inzwischen fremder geworden ist als der Mond. Der Traditionsbruch in diesem Kontext lässt sich kaum mehr übersehen. Zum anderen

---

[9] In seiner brillanten Studie „Figuren des Begehrens" (die getreue Übersetzung des französischen Titels müsste lauten: „Romantische Lüge und romaneske Wahrheit") konfrontiert R. *Girard* (Münster 2012) den philosophisch geglaubten Autonomieglauben mit den Analysen des menschlichen Begehrens, die geniale Autoren wie Dostojewski, Proust u. a. in ihren Werken überliefert haben. Je mehr Menschen daran glauben, dass sie autonom sich definierende Originale sind, umso heftiger kopieren sie ihre Vorbilder. Deswegen geht auch in unserer Welt ein emphatisches Vertrauen in die autonome Gestaltung eigener Biographien Hand in Hand mit der menschliches Verhalten steuernden ‚Herrschaft der Werbung'.

aber sensibilisiert die Theorie für die dem mimetischen Verhalten inhärenten Gefahren. Weil Girard den klassischen an Plato orientierten Mimesisbegriff mit dem des Begehrens verbindet, kann er von „aneignender und konfliktiver Mimesis", oder aber vom „mimetisch strukturierten Begehren des Menschen" als anthropologischen Grundkonstanten sprechen. Identifikation und Distanzierung, Faszination und Konflikt erscheinen dabei als zwei Seiten von ein und demselben Vorgang. Die Nachahmung eines Modells bedeutet ja nicht nur den Wunsch, so zu sein wie es, sondern auch das ‚stille Verlangen', an seine Stelle zu treten. Das Modell kann zum Rivalen mutieren, weil die Faszination Hand in Hand mit Neid geht. Deswegen wird das menschliche Zusammenleben, und damit auch Bildungs- und Ausbildungsprozesse, immer von einer unterschwelligen und diffusen Aggressivität begleitet. Deren Kanalisierung stellt eine niemals abgeschlossene Aufgabe dar.

Für die hier behandelte Problematik bedeutet dies zuerst eine realistischere Einschätzung der Entwicklung der letzten 50 Jahre in Mitteleuropa. Die Freude über den Erfolg der fachtheologisch ausgebildeten, im pastoralen Dienst hauptamtlich tätigen Nichtkleriker verdrängte in der Kirche die wachsende mimetisch bedingte Rivalität, das wachsende Verlangen nach Angleichung aller ‚Berufschristen' und die damit intensivierten Aggressionen auf Kleriker, die zunehmend zu ‚Hütern der Macht' degradiert wurden. Das Problem ist freilich kein exklusiv kirchliches. Weil sie sich der mit der Dynamik des mimetischen Begehrens verbundenen Gefahren bewusst waren, schoben die ‚traditionellen Gesellschaften' durch Tabus, Verbote, klare Regeln und gesellschaftliche Hierarchien dieser Entfesselung einen Riegel vor. Begreift man aber die Moderne als den Prozess der Entfesselung des mimetischen Begehrens auf globaler Ebene,[10] so wird man im Anschluss an Girard (und dies zusammen mit Peter Sloterdijk) an unsere Kultur, damit auch an die Kirche die – permanent verdrängte aber doch entscheidende – Frage stellen, „wie die Moderne ihr Experiment mit der Globalisierung der Eifersucht wieder unter Kontrolle bringen will?"[11] Ein nüchterner

---

[10] Vgl. *J. Niewiadomski*, Globale Moderne und ihre trügerische Wahrheit, in: C. Böttigheimer (Hrsg.), Globalität und Katholizität. Weltkirchlichkeit unter den Bedingungen des 21. Jahrhundert (QD 276), Freiburg i. Br. 2016, 69–102.
[11] *P. Sloterdijk*, Erwachen im Reich der Eifersucht. Notiz zu René Girards anthro-

Blick auf unsere Gegenwart in diesem Zusammenhang kann ja nur
eine sarkastische Kurzformel generieren: Nicht zuletzt dank der all-
gegenwärtigen Werbung entfesseln wir unser Begehren auf Teufel
komm raus und bewältigen unsere diffuse Aggressivität, indem wir
diese auf unzählige Sündenböcke abladen, dabei aber permanent das
Recht auf Selbstbestimmung einklagen.

Im Kontext einer auf Inhalte, Dogmen und die Frage nach der
Wahrheit fokussierten Religion bekommen diese Einsichten noch
eine spezifische Note. Für deren Präzisierung stellt das brillante Essay des marxistischen Philosophen Walter Benjamin „Kapitalismus
als Religion"[12] eine große Hilfe dar. Bereits im Jahre 1921 charakte-
risierte er den Kapitalismus als „dogmen- und theologiefreie reine
Kultreligion, vielleicht die extremste, die es je gegeben hat". Der reine Kult, der Kult ohne inhaltliche Bindung besteht im Kreislauf von
Produktion und Konsum. Unter inhaltlicher Rücksicht ist es nämlich völlig egal, was produziert und was konsumiert wird. Haupt-
sache: Action! Also „Kult" von permanenter Dauer. Es sei eine Kultreligion, der jeder Tag ein Festtag ist. Unterbrechungen sind nicht
erwünscht, Arbeit und Urlaub werden nicht als unterschiedliche
Vollzugsweisen menschlichen Lebens angesehen. Wenn jeder Tag
ein Festtag ist, dann ist nicht nur der Sonntag obsolet. Auch unterschiedliche Feste können problemlos eingeebnet werden. Ob man
Weihnachten oder Ostern feiert, wo liegt da schon der Unterschied?
Konsumiert wird auf dieselbe Art und Weise. Seine Vollendung erfährt diese Art von Religion im durchkommerzialisierten Medien-
system, in dem die Werbung die Rolle der Heilsankündigung über-
nimmt. Der homo theologicus der Gegenwart wäre somit gut
beraten sich bei der Einschätzung der Bedeutung der von Markt
und Medien strukturierten Kultur für die lebendige Kirchlichkeit
heute der Logik und der Terminologie der klassischen Ekklesiologie
zu bedienen. Denn: Ob wir es wollen oder nicht, leben wir alle in
einer ‚oeconomica et electronica quasi catholica', einer ihrem Anspruch nach die gesamte Welt umfassenden ökonomisch-tech-
nischen Zivilisation, die durchaus einen totalitären Anspruch er-

---

pologischer Sendung, in: R. Girard, Ich sah den Satan vom Himmel fallen wie einen
Blitz. Eine kritische Apologie des Christentums, München 2002, 241–254, 254.
[12] *W. Benjamin*, Kapitalismus als Religion, in: Gesammelte Schriften VI, Frankfurt a. M. 1991, 100–103.

hebt: ‚extra mercatum et *media* nulla vita nec salus'. Der vom mimetischen Begehren gesteuerte, zunehmend vereinheitlichte Welthori-
zont hat damit einen enormen Einfluss auf die religiöse Sozialisation
der modernen Zeitgenossen. Diese ‚quasi catholica', nicht aber die
organisierte Kirchlichkeit, zeichnet für deren primäre Bindung, für
ihre religio, verantwortlich. Traditionelle Religiosität wird von dieser
Zivilisation zur Privatsache, faktisch zu einem Hobby degradiert,
oder aber in fundamentalistischer Verzerrung dämonisiert. Hinzu
kommt die schockierende Erkenntnis des kaum zu leugnenden Tra-
ditionsbruchs in Sachen Christlichkeit unserer Kultur, der durch das
medial allgegenwärtige Zerrbild der Kirche wohl kaum wettgemacht
werden kann.

Welche Art von Kirchlichkeit werden also die Priester der Zukunft leben müssen? Jene, die ihnen der Markt mit seiner Rationali-
tät des ‚religiösen Supermarktes' abverlangt? Unter religionspolitischer Hinsicht stellt unsere, auf den ersten Blick sich als tolerant
und pluralistisch gebende Gegenwart ein hochdramatisches Szenario
dar. Die Kirchlichkeit, die fortan auf dem Markt der religiösen Angebote ein glaubwürdiges Zeugnis von Christus leben soll, darf nämlich nicht theologiefrei und auch nicht dogmenfrei sein. Als selbst-
bewusster homo theologicus wird der Priester der Zukunft gerade
aufgrund seines inhaltlich geformten Profils in einer Konfliktsituati-
on leben und sich in den Dienst der Kultivierung von Lebensqualität
stellen, um jene Sackgassen zu vermeiden helfen, sie gar zu sprengen,
die eine reine Kultreligion à la Walter Benjamin mit sich bringt.

4. Homo theologicus: christianus et catholicus

In seiner „Disputatio de homine" aus dem Jahr 1536 prägt Luther
den Begriff „homo theologicus" – in der ausdrücklichen Distanzierung vom aristotelischen Begriff des Menschen als animal rationale – als den vom Wort Gottes angesprochenen und darauf angewie-
senen Menschen.[13] Da Aristoteles mit seiner philosophischen
Begriffsbestimmung die Dramatik des menschlichen Lebens aus-
blendet, will Luther mit seinem theologischen Begriff den Menschen

---

[13] *M. Luther*, Disputatio de homine, WA 39/I, 175–177, art. 28.

in seiner Berufung, seiner Zerrissenheit und Bedürftigkeit definieren. „Homo theologicus" steht demnach für den erlösungsbedürftigen und in Christus erlösten Menschen. Nimmt man diese Anregung als Wegweiser für das hier zur Diskussion stehende Thema, so wird man den Christen und logischerweise auch den Priester zuerst als Menschen begreifen, der durch das Sakrament der Taufe mit dem Geschick Christi verbunden bleibt. Stellt man diesen Glauben in die Perspektive der mimetischen Theorie, wird man verstehen, warum die durch die Taufe verliehene gleiche Würde aller Christen zugleich die Erhöhung des Konfliktpotentials darstellt, damit auch die Frage nach der Leitung der Gemeinde und der Bemühung um die Einheit der Kirche theologisch verschärft. In einer Gesellschaft der Ungleichen ist die Frage der Einheit im Grunde nur die Frage der Unterordnung. In der Gemeinschaft jener, die gleiche Würde haben, sich deswegen im hermeneutischen Horizont der alle Unterschiede nivellierenden ‚oeconomica et electronica quasi catholica' als ‚gleich' betrachten, ist die Entfesselung des mimetischen Begehrens allgegenwärtig. Luther war sich – auch unter den Bedingungen einer feudalen Gesellschaft – dieses Problems bewusst, koppelte es deswegen von den Fragen der Verkündigung des Wortes und der Administration der Sakramente ab und delegierte es an die Fürsten. Die reformierten Kirchen gingen einen Schritt weiter, lösten deswegen oft die Spannungen durch Trennungen. Das war und darf auch nicht der katholische Weg sein. Das aus der soziologischen Not entspringende und in der mimetischen Perspektive verschärft wahrnehmbare Konfliktpotential ist für die Katholische Kirche, die sich im selben Atemzug als Institution und Sakrament begreift, theologisch relevant und kann letztlich nur auf der sakramentstheologischen Ebene und zwar durch ein von der Taufe und Firmung unterschiedenes Sakrament gelöst werden. Die im Sakrament des Ordo im Namen der ganzen Kirche erbetene Gnade stellt deswegen keine auf den potentiellen Amtsträger, auch als homo theologicus verstanden, keine auf das Individuum zugeschnittene Gnadengabe dar. Sie vergegenwärtigt vielmehr die Dramatik der Heilsgeschichte für die christliche Gemeinde, macht auch die Amtsentscheidungen, gerade jene, die die sakramentale Dimension der Kirche betreffen, in ihrer Fragmentarität möglich, entlastet damit den Amtsträger als Person. Das theologische Konfliktpotential, das den Amtsentscheidungen inhärent ist, fand in den letzten Jahren meistens in den moralisierenden Anklagen der Amtsträger ein Ventil.[14] Dadurch und durch zur Schau getragene ‚Weihegelüste' vieler potentieller Priester wurde die sakramentale Dimension der Weihegnade vernebelt und auf die derzeit so beliebte Frage der Macht reduziert.

Gerade in den letzten Jahren entwickelte, aus der Not geborene „kooperative" oder ausgesprochen „auf die Rivalität angelegte" Modelle der Seelsorge und die Erfahrungen, die man damit gemacht hat, zwingen zu klareren Weichenstellungen für die Zukunft. Das Ausspielen der durch Ausbildung gewonnenen fachtheologischen Kompetenz gegen die sich aus der Weihe ergebende Vollmacht stellt eine theologische Sackgasse dar. Der homo theologicus ist keineswegs automatisch ein Priester, genauso wie ein Ordinierter, der kein homo theologicus ist, im besten Fall so etwas wie ein procurator et administrator cum facultate celebrandi, bloß ein ‚schlechter' – freilich nicht in moralisierendem Sinn des Wortes – Priester bleibt. Im Grunde wäre die Entscheidung für einen solchen Weg ein Akt der Kapitulation vor der „Religion des Marktes". Die Kirche darf aber und wird auch nicht vor der Übermacht des Marktes kapitulieren und muss das Aufeinanderbezogensein von theologischer Kompetenz und der sakramental begründeten Biographie wahren. Schließlich war Gott schon lange vor dem Markt da im geist-gezeugten und gesalbten Jesus Christus.

5. Ein vermessener Epilog?

Und was ist aus meinem kindlichen Priestertraum, der ich ein richtiger Dorfpfarrer – zwar nicht unbedingt bloß ein ‚agricola cum facultate celebrandi' – werden wollte, geworden? Der Traum wurde niemals ausgeträumt. 1975 geweiht, ging ich zwar nicht in eine Dorfpfarrei, sondern neben der Tätigkeit an der Universität ehren-

---

[14] Gerade weil wir – bedingt durch die Missbrauchsfälle – in Zeiten moralisierender Disqualifizierung dessen leben, was Priesteramt ist, bleibt die Lektüre des Klassikers von *Graham Greene*, Die Kraft und die Herrlichkeit (aus dem Jahr 1940) immer noch ein heilsames Antibiotikum gegen kranke, weil moralisierende Kirchlichkeit. Vgl. *J. Niewiadomski*, Kirche in der gottverlassenen Welt. Dramatische Kirchenerfahrung in Graham Greenes „Die Kraft und die Herrlichkeit", in: R. Siebenrock/W. Sandler (Hrsg.), Kirche als universales Zeichen. In memoriam Raymund Schwager SJ, Münster 2005, 265–282.

amtlich in die Jugendarbeit, in die Pfarreien, auf Demonstrationen und Wallfahrten. Schlussendlich auch in die Radio- und Fernsehstudios. Obwohl niemals als normaler Pfarrer eingesetzt, stand ich als Gesprächspartner, Beichtvater, Trauungs- und Taufpriester unzähligen Menschen zur Seite. Es sind auch Menschen ‚in meinen Armen' gestorben. Können aber solche Aufzählungen meinem ‚Priestertraum' Konturen verleihen und die Faszination eines Priesterlebens begreiflich machen? War ich nicht Priester, wenn ich die Vorlesungen im großen Uni-Hörsaal hielt und mit einer Selbstverständlichkeit sondergleichen auch die wissenschaftliche Arbeit als Seelsorge begriffen habe? Wenn ich versuchte ‚auf die Augenhöhe' der in Innsbruck Studierenden aus Afrika und Asien zu gehen und mir ihre Sehnsüchte und Zweifel zu eigen machte? Bin ich nicht Priester, wenn ich mir über die ganz neuen Fragen den Kopf zerbreche, die beispielsweise moderne Naturwissenschaften aufwerfen? Oder, wenn ich als Dekan der Theologischen Fakultät für eine bestimmte Umgangsform und Alltagskultur auf dieser Fakultät Sorge tragen musste? Für tägliche Arbeitsroutine, die rauschenden Feste, aber auch für die Gebetskultur der Fakultät in der Jesuitenkirche Verantwortung übernehmen musste? Weil Priestersein eine Berufung ist und kein Beruf, verleiht es verschiedenen Berufen eine deutlichere ‚sakramental-kirchliche' Dimension. Was soll das heißen? Durch die Priesterweihe wird das ganze Leben – mit all den Erfolgen und auch mit Versagen – in der Öffentlichkeit zum Zeichen. Natürlich hört der Priester nicht auf, ein Christ zu sein, und schon gar nicht ein Mensch. Er macht aber die Kirche in ihrer konkreten Gestalt in der Öffentlichkeit deutlicher sichtbar. Gerade als Christ. Vor allem aber als Mensch. Selbst dann, wenn er ein Universitätsprofessor ist.

Gelebte Spiritualität
Wege und Profile

Paul Deselaers

1. Priester im Blickpunkt

Ausgerechnet Priester! Und das im Roman! So oder ähnlich ist die Reaktion oft angesichts von mutigen und zugleich herausragenden Romanen in der Literatur der Gegenwart, die auf der Folie der Kirchen-
und Christentumskrise in den Geschichten von Priestern tiefer liegende Fragen über den Stellenwert von Religion in einer weitgehend
säkularisierten Gesellschaft aufnehmen. Die Priestergestalten sind allesamt keine Ausnahmefiguren, sie sind Menschen, die sich und anderen zur Frage werden. *Petra Morsbach*[1] etwa spannt einen erhabenen
Horizont über den Niederungen biografischer Realitäten des Priesters
Isidor Rattenhuber. Belastet mit einer schwierigen Kindheit hat er im
Priestersein einen Weg gefunden, der ihm Ordnung und Gebor-
genheit leiht. Dass hinter den Kulissen Fragen seiner eigenen Überforderung und Lebenspraxis sowie Anfragen aus vielfältigen Menschen-
schicksalen aufgeblättert werden, führt in die Spannung von
Anspruch und Wirklichkeit und macht die Zerbrechlichkeit des Glau-
bensgeschenkes spürbar. *Daniel Kehlmann*[2] porträtiert in seinem Roman mit dem Titel „F" in witzig-tragischer Weise einen Priester, der
zwischen Übergewicht und Unglaube schwankt und nicht zu seiner
Lebenswahrheit findet. Es geht um drei Brüder: Martin, den Priester
ohne Glauben, aber mit einer gravierenden Essstörung, Eric, den Fi-
nanzberater, und dessen Zwillingsbruder Iwan, Kunstkenner, Bilder-
fälscher und Auktionator. Alle drei stehen als Betrüger oder Fälscher
da, weil sie zu keiner Wahrhaftigkeit in ihrem Leben gefunden haben.
Neben der Krise der katholischen Kirche kommen das Schlingern der
Finanzmärkte und der hysterische Kunsthype in den Blick. Diese Syn-
drome werden allesamt als Symptom einer tiefersitzenden (exempla-

---

[1] *P. Morsbach*, Gottesdiener. Roman, Frankfurt a. M. 2004.
[2] *D. Kehlmann*, F. Roman, Reinbek bei Hamburg 2014.

rischen?) Not angeleuchtet, einer unglücklichen Familie. Der Vater ist ein umstrittener Schriftsteller, dessen Roman den Nihilismus zur Lebensmaxime erhebt und die Leser reihenweise in den Tod treibt. Hier scheint die Ursache von Irrläufen und Verirrungen zu liegen. So kann der Titel „F" aus dem Roman selbst für Orson Welles' Filmtitel „F – wie Fälschung", für „Fatum" (lat. Schicksal) oder eben Familie stehen. Der Autor lässt alles anklingen und vertieft darin die Frage, wie Leben in dem Gefüge von Gott, Geld und Kunst gelingen kann oder ob es notwendig scheitern muss. *Husch Josten*[3] fordert mit ihrem Roman „Land sehen" die Urteilsfähigkeit jedes einzelnen Lesenden heraus. In der facettenreichen Begegnung zwischen dem zunächst lebenshungrigen unorthodoxen Georg, der in späteren Jahren in einer ultrakonservativen Gemeinschaft der Priestermönch Athanasius geworden ist, und seinem agnostischen Neffen, Horand Roth, der als Literaturprofessor analytische Klarheit gewohnt ist, spielt die Schriftstellerin das Ringen um tiefe und große Lebensfragen an Personen unterschiedlicher Generationen durch. Schuld und Erschütterung, Lebenschaos und Lebensordnung, Leben im Jetzt und Hoffnung im Tod, wie man mit Leid und Tod ins Reine kommt – in all diesen Themen ergründet sie das Gläubigsein. Untergründig spielt das von ihr zitierte Motto von Robert Burns im Buch eine gestalterische wie auch inhaltliche Rolle: „Ich wünsche den Menschen die Gabe, sich mit den Augen der anderen zu sehen." Damit verbunden deutet der Buchtitel „Land sehen" an, Hoffnungslosigkeit lasse sich überwinden, ebenso wie sich einem Ziel zu nähern.

Priester erscheinen in all diesen Romanen nur verhalten als Kristallisationspunkte von Kirchenkritik. Sie sind vielmehr paradigmatische Gestalten, die Fragen aufwerfen, etwa wie ein Leben trotz aller aufgegebenen Lasten aus Herkunft und Gegenwart eine gelingende Gestalt gewinnen kann, wie die Ambivalenzerfahrungen im Leben ausgehalten werden können, woher Erfahrungen von Gratuität erwachsen können. Der Zwang zur Selbsterfindung in der Auflösung mancher Institutionen und Gewohnheiten lässt die Sehnsucht nach vorgegebener Sinnbestimmung groß werden. Solches Fragen, verbunden mit dem Unterwegssein, ist in diesen Romanen mit der Kraft der Fiktion gestaltet. Sie stellen den Leser in die Erkundigung

---

[3] *H. Josten*, Land sehen. Roman, München/Berlin 2018.

hinein, wie und aufgrund von was man in den Konflikten, Nöten, Ansprüchen, Belastungen und Perspektiven so standhalten kann, dass genügend Spielraum entsteht, authentisches Leben zu lernen.

Eine andere Qualität mit hoher meinungsbildender Wirkung haben oft Leserbriefe in Zeitungen und Zeitschriften. Sie orientieren sich an konkreten Ereignissen wie etwa den immer neuen Nachrichten im Missbrauchsskandal oder an Artikeln mit der Thematik „Priester". Aus persönlichen Erfahrungen abgeleitete Wünsche nach Veränderungen oder von eigenen anschaulichen Erlebnissen geprägte Urteile werden mitgeteilt. Dabei wird die Spannweite vom Priester als „heiligem Mann Gottes", der bis hin in die Kleidung erkennbar sein muss, über den Priester als alltäglichen Angestellten der Kirche, der „normal" sein soll, verheiratet und mit Nebenberuf, bis hin zum Priester als überflüssigem Relikt einer abgewirtschafteten Institution, ausgefaltet.

Auch hinter diesen Äußerungen zeigt sich die Entwicklung vieler Menschen, von unhinterfragten Autoritäten, die tief in das Lebensgefüge eingegriffen haben, abzurücken und auf glaubwürdige Menschen zu hoffen, die lebensdienlich sind. Darin könnte auch die Sehnsucht als Unruhe wirksam sein, nicht einen Glauben aus zweiter Hand zu nehmen, sondern Hilfen zu unvermittelter Eigenerfahrung zu bekommen. Gerade die biografischen Vorgaben, die jeden Menschen bestimmen, und die Sehnsucht, eine lebbare, erfüllte Gestalt der Existenz zu entdecken und auszufüllen, bilden die Spannung, in der auch die Frage nach einer spezifischen christlichen Spiritualität angesiedelt ist. Was kennzeichnet ihre Identität? Und was ist in diesem Gefilde dann der Priester, der landläufig als „Geistlicher" bezeichnet wurde und noch wird? Was ist dann priesterliche Spiritualität?

2. Der unverfügbare Schatz „Spiritualität"

„Kein Wort im religiösen Raum hat in den letzten Jahren einen solchen Boom erlebt wie das Wort ‚Spiritualität'. Der christliche Ursprung (pneumatikos, vom Heiligen Geist beseelt) ist dabei meist vergessen."[4] Möglicherweise wurde der Begriff als christliches Erbe

---

[4] *J. Sudbrack*, Gottes Geist ist konkret. Spiritualität im christlichen Kontext, Würzburg 1999, XIV.

übernommen, jedoch gegen das Christentum verwendet. Es kann sein, dass der Grund dafür in der stark betonten intellektuellen Seite des kirchlich geprägten Glaubens liegt, so dass das individuelle Subjekt sich darin mit seiner Erfahrungsdimension nicht wiederfinden konnte. Diese Beobachtung zeigt, dass „Spiritualität" im Bewusstsein vieler Zeitgenossen der „Religiosität" längst den Rang abgelaufen hat. Das Wort ist im Vergleich zu seinem Ausgangspunkt in dieser Entwicklung mehrdeutig, ja diffus und ohne feste Umrisse geworden. Dahinter könnte eine Sichtweise stehen, die Spiritualität fast ausschließlich im Bereich persönlicher Erfahrung von Religiosität erblickt, nicht mehr im Zusammenhang mit offiziellen Trägern wie den Kirchen. Oft scheint es sogar mit einer feindlichen Frontstellung gegen sie verbunden zu sein. Dennoch wird dem zugrunde liegen eine „breite Sehnsucht nach geistigen/geistlichen Werten und persönlicher Erfahrung. Damit ist das konkrete Christentum angefragt, ob seine Werte nun nicht doch vom dogmatischen Überbau der Lehre, vom moralisierenden Ton der Katechese und vom institutionellen Übergewicht der Verwaltung verdeckt sind."[5] Seit der fragenden Diagnose von Josef Sudbrack SJ ist die Entwicklung genau in dieser Richtung weitergegangen und äußert sich in der derzeitigen Krise. Deren Chance liegt darin, auf neue Weise, angestoßen durch die geistige Entwicklung, den Schatz „Spiritualität" zu heben, der in der Christenheit verwahrt ist und in vielfältigen Auseinandersetzungen über Jahrhunderte hin seine Konturen bekommen hat. Christliche Spiritualität oder „Geistliches Leben" hat eine Grundstruktur, die allen Christen gemeinsam ist. Zugleich vollzieht sich dieses geistliche Leben in sehr unterschiedlichen Ausprägungen. In Geschichte und Gegenwart des Glaubens zeigt sich ein immenser Reichtum von geistlichen Gestalten, Haltungen und Stilen. Gibt es nun in der Bandbreite der Formen von Spiritualität etwas, was zum nicht Aufgebbaren, zum Wasserzeichen, ja zur Identität christlicher Spiritualität gehört?

Nachhaltig hilfreich finde ich eine Umschreibung gelebter Spiritualität in der Kirche, die Bernhard Fraling vorgelegt hat: *„Die christliche Spiritualität ist die geistgewirkte Weise ganzheitlich gläubiger*

---

[5] Ebd.

*Existenz, in der sich das Leben des Geistes Christi in uns in geschicht-
lich bedingter Konkretion ausprägt.*"[6]

Diese Begriffsbestimmung von „Spiritualität" weist als grundlegendes Idealkonzept drei wesentliche Elemente auf, die in jeder
Art von spirituellem Leben wie auch von Mystagogie zu berücksichtigen sind:

– Die Geistgewirktheit gläubiger Existenz.
– Ihre ganzheitlich konkrete Prägung.
– Ihre notwendige Verleiblichung in Bezug „auf die jeweilige ge-
schichtliche Situation".[7]

Diese Elemente als Glutkern christlicher Spiritualität zu reflektieren,
ist Aufgabe einer „Theologie der Spiritualität". Deren innere Struktur stellt sich wie eine Ellipse dar: Der erste Brennpunkt darin ist die
Botschaft des Alten und Neuen Testamentes, die durch den Geist
mit dem Gott in Berührung bringt, der sich (in Jesus) in die Zeit
und Geschichte der Menschen einlässt, sich sprechend auf den Menschen bezieht und seine Befreiung will. Der zweite Brennpunkt wird
gebildet von den neu aufbrechenden Geistimpulsen auf dem Boden
der jeweiligen Zeitströmungen. Zur Besonderheit der Ellipse gehört,
dass jeder Punkt der geschlossenen Kurve in der Summe seiner Abstände zu den zwei gegebenen Brennpunkten konstant ist. Verliert
jedoch die gedachte Bewegung, die die Summe der Abstände konstant hält, den Bezug zu einem dieser beiden, verlässt sie die Bahn.
In diesem geometrischen Bild lassen sich die zahllosen Themen, Formen, Schulen, Bewegungen und Typen christlicher Spiritualität, ihre
Verschiebungen, Spannungen und Unterscheidungen durchdringen.
Denn einer Theologie der Spiritualität „obliegt deshalb die Sorge,

---

[6] *B. Fraling*, Überlegungen zum Begriff der Spiritualität, in: Arbeitsgemeinschaft
Theologie der Spiritualität (AGTS), „Lasst euch vom Geist erfüllen!" (Eph 5,18).
Beiträge zu einer Theologie der Spiritualität (Theologie der Spiritualität, Bd. 4),
Münster 2001, 6–30.17; vgl. *Ders.*, Spiritualität IV. Systematisch-theologisch: 1.
Spiritualität als lebendige Wirklichkeit, in: LThK[3] Bd. 9, 856. – Die zitierte Defi-
nition ist wie der rote Faden und zugleich die Summe seines Lebenswerkes mit
diversen Arbeiten zu Jan van Ruusbroec, zur Frömmigkeitsgeschichte, zum geistlichen Leben, zur biblischen Ethik mit ihren vielfältigen Themen und zur Exis-
tentialethik als Mitte der Moraltheologie.
[7] *B. Fraling*, Überlegungen (s. Anm. 6), 16.

sowohl den Bruch mit der Botschaft Jesu wie die Entfremdung von moderner Mentalität zu vermeiden."[8]

2.1. Geistgewirktheit gläubiger Existenz im Wort

Die Geistgewirktheit gläubiger Existenz hat ihren Angelpunkt im Wort der Heiligen Schrift, und zwar in einem Wort, das sich niemand selbst ausdenken oder eigenmächtig herstellen kann. „Warum bezahlt ihr mit Geld, was euch nicht nährt, und mit dem Lohn eurer Mühen, was euch nicht satt macht? Hört auf mich, dann bekommt ihr das Beste zu essen und könnt euch laben an fetten Speisen! Neigt euer Ohr und kommt zu mir, hört und ihr werdet aufleben" (Jes 55,2–3a)! In diesem kräftigen Bildwort ruft Gott selbst und teilt gratis solch Kostbares aus, dass es mit Geld nicht aufgewogen werden kann: Sein Wort, das Leben gibt, wenn man es nur hört. Es ist im Überfluss da, so dass es allen und allezeit zur Verfügung steht. Allerdings kommt es entscheidend auf die Art des Nehmens an: Diese unvergleichliche Gabe will *hörend* angenommen werden. Sie ist Nahrung durch das Wort. Was im Wort gehört wird, ist von einmaliger Art. Denn sein Inhalt lautet: „Ich schließe mit euch einen ewigen Bund" (Jes 55,3b). Das ist die Grundermutigung, die besagt, dass der Mensch sich vorfindet als einer, der gewollt ist, der darin bestärkt wird, ins Leben gerufen zu sein, dessen Leben unendlich kostbar ist. Alles kommt darauf an, „dass ... (der Mensch) das rechte Wort hört und so zum Mensch wird. Das ist das Geheimnis des Lebens – für den einzelnen und für das Gottesvolk."[9] Eine Theologie des Gotteswortes wie auch des Hörens im Alten Testament als Basiselement von Spiritualität ließe sich ergiebig entfalten. Denn auch die Hörschwierigkeiten werden nachdrücklich thematisiert, weil der Mensch von sich aus immer schon das erste und das letzte Wort haben will. Wonach der Mensch sich sehnt, nämlich grundlegend und ohne Bedingung bejaht zu sein, ist zugleich das, was ihm größte

---

[8] *J. Sudbrack*, Spiritualität IV. Systematisch-theologisch: 4. Theologie der Spiritualität, in: LThK[3] Bd. 9, 857.

[9] *E. Zenger*, „Hört, auf daß ihr lebt" (Jes 55,3). Alttestamentliche Hinweise zu einer Theologie des Gotteswortes, in: J. Schreiner (Hrsg.), Freude am Gottesdienst. Aspekte ursprünglicher Liturgie (FS Josef G. Plöger), Stuttgart 1983, 133–144, 133.

Angst macht, weil er sich im Anvertrauen einem anderen überant-
wortet, seine Existenz in einen anderen hinein verlagert. Die Geschichte des Glaubens „bleibt von ihrem Anfang bestimmt, dem kategorischen Indikativ Gottes …",[10] eben der absoluten Zusage, der
bedingungslosen Annahme für den, der im Hören auf ihn und in
seiner Annahme erst zu sich selbst kommt. Die rettende Botschaft
habe ich nicht aus mir selbst, ich kann sie mir nur sagen und gesagt
sein lassen. Die Gewissheit, dass mein Leben nicht aus Zufall entstanden ist und im Nichts endet, stammt nicht aus mir selbst. Sie
gründet im Hören des Wortes und umfasst das Leben und den
Tod. Das wirkt allein Gottes Geist.

Diese Linie setzt sich im Neuen Testament fort, bestätigt sich,
bekommt jedoch noch einen neuen Akzent. Paulus schreibt: „So
gründet der Glaube in der Botschaft (im Gehörten, im Hören), die
Botschaft aber im Wort Christi" (Röm 10,17). Hier ist die Entste-
hungslinie des befreienden Glaubens knapp gezeichnet. Mit eindringlich neuer Note verfolgt das Johannesevangelium diese Spur:
„Amen, amen, ich sage euch: Wer mein Wort hört und dem glaubt,
der mich gesandt hat, hat das ewige Leben; er kommt nicht ins Gericht, sondern ist aus dem Tod ins Leben hinübergegangen." (Joh
5,24) Darum geht es, im Hören auf das Wort Jesu Christi ein
Mensch zu werden, der aus dem Tod in das Leben hinübergeschrit-
ten ist. Denn das Wort Jesu trägt schon die rettende Wirklichkeit in
sich, wenn es angenommen und beherzigt wird. Hören auf das Wort
Jesu im umfassenden Sinn ist mit dem Glauben gleichzusetzen. Das
wird in der Reaktion der Menschen auf Jesu „Brotrede" in Joh
6,60–71 ausgefaltet. Grundfolie ist wieder die fundamentale Bedeutung vom Hören auf das Wort Jesu und der Antwort darauf. Der
springende Punkt im Johannesevangelium ist das Wort: „Die Worte,
die ich zu euch gesprochen habe, sind Geist und sind Leben" (Joh
6,63). Jesu Wort ist nicht bloße Information, vielmehr ist es das Leben selbst, das sich im Hören durch den Geist mitteilt, es birgt das
Leben im Vollsinn, das auch noch den Tod umgreift. Jesus ist in seinem Wort der Träger und Geber des Leben schaffenden Geistes. Entsprechend drastisch wird im folgenden Vers das „Ausliefern" mit

---

[10] G. *Fuchs*, Der Glaube kommt vom Hören. Christsein als bestimmte kommunikative Praxis, in: rhs. Religionsunterricht an höheren Schulen 26 (1983), H. 2,
73–78, 75; vgl. dazu auch: *Ders.*, Gott ist Liebe, in: rhs 24 (1981) H. 1, 1–15.

dem „nicht glauben", also dem nicht in richtiger Weise „Hören" in Beziehung gesetzt.[11]

Am Beginn des Johannesevangeliums (1,1) wird das schöpferische Wort Gottes, das die Welt von Anfang an durchwirkt und ihre Lebensquelle ist, aus seiner Abstraktheit als göttliches Lebensprinzip herausgeholt. Es nimmt Gestalt an in Jesus von Nazaret, wird „Fleisch" – ein einzelner Mensch in seiner Hinfälligkeit, Verletzbarkeit und Vergänglichkeit. Und in ihm „ist die Güte Gottes in so bislang nicht geschauter Gestalt präsent geworden. Die Singularität Jesu fasst der Schlusssatz des Prologs (1,18) zusammen: ‚Gott hat keiner jemals geschaut … Dieser hat ihn ausgelegt …' Das hier verwendete Verbum ‚auslegen' ist der Fachbegriff für Exegese. Inhaltlich verweist er auf das nach dem als Ouvertüre gesetzten ‚Prolog' folgende Evangelium. Jesus ist nicht ein weiterer, zweiter Gott, sondern eine biographische Exegese des einzigen Gottes – und zwar des schöpferisch wirkmächtigen und des barmherzig rettenden Gottes, den das Erste Testament bezeugt. Er ist nicht ‚Offenbarer' eines bislang unbekannten Gottes, sondern ‚Ausleger' des Gottes Israels – zum Heil *der ganzen Schöpfung*, wie Joh 1,1–13 erläutert."[12] Auf diesem Hintergrund erfährt das Gewicht vom Hören des Wortes seine Bestätigung. Das Wort Gottes, wie es in Jesus erscheint, ist und bleibt etwas Dynamisches, der einmalige und zugleich ständige Aufbruch Gottes zum Menschen hin. Dieses Entgegenkommen Gottes in seinem Wort gewährt dem Menschen im gläubigen Hören die Möglichkeit der Rettung, ja Bestand und Leben. Deshalb wird die angenommene Beziehung zu dem, der „das Wort" ist und das Wort anbietet, zur Mitte des Hörens; sie ist Gabe des Geistes, wird von ihm selbst so vermittelt, dass er die ganze Existenz nach und nach durchwirkt. Vermittelt wird dieses Hören nicht selten durch Menschen, die schon berührt sind vom Evangelium und auf neue Weise zu leben versuchen. Über deren Zeugnis hinaus bedarf es der eige-

---

[11] Zum Abschnitt Joh 6,60–71 vgl. *M. Theobald*, Das Evangelium nach Johannes. Kapitel 1–12 (RNT), Regensburg 2009, 487–503.

[12] *E. Zenger*, Mit Gott ums Leben kämpfen. Das Erste Testament als Lern- und Lebensbuch (hrsg. v. P. Deselaers u. C. Dohmen), Freiburg i. Br. 2020, 167. Der alttestamentliche Klangraum von Joh 1,1–18 wird auf S. 160–167 pointiert entfaltet.

nen Suche und Vergewisserung. Denn es gibt keinen „schnellen"
Glauben. Er wäre allzu „leicht-fertig".

Im Wort Gottes als *der* Quelle der Spiritualität werden auf diese
Weise drei Dimensionen erkennbar: Das Wort kommt zur Erde, zu
den Menschen, es wird unsichtbar in ihnen wirksam und verwandelt
sie schließlich so, dass sie eine Antwort hervorbringen. Hören auf
das Wort Gottes ist dementsprechend eingebettet in indirekte Formen des Hörens sowie der Wahrnehmung der Tiefe menschlicher
Erfahrung in Selbst- und Welterfahrung. Hier kann sich eine Öffnung dem Wort Gottes gegenüber vollziehen. Das Organ dieses Hörens ist im Sinne der Bibel das Herz. Es gibt sich nicht mit sich selbst
zufrieden. Es tendiert als Mitte der Person immer dahin, sich anzuvertrauen, sich hinzugeben. Dazu bedarf es einer gewissen menschlichen Reife. Hier beginnt die Antwort auf das Angesprochensein,
auf das Angerufensein. Es ist eine personale Antwort, ermöglicht
durch den Geist Jesu. Der Mensch stellt sich ausdrücklich und bewusst der Wirklichkeit, wie sie ihm durch die gläubige Interpretation seiner Erfahrungen vor Augen steht: Gott ist mitten in seinem
Leben gegenwärtig als das umgreifende Geheimnis, zu dem er in
der Kraft des Geistes Beziehung aufnehmen kann. An dieser Stelle
leuchtet ein, welch eminent wichtigen Platz das Gebet in allen seinen
Grundvollzügen vom Dank bis zur Klage und in den zahllosen er-
probten Formen hat.[13] Im Beten ist der Mensch bei sich und
zugleich über sich hinaus, er lässt dem Leben seine gottgegebene
Größe und wagt sich in das Abenteuer, dass ihm Gott in allem ent-
gegenkommt, was er plant, in Angriff nimmt und im Gelingen oder
Scheitern erfährt. Paulus spricht davon, dass er das in jeder Lage tut
(Phil 4,6) und so empfiehlt. Auch das Studium als hörendes Lernen,
das nicht nur bis dahin noch fehlendes Wissen in die Leerstellen eines schon vorbereiteten „Fachwerkhauses" einbaut, sondern bereit
ist, den „Grundriss" des Lebens zu verändern, gehört in den Prozess
des Hörens. Das alles bedarf der konstanten Übung, denn im Üben
und Gebet als „exercitium desiderii", als Training der Sehnsucht,
vollzieht sich, was sich im ganzen Leben auf dieser Basis immer

---

[13] Vgl. dazu: *K.-H. Weger,* „Ich glaube, weil ich bete". Für Karl Rahner zum 80.
Geburtstag, in: Geist und Leben 57 (1984), H. 1, 48–52; K.-H. Weger zitiert aus
einem Gespräch diesen Satz Karl Rahners, den er in dessen lebenslange Arbeit an
der Vertiefung des Glaubens einbettet und so den Stellenwert des Gebetes betont.

von neuem anbahnt: Leben mit und aus dem lebendigen Gott, in Beziehung zu Jesus Christus. Der Weg aus dem Gebet ist ein Weg mit ihm in das eigene Leben und in die umgebende Welt.

2.2. Ganzheitlich konkrete Prägung

Um ihrer Lebensfähigkeit willen bedarf die gläubige Existenz als Innenseite des Lebens einer Außenseite. Sonst wäre sie in Gefahr, lediglich ein Segment im Bewusstsein des Einzelnen zu bleiben. Es geht um den konkreten Vollzug der Antwort auf das Angesprochensein. Dazu haben sich in der Tradition entsprechend Weisungen oder Räte herausgebildet, die genau dahin zielen, wo die Lebenserneuerung schwerfällt. Sie haben den Namen „Evangelische Räte" bekommen und nehmen den Menschen in seinen vielfältigen Ängsten auf, die eine Umgestaltung des Lebens verhindern. Sie wollen zugleich kreative Lebensstile fördern. Stichwortartig lässt sich ihr Programm so konzentrieren: – „Wie kann ich überleben?" Dazu gibt es als Hilfe den Rat der „Armut". – „Wie bin ich ganz?" Darauf antwortet der Rat der „Jungfräulichkeit und Ehelosigkeit um des Reiches Gottes willen". – „Was bin ich wert?" Diese Not nimmt der Rat des „Gehorsams" auf. Was in dieser Skizze auf den ersten Blick schroff, verkürzt und missverständlich wirkt, hat einen reichen Unterbau, der in Jahrhunderten gewachsen ist. In der Spannung der Zuordnung von Frage und Stich-Wort-Antwort gilt es zu entdecken, was ursprünglich gemeint ist und welches Wissen vom Menschen sich darin ausspricht. In der Tradition der Christen haben sich Schätze und erprobte Heilmittel versammelt, die helfen können, dass der Mensch sich aus angsthafter Verkrampfung in Sorge um sich selbst lösen lernt. Denn die Angst vor Selbstverlust tendiert zur Selbstsicherung, zu Abhängigkeiten wie auch zum Sich-Klammern an Dinge und Menschen. Das macht unglücklich und gefährdet für eine existentielle Korruption. Wie aus dem Hören auf das Wort der Heiligen Schrift sich Wege auftun, zu sich zu kommen und zur Freiheit und Hingabe zu finden, dazu helfen die „Evangelischen Räte" auf der Grundlage eines ganzen Erfahrungsbündels, weitab von autoritären Vorgaben.

2.3. Verleiblichung in Bezug auf die jeweilige geschichtliche Situation

Im dritten Aspekt der Beschreibung von Spiritualität geht es um die Frage: Wie wirkt sich dein Glaube aus? Hier ist das Wie der Realisierung des Glaubenslebens gefragt. Lange Zeit hindurch gab es hierzulande eine Glaubenswelt, in der dem einzelnen Menschen vieles an Entscheidung und Gestaltung abgenommen wurde, in der Formen und Ordnungen des Glaubensvollzugs zur Übernahme einfach bereitgehalten wurden, auch erwartet oder gar erpresst und erzwungen wurden. Inzwischen ist es so, dass dem einzelnen Christen nichts mehr abgenommen wird. Das erzeugt Unsicherheit und Überforderung, ist jedoch auch Freiheit und Chance zugleich. Deshalb braucht es für den überzeugten Christen eine konzentrierende Ordnung, eine „Hierarchie der Wahrheiten" auch für die Spiritualität. Eine *erste* der Konstanten in dieser Hierarchie, die den Ort der Christen in der jetzigen Welt bestimmen, ist das Wissen um das Gegenüber von Gott und Welt. Hier geht es nicht um eine spaltende Alternative, sondern um ein Spannungsverhältnis in Einheit und Unterscheidung. Denn nur im Bereich weltlicher wie auch dinglicher Erfahrung und im Drama zwischenmenschlicher Begegnung und Liebe stößt der Mensch auf Gott. In der Bibel sind die Propheten dafür zuständig; sie rütteln auf, damit die Goteswirklichkeit in der Welt nicht übersehen wird. Ihr Maßstab ist die Großvision der Tora. Liest man diese vor dem Hintergrund der „Suche nach Ihren Visionen für die Welt, dann finden sich darin erstaunliche Vorstellungen: Die Vision einer gerecht wirtschaftenden Gesellschaft, die dauerhafte Besitzanhäufung nicht zulässt (Lev 25), die Vorstellung von der Heiligkeit Gottes, die sich in nächstenliebende Verhaltensweisen im Alltag übersetzen lässt (Lev 19), eine Ethik, die das Recht des Armen, des Fremden und des Schwachen im Blick hat (Ex 23,1–9), das Bild einer Gemeinde, die durch Feiern, Freude und Teilen Schranken überwindet (Dtn 14,22–27), die Idee einer Gewaltenteilung im Volk Gottes, die Ämter vor Übermacht schützt (Dtn 16–18), das Bewusstsein, dass Frauen und Männer sich rechtlich gleich stehen (Dtn 15,12), tierethische (Dtn 22,6f) und ökologische (Dtn 20,19) Bestimmungen."[14] Hierin lassen sich zahllose Formen der Verleiblichung von Spiritualität finden.

---

[14] *E. Ballhorn*, Was ist unsere Vision für die Welt? Biblische Zukunftsbilder für Kirche und Welt, in: feinschwarz.net. Theologisches Feuilleton v. 28. Juni 2021, 4.

Eine *zweite* Konstante, die zu dieser Verleiblichung gehört, hat ihren Haftpunkt in lange verschütteten Energien des Christusgeheimnisses: Die Macht des Ostergeschehens und die Fülle des österlichen Geistes lässt die Christen die Erde und die Menschheit nicht nur retrospektiv in Konzentration auf den historischen Jesus anschauen, sondern mit den Augen der Hoffnung und mit den Händen der Neugestaltung anfassen, inspiriert, beauftragt und ermächtigt von dem zukünftigen Christus. Unterschiedliche Sehweisen des einen gekreuzigten und auferweckten Christus führen in die durchgehaltene Spannung des Christusglaubens, in dem es auf die Einheit des gekommenen mit dem künftigen Christus ankommt. Hier eröffnet sich weiterer Spielraum, von einem statischen zu einem dynamischen Engagement aus dem Glauben zu wachsen und entsprechend konkret zu werden.

Gegen alle Tendenzen zur Ghettoisierung, die sich politisch wie auch kirchlich immer wieder gezeigt haben, haben die Arbeit der Theologie wie auch das Hören überzeugter Christen eine *dritte* Konstante freigelegt: Wenn die Berufung durch Gott eine Tat ist, die Wirklichkeit stiftet, dann gibt es auch die Realität einer so berufenen Menschheit, dann lassen sich universale Solidarität und kirchliche Gemeinschaft nicht trennen. Diese Gemeinsamkeit bleibt nicht abstrakt, sondern konkretisiert sich in vielen gemeinsamen Zielsetzungen: für einen nicht mehr geknechteten Menschen, für eine friedlichere Welt, gegen die Bedrohung durch Hunger und Krieg, für die Überwindung von Unrecht und Unterdrückung. Die Liebe Gottes, die Jesus Christus „ausgelegt" (Joh 1,18) hat, reicht immer schon weiter als alle kirchlichen und konfessionellen Bereiche. Allerdings hat sie und braucht sie ihr konkretes Woher und Woraufhin. Bei aller universalen Weite verliert sie nicht ihre Mitte in Jesus Christus, diesem geschichtlichen Menschen und seiner Lebenstat. Wo jedoch erhält Gott diese geschichtliche Präsenz, wenn nicht in der Verkündigung der Kirche und im Leben dieser Gemeinschaft? Die Kirche ist deshalb der Raum, in dem das entscheidende Tun Gottes in unserer Geschichte sprachlich und sakramental präsent bleibt und immer neu zur Sprache und zum Vollzug gebracht wird. Darin wird die Kirche in ihren einzelnen Gliedern als dienende und glaubwürdig bezeugende Gemeinschaft sichtbar und zugänglich werden.

Christliche Spiritualität ist nicht nur Hören, Sehen, Denken, also Theorie, sie ist zugleich auch Praxis mit besonderer Note. Das ist die *vierte* Konstante. Welt und Natur wie auch die Strukturen der Gesellschaft und Kirche sind in den Bereich des Veränderbaren einbezogen.[15] Schon die Möglichkeit der Veränderung wird zur Herausforderung. Entsprechend sehen sich Christen beauftragt, die noch unfertige und immer neu störanfällige Ordnung des menschlichen Zusammenlebens zu verändern und sie der verheißenen Vollendung entgegenzuführen. „Denn das Reich Gottes ist … Gerechtigkeit, Friede und Freude im Heiligen Geist" (Röm 14,17). Leitbild christlicher Spiritualität ist der mitten in der Welt lebende und an ihr handelnde Mensch in seinem Wagnis des beherzten Engagements. Dabei sind die Widerständigkeit der Verhältnisse und die Schwerfälligkeit menschlichen Handelns nicht zu unterschätzen. Hier muss jedoch immer neu die kritische Diskrepanz zwischen menschlichem Handeln und göttlichem Willen und Tun angesehen werden. Denn wer könnte für sich selbst in Anspruch nehmen, in seinem eigenen praktischen Tun Gottes Willen eine adäquate, unverkürzte und transparente Gestalt zu verleihen? Wer verdunkelt und verfälscht nicht durch seine verschlossene Existenz, sein zwiespältiges Verhalten zum Mitmenschen und durch eigenmächtige Aktionen trotz aller Umkehrversuche Gottes Präsenz und Wirken? Neben der widerständigen Wirklichkeit gibt es diese Widerständigkeit in jedem einzelnen Menschen. Deshalb tritt – in dieser vierten Konstante – neben die Weltveränderung immer auch die „Weltpassion". Sie hat ihren Quellpunkt da, wo ich in meiner Unwahrheit und Gebrochenheit Gottes Wahrheit verberge und zugleich offenbare. So läuft alles auf die Frage zu: Wo hat das Gegenüber von Gott und Welt seine einigende und unterscheidende Verwirklichung gefunden, wenn nicht in der Person Jesu Christi? Auf IHN und sein Evangelium kommt es an.

3. Vom Wachsen auf dem Weg

In älteren Apostolischen Rundschreiben und Verlautbarungen zu Fragen des Priestertums ist sein Idealcharakter[16] sehr stark betont worden, nicht selten unterstrichen durch moralische und asketische

---

[15] Vgl. dazu grundlegend und aspektreich: *M. Seewald*, Reform. Dieselbe Kirche anders denken, Freiburg i. Br. 2019.

[16] Die religiöse Übertreibung der Priesterrolle in elitären Einstellungen und Ver-

Forderungen. In der neuen Ratio Fundamentalis Institutionis Sacerdotalis „Das Geschenk der Berufung" vom 8. Dezember 2016 ist ein neuer Ton zu vernehmen. Wie ein roter Faden durchzieht dieses Schreiben der Gebrauch der Verben „unterstützen, entwickeln, lernen, bedenken, sich bilden, wachsen" usw. Darin liegt der „Auftrag" für Auszubildende und Ausbildende, das zu praktizieren. Hier wird gewürdigt, dass es um einen lebendigen Prozess geht, um das Entdecken von Gaben und Talenten, und das Wahrnehmen von Grenzen und Schwächen, um einen Prozess, dem die Einmaligkeit des Lebens und seine Offenheit auf Gott hin durch das elementare Sakrament der Taufe schon zugrunde liegt. Von dieser Basis aus werden der Weg zum Priestersein und das Wachstum dahin beschrieben. So kann deutlicher erhellt werden, wer der Priester ist und was möglicherweise seinen Dienst verfälscht.

3.1. Die Wegmetapher

Die Wegmetapher ist in der Heiligen Schrift des Alten und Neuen Testaments grundlegend. Nicht nur Erzählungen, auch ganze biblische Bücher sind als Weggeschichten konzipiert. Auf dem Weg ereignen sich die markanten Lebensereignisse. In Ex 3 treibt Mose das Kleinvieh „über die Wüste hinaus", er verlässt die üblichen Weideplätze, die ausgetretenen Pfade, und gelangt in den Bereich, in dem der Berg Gottes liegt. Mose ist unterwegs als Schafhirte und damit zu den ureigenen Ursprüngen seines Volkes, das aus Schafhirten besteht, zurückgekehrt (vgl. Gen 46,34). Auf diese Weise bereitet der Erzähler seine Begegnung mit Gott vor. Er schildert die „außergewöhnliche Erscheinung" (Ex 3,3), die die Aufmerksamkeit des Mose erregt. In einem Selbstgespräch sagt Mose, dass er „abbiegen" wolle, um den nicht verbrennenden Dornbusch anzusehen (Ex 3,3).[17] Auch JHWH sieht ihn „abbiegen" (Ex 3,4). Dass Mose schon

---

haltensweisen, die sich sprachlich im Komparativ äußert und im klerikalen Kirchenmodell ihr Zuhause hat, nimmt G. *Bachl*, Gott bewegt, Würzburg 2012, 145–162 in Korrelation zu dem dahinterstehenden Gottesbild hellsichtig und entschieden in den Blick

[17] In der Regel wird die Absichtserklärung des Mose übersetzt mit „dorthin gehen, näherkommen, eintreten, hingehen, herübergehen". Der Bedeutung des Verbs *sûr* entspricht die Übersetzung „abweichen, vom Wege abgehen" bei P. *Weimar*, Die Berufung des Mose. Literaturwissenschaftliche Analyse von Exo-

„über die Wüste hinausgegangen" ist und jetzt „abbiegt", gibt der
Szene Hintersinn und ist der Auftakt für die Intervention Gottes unterwegs. Der brennende Dornbusch, mit dem der Bote Gottes zunächst identifiziert wird, dient dazu, Mose von seinem Weg abzu-
bringen. Dieses visuelle Phänomen bereitet den Dialog zwischen
Gott und Mose vor. Als dem Mose durch die Stimme, die ihn anruft,
aufgeht, dass er in diesem Ereignis Gott gegenübersteht, der sich
selbst vorstellt, senkt er den Blick, um nicht hinzuschauen (Ex 3,6).
Gott selbst ist es, der Mose eindringlich zweimal bei seinem Namen
ruft und ihn am Näherkommen hindert. Mose lässt sich von der
ihm bis dahin unbekannten und unvertrauten Stimme ansprechen.
Seine Antwort ist überraschend: „Hier / Da hast du mich!"[18] Im Vor-
hinein stellt sich Mose in den Dienst dessen, der ihn anspricht, ohne
von einem Plan mit ihm oder Auftrag an ihn zu wissen. Das Sehen
und Hören zusammen führen ihn in seine Antwort, die in der hebräischen Sprache zwar üblich und doch in ihrer Knappheit und Tiefe
ungewöhnlich ist. In der Ansprache mit seinem Namen liegt für
Mose eine Erfahrung, die er nicht bestellen oder selbst herbeiführen
kann – Gott macht den Anfang. Der erste Schritt geht von Gott aus
und ist immer Geschenk. Der zweite Schritt erst ist die Antwort des
Menschen. Dadurch kann er nach und nach entdecken, was Gott
mit ihm vorhat. Das ist immer mehr, als der Mensch sich ausdenken, selbst sehen und wissen kann. Deshalb folgt der Hingabe, in
der jemand sein Leben verschenkt, immer das Herausfinden der
Schritte, die Gott mit ihm gehen will. Entsprechend folgt nach diesem Auftakt der Dialog zwischen JHWH und Mose. In Ps 119 wird
die Wegmetapher zur inneren Richtlinie in der Beziehung zu Gott,
ja, der menschliche Weg lässt sich nur mehr in inniger Gottbezie-
hung verstehen, die zum „Weg der Gerechtigkeit" im Sinne konkreter Humanität hinführt.[19]

Neben dem „Weg" als strukturierendem Prinzip der Evangelien
als Außenseite gibt es als Innenseite den Weg Jesu Christi im Zeichen

---

dus 2,23–5,5 (OBO 32), Freiburg (Schweiz)/Göttingen 1980, 374. Nach Ausweis
der Lexika bedeutet das hebräische Verbum sehr klar „vom Wege abweichen, abbiegen zu etwas hin".

[18] Zu dieser Übersetzung vgl. im Einzelnen die überzeugenden Beobachtungen
bei *C. Dohmen*, Exodus 1–18 (HThKAT), Freiburg i. Br. 2015, 139.150f.

[19] Vgl. dazu: *E. Zenger*, Mit Gott (s. Anm. 12), 221–235.

seiner Lebenshingabe bis zum Äußersten, er wird selbst „der Weg"
(Joh 14,6). In der Folge werden die Christen in Selbst- und Fremd-
bezeichnung „die Anhänger des Weges Jesu" (vgl. nur Apg 9,2;
16,17; 18,25f; 19,9.23; 22,4; 24,14.22). Alle spirituellen christlichen
Wege der Folgezeit finden hier ihren Bezug und ihre Ausfaltungsfor-
men. Geistliches Leben erweist sich als Weg, der von unterschiedlichen Dynamiken intensiviert wird. Dass und wie man unterwegs
bleibt, dazu bedarf es in allen Spannungen der Kunst der Unterscheidung, die die Tradition seit Johannes Cassian in das prägnante
Bildwort gefasst hat: „Werdet kundige Geldwechsler", also Menschen, die das Material der Münze prüfen können, ihr Gewicht,
ihre Originalität und Echtheit usw.[20] Dass die Unterscheidung auch
eine kommunikative Dimension besitzt, etwa in der Form der Begleitung, ist aus dem Vergessen befreit worden und immer neu zu
befreien. Sie erkennt den Unterschied zwischen der tatsächlichen
Gestalt meines Lebens, die mein Leben dem Bild Gottes in mir gibt,
und dem Bild, das darzustellen ich berufen bin. In dieser Differenz
liegen die menschlichen und geistlichen Wachstumsmöglichkeiten
verborgen. Jede Unterscheidung führt in die Entscheidung und
auch Lebensentscheidung. An ihr vorbei gibt es keine endgültige Begegnung mit dem Herrn. Und doch werden wir uns erst mit seiner
Hilfe selbst finden – im Gericht.

3.2. Vom Wachsen

An allen großen Gestalten der Bibel und der Geschichte des Christentums ist zu erkennen, dass ein wesentliches Merkmal des geistlichen Lebens das „Wachsen" ist. Unterschiedliche Bildworte wie
z. B. Pilgerschaft, homo viator, Aufstieg oder Fortschreiten tauchen
für diesen Prozess des Wachsens auf.[21] Immer werden auch die Ge-

---

[20] Vgl. dazu: *H. Rahner*, Die Unterscheidung der Geister, in: Ders., Ignatius von
Loyola als Mensch und Theologe, Freiburg i. Br. 1964, 312–343.
[21] Vgl. dazu den Abschnitt „Geistliches Leben als Unterwegssein" in: *J. Weismay-
er*, Leben in Fülle. Zur Geschichte und Theologie christlicher Spiritualität, Innsbruck 1983, 54–67, sowie die inspirierenden und materialreichen Skizzen von
G. Fuchs, „Wer nicht wächst, schrumpft ein". Vom Mut, ein(e) Schüler(in) zu
werden (und zu bleiben), in: KatBl 110 (1985) H. 9, 655–666, sowie *Ders.*,
Rhythmen der Christwerdung. Aus dem Erfahrungsschatz christlicher Mystik,
in: KatBl 116 (1991) H. 4, 245–254.

fahren des Stehenbleibens benannt. Es ist vor allem das Statische, eine Verfestigung, die das Wachsen verhindert, das Müde-Werden, das einen erreichten Punkt gerinnen lässt, für das Ganze nimmt und dann zur Ideologie und Verhärtung wird. Allerdings entzieht sich geistliches Wachstum dem üblichen Instrumentarium. Nachlassen des Wachstums oder gar Stehenbleiben zeigen sich, wo Ausdauer, Bereitschaft zum ständigen Neubeginn, das Ertragen von Durststrecken, das Sich-den-Anfechtungen-Stellen u. a. m. nachlassen. Wachstum braucht seine Zeit, und der Heilige Geist ist der Inbegriff des langen Atems. Da jeder Mensch sein eigenes Lebensgepäck mitbringt, braucht es einen Einsatz an Treue, an Aufrichtigkeit, an Arbeit an sich selbst, an Liebe, an Verzicht auf Machen und Perfektionismus. Ps 119,32 beschreibt mit der „dilatatio cordis" eine Frucht des Wachsens, das in Eph 4,13[22] seine christliche Zielgestalt als Lebensmodell, nicht als Kopie des Originals bekommt. Vielleicht profiliert sich das Wachsen auch im Spiegel seiner Gegner: Da gibt es neben der acedia, der Versuchung, stehen zu bleiben. Es gibt auch die Verweigerung des Wachsens, wenn jemand spürt, dass er nicht richtig gewählt hat, Mitläufer geworden ist, in Unentschiedenheit oder Groll, weil ihm in seinen Augen Unrecht geschehen ist, sich durchhangelt; oder auch die Flucht vor dem Wachsen, wenn der geistliche Weg mit ehrenvollen Aufgaben oder Ämtern verwechselt wird. Die Kirche bietet an diesem Punkt ein reiches Arsenal für das „Aufsteigen" und Ausweichen an. Das kann helfen und verführen, die eigenen Defizite nicht zu sehen und oder zu vertuschen, indem man an „Stellschrauben" dreht, durch die man Vorgesetzte geneigt stimmt, „höhere" Ämter zu vergeben. Solcher Ehrgeiz kann einen Menschen auf der „Außenseite" festhalten – oder andersherum: wer stark auf der „Außenseite" lebt, findet in diesen kirchlichen Vorgängen ein Schlupfloch, sich selbst etwas vorzumachen und etwa das institutionelle Vorankommen mit geistlichem Wachstum zu verwechseln. Wie jede Wahrheit reifen muss, so muss auch die Lebens-

---

[22] Eph 4,13: „... bis dass wir alle hingelangen ... zum erwachsenen Mann, zum Maß der Reife der Fülle Christi, damit wir nicht mehr unmündig sind ..." Im Zusammenhang wird deutlich, dass alle Dienstämter in der Gemeinde ausgerichtet sind auf die „Mündigkeit" aller Gemeindeglieder, die darin besteht, zwischen „windigen" Lehren und der Wahrheit des Evangeliums unterscheiden zu können (Eph 3,14).

wahrheit reifen. Angelus Silesius fasst es so zusammen: „Freund so du etwas bist / so bleib doch ja nicht stehn: // Man muß auß einem Licht fort in das andre gehn."[23]

4. Ent-sprechende Hilfen zu einem stimmigen geistlichen Profil: Gebet und Gespräch

„Wer bin ich, dass …?" (vgl. Lk 1,43) – in dieser Frage enthüllt sich die Fähigkeit des Menschen, zu sich selbst in Distanz zu treten, ohne sich selbst fremd zu werden. Auf die eigenen Haltungen achtzugeben wie auch das eigene Handeln zu beobachten und in Bezug auf ein inneres Bild oder Ziel zu reflektieren, sind notwendige Übungen und Lernziele, um der eigenen Identität inne zu werden. Wer solche Fragen stellen kann, beugt der Resignation vor. Entstehen diese andrängenden Fragen im Glaubenshorizont, können sie sehr genau und erwartungsvoll formuliert werden. Damit ist ein Spannungsbogen von der persönlichen Situation zur Botschaft des Evangeliums geschlagen. Um ihn „gespannt" zu halten, bedarf es konkreter Unterstützung. Neben den Intensivzeiten wie Exerzitien könnte ein tägliches Gebetsexerzitium, das ausdrücklich ein Du-Gebet ist, eine Hilfe sein. Etwa indem ich mit der Frage: „Herr, was ist mein Leben vor Dir?" täglich in die Spannung von Ich und Du gehe. Geeignet sind auch das Gebet der liebenden Aufmerksamkeit, die révision de vie u. v. a. Eine weitere Hilfe kann sein, regelmäßig im Gespräch zu sein mit einem Menschen, der geeignet ist, mich „wahr"-nehmen und verstehen zu können, weil er etwas vom Menschen und vom geistlichen Leben versteht. Ein Verstehender ist ein Mensch, dem ich Fragen und meine Wahrheit anvertrauen kann, ohne in Gefahr zu geraten, verurteilt oder verworfen zu werden, der auch hilft, Worte zu finden für die gegenwärtige Situation, die auch eine Krisensituation sein kann. Er hätte die Grundhaltung des Barnabas, der von Jerusalem nach Antiochia gesandt wurde, um nachzusehen, was es mit den bekehrten Griechen auf sich hatte. Da heißt es: „Als er ankam und die Gnade Gottes sah, freute er sich" (Apg 11,23). Zugleich richtet er den Blick auf die Treue zum Herrn. Dazu ermuntert er alle, ganz im Sinne von Meister Eck-

---

[23] *Angelus Silesius*, Cherubinischer Wandersmann. Kritische Ausgabe (hrsg. von L. Gnädinger), Stuttgart 1984, III/232, 147.

hart: „Ein Anfänger, der mit einem guten Leben beginnen soll, der beachte folgenden Vergleich: Wer einen Kreis ziehen will, – wie der zuerst den Fuß (= Standfuß) setzt, so bleibt er stehen, bis er den Kreis
‚mit dem andern Fuß oder mit einem Bindfaden‘ vollendet; dann
wird der Zirkel gut. Das will sagen: Der Mensch lerne zuerst, dass
sein Herz beständig werde, dann wird er beständig in allen seinen
Werken."[24] Was für eine Reihenfolge bei Barnabas! Er bestärkt die
Menschen und dort werden sie aufgrund ihres Verhaltens zum ersten
Mal „Christen" genannt (Apg 11,26). Offensichtlich in dieser Haltung
sucht er auch Paulus in Tarsus auf, holt ihn als Missionar und arbeitet
mit ihm zusammen. So ermächtigt er die Menschen, sich in Zustim-
mungskraft und Widerstandskraft auf die eigenen Füße zu stellen.
Diesen Lebensgrund kann man auch aus den Briefen des Ignatius
von Loyola herauslesen. In allem geht es ihm nicht um „formatio",
also um die Formung nach seinen eigenen Vorstellungen, sondern
um „probatio", durch die ein Mensch – kundig begleitet – auspro-
bieren kann, was für ihn der Wille Gottes ist. Darin ist die Freiheit
des Einzelnen gewahrt. Denn nach dem thomanischen Axiom setzt
die Gnade die Natur und als deren Kern eben die Freiheit voraus
und vollendet sie. So lerne ich, warum ich glaube, und dass ich es
auch überzeugend leben und sagen kann. Nur fordernd und eben
überfordernd ein Ideal zu beschwören, bedeutet institutionalisierte
Starre, vielleicht sogar Hilflosigkeit und Mangel an Orientierung –
ein schweres Hindernis auf dem Lernweg.

5. Wie Gottes Reich wächst – in menschlichem Dilemma

5.1. Der Riss in allem und Heilendes

Vor 40 Jahren habe ich als Subregens in Stellvertretung des Regens
mit 26 Diakonen eines Jahrgangs Halbzeitgespräche im Diakonatspraktikum geführt. Bei aller Freude und Bestätigung auf diesem
Weg zum Priestertum kamen auch die Schwachstellen der einzelnen
in den Blick. Die meisten Diakone konnten offen davon sprechen,
andere haben sie eloquent „wegerklärt". Mir ging nach und nach

---

[24] *Meister Eckhart*, Werke II (Bibliothek des Mittelalters, Bd. 21). Texte und
Übersetzungen (hrsg. v. N. Largier), Frankfurt a. M. 1993, Predigt 81, 169.20–25.

auf, dass hier für den priesterlichen Dienst ein Eignungskriterium von erheblicher Tragweite angesprochen ist, das nicht nur anthropologische, sondern auch theologische, ekklesiologische und spirituelle Qualität hat. Mit dem portugiesischen Sprichwort „Gott schreibt auf krummen Zeilen gerade", das Paul Claudel über sein Schauspiel „Der Seidene Schuh"[25] gesetzt hat, ist das Dilemma des Menschen eingefangen: wie es gehen kann, weltlich und zugleich gottgehörig zu sein. In diese Spannung ist einerseits die existentielle Erfahrung eingewoben, dass Menschen angesichts ihrer Pläne und Wünsche immer das schmerzliche Nachsehen haben. Andererseits gibt es den anderen Pol, den der große jüdische Poet und Sänger Leonhard Cohen aus Kanada (1934 – 2016) in seinem „Anthem" so besungen hat: „There is a crack, a crack in everything / That's how the light gets in, That's how the light gets in …" – „Da ist ein Sprung, ein Riss in allen Dingen, doch genauso kommt das Licht herein." Eine Hymne auf den Riss in allen Dingen? Weil in jeder dunklen Wirklichkeit eine Bruchstelle da ist, ein Riss, der die Sicht wieder öffnet, auch wenn er noch so klein ist. Dieser Riss ändert alles. Er lässt Licht hereinkommen für den, der hinsieht.

In der Bibel ist das Wissen vom „Riss" intensiv erfahren und erkundet worden, mit vielen Differenzierungen in gemeinschaftlicher und individueller Erfahrung. In Ps 19,13f ruft der Beter: „Versehentliche Fehler, wer nimmt sie wahr? / Sprich mich frei von verborgenen Sünden! // Auch vor Vermessenheiten verschone deinen Knecht! / Sie sollen nicht über mich herrschen." Sowohl versehentliche als auch absichtliche Fehler bringen die Ordnung der Welt, wie Gott sie gewollt hat, durcheinander. Denn er hat alles sehr gut eingerichtet. Wenn sich jedoch das Gift der Eigenmächtigkeit einschleicht, verliert die Schöpfung ihre Form. Vermessenheit / Sünde – das ist nach dem Evangelium der gesamten Schrift die Tragödie des falschen Lebens, ist der Widerstand gegen Gottes zuvorkommende und unbedingt wohlwollende Zuwendung. Erst wer sich auf diese fraglose Güte Gottes verlassen und die Tragweite des kategorischen Indikativs des Evangeliums erspürt *hat* und annimmt, kann zitternd von Vergebung sprechen. Ohne Glaube an die Vergebung gibt es keine Sündenerkenntnis und kein Sündenbekenntnis.

---

[25] Vgl. *P. Claudel*, Der seidene Schuh. Übertragen von Hans Urs von Balthasar, Freiburg i. Br. 1965.

Es ist das Wirken des Heiligen Geistes, der in den Raum der Gnade führt und selbst die Vergebung der Sünden ist.

In unterschiedlicher Weise werden das einseitige Entgegenkommen Gottes als Ermöglichung von Vergebung wie auch die leidsensible Fähigkeit, um Vergebung zu bitten und sie zu praktizieren, als Wunder gesehen. Das ist immer ersehnt, jedoch durch keinerlei moralische Anstrengung zu bewirken. So sagt der Kirchenvater Isaak von Antiochien im 5. Jh. n. Chr.: „Wer seine Sünde gesehen hat, ist größer als wer Tote auferweckt."[26] Im Prozess der Vergebung wird der Schuldiggewordene von seinen Handlungen entbunden und seinem Lebensgrund neu zugeführt, nämlich dass er mehr und anders ist als seine Taten und Untaten. In anderem Horizont buchstabiert das die kleine chassidische Erzählung „Von Josefs Brüdern". David von Lelow sprach zu seinen Chassidim: „Erlösung kann zu einem Menschen nicht kommen, ehe er die Schäden seiner Seele sieht und sie zurechtzubringen unternimmt. Erlösung kann zu einem Volke nicht kommen, ehe es die Schäden seiner Seele sieht und sie zurechtzubringen unternimmt. Wer, Mensch oder Volk, der Erkenntnis seiner Mängel keinen Zutritt gewährt, zu dem hat die Erlösung keinen Zutritt. Wir werden in dem Maße erlösbar, in dem wir uns selber sichtbar werden. Als die Söhne Jakobs zu Josef sprachen: ‚Rechtschaffene sind wir', antwortete er ihnen: ‚Das ist's, was ich zu euch geredet habe: Kundschafter seid ihr'. Danach aber, als sie mit Herz und Mund die Wahrheit bekannten und zueinander sprachen: ‚Wohl, schuldig sind wir, an unserem Bruder', begann ihre Erlösung aufzuglimmen, vom Erbarmen ergriffen wandte sich Josef zur Seite und weinte."[27]

5.2. Wie Gottes Reich und Spiritualität wachsen: Kindsein und Umkehr

Auf diese Weise deutet sich die Grundordnung des Reiches Gottes an. Es bedeutet „Königsherrschaft Gottes". Sie regelt das Zusammenleben und sorgt für die Ressourcen der menschlichen Gesellschaft. Angesichts aller erwachsenen Eigenmächtigkeiten und Macht, die oft für das Missglücken von Kommunikation verantwortlich ist, zieht mit ihr eine Alternative zu dem ein, wie die irdischen Verhältnisse sonst

---

[26] Zitiert bei: *G. Fuchs*, „Der Leib … das Ende aller Wege Gottes", in: konturen. rothenfelser burgbrief 01/2012, 14–18, 18.
[27] *M. Buber*, Die Erzählungen der Chassidim, Zürich 1949ff, 664f.

geordnet sind. Wer dieses Reich Gottes betritt, lebt in der Kraft des Geistes, und zwar mitten in dieser Welt in einer anderen Welt, in der die Kleinen groß und die Armen selig werden. Darum stellt Jesus die Kinder in die Mitte (Mk 10,13–16 parr). Sie können mitten in der Welt in anderen Welten leben, weil sie aufschauen. Sie können mit dem Glauben an die Macht des Reiches Gottes leben, in der vorbehaltlosen Gewissheit unzerstörbarer Nähe zu Jesus und seiner Gegenwart, die sie darauf vertrauen lässt, nie zu kurz zu kommen. Kinder sorgen sich nicht um Macht. Deshalb müssen sie Gottes Macht nicht fürchten. Wer von Gott in der Nachfolge Jesu sprechen will, soll diese Grammatik des Reiches Gottes im Auge behalten: Kinder sind für die Bedeutung von Gottes Reich sprechend. Sie bleiben die Kleinen, die Empfangenden, die Ohnmächtigen, und darin werden sie groß – und geben Einblick in Gottes Reich, wie Gott in der Kind-Werdung in diese Welt gekommen ist, um zu dem erwachsenen Menschen heranzuwachsen, in dem das Reich Gottes angebrochen ist und der das Reich Gottes predigt.[28]

Auf diesem Hintergrund zeigt sich die drängende Frage neu, wie ich in das Reich Gottes hineinwachsen kann. Die Grundantwort Jesu ist: Metanoia, Umkehr. Zu ihrer Ermutigung hat sich die Beichte entwickelt. Ausgangspunkt für diesen Prozess ihrer Entstehung und Ausgestaltung ist die Überzeugung, dass Gott sein Leben gratis und im Überfluss gibt. Jedoch verhindert die menschliche Angst, aus dem eigenen Gedankenkreis herauszutreten und sich einem größeren Horizont von Glaubenserfahrung anzuvertrauen, ja die eigene Existenz in den größeren Gott zu verlagern. Umkehr als Wachsen in das Reich Gottes hinein will immer neu eingeübt sein. Gerade im Aussprechen der vielfältigen vorgegebenen und selbstverursachten Lebensrisse kann sich eine menschliche und göttliche Verwandlung anbahnen, wenn die göttliche Zuwendung neu zugesprochen wird. In diesem Sinne ist die Beichte ein unvergleichliches Sakrament. Kein anderes Sakrament ist so persönlich und intensiv, dass ich darin entdecken kann, wer ich von mir selbst aus bin und wer ich vor Gott bin und welchen Weg Er mit mir geht und gehen will. Wohl wissend, welche Verdunklung dieses Sakrament in der Geschichte erfahren hat, laufen in ihm die Lebenswege und Glaubens-

---

[28] Vgl. dazu die grundlegende Schrift von *H. Spaemann*, Orientierung am Kinde, Düsseldorf 1967.

wege zusammen. Deshalb bedarf es einer intensiven Erneuerung der Gestalt dieses Sakramentes für die Neuorientierung des Wachstums in das Reich Gottes hinein. Von hier aus lässt sich auch am ehesten das geistliche „Label" eines jeden Menschen füllen – immer in Rückbindung an die in Wechselwirkung verzahnten vier Dimensionen zur Ausbildung von Priestern, – die menschliche, geistliche, intellektuelle und pastorale, die jeweils eigene Herausforderungen mit jeder neuen, von der geistigen Signatur der Zeit geprägten Generation erfahren.

Der Dienst der Begleitung für diesen spirituellen Weg wächst aus Liebe, Leid und Gebet. Hans Urs von Balthasar hat dem langjährigen Münsteraner Spiritual Johannes Bours am 30. 10. 1967 geschrieben: *„Gott segne Ihr Wirken auf dem dornigsten aller theologischen Äcker."*

Literarische Priesterbilder im Umbruch der Gegenwart

Michael Sievernich SJ

Nine eleven (9/11) – so heißt in Kurzform jener 11. September 2001, an dem ein terroristischer Angriff die Zwillingstürme des *World Trade Centers* in New York zum Einsturz brachte und Tausende von Menschen unter sich begrub. Über die Bildschirme des Fernsehens wurde die ganze Welt Zeuge dieses monströsen Verbrechens. Der Philosoph Jürgen Habermas kommentierte: „Als hätte das verblendete Attentat im Innersten der säkularen Gesellschaft eine religiöse Saite in Schwingungen versetzt, füllten sich die Synagogen, die Kirchen und die Moscheen."[1] Zu den Bildern des Schreckens gehörte das Bild eines Mannes, der im Nordturm von der Wucht der Druckwelle getötet wurde.

Es war der Priester Mychal F. Judge (1933–2001), Kaplan der New Yorker Feuerwehr. Er kam mit den ersten Rettungsmannschaften und tat, was er noch tun konnte: wenigstens den Opfern des Infernos mit Seelsorge und Gebet beizustehen, auch den Feuerwehrleuten, deren Uniform er trug. Ein Priester, der den Menschen im Leben und im Tod durch physische und spirituelle Präsenz nahe war. Gehört Father Mychal mit seinem Lebenszeugnis zu den Vorbildern im 21. Jahrhundert?[2] Kann literarische Fiktion sein faktisches Zeugnis einholen?

1. Priester und Gläubige

Wie sind die Priester in der Gegenwart in der katholischen Weltkirche verbreitet? Für das Jahr 2016 vermeldet das kirchliche Statistische Jahrbuch fast 1,3 Milliarden Katholiken in aller Welt, die damit knapp 18 Prozent der Weltbevölkerung ausmachen. Für diese Ka-

---

[1] *J. Habermas*, Glauben und Wissen. Friedenspreis des Deutschen Buchhandels 2001, Frankfurt a. M. 2001, 10.

[2] Vgl. *M. Ford*, Father Mychal Judge. An authentic American hero, New York 2002.

tholiken sind insgesamt etwa 416.000 Priester in Diözesen und Orden tätig, so dass durchschnittlich etwa ein Priester auf 3000 Katholiken kommt. Doch fällt diese Quote auf den Kontinenten sehr unterschiedlich aus. So hat Europa für die 287 Millionen Katholiken über 181.600 Priester (mit abnehmender Tendenz), also ein Priester für 1.600 Gläubige. Mittel- und Südamerika dagegen zählt an die 533 Millionen Katholiken, für die gut 75.300 Priester im Dienst sind, so dass auf einen Priester etwa 7000 Katholiken kommen. Im subsaharischen Afrika, wo auf etwa 215 Millionen Katholiken 42.900 Priester (mit zunehmender Tendenz) kommen, sind es durchschnittlich ein Priester für 5.000 Gläubige.[3]

Über die statistischen Zahlen hinaus ist natürlich die kulturelle Vielfalt der Weltkirche auf den Kontinenten und in den einzelnen Ländern zu berücksichtigen. Sie kommt zum Ausdruck in den Sprachen und den Gemeindeformen, in der religiösen Praxis und in den liturgischen Feierformen. In der Pastoral, dem künstlerischen Ausdruck, in der karitativen Hilfe und nicht zuletzt in der missionarischen Dynamik. Daran sind jeweils Frauen und Männer aller Altersklassen, aber auch die Jungen und die Alten, das ganze Volk Gottes beteiligt. In diese kirchlich-institutionelle Vielfalt sind die Priester eingebettet mit ihren spezifisch pastoralen, spirituellen und sakramentalen Aufgaben, die das theologische Priesterbild des Zweiten Vatikanischen Konzils in den entsprechenden Dokumenten vorsieht.[4] In den Umbrüchen von Geschichte und Gegenwart unterliegen auch die Priesterbilder einem Wandel, um den Zeichen der Zeit gerecht zu werden.

In diesem Beitrag befassen wir uns mit literarischen Priesterbildern der jüngsten Zeit, die im Umkreis der Jahrhundertwende vom 20. zum 21. Jahrhundert entstanden und Sprache, Stil und Geist dieser Zeit widerspiegeln.[5] Zeitgenössische Priesterbilder kön-

---

[3] Vgl. Kirchliches Handbuch Bd. XLI: 2012–2015. Statistisches Jahrbuch der Bistümer im Bereich der Deutschen Bischofskonferenz, hrsg. von der Deutschen Bischofskonferenz, Bonn/Aachen 2017, 20–23.

[4] Vgl. außer der Kirchenkonstitution LG (Nr. 10) auch die Dekrete über die priesterliche Ausbildung OT und über den Dienst und das Leben der Presbyter PO.

[5] Vgl. *P. K. Kurz*, Über moderne Literatur III. Standorte und Deutungen, Frankfurt a. M. 1971, 151–173 (Das Priesterbild im modernen Roman). – *F. Gasteiger*, Aller Welt Freund? Das Bild vom Priester in der Profanliteratur, in: E. Garhammer, Unnütze Knechte? Priesterbild und Priesterbildung, Regensburg 1989,172–235.

nen gleichsam als ‚Fremdprophetie' affirmativer oder kritischer Art gelesen werden. Die Profile solcher fiktiven, bisweilen biografisch getönten Figuren können zeitdiagnostisch dechiffriert und als theologische Aufgabe gedeutet werden. In der zeitgenössischen Belletristik jedenfalls ist der katholische Priester als Figur keineswegs verschwunden.

2. Römische Seminaristen und ein Prälat

Beginnen wir mit zwei deutschen Priesteramtskandidaten, die beide in Rom Theologie studierten. Der ältere heißt Arnold Stadler (*1954) und stammt aus dem oberschwäbischen Meßkirch. Zunächst studierte er in München und Rom Theologie, später Germanistik. Bekannt wurde er als Schriftsteller mit einem biographisch-fiktionalen Roman über Kindheit, Schulzeit und das römische Studium. Der aufreizende Titel lautet *Mein Hund, meine Sau, mein Leben* (1994).[6] Er klingt derb und lustig, erinnert aber an den Schmerz des Kindes. Schon die Vorgeschichte ruft den Namen Abraham a Santa Clara (1644–1709) auf, jenen sprachgewaltigen Barock-Schriftsteller aus dem ‚Geniewinkel', mit dem Stadler sich misst. Und er erinnert an die Berufe seiner Vorfahren vom Ferkelhändler und Wirt bis zum Chirurg und Priester (vgl. S. 11). Aber er wurde Grabredner. So denkt der namenlose Ich-Erzähler an den Priester zurück, der er hätte werden können und ebenfalls auf dem Friedhof hätte reden müssen (vgl. S. 138).

Der Roman beginnt mit dem katholischen Kinderglauben, zu dem auch Messespielen gehört. Doch einschneidender ist für den Zehnjährigen der Tod von „drei Lebensgefährten", dem Hund *Caro*, der Katze *Gigi* und dem Schwein *Frederic*. „Und dieser Tod war wohl auch der Grund für mein späteres Theologiestudium, das mich in die Ewige Stadt führte." (S. 35). Dann folgt, in der Mitte des Romans, die römische Studienzeit des Seminaristen unter der verrätselten Überschrift *Don Quixote und ich*.

Wer ist der Quixote, dem sein Sancho Panza in törichte Weltverbesserungsträume folgt, wie etwa, der Königin von England den

---

[6] A. *Stadler*, Mein Hund, meine Sau, mein Leben. Roman. Mit einem Nachwort von Martin Walser, Frankfurt a. M. 1996.

päpstlichen Titel *Defensor fidei* zu entreißen. In der Figur des Don Quixote zeichnet der Erzähler einen Priester, der als oberster Zeremonienmeister in St. Peter waltet, Franz Sales Obernosterer. Sympathisch ist er nicht, der unförmige und kurzsichtige Monsignore, eher eine komische Figur. Hier erfährt der Seminarist die unbekannten Welten der liturgischen Kleider und des feinen Essens sowie das „heilige Theater" des vatikanischen Hofzeremoniells (S. 85). Weder ein idealer Priester noch ein idealer Priesterkandidat werden hier romanhaft beschrieben, zumal der Seminarist aus Gesundheitsgründen entlassen wird. Die „kleine Passionsgeschichte" (S. 118) geht weiter, der Ich-Erzähler muss sich als Grabredner verdingen, es bleiben der Suff, eine „unbeschreibliche Gier und Geilheit auf die Welt" (S. 142), aber auch die Erinnerung an das Kommunionkind, das den Himmel sah (vgl. S. 145). Martin Walser bringt diese gesprenkelte Erfahrung im Nachwort auf den Begriff „Das Trotzdemschöne" (S. 155).

Die Figur des Monsignore Obernosterer begleitet den Leser bis ans Ende der Geschichte, wenn der Erzähler ihm voll Erbarmen ein Abschiedsessen im *L'eau vive* gönnt (S. 131f). Aus dem Theologiestudium erwähnt der Erzähler außer dem Kirchenrecht nur das Hebräische, das in die Welt des Autors Stadler führt, der Psalmen übersetzt und über deren Rolle in der Lyrik Paul Celans und Bert Brechts reflektiert, womit er doch wieder in seinem Metier ankommt.[7]

Der etwas jüngere römische Priesterkandidat Andreas Wollbold (*1960) kommt aus dem Saarland. Auch er studierte in Rom, sieben Jahre lang, wird dort zum Priester geweiht und wirkt als Pastoraltheologe an der Universität München. Als solcher verfasste er außer seinen wissenschaftlichen Publikationen einen schmalen autobiographischen Band über seine römische Studienzeit am *Collegium Germanicum et Hungaricum de Urbe*. Hier ist der Ich-Erzähler der Autor selbst, der von Alltag, Ferien und der Stadt Rom erzählt, bis hin zur Priesterweihe in Sant'Ignazio. „War die Weihe Hingabe, so war die Primiz Kundgabe." (S. 27).[8] Im Kontrast zu Stadler schreibt er nicht roman-

---

[7] Vgl. *H. Weber*, Katholizismus und Glaube im Werk von Arnold Stadler, in: StZ 222 (2004) 760–770; *J.-H. Tück* (Hrsg.), „Auch der Unglaube ist nur ein Glaube". Arnold Stadler im Schnittfeld von Theologie und Literaturwissenschaft, Freiburg i. Br. 2017.

[8] *A. Wollbold*, Rom im Futur. Ein Erinnerungsbuch aus dem Germanikum, Würzburg 2004.

haft fiktiv, sondern bekennt sich affirmativ. Im weiteren Fortgang
kehrt er als *frater maior*, so nennen sich die ehemaligen Germaniker,
an den römischen Tatort *Germanicum* zurück und beschreibt vom
ersten bis zum achten Stockwerk in sympathischer Weise die Orte
von der Küche bis zur Dachterrasse, von der „Klausur ohne Gitter"
und den Ereignissen, Episoden, Gesprächen; im Stil feiner Ironie
oder ausdrücklicher Wertschätzung, bis zum Bekenntnis, Rom habe
ihm das Glück gebracht, „dass alles mir zulächelte" (S. 76). Man
wird die erzählten Erfahrungen der beiden Priesterkandidaten in
Rom zusammenschauen können, zumal beide das römische Ristoran-
te *L'eau vive* kennen und auch Wollbold Romane verfasst.[9]

3. Ein gewöhnliches Priesterleben

Nein, ein bayerischer Heimatroman ist das Buch der deutschen
Schriftstellerin Petra Morsbach (*1956) nicht, auch kein frommer
Trivialroman. Das Buch erzählt vielmehr unter dem Titel *Gottesdiener*[10] ein gewöhnliches Priesterleben unserer Tage von der Kindheit
bis zur Bahre. Die in Zürich geborene Autorin ist in Starnberg auf-
gewachsen, studierte Theaterwissenschaften und slawische Philolo-
gie in München. Ein Jahrzehnt war sie als Dramaturgin tätig. Seit
den 90er Jahren arbeitet sie als freie Schriftstellerin.

Ihr vierter Roman *Gottesdiener* handelt von einem Landpfarrer im
fiktiven Bodering im Bayerischen Wald, der seit drei Jahrzehnten dort
wirkt und dem die Leute gewogen sind. Er tut seinen Dienst, fährt
dienstlich seinen BMW und lässt sich nicht unterkriegen, auch nicht
von Selbstzweifeln. Die Priesterfigur, die Morsbach geschaffen hat, ist
ein realistischer und nachdenklicher Zeitgenosse, der immer wieder
über seinen Beruf und seine Berufung nachdenkt. „Warum ist er
Priester geworden?" fragt er sich und antwortet: „Er wollte gut sein
und anderen helfen, hat er vor vierzig Jahren geantwortet. Er wollte
sich opfern, hätte er vor zwanzig Jahren gesagt: Was sollte er sonst
tun? Er bestand zu 66 Prozent aus Wasser und versprach sich nichts

---

[9] A. *Wollbold*, Holy palace. Ein römischer Krimi, Würzburg 2021.

[10] P. *Morsbach*, Gottesdiener. Roman, Frankfurt a. M. 2004. Vgl. G. *Langenhorst*
(Hrsg.), Christliche Literatur in unserer Zeit. Fünfzig Leseempfehlungen, München 2007; zu Petra Morsbach 312–316.

von sich. Heute, da ihn nach dreißig Jahren keiner gefragt hat, würde er wahrscheinlich mit einem Scherz antworten. Was bleibt einem anderes übrig, wenn man Isidor Rattenhuber heißt, rothaarig ist und stottert." (S. 15) So führt der Erzähler den Helden ein, und man bemerkt sofort, dass er mit Dramaturgie und Regie umzugehen weiß. Die Autorin spricht durch einen allwissenden Erzähler, der nicht nur das äußere Geschehen kennt, sondern auch die inneren Regungen des Helden bis in die Gewissensfalten hinein, bis zu den Gefühlen und den Inhalten der Beichten, zu den Träumen und dem Begehren. Hat sich der Erzähler damit übernommen oder gelingt es, in die Lebenswirklichkeit des katholisch-bayerischen Milieus nach dem Zweiten Vatikanischen Konzil vorzudringen?

Minutiös und mit guter Sachkenntnis berichtet der Erzähler vom Alltag Isidors in seinen zwei Pfarreien und an anderen Orten. Dazu gehören Gottesdienst, Predigt, Hausbesuch, Krankenkommunion, Beichte, geistliche Begleitung, aber auch Seelsorge im Altenheim und Religionsunterricht in der Berufsschule. Der Roman hat nicht nur Isidor im Blick, vielmehr tummeln sich episodenhaft zahlreiche andere Figuren dieser Roman-Welt. So der Heimatpfarrer, der ihm mit liturgischen Texten das Stottern abgewöhnt hatte. Franziskanische und benediktinische Ordensleute tauchen auf, befreundete Priesterkollegen, Haushälterinnen, Prälaten, aber auch viele Gemeindemitglieder, Frauen und Männer, Gläubige und Ungläubige aus der ehemaligen DDR. Sie alle kennt unser Erzähler genau, bis in die Hintergedanken, und beschreibt sie präzise. In diese Welt ist Isidor eingebettet, sie gestaltend und erleidend. So erwachsen aus der Geschichte Isidors weitere Geschichten, die ein enges Netz bilden und die Region abbilden: Niederbayern.

In dieser Region spielt sich die Biographie ab, die nicht zeitlich linear verläuft, sondern mit zahlreichen Rückblenden in die Kindheit, die Gymnasialzeit und die Ausbildung im Priesterseminar erzählt wird, sodass Gegenwart und Vergangenheit verschränkt werden. Biographie, priesterlicher Dienst und Reflexionen existentieller und philosophisch-theologischer Art werden so stimmig miteinander verknüpft.

Der formale Aufbau des Romans hilft, dem Leben des Protagonisten neugierig zu folgen. Jedem der acht Kapitel steht ein Zitat aus der Liturgie der Priesterweihe voran, wie zur Erinnerung und Mahnung. Alle Unterkapitel beginnen mit einem sorgsam ausgesuchten biblischen Motto. Diese Achtungsschilder verweisen auf die Grundlagen der Spiritualität. Und bisweilen blitzt „der mystische Hintergedanke" auf und „die einzigen Heilmittel, die bleiben, die nämlich, die Gott zu geben hat: Barmherzigkeit. Gnade." (S. 35) Die oft eingesetzte direkte Rede und der niederbayerische Dialekt verwurzeln die Sprache (der Region) in der Religion. Mit nüchterner Sprachbegabung und realistischem Blick schildert die Autorin ein Priesterleben am Ende des 20. Jahrhunderts, das weder überhöht noch karikiert wird und die Figuren mit Einfühlungsvermögen charakterisiert. Stimmig erscheint auch der sterbende Isidor: „Er sieht jetzt sein ganzes Leben in einem Bild, und all seine Leute sind dabei, jeweils in einem entscheidenden Augenblick." (S. 372)

4. Großstädtische Priester

Das frühe 20. Jahrhundert brachte zahlreiche Romane mit Priestern als Protagonisten hervor. Man braucht nur an die auch verfilmten Romane von Georges Bernanos (*Tagebuch eines Landpfarrers*, 1936), Graham Greene (*Die Kraft und die Herrlichkeit*, 1940) oder Giovanni Guareschi (Don Camillo und Peppone, 1948) erinnern. Im frühen 21. Jahrhundert ist der Priesterroman von Petra Morsbach bislang wohl singulär. Das heißt aber nicht, dass die Gestalt des katholischen Priesters oder Pfarrers, literarisch ‚ausgestorben' wäre; das Gegenteil ist der Fall. Denn in der Gegenwartsliteratur um die Jahrhundertwende tauchen *en passant* zahlreiche Priesterfiguren auf, als Zeitgenossen, die in der späten Moderne und im digitalen Zeitalter Transzendenz einfordern oder an Glaube und Religion erinnern.

Der in Danzig geborene Günter Grass (1927–2015) schrieb, vielseitig begabt, vor allem große Romane, beginnend mit *Die Blechtrommel* (1959), und wurde 1999 mit dem Nobelpreis für Literatur geehrt. Das katholische Erbe durchzieht sein Romanwerk, auch wenn er sich in seiner späten Autobiographie als „glaubenslosen Katholiken" bezeichnet.[11] Biographisch begegnete er Priestern, hatte

---

[11] G. *Grass*, Beim Häuten der Zwiebel, München 2006, 229; vgl. A. *Weyer/V. Neuhaus* (Hrsg.), Von Katz und Maus und mea culpa. Religiöse Motive im Werk von Günter Grass (Kölner Studien zur Literaturwissenschaft 19), Frankfurt a. M. 2013.

Messdienererfahrung und kannte Marienfrömmigkeit. Der literarische Gaul geht mit ihm durch, als er vom Kriegsgefangenenlager
1945 in Bad Aibling erzählt, wo er auf einen anderen ehemaligen
Messdiener getroffen sei, mit dem er im Erdloch geknobelt habe: Jo-
seph Ratzinger (vgl. S. 191f, 419f).

In der Großstadt Berlin lässt Grass den prallen Roman der deutschen Wendezeit *Ein weites Feld*[12] (1995) spielen. Hauptfigur ist Theo
Wuttke, genannt Fonty, ein Bürobote, der von einem „Tagundnacht-
schatten" begleitet wird, dem Stasispitzel Hoftaller. In diesem Roman
tritt der Priester Bruno Matull auf. Er begleitet seelsorgerisch Martha,
die Tochter Wuttkes, eine vormalige stramme Kommunistin, bei der
Konversion zur katholischen Kirche; „raus aus der Partei und rein in
die Kirche" (S. 306). „Denn im Prinzip kommt der Mensch ohne
Glaube nicht aus." (S. 189) Der katholische Priester an der Hedwigs-
kirche erklärt ihr den Katechismus, und sie beichtet bei ihm. In
St. Hedwig heiratet sie ihren westfälischen Bräutigam. Die Hochzeit
findet am Prenzlauer Berg statt, mit zehn geladenen Gästen; auch
der Spitzel wird sich als elfter einschleichen und ihr die Kaderakte als
Hochzeitsgeschenk überreichen …

Der Erzähler porträtiert Matull als „ungeschlachte" Gestalt, der
„alles Hochwürdige abgeht" (S. 307) und von dem Martha sagt:
„Der hat es als Priester nicht leicht mit sich." (S. 299) Dem Erzähler
gilt der Priester als „einer der wenigen Gemeindehirten, der auf mil-
des Dauerlächeln, diese allen Zweifel wegschminkende Gewißheit
der Pfaffen verzichtet" (S. 301). Die Tischrede des Priesters beginnt
mit einem Bekenntnis, dass seine Kirche keinen Mut bewiesen habe
und auch er durch den „Stillhalteglauben" schwankend geworden
sei; nur die Braut habe ihn gezwungen, zu „den verdorrten Glau-
bensresten zu stehen" (S. 203). Nun will er dem Glauben wider-
sagen, weil hierzulande zu viel geglaubt werde, auch durch den neu-
en Glauben an das Geld. Dann gibt er dem Brautpaar mit auf den
Weg: „Glaubt nicht blindlings. Laßt endlich Gott aus dem Spiel.
Gott existiert nur im Zweifel. Entsagt ihm!" (S. 303) Diese Aussagen
wiederum führen zu heftigem Widerspruch in der Hochzeitgesell-
schaft. Nur die Braut Martha dankt dem Priester für seine Klarheit
und bedauert, den positiven Zweifel nicht schon früher kennenge-

---

[12] G. *Grass*, Ein weites Feld. Roman, München 1997.

lernt zu haben, als sie noch an den Sozialismus glaubte. Grass betont also die Mehrdeutigkeit von ‚Glauben' und die positive Rolle des Zweifels, der auf den Sohlen Fontanes und Nietzsches daherkommt. Der Priester als Zweifler, beim Apostel Thomas abgeschaut (vgl. Joh 20,24–29)? Oder wird eine literarische Gestalt erst dadurch interessant, dass sie sich selbst dementiert?

Mit seinen Romanfiguren gehört der französische Schriftsteller Michel Houellebecq (*1958) einer postmodernen Generation an. Auf La Réunion geboren, ist er Agraringenieur und in der Welt der Informatik zu Hause. In den 90er Jahren erscheint sein erster, provokativer Roman, *Ausweitung der Kampfzone*, der in Paris spielt.[13] In der Ich-Form erzählt ein 30-jähriger Informatiker, Spezialist für Agrarsoftware. Schon zu Beginn stellt der Autor den Lesern den Roman als Geschichte vor, „deren Held ich bin." (S. 16). Dieser Held leidet an Depression, ist in psychiatrischer Behandlung, fühlt sich einsam und beklagt die „relativ schmerzlose Langeweile" (S. 52). Auch Weltekel, Todesahnen und Suizidgedanken bestimmen ihn. Die einzige, im Buch namentlich genannte Metrostation heißt *Sèvres Babylon*. Geraten in diesem Roman die sozialen Sinnmuster durcheinander? Den Heiligabend verbringt er in der Disco, mit einem Kollegen, den er zum Mord anstiftet. Doch kommt diese Tat nicht zustande, und der Kollege verunglückt tödlich auf der Autobahn.

Knüpft der Autor an den früheren Existentialismus an? Liefert er ein Bild der religiösen Leere in einer digitalen Welt? Gibt es in dieser Welt Spuren der Sehnsucht nach gelingender Liebe und nach Religion? Diese Spuren blitzen vielfach auf: Schon das erste Kapitel beginnt mit dem Motto aus dem Paulusbrief (Röm 13,12), das im Kontext des Gebots der Liebe steht; doch gleich im nächsten Kapitel warnt der Autor, der in dieser Erzählung auftretende Gott sei „kein barmherziger Gott." (S. 13). Die Sonntage in Paris machen traurig, „vor allem, wenn man nicht an Gott glaubt." (S. 139)

In dieser Gemengelage taucht eine Priestergestalt auf, Jean-Pierre Buvet, ein Studienfreund des Protagonisten. Im ersten Gespräch tritt der Pfarrer missionarisch auf, diskutiert über die „vitale Erschöp-

---

[13] M. *Houellebecq*, Ausweitung der Kampfzone, Reinbek bei Hamburg 2000; frz. Extension du domaine de la lutte, Paris 1994; vgl. *T. Hübener*, Maladien für Millionen. Eine Studie zu M. Houellebecqs Ausweitung der Kampfzone, Hannover 2007, bes. 239–273.

fung unserer Zivilisation" und möchte seinen Freund zu Gott und zu Jesus, der Quelle des Lebens bekehren. „Du musst deine göttliche Natur akzeptieren." (S. 36) Im zweiten Gespräch sucht der Priester selbst nach Halt. Er „beichtet" seinem Freund und berichtet von seiner erfolglosen Pastoral, aber auch davon, dass seine treueste Gottesdienstbesucherin im Krankenhaus durch Euthanasie ums Leben gebracht worden sei. Daran sei eine Krankenschwester beteiligt gewesen, die ihm dies „gebeichtet" habe. Darauf folgt eine kurze Affäre mit dieser Frau, doch ohne Gewissensregung. „Ich fühlte, dass Christus mich verstand, dass er bei mir war." (S. 154) Die Frau verlässt ihn, auch sein Freund, der ihm empfiehlt zu beichten; doch er fühlt in der Messe „die Gegenwart" nicht mehr.

Ein von Gott und den Menschen verlassener Priester? Gleichwohl hat er, über der Kathedrale von Chartres schwebend, eine pantheistische „mystische Vision" (S. 155), wenn auch nur im Traum. Houellebecqs changierendes Verhältnis zu Religion und Kirche spiegelt seine ambivalente Haltung: „Ich bin katholisch in dem Sinne, dass ich dem Schrecken einer Welt ohne Gott Ausdruck verleihe ..."[14]

5. Priester im säkularen Alltag

Peter Handke (*1942), einer der bekanntesten deutschsprachigen Schriftsteller, stammt aus Österreich, studiert Jura in Graz und beginnt 1966 zu schreiben. Seitdem ist er als Erzähler, Dramatiker, Lyriker hervorgetreten. 2019 wird der mit dem Nobelpreis für Literatur ausgezeichnet.

In vielen seiner Werke finden sich Anspielungen oder ausdrückliche Hinweise auf das Katholische in seiner rituellen Form, die er schon in seiner katholischen Sozialisation in Kärnten aufnahm, im Rhythmus der kirchlichen Feiertage, als Messdiener und als Schüler im Internat. Diese frühen Erfahrungen prägen wie eine ‚eisernen Ration' sein literarisches Werk, wenn auch verwandelt und auf poetische Weise umgebaut, aber doch dem Ritus der Liturgie folgend, sei diese römisch-katholischer oder slawisch-orthodoxer Provenienz.[15]

---

[14] Gespräch mit *Agathe Novak-Lechevalier*, in: *M. Houellebecq*, Ein bisschen schlechter. Neue Interventionen. Essays, Köln 2021, 87–111, hier 96.

[15] Vgl. hierzu *J.-H. Tück/A. Bieringer* (Hrsg.), „Verwandeln allein durch Erzäh-

Dies gilt auch für eines seiner späten Prosawerke: *Mein Jahr in der Niemandsbucht*,[16] ein gewaltiges Epos unserer Zeit von mehr als eintausend Seiten. Der Ich-Erzähler, ein *alter ego* des Autors, erzählt die Geschichte seiner „Verwandlungen" und berichtet von den „Augenblicken der Fülle", die doch „bloß Adventszeit" seien (S. 71f). Figuren seiner Geschichte sind sieben Freunde: der Sänger, der Leser, der Maler, die Freundin, der Architekt, der Priester und der Sohn. Schon beim ersten Auftauchen des priesterlichen Freundes, des Pfarrers von Rinkolach in der Jaunfeldebene, erzählt er, dieser fahre „am Sonntag im Zickzack über das Land, weil er in einigen der verstreuten Dörfer hintereinander die Messe zu lesen hat" (S. 188f); und „er gebe den Todkranken seiner Gemeinde ‚Sterbebegleitung'" (S. 190). Damit klingen zwei Leitmotive an, die Handkes Priesterfigur prägen.

Die „Geschichte des Priesters" (S. 613–647) beginnt mit einem „Schreckenstraum" des Priesters, der, im Traum noch nicht geweiht, allein vor dem Altar seiner Pfarrkirche steht, während ein kürzlich Verstorbener ihn zwingt, im Priestergewand auf die Knie zu gehen, um das Sakrament zu spenden: „Um diese Speise führte kein Weg herum; sie zu sich zu nehmen, war die Notwendigkeit; ohne sie bist du im Unheil!" (S. 614) Nach dem Traum geht der Alltag weiter mit dem Besuch bei einem Sterbenden und der Abendmesse für einen Verstorbenen. Auch hier wieder die enge Verbindung von Sterben und Kommunizieren. Nach einer zornigen Papstschelte geht die Erzählung weiter mit der Kindheit und Jugend des späteren Priesters; hier kommt eine Höllenpredigt in Erinnerung, deren Anlass war, dass ein Dorfkind dem Gekreuzigten die Zunge ausgestreckt hatte, und nun alle Schuldgefühle bekommen; der spätere Priester jedoch sei „mit der natürlichen Gläubigkeit" begabt und sei nicht nur gläubig, sondern auch „ein kleiner Glaubensverkünder" gewesen (S. 619). Das Kind stand „übernah dem Altar, besonders dem vergoldeten Tabernakel, in dessen Höhlung für ihn spürbar das Allerheiligste" sich befand (S. 620f).

Dann folgen in bunter Reihenfolge Episoden, die den Priester im Roman charakterisieren: So rezitiert er als Religionslehrer nicht selbst

---

len". P. Handke im Spannungsfeld von Theologie und Literaturwissenschaft, Freiburg i. Br. 2014.

[16] *P. Handke*, Mein Jahr in der Niemandsbucht. Ein Märchen aus den neuen Zeiten, Frankfurt a. M. 1994.

die Bibel, sondern lehrt die Schüler, Leser und Vorleser der Bibel zu werden. Auch auf die Gefahr hin, von den Leuten als Ordnungshüter verschrien zu sein, „kehrte er von Fall zu Fall von sich aus seinen Beruf hervor, nein, sein Amt; [...] Auf die Dauer wollte er lieber ein Pfaffe geschimpft werden, als ihr bloßer Kumpel zu sein." (S. 634) Zudem fordert der Priester eine neue Übersetzung des Neuen Testaments, weder im lutherischen noch im Zeitungsleserstil, sondern möglichst wörtlich aus dem Griechischen. Des Weiteren wird von einem uralten blinden Pfarrer berichtet, der in seiner Kirche weiterhin „die Texte vom ‚Introibo' bis zum ‚Ite missa est!' auswendig hersagend, die Eucharistie zelebrierte." (S. 638) Eine Szene erzählt vom Todkranken, der sich aus dem Bett erhebt, um auf Knien den Segen und die Letzten Ölung zu empfangen, „das Sakrament, das fast außer Gebrauch geraten war" (S. 639). Dann die Filialkirche, die nur noch für ein paar Messen zum Totengedächtnis öffnet, sowie die eingehende Schilderung der priesterlichen Handlungen am Altar. Auch flicht der Erzähler eine Zeitungsnotiz ein, wonach die Bevölkerung mehrheitlich die Priester als „gesellschaftlich nützlich" einschätzt, allerdings „strahlten sie in den Augen der meisten nichts Freudiges oder Frohbotschaftliches mehr aus." (S. 628)

Am Ende seines die Innenwelt reflektierenden Buchs lässt Handke den Erzähler nochmals auf seinen Freund, den Priester, zu sprechen kommen: „Vor allem die Sterbenden waren es, derentwegen er nicht, so wie er es zwischendurch doch ersehnte, wegkonnte." Denn „die Bedürftigkeit bei den Uralten gleichwie bei den Jungen, schien gewachsen, daß jemand wie er, da das sonst keiner mehr tat, möglichst vorbeischaute, mit seinem Verachtungsblick, und ihnen die Hand auflegte." (S. 902f) Und bei einer Messe mit Flüchtlingen, die ihm „verläßlich die Wärme in das Herz zog und er wie alltäglich sich sagte, auf jede Feier könne er verzichten bis auf, in Ewigkeit, die der Eucharistie, der Danksagung, des Abendmahls, mit der Verwandlung des Brots und des Weins in den göttlichen Leib und das göttliche Blut" (S. 906).

Zweifellos zeichnet Handke das Bild eines säkularen Priesters „in neuen Zeiten", der nicht nur mit seiner Aufgabe und um seine Identität kämpft, sondern unverdrossen und mit Zuversicht seinen Weg geht, nicht mehr in einer ehemals vollen Volkskirche, sondern in einer säkularen Situation, in der jedoch die Liturgie der Eucharistie und die Krankenpastoral unabdingbare Zeichen christlichen Lebens und Sterbens bleiben.

6. Priester als Beichtväter

Vielleicht gehört die Beichte, das Bekenntnis der Sünden vor dem
Priester, zu dem sakramentalen Dienst der Kirche, der in der Belletristik die meiste Aufmerksamkeit auf sich zieht, auch in der Gegenwart.[17] Exemplarisch beziehen wir uns auf eine Kinderbeichte, die
Beichte eines Halbwüchsigen und die eines Erwachsenen.

Die bekannte Schriftstellerin Felicitas Hoppe (*1960) aus Hameln
ist Literaturwissenschaftlerin und mit zahlreichen Erzählungen und
Romanen hervorgetreten. In einem kleinen Essay (2004) befasst sie
sich mit „Beichtkindern"[18] und bezieht sich dabei kritisch auch auf
den Bekenntniszwang in der heutigen Gesellschaft. Deren Modera-
toren und Talkmaster seien „weder Priester noch Gott", sondern
folgten „den strengen weltlichen Gesetzen der dauernden Unterhal-
tung" und seien „ein Haufen liebloser, selbsternannter Beichtväter
der Öffentlichkeit rund um die Uhr." (S. 91) Doch sie berichtet
auch von einer wirklichen Beichte im Beichtstuhl, ihrer eigenen als
Kind. „Meine erste Beichte legte ich im Alter von fünf Jahren ab,
kurz bevor ich zur ersten heiligen Kommunion ging. Damals erschien mir die Möglichkeit einer persönlichen Beichte geheimnis-
und verheißungsvoll, der Beichtstuhl als ein Ort, an dem alles gesagt
und nichts verraten werden durfte, das *aufgespannte Ohr Gottes*,
dem ich straffrei alles anvertrauen durfte, was ich mir ausgedacht
hatte." (S. 90) Die Figur des Priesters, „der so gut wie unsichtbare
Geistliche", wurde für sie wichtig, weil sie niemals „dermaßen *beim
Wort* genommen" wurde, und der Beichtvater „weder auf Befragung
noch auf Tadel aus war" und keine andere Aufgabe hatte, „als mir
alle erfundenen und nicht erfundenen Sünden gleichermaßen zu
vergeben" (S. 91) Damit tritt deutlich zu Tage, worum es bei einem
christlichen Sündenbekenntnis geht, nämlich um Vergebung der
Sünden durch die Absolution.

---

[17] Vgl. *G. Langenhorst*, Literarische Spiegelungen von Beichte: Darstellungen des
Bußsakraments in der Gegenwartsliteratur, in: StZ 140 (2015) 121–132.
[18] *F. Hoppe*, Beichtkinder. Über Bekenntniswahn und Bekenntniszwang, in: F.
Höllerer/T. Schleider (Hrsg.), Betrifft: Chotjewitz, Dorst, Hermann, Hoppe,
Kehlmann, Klein, Kling, Kronauer, Mora, Ortheil, Oswald, Rakusa, Sebald, Wal-
ser, Zeh, Frankfurt a. M. 2004, 88–95, hier 91.

Ralf Rothmann (*1953), wurde in Schleswig geboren und wuchs in Oberhausen auf. Gelernter Maurer, übte er mehrere Berufe aus, bis er nach Berlin ging und Anfang der 90er Jahre zu schreiben begann, Romane und Kurzgeschichten. Bekannt wurde der Autor durch seine Ruhrgebietsromane. In diesem Milieu spielt auch, mit autobiographischen Anklängen, sein Roman *Junges Licht* (2004).[19] Icherzähler ist der junge Julian, für den gerade die Sommerferien beginnen. In realistischer Sprache und lakonischem Stil erzählt er die Geschichten aus seiner Bergmannsfamilie, aus der Schule, aus der Jugendgang, von seinen geliebten Tieren, doch auch die stille und dunkle Welt unter Tage kommt zur Sprache. Die Erwachsenenwelt bedrängt ihn eher, etwa der Lehrer und die Mutter, die ihn verprügeln; der Vater, der sexuelle Beziehungen mit einer Minderjährigen unterhält.

Der Autor bemerkt einmal, dass er „inbrünstig katholisch" gewesen sei, was sich beim Erzähler nun widerspiegelt, wenn dieser mit kargen Worten die Episode seiner Beichte erzählt. Julian bittet Pfarrer Stürwald, außerhalb der Zeit bei ihm beichten zu können. Als dieser ihn auf später vertrösten will, bleibt er hartnäckig. Schließlich legt er eine alterstypische Standardbeichte ab, die der Priester bespricht und den Jugendlichen beruhigt: „Du kommst jetzt in ein Alter, in dem solche Anfechtungen zunehmen, weißt du. Doch das ist normal, und nicht alles ist gleich Sünde." (S. 208) Doch dann kommt Julian noch mit einer gewichtigen Frage: Ob er auch für einen anderen beichten könne, der unkeusch gewesen sei. Das jedoch lehnt der Priester strikt ab, „du kannst nicht die Verfehlungen eines anderen bereuen." (S. 209) Doch wieder bleibt Julian hartnäckig. „Ich schluckte. Nein? Warum nicht?" Der junge Julian will stellvertretend (für seinen Vater) beichten. Welch ein Ansinnen eines ernsthaften Jugendlichen! Der Pfarrer hat keine Zeit für ihn und wimmelt ihn ab. War das eine angemessene Jugendpastoral?

Günter de Bruyn (1926–2020), ein deutscher Schriftsteller, stammt aus Berlin. Zunächst Soldat, dann Bibliothekar, wurde er 1961 freier Schriftsteller, hatte aber unter dem DDR-Regime Zensur und Bespitzelung zu erleiden. An die vierzig Publikationen zählt sein Œuvre. In den 90er Jahren veröffentlichte er eine literarische Autobiographie, deren erster Band eine „Jugend in Berlin" behandelt;

---

[19] *R. Rothmann*, Junges Licht. Roman, Frankfurt a. M. 2004.

konkret berichtet er dort von der „Hochzeitsbeichte", die damals
üblich war. „Nach jahrelangem Lager und Kasernenleben, wo mein
Gefühl mit Angst und Ekel, mein Verstand mit Überlebensstrategie
beschäftigt war und Uniformität in Kleidung, Tagesablauf und Ge-
baren nivellierend gewirkt hatte, führte diese Beichte, die nur mir
als Individuum galt, mich zu mir selbst zurück. Die fieberähnliche
Bewusstseinsstörung, die seit dem zwölften Lebensjahr durch Zwän-
ge der Gemeinschaft und Todesfurcht entstanden war, verging. Es
war wie ein Erwachen, ein Erwachsenwerden. Der unsympathische
Beichtvater mit seiner plumpen politischen Propaganda und seine
Routinefragen hatte mir, kraft seines Amtes, ein Fenster zu meinem
Inneren aufgestoßen, das einen Blick zurück erlaubte, einen Blick in
Liebe, nicht im Zorn."[20] Beichte wird hier also als Freiheitsgewinn
und Subjektwerden erlebt, bei der es auf das amtliche Wirken des
Priesters ankommt, nicht auf Sympathiewerte.

Eine literarisch bemerkenswerte Priesterfigur hat der italienische
Schriftsteller Matteo Locci (*1958) geschaffen, der unter dem Pseu-
donym Gesuino Némus schreibt. Sein Erstling lässt aufhorchen: Der
Kriminalroman *Die Theologie des Wildschweins*, 2021 (ital. 2015).[21]
Der intelligente Roman handelt im Jahr der ersten Mondlandung
1969 in einem sardischen Bergdorf. Eine der Hauptfiguren ist der
Ortspfarrer Don Cossu Egisto, ein Jesuit, den es aufs Land verschla-
gen hat. Er kennt alle im Dorf, ihre Sorgen und Missetaten. Bei ihm
laufen alle Fäden zusammen, vor allem dann, wenn die örtlichen
Obrigkeiten mit polizeilichen Fällen befasst werden. Auch in dem
verflixten Kriminalfall, bei dem zwei Tote und ein Vermisster zu be-
klagen sind und der Vermisste Vater und Mutter verliert. Wichtige
Figuren sind auch zwei Jungen von zwölf Jahren, die in der Obhut
des Priesters leben und Messdiener sind: der supergescheite Matteo,
der sich autodidaktisch das Orgelspiel beibringt, und Gesuino, ein
Findelkind, das stottert und sich nur singend verständigt. Beide
sind Freunde, die schweigen können.

Der Erzähler des Romans setzt seine Figuren in die wild-schöne
Landschaft und hebt die Leidenschaften Don Cossus hervor, Bücher
zu schreiben und Fälle zu lösen, auf Wildschweinjagd zu gehen und
sardisch zu essen und zu trinken. Heiter und humorvoll, ernst oder

---

[20] *G. de Bruyn*, Zwischenbilanz. Jugend in Berlin, Frankfurt a. M.1992, 358.
[21] *G. Némus*, Die Theologie des Wildschweins, München 2021.

ironisch schildert er den Dorfpriester, der sich aber auch auf philosophische und theologische Themen versteht. Zur wichtigsten Tätigkeit seiner Pastoral gehört die Beichte, auch für Banditen. War er doch „von Berufs wegen an die *Omertà*, die Schweigepflicht gebunden." (S. 8) Don Cossu ist von Anfang bis zum bitteren Ende Held der Geschichte, mit Rückblenden und Perspektivwechseln. Ein Journalist: „Dieser Priester ist seinerseits ein Wunder, [...] Warum sind nicht alle Priester so, fragst du dich und wirst dich das noch fragen. Denn ist Glaube nicht genau das – Freude, Humor und Frohsinn?" (S. 193) Dieser Roman eines Jesuitenpriesters ist so gut erzählt, natürlich „Ad maiorem Dei gloriam", dass selbst Ignatius mit den Augen zwinkert.

7. Resonanz und Dissonanz

Die Beispiele aus der literarischen Welt der späten Moderne zeigen eine Vielfalt, die sich nicht zusammenfassen, geschweige denn auf einen Nenner bringen lässt. Schriftsteller kreieren ihre eigenen Welten und finden oder erfinden ihre Priesterfiguren. Der Sozialphilosoph Hartmut Rosa hat jedoch eine Kategorie ins Spiel gebracht, die es erlaubt, jeweilige Weltbeziehungen der Priesterfiguren zu vergleichen. Kriterium ist die „Resonanz" dieser Beziehungen, welche in unserem Fall die literarische Gestalt des Priesters betreffen, in seinen Beziehungen zur (religiösen) Welt des Katholizismus sowie seine Fähigkeit, diese auch für die Leser resonant werden zu lassen.[22] Schon das Zweite Vatikanische Konzil hatte mit der Pastoralkonstitution *Gaudium et spes* darauf gedrungen, dass die Kirche sich nicht abschottet, sondern mit der heutigen Welt in Beziehung setzt, was natürlich auch für die Priester gilt. Diese sollen sich gemäß dem Priesterdekret *Presbyterorum ordinis* zwar nicht gleichförmig mit der Welt machen, „vermöchten aber auch nicht den Menschen zu dienen, wenn sie ihrem Leben und ihren Bedingungen fremd blieben." (PO 3) Überdies sollen sie sich „darauf vorbereiten, mit ihren Zeitgenossen in angemessener Weise ins Gespräch zu kommen." (PO 19) Um ein solches Gespräch mit Zeitgenossen geht es hier.

---

[22] *H. Rosa*, Resonanz. Eine Soziologie der Weltbeziehung, Berlin 2016.

Arnold Stadler erzählt von einer resonanten katholischen Kindheit, auch wenn diese schmerzlich war und der Autor die Seminaristenkarriere beendete. Später baut er eine fruchtbare Beziehung zur religiösen Welt der Psalmen auf, die mit intensiven Beziehungen zu den Zeitgenossen und den Lesern seiner Bücher einhergeht, denen er neue Weltbeziehungen erschließt. Andreas Wollbolds Beziehung zur religiösen Welt der Kirche scheint keine Brüche zu kennen; seine Spur des Lebens führt zum Priestertum, und auf der akademischen Ebene bringt er den Studenten die Resonanz der sakramentalen Welten im weiten Feld der pastoraltheologischen Reflexion nahe.

Die Weltbeziehungen, die Petra Morsbach ihrem priesterlichen Helden angedeihen lässt, sind dicht und umfassend, da ihn die Autorin das gesamte pastorale Programm eines Pfarrers realistisch und durchaus resonant absolvieren lässt. Die Weltbeziehungen bleiben jedoch örtlich beschränkt auf Niederbayerns Welt, so dass etwa die römisch-katholische Weltkirche mit ihren vielfältigen Kulturen keine Resonanz erzeugen kann. Der allwissende Erzähler berichtet von der Wiege bis zur Bahre ein Priesterleben im Einsatz für die Seinen, das aber spirituell merkwürdig kühl bleibt, wenig Resonanz erfährt und auslöst. Dabei bieten sich reichlich Schwingungsebenen an, von der Caritas bis zur Musik. Führt ein Anderer resonante Regie, wenn Priester ihrer Berufung folgen?

Zwei Literaturnobelpreisträger sind unter den hier aufgeführten Literaten, die das Priesterthema aufgreifen, aber sehr unterschiedliche Figuren gestalten. Günter Grass, der auf katholisches Erbe zurückblicken kann, nutzt den Kontext der deutschen Wende für seinen Berlin-Roman. Dort lässt er einen „ungeschlachten" Priester auftreten, der die Konversion einer ehemaligen Kommunistin zur Katholischen Kirche begleitet und auf deren Hochzeit eine Lobrede auf den Zweifel hält, auch auf den Zweifel an Gott. Dieser Priester scheint nicht resonant auf die Stimme der religiösen Welt zu reagieren und bringt mit dem Zweifel eher eine Dissonanz ins Spiel, wenngleich die Konvertitin mitten in einer atheistischen oder säkularisierten Gesellschaft kontrafaktisch einen transzendenten Silberstreif aufleuchten lässt. Auch der andere Nobelpreisträger Peter Handke blickt auf eine katholische Sozialisation zurück und kennt in seinem Werk zahlreiche ‚Augenblicke', insbesondere bei der Messe. Handke ist wohl derjenige Autor unserer Auswahl, der am deutlichsten resonante Begegnungen schildert, ob mit den Stimmen der Anderen, mit der Natur und der Kunst, vor allem aber mit der religiösen Welt. So erzählt er hier die Geschichte eines seiner Freunde, die „Geschichte des Priesters", der nicht nur Resonanzbeziehungen zu den Sphären der Natur, Kunst und Religion unterhält, sondern auf besondere Weise zum katholischen Kosmos. Überdies vermag er auch bei den ihm Anvertrauten Jungen und Alten Resonanz für die Welt der Bibel oder für den Segen des Alters zu wecken. Und im Zentrum steht das Sakramentale in Gestalt der Feier der Eucharistie.

Die Resonanz des Sakramentalen spielt auch bei drei weiteren Autoren mit katholischem Hintergrund eine prägende Rolle, diesfalls in der Begegnung mit dem Sakrament der Buße oder der Versöhnung, das zur Kernkompetenz des Priesters gehört. Es handelt sich um eine Kinderbeichte bei Felicitas Hoppe, eine Jugendbeichte bei Ralf Rothmann und eine Erwachsenenbeichte bei Günter de Bruyn. Mit Empathie beschreiben sie die Beichte als Ort, in dem das Subjekt sich selbst zur Sprache bringen und sein Verhältnis zu Gott klären kann. Es ist der geschützte Ort rückhaltloser Aufklärung, deren Resonanz entscheidende existentielle Fragen beantwortet, auch wenn die Beichtväter nicht immer ihrer Aufgabe gerecht zu werden vermögen.

Die Priesterfigur, die im Roman von Michael Houellebecq auftritt, lebt in einer postmodernen Welt des Digitalen, die kaum Resonanzerfahrungen kennt. Es ist eine Welt der Entfremdung und der Beziehungslosigkeit, die stumm bleibt und bedrohlich bis hin zu Tod und Tötung erscheint. In einer solchen Welt ohne Resonanzqualität versucht der Priester zwar, seinem Freund die religiöse Welt nahezubringen, doch wird er selbst in den beziehungslosen Sog hineingerissen, in der auch katholische Splitter nichts mehr ausrichten können. Es bleibt offen, ob der Autor den Verlust resonanter Weltbeziehungen beklagt, auch wenn er mit einem paulinischen Motto die Liebe beschwört. Aber auch solch kalte Welten werden kluge Priester unter ihren Zeitgenossen finden.

Im sardischen Kriminalroman von Matteo Locci (alias Gesino Némus) scheint die Welt des jesuitischen Ortspfarrers auf den ersten Blick noch in Ordnung, zumal sie sich humorvoll präsentiert. Doch auch in dieser anscheinend resonanten Welt bleibt vieles im schweigenden Dunkel der *omertà*. Jedenfalls fordert auch diese so traditionelle Welt Tote, die der Priester wenigstens aufklären und beerdigen kann. – Priester sind immer Priester ihrer Zeit und ihres Ortes, zu-

212 Michael Sievernich SJ

sammen mit ihren Zeitgenossen. Literarische Priestergestalten mögen unsere Zeit dekuvrieren, doch nur der theologische Blick vermag die persönliche Begegnung mit Jesus Christus wahrzunehmen.[23]

---

[23] Vgl. EG 3.

3.
Perspektiven

Gesendet – wohin und zu wem?
Priester als postsäkulare Religionsexperten

Hans-Joachim Höhn

„Wofür sind wir (noch) da?" – Diese Frage stellen sich viele Priester mit dem Blick auf zahlreiche Erosions- und Transformationsprozesse in Kirche und Gesellschaft.[1] Zwar lassen sich traditionelle Zuständigkeiten rasch herunterspulen: Verkündigung des Evangeliums, Dienst an den Sakramenten, Seelsorge und Caritas, Gemeindeleitung. Aber immer zögerlicher fallen die Auskünfte aus, wenn man sich nach der sozialen Reichweite und Resonanz, nach der kulturellen Relevanz und Akzeptanz priesterlicher Dienstleistungen erkundigt. Dieses Zögern hat nicht allein in den Statistiken über Kirchenaustritte, über sinkende Quoten bei Taufen, Trauungen und Beerdigungen seinen Grund. Und es erklärt sich auch nicht allein aus einem massiven Vertrauensverlust angesichts eines weltweit beobachtbaren – und somit pandemischen – sexuellen Missbrauchs von Schutzbefohlenen durch Priester. Bereits vor der Aufdeckung dieses Skandals hat sich eine Krise des Priesterberufs abgezeichnet. Sie resultiert aus zahlreichen Umbrüchen des „religiösen Feldes" (P. Bourdieu) der Gesellschaft.[2] Diese kritischen Entwicklungen verlaufen überwiegend schleichend, werden im Rückblick aber oft als Disruptionen empfunden und führen ebenso häufig zu Plädoyers für gleichermaßen disruptive Veränderungen.[3]

---

[1] Vgl. exemplarisch das Impulspapier des Priesterrats im Erzbistum Freiburg, Zur Identität des Priesters in der Vielfalt der unterschiedlichen Rollen, Freiburg i. Br. 2020. – www.berufe-der-kirche-freiburg-shop.de/sonderartikel/388/impulspapier-zur-identitaet-des-priesters-in-der-vielfalt-der-unterschiedlichen-rollen (Zugriff: 30.01.2022).

[2] Vgl. hierzu *M. N. Ebertz*, Die Entgrenzung des kirchlichen Feldes in der Gegenwart, in: S. Kopp (Hrsg.), Kirche im Wandel. Ekklesiale Identität und Reform, Freiburg i. Br. 2020, 30–59.

[3] Vgl. dazu die Diskussionstexte des 2019 gestarteten „Synodalen Weges": Synodalforum II „Priesterliche Existenz heute" – https://www.synodalerweg.de/dokumente-reden-und-beitraege#c4586 (Zugriff: 27.04.2022).

Zwar lässt sich angesichts der eingetretenen Verunsicherungen die innerkirchliche Unverzichtbarkeit eines sakramentalen Weiheamtes mit dogmatischem und kirchenrechtlichem Argumentationsaufwand demonstrieren.[4] Allerdings ist damit wenig gewonnen für die Bewältigung von Herausforderungen, die von Veränderungen im sozialen Umfeld der Kirche ausgehen. Wenn Verkündigung und Seelsorge zu den priesterlichen Kernaufgaben gehören, dann sind diese Aufgaben nicht schon erfüllt, wenn lediglich die spirituellen Bedürfnisse der „Kerngemeinden" erfüllt werden. Nimmt man die kirchliche Rhetorik ernst, die sich gern der Vokabel „Sendungsauftrag" bedient, ist der „Sendungsraum" für die Verkündigung des Evangeliums größer als der Radius kirchlicher Seelsorgeeinheiten. Die Kirche erwartet von sich selbst, dass sie das Evangelium ausnahmslos allen Menschen verkündet – auch jenen, die „Gott insgeheim suchen, bewegt von der Sehnsucht nach seinem Angesicht, auch in Ländern alter christlicher Tradition."[5] Dieser Anspruch mag zunächst wie eine missionarische Utopie anmuten. Seiner Einlösung kommt jedoch der Umstand entgegen, dass es „postsäkulare" Konstellationen von Religion und Gesellschaft gibt: Moderne Gesellschaften zeichnen sich dadurch aus, dass inmitten fortschreitender Säkularisierungsprozesse immer wieder die Säkularisierungsresistenz existenziell aufbrechender und religiös anschlussfähiger Sinnfragen deutlich wird.[6] Wollen Priester diese Chance nutzen, müssen

---

[4] Siehe dazu etwa C. Ohly u. a. (Hrsg.), Aktuelle Herausforderungen des kirchlichen Weiheamts, Regensburg 2020; Ders. u. a. (Hrsg.), Das Geschenk der Berufung zum Priestertum. Zur Zukunft der Priesterausbildung, Münster 2020.

[5] EG 17.

[6] Die Moderne konnte zwar die Glaubwürdigkeit überkommener religiöser Daseinsdeutungen erschüttern, vermochte aber nicht die Nöte zu beseitigen, welche hinter der Nachfrage nach solchen Deutungen stehen. Auch säkulare Gesellschaften werfen Fragen auf, die sie mit eigenen Mitteln nicht beantworten können: Wie steht es um die Berechtigung menschlicher Existenz jenseits des Zwangs, Anerkennung und Wertschätzung durch Leistung oder Geld zu erwerben? Worin bestehen Wert und Würde menschlichen Daseins, wenn das Individuum austauschbar geworden ist und es nicht nur hinsichtlich seiner Berufsrolle ersetzt werden kann, sondern dies auch für private, intime Beziehungen gilt? Wie tragfähig ist ein Lebenssinn, wenn dieser ebenso vergänglich ist wie das Subjekt, das sein Leben eigenhändig mit Sinn erfüllen muss? Ist das Leben in einer Welt zustimmungsfähig, in der es zu viel gibt, das kategorisch inakzeptabel bleibt? – Zur Problematik modernitätskompatibler Antworten auf säkularisierungsresistente

sie sich in säkulare Kontexte begeben, in denen sie durchaus mit religiöser Aufgeschlossenheit und spiritueller Offenheit rechnen dürfen. Allerdings ist das Scheitern entsprechender Evangelisierungsversuche vorprogrammiert, wenn nicht hinreichend geklärt ist, wer sie dort erwartet und was von ihnen erwartet wird.

Im Folgenden geht es um eine Sondierung von Erwartungs- und Abwehrhaltungen, die im religiösen Feld der Gesellschaft antreffbar sind und auf eine Neujustierung der „Mission" von Priestern, ihrer Berufsrolle und ihres Selbstverständnisses hinauslaufen.[7] Diese Sondierung ist gekoppelt an eine idealtypische Identifikation „postsäkularer" Spiritualitäten, die sich oft jenseits eines moralisch oder dogmatisch codierten religiösen Bekenntnisses formieren oder sich selektiv seiner Bestandteile bedienen.[8] Hinter dieser Kopplung steht eine berufssoziologische These: Priester werden in erster Linie als „Religionsexperten" gesehen, denen eine spezifische Deutungskompetenz menschlichen Daseins aus den Quellen einer religiösen Tradition, eine elaborierte Sozialkompetenz bezüglich der Bildung und Begleitung zwischenmenschlicher Beziehungen sowie eine besondere Gestaltungskompetenz bei der rituellen Performance religiöser Überzeugungen zugesprochen wird.[9] In welcher Weise diese Expertisen und Kompetenzen angesichts religiöser Transformationsprozesse gefragt sind, lässt sich allerdings kaum auf einen Nenner bringen. Hier sind divergierende Wirkgrößen zu beachten. Sie ergeben ein Kaleidoskop von Herausforderungen, Chancen und Risiken, die auf Ihre Evaluation in der Beruf(ung)sberatung künftiger Priester warten.

Fragen vgl. *H.-J. Höhn*, Zeit und Sinn. Religionsphilosophie postsäkular, Paderborn 2010.

[7] In den aktuellen theologischen Diskursen um Rolle und Identität des Priesters wird seine Bedeutung als „öffentliche Person" im Spannungsfeld kirchlicher und gesellschaftlicher Erwartungen kaum thematisiert. Berufssoziologische Studien werden ausgeblendet. Als Beleg siehe *R. Meyer/B. Schmidt* (Hrsg.), Priesterliche Identität? Erwartungen im Widerstreit, Münster 2021.

[8] Dabei wird u. a. zurückgegriffen auf *H.-J. Höhn*, Gewinnwarnung. Religion – nach ihrer Wiederkehr, Paderborn 2015, 185–204.

[9] Vgl. *K. Sammet*, Profession, in: *D. Pollack* u. a. (Hrsg.), Handbuch Religionssoziologie, Wiesbaden 2018, 546: „Es handelt sich um religiöse Experten, die religiöse Wissensbestände verwalten und tradieren. Dies geschieht durch die Ausführung von Ritualen, durch die Systematisierung und Auslegung der religiösen Überlieferungen sowie dadurch, dass sie das religiöse Wissen bzw. die Dogmen auf die alltägliche Lebenspraxis von Laien beziehen."

1. Kultursoziologische Streiflichter: Transformation und Dekonstruktion des Religiösen im Säkularen

Seit geraumer Zeit ist diesseits und jenseits des kirchlich institutionalisierten Christentums eine Neuformatierung der Nachfrage nach religiösen Sinnentwürfen beobachtbar, die sich in höchst unterschiedlichen, teilweise sogar gegenläufigen Verlaufsformen manifestiert. Für einen Großteil dieser Veränderungen des religiösen Feldes, auf dem das Christentum eine Großparzelle darstellt, kann der Begriff „Dekonstruktion" stehen: Wer sich aus eigenem Antrieb für Religion interessiert, übt sich in der Praxis des Zerlegens und Zusammensetzens, des Umstellens und Verschiebens, des Variierens, Aus- und Neusortierens säkularer und religiöser Muster der Daseinsorientierung. Neu arrangiert wird dabei eine Glaubenspraxis, die am kultisch-rituellen und lehrmäßigen Depositum einer Religion oder Konfession orientiert war.[10] Sie wird von ihrer institutionellen Regie abgekoppelt und steht fortan im Dienst der individuellen Selbstvergewisserung. Wer in diesem Kontext als Repräsentant einer religiösen Institution oder Hüter einer invarianten Tradition auftritt, muss damit rechnen, dass das Invariante nur insoweit geschätzt wird, wie es zur Individualitätsbestärkung der Adressaten einer religiösen Sinnofferte beiträgt.[11]

Mancher Kirchenvertreter setzt seine Hoffnungen hingegen auf ein Phänomen, das offenkundig im Kontrast zur Subjektivierung und Individualisierung religiöser Sinnvergewisserung steht: Etliche Zeitgenossen treibt die Suche nach dem bleibend Gültigen, Unverrückbaren und Unanfechtbaren religiöser Überlieferungen um. Sie verlangen nach Gewissheiten, die der geschichtlichen Kontingenz und historischen Relativierung enthoben sind. Hoch im Kurs steht hier eine Religiosität, die sich auf Formen und Inhalte stützt, in denen das Versprechen der Authentizität steckt. Es geht um eine Fröm-

---

[10] Vgl. *H.-J. Höhn*, Postsäkulare Gesellschaft? Aktualität und Relevanz einer Theorie religiöser Dispersion, in: R. Ceylan/H.-H. Uslucan (Hrsg.), Transformation religiöser Symbole und religiöser Kommunikation in der Diaspora, Wiesbaden 2018, 65–80.

[11] Vgl. hierzu auch *H. Knoblauch*, Individualisierung, Privatisierung und Subjektivierung, in: D. Pollack u. a. (Hrsg.), Handbuch Religionssoziologie, Wiesbaden 2018, 329–346.

migkeit, die sich gegen fragwürdige Modernisierungsappelle den Charakter des Unverfälschten bewahrt. Hier gilt Religion als „konstitutionell konservativ". Sie steht für das Bleibende, worin man eine „Bleibe" findet in einer Gesellschaft, die ansonsten einem Beschleunigungs- und Innovationsdiktat untersteht. Das Insistieren auf Vertrautheit markiert den Grundzug der hierzu passenden Spiritualität. Gefragt sind Orte und Zugehörigkeiten, die sich durch Beständigkeit und Verlässlichkeit auszeichnen. Gesucht wird die „Treue zum Ursprung" einer Konfession und zu jenen Personen, die sich selbst diese Treue bewahrt haben. Angesichts dieser Erwartungshaltung scheint es aussichtsreich, wenn Repräsentanten der Kirche „unverrückbare Wahrheiten" aus dem Fundus ihrer Lehrüberlieferung präsentieren und mit dogmatischen Eindeutigkeiten aufwarten.

So divergent diese Trends im Detail sein mögen, so groß ist auch ihre Gemeinsamkeit. Ein dogmatischer Anti-Modernismus ist nicht minder ein dekonstruktives Phänomen moderner Religionspluralität als eine subjektzentrierte Eklektik individueller Glaubenspräferenzen. In beiden Fällen geht es um einen Abgleich individueller Bedürfnisse mit einem institutionellen Set an dogmatischer, ethischer oder ritueller Orientierung. Auch dort, wo eine traditionelle Formierung der Religiosität gepflegt wird, wird sie für eine subjektzentrierte Identitätsstabilisierung eingesetzt. Sich in Sachen Religion als Traditionalist zu bekennen, ist keine Haltung, welche primär die Tradition stärkt, sondern Ausdruck einer Maxime individueller Selbstbehauptung: „Erhalte die Tradition und die Tradition hält Dich!" Wer sich als Repräsentant einer religiösen Institution von dieser Konstellation eine Bestätigung seiner überkommenen Berufsidentität verspricht, lässt sich daher auf eine fragile Beziehung von Individuum und Institution ein. Sie ist abhängig von positiven Effekten des Kontaktes mit der Institution für die individuelle religiöse Selbstbestätigung. Wer sich von einer Tradition nicht mehr getragen weiß, trägt nichts mehr zu ihrem Erhalt bei.

Eine Dekonstruktion findet auch statt, wo es um letzte Fragen und um die Letztzuständigkeit ihrer Beantwortung geht. Die religiös-existenzielle Leitfrage vieler Zeitgenossen ist vielfach nicht mehr, wie sie einem Gott gerecht werden, auf dass er ihnen gnädig wird.[12]

---

[12] Vgl. *J. Knop* (Hrsg.), Die Gottesfrage zwischen Abbruch und Umbruch. Theologie und Pastoral unter säkularen Bedingungen, Freiburg i. Br. 2019.

Ihr Interesse besteht vielmehr darin, herauszufinden, was in und von einer Religion ihnen gerecht wird. Was passt zu ihnen, um jene existenziellen Leerstellen füllen zu können, die ihnen das Leben sinnlos vorkommen lassen? Wenn es stimmt, dass Religion von dem erzählt, was einem Menschen existenziell fehlt und was diese Leerstelle passgenau füllen kann, hilft das institutionelle Andemonstrieren des Passenden nicht weiter. Katechismuswahrheiten eignen sich nicht als Passepartout der Sinnsuche. Sie verfehlen den Menschen, der aus der Erfahrung des eigenen Lebens besser weiß, was ihm fehlt – und am besten ermessen kann, was zu ihm passt.

Zwar spielen auf der Nachfrageseite religiöser Kommunikation biographische Interessen bzw. existenzielle Selbst- und Situationsdefinitionen eine entscheidende Rolle. Diese entwickelt das Individuum jedoch nicht freihändig, sondern immer auch in Relation zu den säkularen „Megatrends" der Lebensgestaltung. Dazu zählen neben Pluralisierung und Individualisierung vor allem die Ästhetisierung und Erlebnisorientierung des Daseins. Sie beeinflussen erheblich das religiöse Feld der Gesellschaft und wirken sich ebenso auf das Erwartungsprofil für das Auftreten religiöser Experten aus.

2. Religionssoziologischer Zoom: Verschiebungen religiöser Expertisen und Kompetenzen

Für die Beantwortung der Frage, was Priestern im religiösen Feld der Gesellschaft zugetraut wird und wer sich ihnen (noch) anvertraut, ist es hilfreich, mit einem religionssoziologischen Zoom weitere Einflussgrößen zu betrachten. Im Folgenden sollen drei Grundtypen religiöser Aufgeschlossenheit näher vorgestellt und ihre Relevanz für ein priesterliches „Heilswirken" thematisiert werden. Dabei wird weder beansprucht, das gesamte Spektrum gegenwärtiger Religiosität abzudecken, noch können alle Auswirkungen auf Statusveränderungen priesterlicher Religionsexperten angesprochen werden.[13] Das Augenmerk gilt jenen Phänomenen, in denen sich überkommene

---

[13] Vgl. dazu *R. Bucher*, Ziemlich schutzlos und offenkundig gefährdet. Lage und Perspektiven des Weihepriestertums in der aktuellen Transformationskrise der katholischen Kirche, in: H. Haslinger (Hrsg.), Wege der Kirche in die Zukunft der Menschen, Freiburg i. Br. 2021, 69–83.

Muster kirchlicher „Heilssorge" mit säkularen Tendenzen der „Selbstsorge" (M. Foucault) kreuzen. Sie werfen die Frage auf, ob und inwieweit sich Priester eine religiös-säkulare Doppelexistenz zulegen müssen, um als Experten in Sachen Religion bedeutsam zu bleiben. Lassen sie sich darauf ein, müssen sie anerkennen, dass über ihre Autorität und ihre Befugnisse nicht die Institution befindet, als deren Gesandte sie auftreten. Ansehen und Autorität müssen sie bei jenen erwerben, die darüber womöglich nach säkularen Standards befinden. Dabei geraten sie unversehens in ein Konkurrenzverhältnis mit anderen Akteuren, die über eine eigene Expertise im Bereich der Lebensgestaltung und -beratung verfügen. Meiden sie den Leistungsvergleich mit säkularen Angeboten der Begleitung und Unterstützung in den Wechselfällen des menschlichen Lebens, droht ihnen ein gesellschaftlicher Bedeutungsverlust, den sie mit dem Rückzug in die kirchlichen Refugien der Seelsorge nicht wettmachen können.

2.1. Psychische Transzendenzen – ein Feld für „Religionstherapeuten"?

Eine sich sozial und politisch definierende Religiosität, welche die Relevanz jeder Glaubenspraxis an der Solidarität mit Menschen in prekären sozialen Verhältnisse festmacht, findet seit den 1990er Jahren immer weniger Anklang. Entsprechend gering fällt z. B. die innerkirchliche und gesellschaftliche Aufmerksamkeit aus, die das Engagement der „Arbeiterpriester" hierzulande findet.[14] Anders sieht es für therapeutisch angelegte Aktivitäten aus, die den Nexus von Heil und Heilung thematisieren. Viele Klöster bieten Kurse in sakralem Ambiente an und setzen bei ihrer Werbung auf die Aura eines Ortes, an dem „gottgeweihte" Menschen leben und arbeiten. Sie generieren Nachfrage für ihre Angebote auf dem spirituellen Wellness-Sektor. Ihre Interessenten haben es auf wohltuende Wirkungen „sakraler" Praktiken abgesehen, die sie bei entsprechender Anwendung im religiösen Subjekt hervorrufen. Sie sollen vor allem Gefühle und Stimmungen auslösen, die als heilsam, tröstend, befreiend, bewusstseinserweiternd, erhebend etc. erlebt werden können.

---

[14] Vgl. *A. Koolen/V. Strassner*, Leben im Schatten von Kirche und Gesellschaft. Arbeiterpriester in Frankreich und Deutschland, in: ThG 47 (2004) 101–115.

Religiöse Exerzitien finden nach wie vor Resonanz, wenn es um Selbsttranszendenz geht. Allerdings haben sich die Fluchtpunkte dieses Transzendierens gewandelt. Viele religiös Aufgeschlossene suchen Kontakt mit einer Realität im Hier und Jetzt, die das Hier und Jetzt übersteigt. Zeugnisse dieses Kontaktes „aus zweiter Hand" interessieren sie kaum. Sie wollen sich nicht mehr damit begnügen, auf eine Offenbarung angewiesen zu sein, von der nur Abschriften erhalten sind. Außerdem bezweifeln sie, dass über deren Deutung allein eine religiöse Behörde und deren hauptamtliches Personal autoritativ befinden dürfen. Was solche „Schriftgelehrte" selbst nur vom Hören-Sagen kennen, wollen sie aus eigenem Erleben bestätigt finden. Sie suchen nach religiösen Live-Kontakten, über deren Gehalt, Qualität und Relevanz sie selbst ein Urteil fällen wollen. Sie halten sich selbst für erfahrungs- und deutungskompetent.[15] Als Instanz ihrer Urteilsbildung gilt ihnen ihre „Innerlichkeit"; sie setzen auf Befindlichkeiten und Gefühle, wenn es gilt, einer existenziell belangvollen Gewissheit inne zu werden. Was Kirchenvertreter oft nur moralisch verstehen, nehmen sie auf gänzlich andere Weise beim Wort: Umkehr. Sie drehen die Richtung religiöser Sinnvergewisserung um und begeben sich auf eine Transzendenz nach innen. Sie wollen wissen: Was steckt noch in mir? Was kann ich noch aus mir machen? Wie kann ich den Abstand zwischen meinem faktischen Ich und meinem wahren Selbst verkürzen?

Zwar stellen diese Zeitgenossen ihr „Ich" ins Zentrum, aber sie sind auf der Suche nach einer doppelten Gnade. Sie wollen ein eigener Mensch sein, aber nicht vereinsamen. Sie sind anlehnungsbedürftige Individualisten. Daher sehen sie sich um nach einem Coach, der sie bei der Suche nach dem wahren Ich anleiten und begleiten kann. Sie sind offen für Erschließungserfahrungen, die ihr Leben in ein anderes Licht rücken. Solche Offenbarungen erwarten sie jedoch nicht aus einer metaphysischen Außenwelt, sondern aus ihrer psychischen Innenwelt. Auf der Reise in das eigene Innere entdecken sie wie einst Augustinus ein unruhiges Herz, aber ziehen daraus einen anderen Schluss: „Vielleicht ist mein Herz deshalb so unruhig – weil es nicht ruht in mir!?" Als Reiseführer sind ihnen die

---

[15] Vgl. hierzu auch *W. Gebhardt*, Experte seiner selbst. Über die Selbstermächtigung des religiösen Subjekts, in: M. N. Ebertz/R. Schützeichel (Hrsg.), Sinnstiftung als Beruf, Wiesbaden 2020, 33–41.

Repräsentanten einer östlichen und westlichen Spiritualität gleichermaßen willkommen, wenn sie es nur schaffen, einen „inwendigen" Zugang zur Entdeckung des wahren Selbstseins zu legen.[16] Von den Protagonisten auf diesem Feld sticht mit christlicher Kennung der Benediktiner Anselm Grün hervor. Dem individuellen Interesse an einer „Transzendenz nach innen" ist er mit tiefenpsychologischen Interpretationen des Evangeliums entgegengekommen. Als unaufdringlicher spiritueller Ratgeber, der individuell dosierbare Rezepturen für die Anwendung von Ritualen mit sanft wirkenden Inhaltsstoffen verabreicht, hat er Prominentenstatus erlangt. Allerdings ist er in der Berufungspastoral bisher nicht zum „role model" aufgestiegen. Vermutlich liegt es daran, dass man dort noch immer dem Idealbild des „Gemeindepriesters" verhaftet ist.

Eine subjektzentrierte Form religiöser Unruhe lässt sich jedoch nicht mehr kirchlich eingemeinden. Denn hier tritt die sozialintegrative Funktion der Religion hinter ihre biographieintegrative Funktion zurück. Religion ist nicht mehr dazu da, um ein Individuum in eine Gemeinschaft einzugliedern, um sowohl dieser Gemeinschaft als auch dem Individuum ein geschichtlich-soziales Kontinuum zu gewährleisten. Vielmehr ist Religion dort gefragt, wo sie zur Sicherung biographischer Kontinuität trotz zahlreicher Brüche auf Seiten des Individuums beiträgt. Religiöse Aufgeschlossenheit hat mit dem Wunsch zu tun, allen ambivalenten Lebenserfahrungen und (Selbst)Verfehlungen zum Trotz über ein konsistentes Identitätsnarrativ zu verfügen. Benötigt wird ein roter Faden, mit dem man sich in der eigenen Lebensgeschichte zurechtfinden kann. Hat man ihn gefunden, will man ihn selbst in der Hand (be)halten. Spirituelle Begleitung, die nicht auf die Selbstermächtigung des Subjekts, sondern auf eine pastorale Dauerbetreuung abzielt und somit eine asymmetrische Beziehung abbildet, verhindert, dass auch im Glauben ein „eigenes Leben" möglich ist. Das überkommene pastorale Idyll von „Hirt und Herde" wird hier als nicht als bergend, sondern als beengend empfunden.[17]

---

[16] Zu weiteren Beispielen für die Konjunktur von religiösen Selbst- und Sinnfindungsofferten siehe *H.-J. Höhn*, Ich. Essays über Identität und Heimat, Würzburg 2019, 49–76.

[17] Vgl. *W. Gebhardt*, Believing without Belonging? Religiöse Individualisierung und neue Formen religiöser Vergemeinschaftung, in: A. Kreutzer/F. Gruber

2.2. Ergriffen vom Ungreifbaren – Charismatiker der Inszenierung

Wie erzwungene Gemeinsamkeiten zu einer Betonung des Individuellen führen, so weckt die Individualisierung des Lebens vielfach eine
neue Bereitschaft zur Interaktion. Oft erweisen sich religiöse Individualisten als „gesellige Einzelgänger": Sie möchten ein eigener
Mensch sein, aber sie wollen es nicht allein sein müssen. Ihre Individualität soll bestätigt und zugleich in zwanglose Formen des Dabei-
und Miteinanderseins überführt werden. Attraktiv und hilfreich sind
dabei Veranstaltungen, die ein weltanschaulich „unbestimmtes Besonderes" zum Thema haben. Säkulare Vorlagen liefern etwa som-
merliche Kulturfestivals. Ihren Besuchern wird in Aussicht gestellt, etwas Besonderes gemeinsam zu erleben, ohne Abstriche an ihrer
Individualität machen zu müssen. Katalysator hierfür sind Erfahrungen des Einmaligen, Unwiederholbaren, Außergewöhnlichen, Singu-
lären, d. h. des „Anderen" gegenüber dem Gewohnten und Üblichen.

Für eine religiöse Adaption dieses Formates eignen sich Veranstaltungen mit Event-Charakter. Sie sind zum einen barrierefrei,
was die Teilnahmebedingungen betrifft. Zum anderen stiften sie
zeitlich befristete Zugehörigkeiten, aus denen keine weiteren Verbindlichkeiten erwachsen. Die Teilnahme vermittelt ein Gemein-
schaftserlebnis, aber diese Gemeinsamkeit verpflichtet zu nichts –
weder zu einem Bekenntnis noch zu einer dauerhaften Bindung.[18]
Dieser Umstand ist attraktiv für Menschen, die in religiösen Angele-
genheiten an etwas Außergewöhnlichem interessiert sind, von dem
keine Ansprüche und Nachforderungen ausgehen. Wer von ihnen
religiöse (Groß-)Veranstaltungen besucht, dem geht es um intensive
ästhetische und emotionale Eindrücke, die ein außergewöhnliches
Ereignis hinterlässt. Verehrt werden charismatische Persönlichkeiten, die – wie etwa der Dalai Lama – wegen ihrer Reserven gegenüber jedweder Nötigung in Glaubensfragen beeindrucken. Sie beeindrucken, gerade weil von ihnen kein Bekehrungsdruck ausgeht. Das
Publikum will von einem Erlebnis gefesselt werden, aber nicht von

---

(Hrsg.), Im Dialog? Systematische Theologie und Religionssoziologie, Freiburg
i. Br. 2013, 297–317, hier 315.

[18] Vgl. hierzu *W. Gebhardt*, Flüchtige Gemeinschaften. Eine kleine Theorie situa-
tiver Event-Vergemeinschaftung, in: D. Lüddeckens/R. Walthert (Hrsg.), Fluide
Religion. Neue religiöse Bewegungen im Wandel, Bielefeld 2010, 175–188.

dessen Deutung. Wird dies verkannt, kann die ästhetische Faszination abrupt enden: Der ansonsten wenig spektakuläre „Eucharistische Kongress" bot 2013 im Kölner Dom mit der liturgischen Installation „lux eucharistica" eine imponierende Lightshow. Sie schlug mit einer faszinierenden Komposition von Farben und Klängen die Besucher so lange in den Bann, bis ein spröder, wortlastiger „Meditationsimpuls" des Domvikars eine dogmatische Vereindeutigung des Gesehenen und Gehörten vornehmen wollte.

Vermutlich ist es für Priesteramtskandidaten eine erhebliche Zumutung, Sympathien für das Berufsbild eines religiösen Eventmanagers zu entwickeln. Allerdings übersehen sie dabei, in welch hohem Maß die Kirche immer schon auf die Erlebnisintensität ihrer (liturgischen) Selbstvollzüge gesetzt hat. Deren Attraktivität lebt von dem Versprechen, dass Transzendenz im Modus des Ergriffenseins erfahrbar wird. In Riten und Ritualen scheint am ehesten atmosphärisch und praktisch erlebbar zu sein, was Religion leisten kann: Medium zu sein für die sinnliche Repräsentanz des den Sinnen Entzogenen. Religiöse Rituale bringen zusammen, was sonst weit auseinanderliegt: Sinne und Sinn. Bei allen Sinnen zu sein, dabei das Sinnliche zu übersteigen in die Sphäre des Sinns und von dort Sinnstiftendes wieder einzubringen in die Sinnenwelt, ist eine Erwartung, die vielfach in den spirituellen Szenen der Gegenwart antreffbar ist.

Für solche Symbolhandlungen an den Wendepunkten einer Biographie besteht große Nachfrage. Kapital daraus schlagen säkulare Ritendesigner, die von der Wiege bis zur Bahre ihren Service anbieten. Es ist ihnen gelungen, den etablierten Kirchen erhebliche Marktanteile abzunehmen. Dabei profitieren sie davon, dass die Teilnahme an ihren Ritualen nicht scheitern muss an dogmatischen oder kirchenrechtlichen Bedingungen, welche die Beteiligten nicht erfüllen. Dass sich die Kirche und ihr hauptamtliches Personal nicht von den Adressaten ihrer pastoralen Bemühungen vorgeben lassen wollen, wie sie ihnen gerecht werden können, entfernt sie von wichtigen Zielgruppen und ihrem Bedarf an religiösen Zeichenhandlungen, die Gottes Zuwendung zum Menschen offenbaren.[19] Und es

---

[19] Zu dieser Problemanzeige siehe auch *H.-J. Höhn*, Diakonische Liturgie. Vermittlung des entscheidend Christlichen?, in: S. Kopp/S. Wahle (Hrsg.), Nicht wie Außenstehende und stumme Zuschauer. Liturgie – Identität – Partizipation, Freiburg i. Br. 2021, 195–211.

entfernt sie auch vom jesuanischen Pastoralprinzip, das danach
fragt: „Was ist es, was ich für Dich tun soll?" (Lk 18,41).

2.3. Unter einem offenen Himmel – Routenplaner der Religionsfreiheit

Sämtliche bisher angesprochene Trends und Tendenzen, die das säkulare Leben prägen (Individualisierung, Erlebnisorientierung, Ästhetisierung) spiegeln sich in einem Format religiöser Suche, das
seit etlichen Jahren hoch im Kurs steht: das Pilgern.[20] Pilger zeigen
sich zwar als religiöse Individualisten, aber nicht als abweisende Ei-
genbrötler. Pilger sind „Beziehungssingles": Sie folgen ihrem eigenen
Schritt und Rhythmus, sind aber auf einem gemeinsamen Weg. Sie
wollen eine Zeit lang für sich sein, ohne aber auf Dauer allein bleiben zu müssen. Pilger kommen unterwegs einander ganz nah, geben
Intimes von sich preis und wissen zugleich, dass daraus keine gegenseitigen Verbindlichkeiten erwachsen. Es gibt ein gemeinsames Ziel
und eine Richtung, der alle folgen. Und dennoch ist ein jeder nur
dem je eigenen Tempo unterworfen. Auf einer Route, die schon unzählige Andere vor ihm gegangen sind, ist jeder Pilger nicht der erste
und nicht der letzte, auch wenn er im Augenblick auf sich allein gestellt ist. Er findet auf Zeit Gemeinschaft in den Herbergen und
schließt unterwegs Zufallsbekanntschaften.

Pilgern liegt einerseits im Trend der Individualisierung und setzt
andererseits seine eigenen „kommunitären" Momente dagegen. Es
handelt sich um eine „do-it-yourself"-Religiosität, die zwar alle Formen eines institutionellen Zugriffs auf das individuelle Tun meidet,
aber dennoch gelegentlich nach institutionellen Haltegriffen Aus-
schau hält – zumindest dann, wenn es um die Ausstellung von Pil-
gerpass und Pilgerurkunde geht. Das Pilgern kann auch jenen religiösen Suchbewegungen zugerechnet werden, denen es um eine
Sinnvergewisserung jenseits dogmatischer Behauptungen und mora-
lischer Aufforderungen geht. An deren Stelle tritt als Ausdrucks-
medium das „Ästhetische" im ursprünglichen Wortsinn: sinnenver-
mittelte Erfahrung von Sinn. Hier kann man (er)spüren, was man
glaubt. Wo derart Sinn und Sinnlichkeit zusammenkommen, stellt

---

[20] Vgl. *H.-J. Höhn*, Pilgern als säkularer und religiöser Trend, in: R. Hettlage/
A. Bellebaum (Hrsg.), Religion. Spurensuche im Alltag, Wiesbaden 2016,
265–272.

sich auch eine dritte Größe ein: die Freiheit des Glaubens. Viele „Umkehrwillige" aus einer biographisch bedingten Religionsferne wollen in religiösen Kontexten möglichst rasch auf eigenen Füßen stehen. Sie möchten sich in ihrer Religion frei bewegen können. Diese Bewegungsfreiheit und Selbständigkeit bietet ihnen das Pilgern. Hier werden Selbst- und Gottesbegegnungen buchstäblich in Gang gesetzt – unter freiem Himmel.

Mit dem Typos des Pilgerns scheint auf den ersten Blick keine passende Schlüsselqualifikation assoziierbar zu sein, die ein priesterliches Charakteristikum sein könnte. Aber vielleicht beschreibt er ein Merkmal von Einstellungen, das für das Priesterwerden wichtig ist.[21] Vielleicht ist es ein Eignungskriterium für den pastoralen Einsatz in einer Zeit, in der aus leer stehenden Pfarrkirchen einladende Herbergen werden und an die Stelle kirchensteuerzahlender Mitgliedschaften intensive Zufallsbekanntschaften treten. In dieser gar nicht zu fernen Zukunft braucht es Priester, die aus eigener Erfahrung wissen, was es für einen Menschen heißt, mit je eigenem Tempo und Schrittmaß auf unbekanntem Terrain unterwegs zu sein, sich nur bedingt einem biographischen Routenplaner anvertrauen zu können, unter einem weiten Himmel durch offene Landschaften zu gehen. Ihr neutestamentliches Pendant findet sich im Bild der „Wanderapostel" (Lk 10,1–9).[22]

3. Soziologiekritischer Ausblick: Wenn Priester aus der Berufsrolle des postsäkularen „Religionsexperten" fallen

Aus soziologischen Beobachtungen theologische Konsequenzen abzuleiten, ist ein prekäres Unternehmen, wenn dabei zentrale Optionen des Christentums in den Hintergrund rücken. Die vorgelegte Typologie religiöser Suchbewegungen legt zwar die Schlussfolgerung nahe, dass einer Neujustierung der Bedeutung priesterlicher Religionsexperten rasche Erfolge beschieden sein dürften, wenn sie sich als

---

[21] Auf dieser Gedankenspur bewegt sich *W. Lehner*, Die Generation Y im Priesterseminar, in: Herderkorrespondenz spezial: Rückkehr der Priester, Freiburg i. Br. 2018, 19–22.
[22] Vgl. *N. Lohfink*, Kirchenträume. Reden gegen den Trend, Freiburg i. Br. 1982, 158–169.

anschlussfähig für die skizzierten Transformationen religiösen Suchens und Findens erweisen würde. In der Tat wäre bereits viel gewonnen, wenn Berufungspastoral und Priesterbildung sensibel und resonanzfähig wären für die subjektzentrierte, ästhetische und erlebnisintensive Neuformatierung religiöser Aufgeschlossenheit. Sie könnten dann auch eine entsprechende Talentförderung des pastoralen Nachwuchses betreiben und auf „postsäkulare" Deutungs-, Sozial- und Gestaltungscharismen achten.

Aber folgt daraus zwingend die Aufnahme anderer Berufsbilder in das Spektrum priesterlicher Berufungen: (Geist)Heiler und (Psycho)Therapeut, Mentalcoach und Biographieconsultant, Influencer und Ritualperformer? Lässt sich die Zukunft des priesterlichen Berufsstandes in einer pastoralen Strategie sichern, die priesterliches Engagement korrelativ auf die Trends der Innen- und Erlebnisorientierung bzw. Ästhetisierung bezieht und danach die Intensität und Reichweite pastoralen „Heilswirkens" bemisst? Sollte man für Berufseinsteiger ein entsprechendes „Assessmentcenter" vorsehen? Oder kann es sein, dass Psychomystik, Eventspiritualität und Ritualästhetik nicht unerwartete Resonanzen, sondern Schwundstufen christlicher Religionskultur darstellen?

Wo Unsicherheit aufkommt, ist guter Rat gefragt. Es spricht wenig gegen die Empfehlung, dass man in der Kirche keine Rolle anstreben sollte, aus der man nicht von Zeit zu Zeit auch wieder fallen darf. Eine Kirche, die bloß resonanzfähig sein will für mystische, ästhetische und emotionale Religionsbedürfnisse, steht in der Gefahr, sich lediglich als Analgetikum für die von einer Leistungs- und Konkurrenzgesellschaft überforderten Menschen in Anspruch nehmen zu lassen. Die notwendige Kritik an zweischneidigen religiösen Beschaffungsmaßnahmen der Selbst- und Daseinsakzeptanz tritt dabei in den Hintergrund. Wer hier nicht die Hermeneutik der Bestreitung praktiziert, weicht den sozial- und religionskritischen Zumutungen des Evangeliums aus.

Gerade weil das Grundereignis des christlichen Glaubens – die Offenbarung der unbedingten Zuwendung Gottes zum geschundenen, gequälten und missachteten Menschen – nicht abseits des Politischen und Ökonomischen stattgefunden hat, ist seine Praxis folgenreich für diese Bereiche. Das Christentum kann seine Identität nicht wahren, wenn es apathisch bleibt angesichts der aus politischer Gewalt und ökonomischer Macht resultierenden Unfreiheit und

Ohnmacht des Menschen. Bei allen Anstrengungen zu einer neuen Selbstvergegenwärtigung der Kirche in einer säkularen Gesellschaft gilt es, den Maßstab des entscheidend Christlichen nicht aus den Augen zu verlieren: die Einheit von Gottes- und Nächstenliebe, das Ineinander des Mystischen und Politischen. Wer behauptet, das Christentum habe nichts mit sozialen Fragen zu tun, hatte noch nicht(s) mit dem Evangelium zu tun.

Wer sich umschaut nach einem priesterlichen „role model", das vom unpolitischen, postsäkularen Religionsexperten abweicht, wird durchaus fündig. Man muss lediglich Bekanntschaft machen mit dem Kölner Pfarrer Franz Meurer, der in einem Stadtteil arbeitet, von dem man außerhalb der Domstadt nur wenig weiß. Mehr als die Bezeichnung „sozialer Brennpunkt" fällt auch vielen Kölnern zu diesem Quartier nicht ein. Aber von dem dort tätigen Pfarrer wissen die meisten, dass er ein sozial engagierter Praktiker und Pragmatiker ist. Man könnte ihn auch einen kölschen „Veedelskümmerer" oder einen hartnäckigen Kiezqualitätsoptimierer nennen.[23] Er kennt die Arbeitslosenquote und die Dunkelziffer häuslicher Gewalt. Man muss ihm nicht erklären, in welchen Straßenzügen die Armut zur Miete wohnt. Er weiß, wem er auf die Füße treten muss, wenn die Stadtverwaltung die Nöte der „kleinen Leute" vergisst. Journalisten hören ihm zu, wenn er obrigkeitskritischen Klartext redet. Ein unkonventioneller und umtriebiger Gottesmann ist er natürlich auch. Er feiert erlebnisstarke Liturgien, initiiert ein ökumenisches Fronleichnamsfest und kümmert sich um den christlich-islamischen Dialog. Wer mit ihm in seiner Pfarrei zu tun bekommt, bekommt bald selbst jede Menge zu tun. Franz Meurer ist beständig auf der Suche nach „Machern", nach Leuten, die anpacken, mitmachen und mitbestimmen, was angepackt und gemacht wird. Wer seine Tätigkeit als kirchliche Sozialarbeit (ab)qualifiziert, übersieht, wieviel theologische Kopfarbeit Meurer in seine Pastoral investiert. Und wer ihn als „Kirchenmann" tituliert, sagt nur eine halbe Wahrheit. Als Priester ist er zugleich eine „öffentliche Person", die Öffentlichkeitsarbeit für das Evangelium leistet.

---

[23] Vgl. sein Kurzporträt in *F. Meurer*, Waffeln, Brot und Gottes Glanz. Wie es die Kirche gebacken kriegt, Freiburg i. Br. 2021, 167–172.

Persönlichkeitsbildung – Priestersein als personale, soziale und öffentliche Existenz

Ursula Nothelle-Wildfeuer

„Brauchen wir überhaupt Priester?" Der Synodale Weg zur Zukunft der katholischen Kirche in Deutschland hat im Oktober 2021 auf seiner zweiten Vollversammlung eine Debatte über diese Frage angestoßen. Letztlich ging es dabei nicht um die Forderung nach der völligen Abschaffung des Priesteramtes, sondern um die Frage nach seiner konkreten Ausgestaltung und vor allem nach dem Pflichtzölibat (bzw. seiner Aufhebung) vor dem Hintergrund des Missbrauchsskandals und der im September 2018 veröffentlichten MHG-Studie. Mit dieser provozierenden Fragestellung wird aber darüber hinaus zugleich offenbar, dass eine Selbstvergewisserung der Kirche bezüglich des Weiheamtes und – mehr noch – über die Zukunft der katholischen Kirche insgesamt dringend ansteht, will sie die sich vielfältig artikulierende Glaubwürdigkeitsfrage überhaupt in ihrem herausfordernden Charakter ernstnehmen.

Diese Situation der Kirche in ihrer Glaubwürdigkeitskrise soll aber nicht insgesamt Gegenstand der nachstehenden Überlegungen sein. Auch die oben gestellte Frage nach der Notwendigkeit des Weiheamtes kann hier nicht systematisch abgehandelt werden. Das Weiheamt wird verstanden als Dienst am gemeinsamen Priestertum, dessen Inhaber qua Amt und besonderer Beauftragung Jesus Christus repräsentiert, seine Nähe im Wort Gottes und Sakrament erfahrbar macht, vergegenwärtigende Erinnerung schafft, Gemeinschaft und Versöhnung in einer das Menschenmögliche übersteigenden Weise bezeugt. Der Priester repräsentiert aber auch zugleich die Kirche in ihren institutionellen Strukturen, die im Idealfall Identifikation, Zugehörigkeit und globale Gemeinschaft in Christus ermöglichen. Eine positive Antwort auf die eingangs gestellte Frage wird im Folgenden schlichtweg vorausgesetzt, ohne dass damit bereits eine fest umrissene Gestalt des Priesteramtes vor Augen stünde. Allerdings ist dies der Hintergrund, vor dem aktuell die Frage nach dem Priestersein und nach den verschiedenen relevanten Dimensionen der priesterlichen Existenz besonders drängend aufkommt.[1]

Die folgenden Ausführungen behandeln aus der Perspektive der christlichen Sozialethik keine pädagogischen oder psychologischen Aspekte. Vielmehr soll das Thema des Priesterseins in den verschiedenen Dimensionen der Existenz reformuliert werden als Frage der Glaubwürdigkeit und Authentizität des Priesters, kristallisiert sich doch daran auch die Frage nach der Glaubwürdigkeit der Gesamtkirche heraus, gerade weil mit dem Amt der Gedanke Repräsentation auch der Kirche verbunden ist.[2]

Um diese Frage im Blick auf die im Untertitel genannten drei Dimensionen der Existenz des Priesters detaillierter bedenken zu können, ist zunächst (1.) der Raum kurz zu skizzieren, in dem die Frage nach dem Priestersein gestellt wird, sodann (2.) sind die verschiedenen existentiellen Dimensionen im Blick auf die Authentizitätsfrage detaillierter in den Blick zu nehmen, um schließlich (3.) ein kurzes Fazit ziehen zu können.

1. Die aktuelle Problemlage in Gesellschaft und Kirche im Blick auf das Priestersein

Wenn es um eine knappe Skizze der Herausforderungen im Zusammenhang mit dem Verständnis von Priestersein geht, sind zwei Perspektiven zu betrachten: die der Priester selbst und die der Nicht-Geweihten oder weiter noch, der Gesellschaft insgesamt, im Blick auf die Priester.

In der erstgenannten Perspektive, im Blick auf Selbstbild und Selbstwahrnehmung der Priester, ist sicherlich das bei vielen immer stärker werdende Gefühl der Überforderung zu thematisieren, gerade in Folge der Transformationsprozesse hin zu XXL-Pfarreien. Bei allen anberaumten (Struktur-)Reformen scheint letztlich im Hintergrund doch die Haltung zu stehen, dass eher die Devise des „Weiterso" gilt und sie, die Priester, entsprechend funktionieren müssten wie bisher, nur in größeren Einheiten. Angesichts überbordender

---

[1] Vgl. dazu *K. Mertes*, Erinnern, beten und segnen. Braucht die Kirche Priester?, in: HerKorr 75 (2021/11), 22–24.
[2] Vgl. ebd., 24.

Verwaltungs- und Organisationsaufgaben sehen sich die Priester oftmals in eine Rolle gedrängt, die sie mit ihrer ursprünglichen Berufung und Motivation kaum noch in Verbindung bringen können.
Dazu kommt, dass die mit dem Pflichtzölibat notwendig verbundene Lebensform in ihrer immer wieder betonten Zeichenhaftigkeit
von der Gesellschaft, aber auch von vielen Priestern selbst nicht
mehr verstanden wird. Die Priester fühlen sich „mit der zölibatären
Lebensform schlicht überfordert"[3]. Auch mit der Verkündigung der
Lehre der katholischen Kirche fühlen sich viele Priester allein gelassen und überfordert, ist sie doch für die Menschen zum großen Teil
nicht mehr nachvollziehbar – verwiesen sei nur auf die Sexuallehre
der Kirche. Im Hintergrund steht hier auch die gesellschaftliche Entwicklung. Sie führt dazu, dass es kein geschlossenes christliches Milieu mehr gibt, in das die katholische Kirche im Allgemeinen und
das Priestertum im Besonderen in unhinterfragter Selbstverständlichkeit eingebettet wäre. Die Schere zwischen einem Teil der Gegen-
wartskultur und vorherrschender kirchlicher Lehre und Tradition
wird größer. Ein Großteil der Gesellschaft und auch viele Mitglieder
der Kirche empfinden zunehmend diese Entfremdung der Kirche,
speziell vieler ihrer Priester von der Gesellschaft, von der Welt, vom
Alltag und damit auch von den Sorgen und Nöten der Menschen
heute.

Damit klingt auch bereits die zweite Perspektive, nämlich die der
Gesellschaft, auf das Priesteramt an. Sowohl in der Breite der Gesell-
schaft als auch in großen Teilen der Kirche prägen Assoziationen von
Klerikalismus und sexualisierter Gewalt das Bild. Eine der zentralen
Fragen, an denen sich die Krise des Priesterbildes herauskristallisiert,
ist die der Macht und speziell „die religiöse Aufladung von Macht"[4].
Diese ist oft, aber nicht ausschließlich, an ein Weiheamt und damit
an Kleriker gebunden. Auslöser für diese Debatte waren sicherlich

---

[3] *G. Greshake*, Kirche wohin? Ein real-utopischer Blick auf die Kirche der Zukunft, Freiburg i. Br. 2020, 182.
[4] *J. Knop*, Einführung auf dem Studientag „Die Frage nach der Zäsur. Studientag zu
übergreifenden Fragen, die sich gegenwärtig stellen" zur Frühjahrs-Vollversamm-
lung der Deutschen Bischofskonferenz am 13. März 2019 in Lingen, online verfügbar unter https://www.dbk.de/fileadmin/redaktion/diverse_downloads/presse_2019
/2019-038a-FVV-Lingen-Studientag-Einfuehrung-Prof.-Knop.pdf?fbclid=IwAR0S
moZSoFN3pXohrRz8zSbHhxZfsw1PkG_5t9cjK6u–68Z6VGyG2A0DH2o,   (Zugriff: 21.12.2021).

primär die MHG-Studie, die darin analysierten Fälle von sexualisierter Gewalt, ebenso aber die im gleichen Umfeld angesiedelten Probleme geistlichen Missbrauchs sowie in Konsequenz daraus die in den Fokus gerückten kirchlich-systemischen Risiken. Diese systemischen Anfragen werden gegenwärtig noch einmal beschleunigt dadurch, dass aus dem Schwung der neuzeitlichen Moderne, der den Menschen viel Freiheits- und Autonomiezuwachs gebracht hat, letztlich aber auch ein prinzipielles Misstrauen Institutionen und Autoritäten gegenüber resultiert. Dies entfaltet aktuell in rasantem Tempo seine Wirkung. Die Kirche als Institution partizipiert an dieser Tendenz des Misstrauens – Institutionen sind keine Selbstverständlichkeit mehr, sie generieren ihre gesellschaftliche Akzeptanz nicht mehr aus sich selbst heraus. Dazu kommen noch weitere spezifisch innerkirchliche Aspekte: Die Kirche hat den genannten Freiheits- und Autoritätszuwachs der Moderne nie freimütig aufgenommen, geschweige denn eigenständig forciert. Zudem wird der Verlust des Vertrauens in diese Institution noch befördert durch einen Verlust des Vertrauens in das Personal dieser Institution.

In diesen so nur knapp skizzierten Resonanzraum hinein sind nun die Überlegungen zum Priestersein zu formulieren, nicht als Antworten auf die Herausforderungen, wohl aber als Aspekte, die unter diesen Bedingungen für das Priestersein von Bedeutung sind.

2. Priestersein heute – eine Frage der Authentizität

Im Folgenden geht es um das Priestersein als Frage der Authentizität. Woran sich Authentizität festmachen lässt, kann man am klarsten bei Aristoteles finden: Im ersten Buch seiner Rhetorik[5] spricht er von drei notwendigen Wegen bzw. Mitteln, derer ein Rhetor bedarf, um überzeugend und authentisch zu sein: Es geht um den Logos, das Ethos und das Pathos. Auf die Gegenwart übertragen bedeutet das, dass Authentizität nur erreicht wird durch ein Zusammenspiel der Glaubwürdigkeit des Redners bzw. der Rednerin als Person, durch die Kraft der Argumente und der Gefühle, die bei der Zuhörerschaft hervorgerufen werden. Diese verschiedenen Elemente des

---

[5] Vgl. *Aristoteles*, Rhetorik I,1,2 u. 4. Übersetzt und herausgegeben von G. Krapinger, Stuttgart 1999.

Authentisch-Seins sollen nun über den Bereich der Rhetorik hinaus in den unterschiedlichen Dimensionen der priesterlichen Existenz untersucht werden.

2.1. Authentizität in der personalen Dimension des Priesterseins – Mystagogie, Spiritualität und die Relevanz des Pathos

Karl Rahner schreibt in seinem kleinen Band „Der Priester von heute", der zurückgeht auf Exerzitien, die er im Jahr 1961 gehalten hat, folgenden wichtigen Satz: „In diesem Massenzeitalter, (sic!) muss dann der Priester viel mehr als früher der Mystagoge einer personalen Frömmigkeit sein."[6]

2.1.1. Priester als Zeuge

Im Hintergrund steht eine Erkenntnis, die auch für den Priester im dritten Jahrzehnt des 21. Jahrhunderts relevant ist: Nur in der direkten Begegnung des Priesters mit einem Einzelnen kann Mystagogie, Einführung in die Liturgie oder, weiter gefasst, Einführung in den Glauben, in die Begegnung mit Gott stattfinden. Der Priester, so Karl Rahner, „kann nicht einfach die Herde weiden und die Einzelnen mitlaufen lassen."[7] Rahner sieht den Priester in einer Mittlerrolle, der sein Gegenüber jeweils in eine ganz persönliche, individuelle Frömmigkeit einweiht. Abgesehen davon, dass wir heute sicher auch Nicht-Geweihte in dieser Rolle der Mystagogie sehen, ist es eine eigene Frage wert, wie heute geistliche Begleitung zu gestalten ist. Dem kann hier nicht näher nachgegangen werden, aber auf jeden Fall gilt die Beobachtung von Franz-Josef Bode und Erwin Dirscherl, dass die „Menschen (heute) [...] eher Zeugen als Lehrer, eher Personen als Ämter, Persönlichkeiten als Aktionen (suchen)"[8].

Um derart mystagogisch als Priester wirken zu können, braucht der Priester selbst – um in der aristotelischen Trias zu bleiben – Pathos, Leidenschaft bzw., in religiöser Sprache gesagt, eine eigene überzeugende und einladende Spiritualität. Rahner weist mit Recht

---

[6] K. Rahner, Der Priester von heute, Freiburg i. Br. 2009, 19.
[7] Ebd.
[8] K. Hemmerle/W. Breuning/F.-J. Bode/E. Dirscherl, Wie als Priester heute leben? 2 x 10 Provokationen, Stuttgart 2015, 22.

darauf hin, dass die Priester – und das schreibt er zu einer Zeit, die pastoralsoziologisch noch in keiner Weise mit unserer gegenwärtigen Situation vergleichbar ist – viel weniger als zuvor „Religionsbeamter, kirchlicher Funktionär eines kirchlichen Betriebs sein können"[9]. Entscheidend für alles sei seine eigene geistliche Grundorientierung. Diese Erkenntnis, bereits in den 60er Jahren des letzten Jahrhunderts formuliert, ist in der heutigen, durch Subjektivierung und Individualisierung geprägten Zeit und infolge vielfältigen gesellschaftlichen Wandels, worin es mehr denn je auf die Authentizität jedes und jeder Einzelnen ankommt, eine Binsenweisheit. Zugleich steht dem aber die Realität der XXL-Pfarrei-Strukturen vor allem mit den überbordenden Verwaltungsaufgaben als vorrangige Herausforderung diametral gegenüber.

2.1.2. Eine individuelle Spiritualität

In den letzten Jahren ist darüber hinaus eine zunehmend bedeutsame Erkenntnis gewachsen: Dass nämlich es die dieser Mystagogie vorgelagerte Aufgabe für die Priester ist, die eigene ‚priesterliche Identität' und die damit konstitutiv verbundene Spiritualität auszubilden. Das gilt übrigens für jede und jeden, der einen kirchlichen Beruf ausübt, analog. Allerdings ist das nicht ein einmal im Rahmen einer weitgehend abgeschirmten Seminarausbildung abzuschließender Vorgang, sondern ist zu verstehen als ein individueller und Unterschiede ausprägender Lernprozess, der begleitet sowie dialogisch und offen gestaltet werden muss. Gemeint ist also nicht ein für alle gleiches und formalisiertes Einüben von überlieferten Frömmigkeitsformen, man sollte, um es mit der Dogmatikerin Johanna Rahner zu sagen, „nicht alle über einen Kamm scheren und keine exklusive Einheitsidentität proklamieren, die den Realitätstest der pastoralen Wirklichkeit dann doch nicht bestehen kann, denn diese ist plural und divers".[10] Gerade aus der Erkenntnis heraus, dass der christliche Glaube heute nicht auf ein homogenes Milieu trifft, geschweige denn dieses selbst ausbildet, bedarf es einer großen Freiheit und Vielfalt im Blick auf die Ausprägung der jeweils eigenen Spiri-

---

[9] K. Rahner, Der Priester (s. Anm. 6), 20.
[10] J. Rahner, Kein Entweder-oder. Alternativen für die Priesterausbildung, in: HerKorr 74 (2020/8), 13–15, 14.

tualität, auch als Ausdruck des Charakters und der Persönlichkeit. Es geht letztlich bei der Ausbildung und Fortentwicklung der eigenen priesterlichen Identität darum, das Leben mit seinen vielfältigen Facetten sowie die Menschen mit ihrer Freude und Hoffnung, ihrer Trauer und Ängsten immer wieder neu zu erfahren, um so das Evangelium, das sie als Priester leben und verkündigen wollen, selbst in der Begegnung mit anderen, oftmals auf unerwartete Weise, neu zu lernen.[11] Diese Erkenntnis stellt auch einen wichtigen Meilenstein auf dem Weg der Überwindung der höchst problematischen Trennung zwischen „ekklesiale(r) Binnenwelt" und „übriger Welt" dar.[12]

Die Frage nach der Ausbildung einer je eigenen Spiritualität ist, so dürfte bereits deutlich geworden sein, nicht die Angelegenheit eines atomisierten Individuums, sondern kann immer nur eingebettet in Gemeinschaft, begleitet und in communio gelingen. Das gemeinschaftliche Beten und Feiern, die Liturgie als die öffentliche Form, spielen dabei eine wichtige Rolle. Die Liturgie stellt einen der kirchlichen Grundvollzüge dar und ist gleichzeitig Ausdruck und Quelle für die eigene Haltung und den Glauben. Hier wie auch in der Begegnung mit anderen ist eine Haltung notwendig, die vielen Menschen der Gegenwart gar nicht leicht fällt: Gemeint ist die Haltung des Sich-Beschenken-Lassens, des Sich-Öffnens für das, was man nicht selbst herstellen und nicht verdienen kann, das man auch nicht ein für alle Mal besitzt, sondern das fluide zu sein scheint – fluide nicht aus der Perspektive Gottes, wohl aber aus der Perspektive des Menschen, für den der Himmel über ihm im Alltag oft grau und verhangen zu sein scheint. So geht es bei der mystagogischen Dimension des Priesterseins und der eigenen Spiritualität des Priesters gerade nicht um ein Abarbeiten bestimmter unverzichtbarer Leistungen für das Himmelreich, sondern um eine Haltung der Bereitschaft, des Vertrauens auf diesen Gott, der die Zusage gegeben hat, auch und gerade dann an der Seite jedes Menschen zu sein, wenn

---

[11] Vgl. dazu die berühmt gewordene Formulierung von Klaus Hemmerle: „Lass mich dich lernen, dein Denken und Sprechen, dein Fragen und Dasein, damit ich daran die Botschaft neu lernen kann, die ich dir zu überliefern habe." K. Hemmerle, Was fängt die Jugend mit der Kirche an? Was fängt die Kirche mit der Jugend an?, in: IKaZ Communio 12 (1983) 306–317, 309.

[12] Vgl. zu dieser Gegenüberstellung G. Greshake, Kirche wohin? (s. Anm. 3), 196.

Zweifel, Leid, Krankheit und Not einen nicht das unerschütterliche Loblied anstimmen lassen.

2.2. Authentizität in der öffentlichen Dimension des Priesterseins – Verkündigung, Theologie und die Relevanz des Logos

Die hinreichend bekannte genuin biblische Begründung für Fundamentaltheologie (als Disziplin innerhalb des theologischen Fächerkanons) verweist auf 1 Petr 3,15: „Seid stets bereit, jedem Rede und Antwort zu stehen, der nach der Hoffnung fragt, die euch erfüllt." Welche Bedeutung entfaltet das für das Priestersein?

2.2.1. Die Relevanz der Theologie für die Verkündigung

Nicht nur für einen Bereich der Theologie, sondern für den kirchlichen Grundvollzug der Martyria insgesamt ist es zentral, Rede und Antwort zu stehen, also mit nachvollziehbaren und vernünftigen Argumenten über den Glauben zu sprechen. Nicht gemeint ist dabei selbstverständlich, den Glauben rational herzuleiten und zu begründen. Aber es kann auch keinesfalls darum gehen, die Höhe der Theologie gegen die Einfachheit des Kerygmas[13] auszuspielen, um damit letztlich die Grundmelodie einer Vernachlässigung oder sogar Verachtung der Theologie anklingen zu lassen. Mit Bezug auf den aristotelischen Dreiklang ist festzuhalten, dass für Aristoteles das entscheidende Mittel das Argument ist, denn es geht um Überzeugen, nicht um Überreden. Logos meint also die rationale, systematische und zusammenhängende Argumentation, wofür letztlich die Wissenschaft zuständig ist, hier speziell die Theologie mit ihren biblischen, historischen, systematischen und praktischen Ansätzen. Wenn nun, wie in manchen gegenwärtigen Bewegungen,[14] dieser Logos nivelliert oder ganz überwunden werden sollte und wenn nur noch Ethos und Pathos übrigblieben, dann drohte nicht nur die Relevanz der Vernunft, sondern auch die Glaubwürdigkeit der Bot-

---

[13] Vgl. *J. Hartl/K. Wallner/B. Meuser* (Hrsg.), Mission Manifest. Die Thesen für das Comeback der Kirche. Freiburg i. Br. 2018, 133.
[14] Vgl. dazu etwa *U. Nothelle-Wildfeuer*, Mission Manifest – Welche Mission? Welche Theologie? Welche Kirche?, in: Dies./M. Striet (Hrsg.), Einfach nur Jesus? Eine Kritik am „Mission Manifest", Freiburg i. Br. 2018, 75–96.

schaft insgesamt an dieser Stelle bereits verloren zu gehen. Das ist geradezu ein Spezifikum unseres christlichen Glaubens, dass wir nicht den Verstand an der Garderobe abgeben müssen und nur noch Sätze des Katechismus zu wiederholen haben. Wir brauchen nicht eine reine Lehramtshermeneutik, sondern eine fundierte und kritische Auseinandersetzung mit Glaubensinhalten, sonst droht der Glaube fundamentalistisch zu werden. Und es braucht eine Auseinandersetzung mit der Entwicklung der Gesellschaft, sonst wird der Glaube weltfremd.

Im Blick auf das Priestersein bzw. auch auf das Priesterwerden ist es wichtig, sich der Relevanz der Theologie als Wissenschaft zu vergewissern: Theologie ist das begründete und differenzierte Sprechen über Gott und Mensch, über Glauben und Kirche, über das, was der menschennahe und gütige Gott den Menschen im Blick auf ihre Freuden und Ängste, Sorgen und Nöte verheißen hat. Sie stellt gerade nicht einen nolens volens hinzunehmenden, aber nebensächlichen Part in der Vorbereitung auf den Priesterberuf dar, den man darum auch nach dem Studium so schnell wie möglich wieder vergessen kann, um ,zum Eigentlichen' zu kommen. Vielmehr wird im Studium das ,Rüstzeug' erworben, das die jungen Menschen befähigt, in einer „religiös und weltanschaulich pluralen Gesellschaft in Sachen Religion, Glaube und Theologie kompetent und authentisch sprachfähig zu sein und professionell arbeiten zu können".[15] Verkündigung, Martyria als einer der Wesensvollzüge von Kirche, meint eben nicht eine „fromme Spielwiese, sondern zusagen jenes Feld, auf dem sich Theologie zu bewahrheiten und zu bewähren […] (hat): alltags- und damit lebenstauglich und nicht nur als Beschäftigung von Theologen für Theologen verstanden".[16]

2.2.2. Bildung und Professionalität des Priesters

Hinzu kommt, dass gerade in unserer so wissenschaftsorientierten Welt und Gesellschaft, in der sich auch die sog. Laien in den verschiedensten Bereichen kundig machen und auf hohem Niveau durchaus informiert und kenntnisreich Diskurse führen, der Priester

---

[15] *J. Rahner,* Kein Entweder-oder (s. Anm. 10), 15.
[16] *K. Rahner/A. Batlogg/P. Suchla,* Advent – von der tiefen Sehnsucht unseres Lebens, Mainz 2018, 10.

auf Augenhöhe partizipieren können muss. Dabei gilt zugleich zu berücksichtigen, was Karl Rahner, nicht nur die priesterliche Kompetenz hinsichtlich der Theologie betreffend, schreibt:

„Der Priester von heute muss in einem weiteren Sinn irgendwie gebildet sein, ohne deswegen den Allerweltsfachmann mimen zu wollen. Man erwartet vom Priester, dass er ein gebildeter Mensch ist."[17] Die Bildung, so führt er weiter aus, die vom Priester erwartet wird, müsse „humaner, allgemeiner sein" und „mit einem Interesse für jene Dinge gepaart sein, die einen Menschen von heute eben interessieren"[18] und die öffentlich debattiert werden. Dies hat wiederum auch mit dem zu tun, was das Zweite Vatikanum für das Verhältnis von Kirche und Welt beschreibt: Für deren Dialog, den das Konzil ins Zentrum rückt,[19] ist es wesentlich, die richtige Autonomie der Kultursachbereiche anzuerkennen, d. h. deren „Eigenstand, ihre eigene Wahrheit, ihre eigene Gutheit sowie ihre Eigengesetzlichkeit und ihre eigenen Ordnungen",[20] kurz: ihre eigene Logik und Ethik und daraus folgend auch ihre Techniken und Methoden zu achten.

Aus heutiger Perspektive ist diese Überlegung noch um einen Aspekt zu ergänzen: Die Kirche hat in den letzten Jahren, oftmals eher aus der Not des wachsenden Priestermangels denn aus der Einsicht in sachliche Notwendigkeit geboren, gelernt oder lernen müssen, dass Positionen, die bis dahin häufig selbstverständlich von einem Priester besetzt waren, wie etwa Verwaltung, Finanzabteilungen, Justitiariat, Kommunikation etc., nicht notwendig die Priesterweihe voraussetzen bzw. umgekehrt, dass die Weihe die Kompetenz für diese Spezialbereiche nicht ‚automatisch' mitliefert. Nicht umsonst werden diese Positionen heute oft von hochqualifizierten Experten mit fachspezifischer Kompetenz besetzt, wird doch mittlerweile die Sorge um höchste Qualität und Professionalität der jeweiligen Arbeit zu Recht auch als (kirchlicher) Dienst an Gemeinwohl und Gesellschaft verstanden. Das bringt für den Priester zwei mögliche Konsequenzen mit sich, die beide etwas mit seinem Charakter, seiner Haltung, aristotelisch: dem Ethos des Priesters zu tun haben. Die eine mögliche Konsequenz könnte sein, dass er sich bei Bedarf eben entsprechende

---

[17] K. Rahner, Der Priester (s. Anm. 6), 23.
[18] Ebd., 24.
[19] Vgl. GS 40–44.
[20] GS 36.

Zusatzqualifikationen aneignet, um bestimmte Aufgaben auch kompetent und professionell übernehmen zu kümmern. Zum anderen, dass er sich zwar interessiert für die entsprechenden Bereiche, aber die Kompetenz anderer, die dann ggf. auch zu geänderten Hierarchien in der Arbeitswelt führt, vorbehaltlos anerkennt und dann zugleich seine spezifisch theologische Kompetenz in den Dialog einbringt! Gerade letzteres ermöglicht es dann auch, dass die Verkündigung alltags- und lebenstauglich wird.

2.2.3. Die Notwendigkeit einer neuen Sprache

Soll Verkündigung in der genannten Weise alltags- und lebensdienlich sein, dann bedarf es notwendig einer besonderen Fähigkeit des Priesters, mit Sprache umzugehen. „Der Priester muss derjenige sein, der angstlos nach der neuen Sprache sucht.“[21] Dabei ist nicht vorrangig die literarische oder ästhetische Qualität gemeint, nicht die Sprache eines bestimmten Milieus, sondern es geht um einen Rezeptions- und Transferprozess der Botschaft, der immer zugleich auch ein inhaltlicher Übersetzungsvorgang ist. Eine altertümliche, eine floskelhafte Sprache, die einzelne Versatzstücke des Katechismus aneinanderreiht, die geprägt ist von formelhaften Ausdrücken und Formulierungen, ist schnell als ‚kirchisch‘ identifizierbar, aber nicht mehr kommunikabel. Sie kann diese Übersetzung nicht überzeugend und authentisch leisten. Die von Karl Rahner mit Recht geforderte „neue Sprache“, die auch für die Prediger (und Predigerinnen) von heute dringend angeraten ist, meint zum einen, ehrlich und ohne Umschweife das eigene Verständnis, die jeweiligen Schwierigkeiten, Fragen und auch Zweifel miteinzubeziehen. Sie meint, sich also in der Öffentlichkeit als gläubiger Mensch auf dem Weg mit allen Höhen und Tiefen einzubringen, in kritischer Zeitgenossenschaft, um so das Auditorium mitzunehmen. Kirche und so auch der Priester als Repräsentant dieser Kirche versteht sich heute nicht mehr (wie noch in den 60er Jahren des vergangenen Jahrhunderts der Enzyklikentitel *Mater et magistra* signalisierte) als Mutter und Lehrmeisterin, sondern wesentlich als zuhörende und lernende Kirche. Genau dieses Kirchenbild kann und muss auch die Verkün-

---

[21] *K. Rahner*, Der Priester (s. Anm. 6), 35.

digung und ihren Stil prägen. Zum anderen bedeutet die Forderung nach der neuen Sprache, das Licht des Evangeliums auf die jeweils aktuellen gesellschaftlichen Diskurse und Problemlagen hin durchscheinen zu lassen: Um die entsprechenden Saiten in den Menschen zum Klingen zu bringen, ist Inkulturation notwendig, die Übersetzung der Frohen Botschaft in unsere Kultur und Zeit hinein.

Diese Kriterien für eine neue Sprache aber erfüllt heute genauso wenig eine in den 80er Jahren entstandene und dort stehen gebliebene Sprache, die „(v)erschrobene, gefühlsduselige Wortbilder […] aneinander(reiht)".[22] Erik Flügge analysiert in seinem Buch „Der Jargon der Betroffenheit" sicherlich vieles überspitzt und einseitig. Dennoch aber muss man bei aller berechtigten Empörung über die pauschale Aussage, dass Kirche „es" einfach nicht könne, erkennen, dass er einen wunden und zugleich wichtigen Punkt trifft: Diese Art zu verkündigen, die kaum noch jemand versteht, identifiziert er zu Recht als Indiz für eine völlige Entfremdung von der Gesellschaft. Es geht um Relevanz, und zwar um Relevanz der Botschaft Jesu Christi, nicht primär um die Systemrelevanz der Kirche, wie manchmal in den Forderungen nach Neuevangelisierung anklingt. Um diese Relevanz zu generieren und sich nicht selbst und die eigene Verkündigung aus der Zeit und der Gesellschaft zu exkludieren, braucht es sensibles Hinhören auf die Fragen und Stimmen der Zeit und Gegenwart, aufmerksames Wahrnehmen der Zeichen der Zeit, „Nonkonformismus"[23] zur rechten Zeit und Empathie mit Andersdenkenden. Nach Rahner ist der Priester derjenige, „der die anderen Geister in der Kirche gelten lassen kann"[24] – und es brauche vor allem das Bewusstsein, „den christlichen Glauben nicht als Lösung aller Welträtsel" anpreisen zu müssen, sondern ihn zu verstehen „als die liebende Annahme des Geheimnisses schlechthin".[25]

Papst Benedikt XVI. ist es, der in seiner ersten Enzyklika *Deus caritas est* einen weiteren wichtigen Punkt anspricht, womit er die Frage nach der Sprache und dem Reden von Gott in den größeren Kontext des Zeugnis-Gebens einordnet. Es heißt dort: „Der Christ weiß, wann

---

[22] *E. Flügge*, Der Jargon der Betroffenheit. Wie die Kirche an ihrer Sprache verreckt, München 2016, 9.

[23] *K. Rahner*, Der Priester (s. Anm. 6), 43.

[24] Ebd., 37.

[25] Ebd., 45.

es Zeit ist, von Gott zu reden, und wann es recht ist, von ihm zu schweigen und nur einfach die Liebe reden zu lassen." (DCE 31) Hiermit ist die Verbindung hergestellt zur Dimension des Handelns, des Dienens, der Diakonia als dem dritten der kirchlichen Grundvollzüge. Von Gott sprechen und ihn verkündigen kann dann genauso gut auch bedeuten, zu handeln und sich dabei spürbar von der Freude des Evangeliums leiten zu lassen. Von dieser sozialen Dimension der priesterlichen Existenz handeln die folgenden Überlegungen.

2.3. Authentizität in der sozialen Dimension des Priesterseins – Diakonia und die Relevanz des Ethos

In den folgenden Überlegungen wird vorrangig die soziale Dimension der priesterlichen Existenz in den Blick genommen, damit kommt die Diakonia als einer der kirchlichen Grundvollzüge zur Sprache – im aristotelischen Ansatz betrifft das im Wesentlichen die Dimension des Ethos.

2.3.1. Die Diakonia im Verhältnis zu den anderen Wesensvollzügen der Kirche

Diese Überlegungen im Zusammenhang mit der priesterlichen Existenz anzustellen, überrascht vielleicht (immer noch) sehr. Dafür gibt es zwei Gründe:

Zum einen wird oftmals fälschlicherweise im theologischen und auch im kirchlichen Kontext der Eindruck vermittelt, dass Diakonie der unbedeutendere und im Ernstfall zu vernachlässigende kirchliche Grundvollzug ist, nicht konstitutiver Bestandteil kirchlichen Selbstverständnisses.

Zum anderen hält sich seit dem Zweiten Vatikanum beharrlich die Trennung zwischen Priestern und (sog.) Laien durch die Zuordnung von Liturgie und Verkündigung zu den Geweihten und von weltlichem Engagement, wesentlich also der Diakonia, zu den Nicht-Geweihten.

Auch in den 10 Provokationen, die der Aachener Bischof Klaus Hemmerle und der Bonner Dogmatiker Wilhelm Breuning 1982 zu der Frage „Wie als Priester heute leben?" verfasst haben und die 2015 – zum 95. Geburtstag von Wilhelm Breuning – neu gelesen und kommentiert wurden vom Osnabrücker Bischof Franz-Josef Bode und dem Regensburger Dogmatiker Erwin Dirscherl, heißt es zum Verhältnis von Gebet und Dienst am Tisch: „Wichtiger ist der Dienst des Gebetes und des Wortes als der Dienst an den Tischen."[26] In der ursprünglichen Fassung erläutern die beiden Autoren diese durch den Komparativ besondere Provokation folgendermaßen: „Ihr Sinn liegt darin, dass jede kirchliche Horizontale – so unverzichtbar grundsätzlich die Horizontale für die Kirche ist – ohne die Vertikale schal und überflüssig wird."[27] Die Diakonia soll nicht, so wird eigens betont, abgewertet werden im Verhältnis zur Martyria und Liturgia. So wird auch heute in aktuellen Positionierungen beteuert, wenn aber doch zugleich die Sorge durchdringt, die Kirche könne der Gefahr erliegen, sich dem humanistischen Mainstream anzupassen.[28] Dennoch, auch und gerade bei aller selbstverständlichen Berechtigung des Verweises auf das Ineinander von vertikaler und horizontaler Dimension, bleibt aus sozialethischer Perspektive bei dieser Priorisierung ein deutliches Unbehagen zurück, ist doch jedenfalls theologisch nicht auszuschließen, dass auch dort, wo vorrangig diakonisch gearbeitet wird, genau die Begegnung mit dem Mitmenschen zum Ort der Gottesbegegnung werden kann. Von daher liest sich das Fazit der Überlegungen zu dieser Provokation, das Bode und Dirscherl ziehen, sehr konstruktiv: „Wichtiger ist es, aus Lebensgeschichten Gebete werden zu lassen, als das Gebet vom Leben zu trennen."[29]

Sicher hat sich auch gerade heute vor dem Hintergrund des Pontifikats von Papst Franziskus und angesichts der Entwicklung von Gesellschaft und Kirche die Perspektive deutlich verändert: Auch in den bereits mehrfach zitierten Meditationen Rahners zum Priester heute gibt es zwar einen eigenen Teil, der sich der Aussage widmet, dass der Priester heute „in einem sehr intensiven Sinne ein humaner Mensch sein (muss)".[30] Allerdings ist hier das Humane (noch) nicht bezogen auf die soziale, diakonische Dimension der priesterlichen

[26] K. Hemmerle/W. Breuning/F.-J. Bode/E. Dirscherl, Wie als Priester heute leben? (s. Anm. 8), 45.

[27] Ebd., 46.

[28] Vgl. J. Hartl/K. Wallner/B. Meuser (Hrsg.), Mission Manifest (s. Anm. 13), 10; vgl. auch W. Kasper, Katholische Kirche. Wesen – Wirklichkeit – Sendung, Freiburg i. Br. 2011, 482.

[29] K. Hemmerle/W. Breuning/F.-J. Bode/E. Dirscherl, Wie als Priester heute leben? (s. Anm. 8), 52.

[30] K. Rahner, Der Priester (s. Anm. 6), 21. Die in diesem Abschnitt noch folgenden Zitate ebd.

Existenz, sondern es geht darum, dass der „Mensch Priester [...] werbend von Mensch zu Mensch auftreten können (muss)". Rahner spricht damit eine auch in der heutigen Klerikalismusdebatte wichtige Dimension an: Der Priester soll nicht „nur als der große Herold der Massenkirche" auftreten, sondern „klein und bloß" und „nur mit dem Christentum, das er hat", um das Gegenüber zu überzeugen. Aber die Frage nach einem Einsatz in der Diakonia, nach einem sozialen Engagement kommt hier (noch) gar nicht eigens zur Sprache.

2.3.2. Die repraesentatio Christi in der Diakonia

Zurück zur Frage der Hierarchisierung der Wesensvollzüge der Kirche: Hier scheint eine Erweiterung der Perspektive angebracht. Die Dogmatikerin Margit Eckholt verweist mit Bezug auf das Konzil darauf, dass es „im sakramentalen Amt vor allem darum (geht), das barmherzige, heilende und befreiende Wirken Jesu Christi ‚präsent‘ zu machen, gerade dort, wo Not zum Himmel schreit, wo Stärkung angesagt ist, Begleitung in Schuld, Trauer und Angst"[31]. Diese Überlegungen stehen im Zusammenhang mit ihren Ausführungen zur Frage nach der Festlegung der Repräsentation Christi auf das männliche Geschlecht, aber sie kann damit sehr gut verdeutlichen, dass die für das priesterliche Amt konstitutive repraesentatio Christi auch und gerade in dieser diakonischen Dimension geschieht.

Leid, Elend, Ungerechtigkeit, Unterdrückung, Krieg, Flucht und Terror sind Dimensionen, die das Gesicht unserer, aber auch der globalen und pluralen Gesellschaft weltweit prägen. Sie stellen enorme Herausforderungen für die Christinnen und Christen dar, die es ernst mit dieser Botschaft des Evangeliums meinen, denn, um es mit Tomáš Halík zu formulieren: „Eine Religion, die das Unglück der Menschen und ihr Leid nicht zur Kenntnis nimmt, ist Opium des Volkes. Ein Gott ohne Wunden ist ein toter Gott."[32] Der Gott Jesu Christi ist aber ein Gott der Lebenden, so kann es nicht sein, dass

---

[31] M. *Eckholt*, Frauen in der Kirche. Zwischen Entmächtigung und Ermächtigung, Würzburg 2020, 67.
[32] T. *Halík*, Europas Religion: Die Zukunft des Glaubens, 2014. Online verfügbar unter   https://www.welt.de/kultur/article128570991/Die-Zukunft-des-Glaubens. html?fb_action_ids=10201980244925436&fb_action_types=og.recommends (zuletzt aktualisiert am 01.01.2014, zuletzt geprüft am 27.06.2018).

das vom Geist Jesu Christi inspirierte soziale Engagement dort, wo Strukturen der Sünde Leben verhindern und zerstören, nur etwas Sekundäres, nicht das Eigentliche ist. Dass das Präsent-Machen dieses Handelns des „Gottes mit uns" auch den Priester in seiner sozialen Existenz herausfordert und prägt, liegt auf der Hand.

Papst Franziskus ist es, der immer wieder die Bedeutsamkeit solchen Handelns hervorhebt. Er verweist auf die allem vorausgehende Initiative und „liebevolle Einladung Gottes" (EG 4). Er hat „(e)ine Kirche im Aufbruch" (EG 20) vor Augen, die nicht intendiert, ihre Botschaft „in ein Gotteshaus einzuschließen und zum Schweigen zu bringen" (EG 183). Vielmehr schließe ein authentischer Glaube immer den tiefen Wunsch ein, „die Welt zu verändern, Werte zu übermitteln, nach unserer Erdenwanderung etwas Besseres zu hinterlassen." (EG 183) Kirche im Aufbruch ist, so Kardinal Bergoglio im Vorkonklave, „aufgerufen, aus sich selbst herauszugehen und an die Ränder zu gehen. Nicht nur an die geografischen Ränder, sondern an die Grenzen der menschlichen Existenz".[33] Eine Kirche im Aufbruch kreise nicht um sich selbst, lebe nicht für sich selbst und beanspruche Jesus nicht für sich selbst, sondern lasse ihn nach außen treten.

In all dem klingt eine Gegenbewegung zu einer Tendenz des Rückzugs aus der sündigen und verderbten ‚gottlosen' Welt an. Dem hält der Papst in *Evangelii gaudium* seine Rede entgegen von „eine(r) ‚verbeulte(n)' Kirche, die verletzt und beschmutzt ist, weil sie auf die Straßen hinausgegangen ist, (die ihm) lieber (ist), als eine Kirche, die aufgrund ihrer Verschlossenheit und ihrer Bequemlichkeit, sich an die eigenen Sicherheiten zu klammern, krank ist." (EG 49) Damit wird deutlich, dass die soziale Dimension der priesterlichen Existenz nicht fern dieser so verstandenen Kirche anzusiedeln ist. Als in spezifischer Weise mit der repraesentatio Christi Beauftragter gehört der Priester in die Mitte dieser Kirche und damit auch in die Mitte der Gesellschaft.

---

[33] *J. M. Bergoglio*, Die Kirche, die sich um sich selber dreht: Theologischer Narzissmus, 2014, online verfügbar unter http://blog.radiovatikan.de/die-kirche-die-sich-um-sich-selber-dreht-theologischer-narzissmus/ (Zugriff: 21.12.2021).

3. Fazit: Priestersein – Zeugnis von der Hoffnung geben

Die vorstehenden Überlegungen hatten nicht das Ziel einer dogmatischen Abhandlung zum Thema des Amtspriestertums (in Unterscheidung vom gemeinsamen Priestertum). Vielmehr ging es darum, das Priestersein in seinen unterschiedlichen existenziellen Dimensionen und in deren Ausprägungen für heute in den Blick zu nehmen. Priestersein bedeutet demzufolge, in der personalen, öffentlichen und sozialen Dimension der jeweils eigenen Existenz mystagogisch, verkündend und diakonisch Zeugnis zu geben von der tragenden und alles umspannenden Hoffnung.

Von dieser Hoffnung zu sprechen gerade in gegenwärtig schwierigen Zeiten hat nur dann seine Berechtigung, wenn es katholisch gedacht ist – katholisch im ursprünglichen Sinne des Allumfassenden: Das Katholische, das gleichgewichtig Martyria, Liturgia und Diakonia umfasst, das Katholische, das sich auf diese Welt in all ihrer Ambiguität und Komplexität einlässt, das Katholische, das den ganzen Menschen, mit all seiner „Freude und Hoffnung, Trauer und Angst" (GS 1), mit all seiner Zuversicht und Verzweiflung, mit all seinem Jubel und seiner Anklage ernstnimmt und von daher mit allen Wesensvollzügen von Kirche ein befreiendes, lebensdienliches und Hoffnung gebendes Christentum verkündet. Der Priester ist es, der, amtlich und sakramental beauftragt, für diese katholische Kirche steht. Zugleich arbeitet er daran mit und steht dafür ein, dass die Kirche mit ihrer zeitlichen Gestalt, die manchmal mehr von der Botschaft Jesu Christi verdunkelt als durchscheinen lässt, sich als ecclesia semper reformanda immer wieder neu und immer mehr der Botschaft vom Reich Gottes annähert.

Dieses Zeugnis braucht also Zeugen, deren Amt darin besteht, sakramentales Zeichen zu sein für Jesus Christus, der sich in wirksamen Zeichen selbst zur Geltung bringt.[34] Diese Zeichenhaftigkeit bedeutet, dass das Amt darauf verweist, „dass nur einer der Herr der Kirche ist, dass nur einer die Kirche leitet, dass nur einer in ihr das Sagen hat, nämlich Jesus Christus selbst"[35]. Der Amtsträger verkündet nicht sich selbst und bewirkt auch sakramental weder Gemeinschaft noch Versöhnung noch Wandlung aus eigener Dignität und Autorität, er

---

[34] Vgl. *G. Greshake*, Kirche wohin? (s. Anm. 3), 163–165.
[35] Ebd., 164.

tritt selbst ganz zurück, lässt die Autorität dessen durchscheinen, den er bezeugt.[36] Der Priester repräsentiert Christus als den, der gekommen ist zu dienen, nicht bedient zu werden, wie es in Mk 10,45 heißt. Wenn sich so die Grundlinien des Amtsverständnisses zeichnen lassen, dann resultiert genau hieraus notwendig deutliche Kritik an einer kirchlichen Amtsführung, sofern sie (noch) geprägt ist von einem Verständnis vom Priester als Mitglied einer besonders hervorgehobenen Kaste, dem per se objektive Heiligkeit zukäme, der selbstverständlich bestimmte Vorrechte genießen würde, vom Bischof mit einem Habitus und mit Insignien eines fürstlichen Herrschers in einer macht- und prunkvollen Kirche.[37]

Was Papst Franziskus in *Evangelii gaudium* 31 über den Bischof schreibt, gilt auch in abgeleiteter Form für jeden Priester: Manchmal wird er derjenige sein, der vorangeht und die Hoffnung wachhält, manchmal wird er einfach derjenige sein, der mit den Menschen unterwegs ist und Gottes Barmherzigkeit und Liebe lebt, manchmal wird er eher hintenan sein, um bei denen am Rand, an den Grenzen und in Grenzsituationen des Lebens zu sein. Solches Zeugnis erfordert individuellen Spürsinn, eine ernsthafte Hingabe an die Menschen und eine große Portion Gottvertrauen, um so für alle Menschen den Himmel offen zu halten gerade in Zeiten, in denen er oft grau und verhangen ist!

---

[36] Vgl. ebd., 165.
[37] Vgl. ebd., 163 mit Bezug auf Julius Döpfner.

Mut zur Rollenidentität
Warum reine Persönlichkeitsbildung für ein gegenwartsfähiges Priestertum nicht mehr genügt

Matthias Sellmann

Ein Buch zur Ausbildung von Priestern[1] tut not. Denn das Ziel der Priesterausbildung ist prekär geworden. Es ist alles andere als klar, wer und was der Priester im Hier und Heute des Volkes Gottes sein soll, sein kann und sein will.[2] Und dieser Befund ist alles andere als harmlos. Denn im katholisch verfassten Christentum sind der Bischof und der Priester – genauer: sind das Weihesakrament und die aus ihm gezogenen kirchenrechtlichen Rechte und Pflichten – die Schaltstellen, aus

---

[1] Im Folgenden wird von Priestern immer im Maskulinum gesprochen. Damit soll angezeigt werden, dass der Beitrag einen Weg aus der jetzt gegebenen Krise der Kirche unter den aktuellen rechtlichen Rahmenbedingungen weisen will. Es soll aber kein Zweifel daran gelassen werden, dass gerade die Beschränkung des Regelzugangs zum Priestertum nur für den unverheirateten Mann ein Symptom genau dieser Krise ist und verändert werden sollte.

[2] Dieser Befund eines hohen Reflexionsbedarfs zum Priester und dementsprechend zur Priesterausbildung kann belegt werden: erstens durch die Fülle an einschlägigen Themenheften der praktischen Theologie (vgl. nur Lebendige Seelsorge 1/2022 [Klerikalismus]; Communio 1/2022; Anzeiger für die Seelsorge 6/2021 [Viri probati]; prisma 1/2021 [Priester im Wandel]); zweitens durch aktuelle Sammelbände – vgl. nur *J. Rahner/M. Eckholt* (Hrsg.), Christusrepräsentanz. Zur aktuellen Debatte um die Zulassung von Frauen zum priesterlichen Amt (QD 319), Freiburg i. Br. 2020; *V. Dessoy/P. Klasvogt/J. Knop* (Hrsg.), Riskierte Berufung – überforderter Job. Priestersein in Zeiten der Krise, Freiburg i. Br. 2022; sowie der vorliegende Band; drittens durch die erregten Debatten zum Forum II im Synodalen Weg (siehe weiter unten); viertens durch zahlreiche Presseberichte über aktuelle Neuordnungen im Raum der Diözesen und der DBK (vgl. nur https://www.vaticannews.va/de/kirche/news/2021-07/deutschland-priesterausbildung.html [Zugriff: 18.01.2022]); sowie https://www.katholisch.de/artikel/30700-14-deutsche-bistuemer-organisieren-ihre-priesterausbildung-neu (Zugriff: 18.01.2022); fünftens durch die auffällig vielen Bücher von Priestern über die aktuelle kirchliche Lage und ihre prekäre Situation darin (vgl. nur *T. Frings*, Aus, Amen, Ende? So kann ich nicht mehr Pfarrer sein, Freiburg i. Br. 2017; *S. Jürgens*, Ausgeheuchelt! So geht es aufwärts mit der Kirche, Freiburg i. Br. 2019; *B. Hose*, Warum wir aufhören sollten, die Kirche zu retten. Für eine neue Vision von Christsein, Münsterschwarzach 2019).

denen kirchliches Leben heraus ermöglicht, gesammelt, gebündelt, bezeugt und gefeiert werden soll.

Genau diese Sollbestimmung aber ist massiv in Zweifel geraten. Sie wird mit teilweise hochgradig verstörenden Realerfahrungen gegengelesen und kann so nicht mehr aufrechterhalten werden. Den Priestern und Bischöfen schlägt großes Misstrauen entgegen. Dieses setzt auf zwei Ebenen an: empirisch, ob sie ihrer Aufgabe gewachsen sind; konzeptionell, ob die ganze ekklesiologische Architektur rund um das Weihesakrament und aus ihm überhaupt richtig justiert ist. Beide Misstrauensdimensionen haben eine einander verstärkende dreifach aufgipfelnde Eskalationsspirale: Sie werden primär gespeist durch das Bekanntwerden klerikaler Täter sexueller Gewalt und durch unkontrollierte Strukturen des Machtmissbrauchs auch in geistlicher und finanzieller Hinsicht; sekundär durch geradezu groteske Effekte des Versagens von Personalaufsicht, Aktenführung, ordentlicher Rechtspflege und in anderen systemischen Sorgfaltspflichten der übergeordneten Behörden und ihrer Träger; sowie tertiär durch die Unfähigkeit zu überdiözesaner kommunikativer Transparenz und der sichtbaren Abstimmung auf gemeinsames Vorgehen.

Die Erkenntnis sexuell, finanziell und geistlich missbrauchender Kleriker und solchen Missbrauch begünstigender Strukturen ist allerdings nur die offensichtlichste Quelle einer tiefgreifenden Entfremdung der Berufungen im Volk Gottes. Dem Münsteraner Regens Hartmut Niehues ist rechtzugeben, wenn er feststellt:

„Der Missbrauch durch so viele Priester darf nicht ausgeblendet werden, wenn es um priesterliche Existenz heute und morgen gehen soll. Und das gilt selbstverständlich auch unbeschadet der Tatsache, dass viele der Fragen im Zusammenhang mit dem Verständnis des Dienstes der Priester und dem Zueinander der verschiedenen Dienste in der Kirche auch ohne die Missbrauchsthematik seit Jahren längst auf die Tagesordnung der Kirche gehören. […] Dafür ist es wichtig, dass die katholische Kirche – und damit sind nicht nur die Funktionsträger gemeint – bereit ist, ihre Situation in der Gesellschaft der Bundesrepublik ehrlich wahrzunehmen: Die meisten Menschen wollen nichts mehr mit uns als Kirche zu tun haben."[3]

---

[3] *H. Niehues*, Priesterliche Existenz heute? Vom Abbruch zum Aufbruch!, in:

Niehues plädiert klar für eine konsequente „Debatte der Sachfragen"
in struktureller, dogmatischer und rechtlicher Hinsicht, betont aber
die dahinterliegende Dramatik:

> „Die gegenwärtige Krise der katholischen Kirche hängt nicht allein
> an diesen Fragen. Dahinter steckt vielmehr eine fundamentale
> Glaubens- und Gotteskrise. Die Tatsache, dass ca. 90 % der Katho-
> liken keinen oder nur einen seltenen punktuellen Kontakt zum sa-
> kramentalen Leben der Kirche suchen, lässt erahnen, wie sehr sich
> das Bewusstsein verflüchtigt hat, dass Gott im Lebensalltag der
> Menschen und im Raum der Kirche erfahrbar ist und handelt."
> „Mindestens können wir in der Frage nach dem Weihesakrament
> keinen selbstverständlichen Konsens mehr unterstellen."

Niehues wäre deutlich falsch verstanden, wenn man ihm vorwerfen
würde, den Grund der auch von ihm diagnostizierten Entfremdung
nun auf die Laien oder die nicht-religiös Gebundenen abwälzen zu
wollen. Ihm geht es um die organische und Steuerungswirkung ent-
faltende Einbindung des Priesters in das Volk Gottes.

Genau diese aber ist verlorengegangen. Und dies trifft die Frage
nach einer verantwortlichen, zukunftsfähigen Priesterausbildung in
ihrem Kern. Denn ist ihr Zielbild unklar – und das ist der Fall –,
kann sie auch keine Wege zu diesem Ziel mehr beschreiben. Mehr
noch: Auch die Ausbildung muss sich anfragen lassen, ob sie diese
Einbettung befördert hat oder nicht.

Es ist Aufgabe der amtlich Verantwortlichen, aber auch der Theologie als Ganzer, hier aber vor allem der praktischen Theologie, sich
an den Neuorientierungen der Priesterausbildung zu beteiligen. Und
es erheben sich viele Stimmen, die Beobachtungen ein- und Hand-
lungsempfehlungen vortragen. Die Sichtung vieler dieser Beiträge
erzeugt eine Überraschung: So unterschiedlich die Bewertung der
aktuellen Konzepte von Priesterausbildung durch die verschiedensten Akteure auch ausfällt, eine bestimmte Festlegung wird so gut
wie nie in Zweifel gezogen: dass nämlich die Priesterausbildung fun-

---

B. S. Anuth/G. Bier/K. Kreutzer (Hrsg.), Der Synodale Weg – eine Zwischenbilanz, Freiburg i. Br. 2021, 155–168, 155. Die beiden nachfolgenden Zitate ebd.,
157f. Zur Entfremdung im Volk Gottes vgl. auch die prägnanten Beobachtungen
des Kirchenhistorikers *W. Damberg*, wenn er titelt: Bischof und Kirchenvolk –
enttäuschte Liebe?, in: LS 3 (2014) 171–177.

damental und alternativlos als Persönlichkeitsausbildung konzipiert
wird.

Dieser Befund verwundert, gerade angesichts der oben kurz refe-
rierten belastenden Erkenntnisse von Persönlichkeitsversagen, nor-
mativer Überfrachtung und fehlender organisationsbezogener Kon-
troll-, Schutz- und Entlastungseffekte. Diese, aber auch andere
grundsätzlichere Einsichten der Professionalitäts- und Führungsfor-
schung, lassen es lohnend erscheinen, eine Erweiterung der andragogischen Zieldimensionen der Priesterausbildung vorzuschlagen: die
um organisationsbezogene Leitbilder pastoraler Professionalität und
diesbezüglicher Rollenkompetenzen. Gemeint ist das Selbstbild und
die Fähigkeit, pastorale und kirchenamtliche Prozesse nicht nur über
die eigene Person und entsprechende charakterliche *skills*, sondern
vor allem über Rollenidentität und kollektiv kontrollierte organisationale Dynamiken zu steuern.

Eine solche Prüfung legt dieser Aufsatz vor. Er schlägt als Beitrag
zur Krisenüberwindung vor, Priesterausbildung auch elementar als
Rollenausbildung zu entwickeln und dies nicht als Beiwerk, sondern
als genuiner Ausdruck priesterlicher Identität. Im ersten und aus-
führlichsten Teil wird dazu nachgewiesen, wie dominant und unhin-
terfragt es ist, diese Rollendimension faktisch auszublenden und die
Priesterausbildung ausschließlich als Persönlichkeitsbildung zu konzipieren. Dies geschieht unter Bezug auf die aktuellen Dokumente
(1.1.) sowie den aktuellen kirchlichen und pastoraltheologischen
Diskurs (1.2.). Auf diesem Nachweis liegt das Hauptanliegen. Die
beiden anschließenden, wesentlich kürzeren Teile nennen wichtige
zu klärende organisationssoziologische und -theologische Unterscheidungen (2.) und formulieren bedeutende Einsprüche gegen
die herausgestellte Fixierung (3.).

1. Priesterausbildung als ausschließliche Persönlichkeitsbildung: ein (fast) unhinterfragtes Junktim

Um zu verstehen, wie entlegen es scheint, den Priester von der Aus-
und Fortbildung her viel stärker als Rollenträger in Organisationen
zu registrieren, braucht es eine zweifache Reflexion: die auf die jetzt
geltenden Dokumente (1.1.) und die auf die aktuellen Änderungs-
vorschläge (1.2.). Beide Sondierungen zeigen, dass substanzielle Re-

flexionen auf die organisationale Dimension der priesterlichen Identität kaum angestrengt und somit die Chancen einer curricularen Erweiterung sowie einer diesbezüglichen Entlastung des Priesters nur sehr zögerlich erwogen werden.

1.1. Blick in die geltenden Dokumente

Die geltende ‚Ratio Nationalis' für das Gebiet der deutschen Bischofskonferenz ist am 12.3.2003 verabschiedet worden.[4] Es kann mit wenigen Schlüsselzitaten gezeigt werden, dass das Dokument Priesterausbildung explizit als Persönlichkeitsausbildung und -entwicklung versteht und normiert.

So heißt es in der Rahmenordnung unter der Überschrift ‚Bildungsziel':

„Das Ziel der Priesterbildung ist der Christ, der aufgrund seiner menschlichen und geistlichen Reife, seiner theologischen Bildung und seiner pastoralen Befähigung geeignet und bereit ist,
– der Berufung Gottes zu entsprechen und sich in Weihe und Sendung durch den Bischof für die Kirche als Priester in Dienst nehmen zu lassen in der Lebensform der Ehelosigkeit um des Reiches Gottes willen,
– seine menschlichen, geistlichen und beruflichen Fähigkeiten so weiterzuentwickeln, dass er den in der Priesterweihe übernommenen Auftrag Christi an den Mitmenschen in der jeweiligen pastoralen Situation ein Leben lang wahrnehmen kann."[5]

Die Nummer 7 der Ordnung führt aus, wie dieses Bildungsziel curricular erreicht werden soll:

„Priesterbildung wird im Folgenden unter drei Gesichtspunkten beschrieben. Diese ‚Dimensionen' sind durchgängig für alle Phasen der Priesterbildung von Bedeutung. Sie durchdringen sich gegenseitig, und eine ist ohne die andere nicht zu verwirklichen. Es sind die Dimensionen:

---

[4] Vgl. *Sekretariat der Deutschen Bischofskonferenz* (Hrsg.), Rahmenordnung für die Priesterausbildung (Die deutschen Bischöfe 73), Bonn 2004 – https://www.dbk-shop.de/de/publikationen/die-deutschen-bischoefe-kommissionen/hirtenschreiben-erklaerungen/rahmenordnung-priesterbildung2.html#files (Zugriff: 18.01.2022).
[5] Ebd., Nr. 5.

- geistliches Leben und menschliche Reifung;
- theologische Bildung;
- pastorale Befähigung.

Die Einheit von geistlichem Bemühen, theologischer Reflexion und pastoraler Praxis dient sowohl dem priesterlichen Dienst wie der priesterlichen Existenz."[6]

Die in den Spiegelstrichen aufgezählten Dimensionen gelten in der Fachsprache der Ausbilder:innen und Regenten auch als ‚Säulen‘ des Priesterseins. Man erkennt unschwer die Stärke dieses Bildungsgangs, die explizit auf eine umfassend gebildete, in sich geklärte, kommunikative und ausstrahlungsstarke Persönlichkeit abzielt. Genauso klar kommt aber auch in den Blick, dass diese pädagogische Leitorientierung keine Erweiterung – zum Beispiel die um organisationsbezogene Kompetenzen – zu kennen scheint. Solche Ausbildungsinhalte sind auch nicht, wie man vermuten könnte, mit der ‚Säule‘ der ‚pastoralen Befähigung‘ angezielt. Liest man die entsprechenden Passagen unter den Nummern 16 bis 19, erkennt man auch hier sehr deutlich, dass alle pastorale Wirksamkeit allein aus dem Subjekt des Priesters – seinen Haltungen, Einstellungen, Bereitschaften, geistlichen Motivationen usw. – abgeleitet wird, nicht aber aus der Organisation, die er leitet und repräsentiert.[7]

---

[6] Ebd., Nr. 7.

[7] Man beachte etwa, wie ebd. in Nr. 16 die Grundvollzüge des Gemeindelebens subjektiviert und personalisiert, geradezu biografisiert werden: „[...] So soll der Priester die Gemeinde leiten und alle Gläubigen und die ganze Gemeinde zu ihrem Dienst bereit und fähig machen. Er soll Charismen entdecken und wecken, beurteilen und fördern und für ihr Zusammenwirken Sorge tragen. Dafür ist sein persönliches Zeugnis ebenso wichtig wie der lebendige Austausch und die brüderliche Zusammenarbeit mit dem Bischof, dem Presbyterium, den Diakonen, den anderen Mitarbeiterinnen und Mitarbeitern im pastoralen Dienst und mit allen Gliedern der Gemeinde [...]“. Später heißt es in Nr. 17 sogar: „Gelernte Fertigkeiten allein genügen für den pastoralen Dienst nicht. Die ganze berufliche Existenz des Priesters hängt von seinem Glauben ab und von der Art, wie er ihn lebt. Ein Auseinanderklaffen von Seelsorgetätigkeit und Spiritualität wäre verhängnisvoll. Der Priester muss geistlich sein, um geistlich wirken zu können." Vgl. zum Ganzen auch die mindestens für deutsche Pfarreien realitätsfremde Listung von amtlichen Pflichten pfarrlicher Leitung in cann. 528f./CIC 1983.

Dieser blinde Fleck wird auch nicht durch das weltkirchliche Dokument von 2016 aufgehellt. Im Gegenteil: Der Befund wird verschärft. Denn die ‚Ratio Fundamentalis' betont sofort in ihrem ersten Kapitel die Kontinuität zum Dokument aus dem Pontifikat Johannes Paul II. mit dem Titel ‚Pastores dabo vobis' vom (25. März 1992). Hier wurden die vier oben genannten ‚Säulen' vorgedacht, und dieses Element wird nun explizit übernommen:

„Besonders in *Pastores dabo vobis* wird in ausdrücklicher Weise eine Gesamtsicht der Ausbildung der künftigen Kleriker dargelegt, die zugleich die vier Dimensionen der Persönlichkeit des Seminaristen berücksichtigt: die menschliche, die intellektuelle, die spirituelle und die pastorale Dimension."[8]

Nicht nur das: Es wird allen nationalen Übertragungen dieser weltkirchlichen Ordnung vorgeschrieben, diese vier Dimensionen zu übernehmen:

„Die Formung – Grundausbildung und ständige Fortbildung – ist in einem ganzheitlichen Sinn zu verstehen. Sie berücksichtigt die vier Dimensionen, die von *Pastores dabo vobis* vorgegeben werden. Zusammen bilden und strukturieren sie die Identität des Seminaristen und des Priesters und befähigen ihn zur ‚Selbsthingabe an die Kirche', die der Inhalt der pastoralen Liebe ist."[9]
„Jede Ratio Nationalis hat das, was in der Ratio Fundamentalis vorgesehen ist, auf ihre Situation zu übertragen und entsprechend anzupassen. Folgende Elemente muss sie immer enthalten: [...] e) eine Beschreibung der Mittel für die Anwendung der Ausbildungsdimensionen (menschlich, spirituell, intellektuell und pastoral) [...]"[10]

Das ganze Dokument fokussiert als Ziel der Ausbildung, dass der Seminarist seine priesterliche Identität prüft und entwickelt (Nr. 30–34), die aufgipfelt im Ideal der „Gleichgestaltung mit Christus"

---

[8] Vgl. *Kongregation für den Klerus*, Das Geschenk der Berufung zum Priestertum. Ratio Institutionis Sacerdotales vom 8.12.2016 – http://www.clerus.va/content/dam/clerus/Ratio%20Fundamentalis/Das%20Geschenk%20der%20Berufung%20zum%20Priestertum.pdf (Zugriff: 18.01.2022), 2.
[9] Ebd., 4.
[10] Ebd., Nr. 7.

(Nr. 35–40). Der entsprechende Bildungsweg wird als „Erziehung zur Innerlichkeit und zur Gemeinschaft" gefasst (Nr. 41–43). Hierauf sind alle „Ausbildungsmittel" auszurichten (Nr. 44–53). Wie im deutschen Dokument von 2003 liegt auch hier die Stärke des Textes in seiner Prägung durch ein facettenreiches Vokabular der Persönlichkeitsbildung, welches allerdings, dies im graduellen Unterschied, sehr hohe idealistische und spirituelle Maßstäbe anlegt. Der ideale Priester wird in römischer Sicht als umfassendes menschliches und geistliches Vorbild modelliert, der selbst das Subjekt seines nie beendeten Bildungsweges bildet und daher nach dauernder Verbesserung strebt. Was in aller Ausgestaltung gänzlich fehlt, sind die Realisierungen der priesterlichen Berufung, die die Leitung organisationsbezogener Prozesse implizieren.

Dieser Befund gilt auch für die Passagen, die die ‚pastorale Ausbildungsdimension' umschreiben (vgl. Nr. 119–124). Viel ist hier die Rede vom Priester als Zuhörer, Motivator, barmherzigen Streiter für die Armen, Charismenförderer, Teamplayer oder klugen Schlichter von Konflikten. Das Idealbild ist das der „pastoralen Liebe" (Nr. 119) und des guten Hirten (vgl. v. a. Nr. 120). Der ‚ideale Pastor' ist immer ansprechbar für alle Zielgruppen und agiert kenntnisreich in allen pastoralen Notlagen. Das ganze Geschehen in einer Pfarrei wird also aus der Hirtensorge des Priesters koordiniert. Er soll aus seiner Vorbildwirkung heraus steuern. An keiner Stelle kommt zur Sprache, welche Chance darin liegen kann, den Priester gerade von idealen Erwartungen an ihn zu entlasten, indem man auf pastorale Organisation setzt.

1.2. Blick in aktuelle Arbeitspapiere und pastoraltheologische Reflexionen

Auf den ersten Blick scheint wenig Grund für die Annahme gegeben, dass auch organisationsbezogene Rollenbilder und -kompetenzen zukünftig als konstitutives Qualifizierungsziel der priesterlichen Professionalität gelten sollen. Dies aus drei Gründen: Zum ersten wird, wie oben erwähnt, auch die nationale Adaption der ‚Ratio Fundamentalis' auf die vier persönlichkeitsbezogenen Dimensionen normativ festgelegt. Damit dürfte eine starke Drift im Raum sein, die ganze Fokussierung auf den Typ ‚Persönlichkeitsbildung' nicht zu hinterfragen und beizubehalten.

Zweitens ergibt auch eine Sichtung des aktuellen pastoraltheologischen Diskurses zwar ansehnlich viele Vorschläge für neue Justierungen der Ausbildungsprozesse; doch auch hier fehlt nahezu jedweder positive Fokus auf eine zu erwerbende priesterliche Identitätsdimension als Rollenträger in kirchlichen Organisationen. Dieser Befund soll in einer kurzen Analyse aktueller prominenter Stimmen verifiziert werden.[11]

Erich Garhammer referiert die ambivalente Geschichte der Seminarerziehung und kritisiert, dass die Pläne zur Neuordnung im alten klerikalen Paradigma verbleiben; er fordert die Neuausrichtung auf seelsorgliche Kompetenz und nennt ausdrücklich „Kommunikationsfähigkeit, Multiprofessionalität und spirituelle Verankerung und Auskunftsfähigkeit". Was mit ‚Multiprofessionalität' gemeint ist, wird leider nicht näher ausgeführt.[12]

Christian Bauer votiert für den Abschied von der Seminarerziehung und schlägt eine dreifache Option vor:

> „[…] den Leitbildwechsel von einem geschlossenen Haus zu einem offenen Weg, den Haltungswechsel von einer klerikalen Einstellung zu einer synodalen Grundhaltung und den Methodenwechsel von einem privilegierten Schutz zu einem begleiteten Exposure – kurz gesagt: von einem klerikalen Schutzhaus zu einem synodalen Exposureweg."[13]

---

[11] Die Auswahl der folgenden Beiträge folgt zwei Kriterien: Bezugnahme auf die aktuellen Neujustierungen für den Bereich der deutschen Bischofskonferenz; und Ausweis als Experte im Diskurs. Erich Garhammer kann als historischer Experte für die Frage der Seminarausbildung gelten; vgl. nur die Tatsache, dass er als Autor des Lemma ‚Priesterseminar' im aktuellen LThK angefragt wurde (Bd. 8, 580f.); Christian Bauer ist Mitglied im sog. „Beirat zur Neugestaltung der Priesterausbildung" der DBK; Rainer Bucher ist langjähriger Beobachter und Analyst der pastoraltheologischen Fragen rund um die Berufung des Priesters; vgl. nur R. *Bucher*, Priester des Volkes Gottes. Gefährdungen – Grundlagen – Perspektiven, Würzburg 2010. Der schon zitierte Hartmut Niehues ist Regens des Münsteraner Priesterseminars und war Vorsitzender der Deutschen Regentenkonferenz. Es ist richtig und einzuräumen, dass in dieser Zusammenstellung weibliche Autorinnen fehlen.

[12] Vgl. *E. Garhammer*, Die Priesterausbildung – ein Zwischenruf! Warum völlig neue Wege notwendig sind, in: Münsteraner Forum für Theologie und Kirche v. 08.07.2020 – http://www.theologie-und-kirche.de/garhammer-enthistorisierung. pdf (Zugriff: 18.01.2022), 7.

[13] *C. Bauer*, Umkehr in der Priesterausbildung? Vom klerikalen Schutzhaus zum synodalen Exposureweg, in: V. Dessoy/P. Klasvogt/J. Knop (Hrsg.), Riskierte Berufung (s. Anm. 2).

So anregend diese Reflexionen sind: In keiner der drei Durchführungen kommt die Argumentation über persönlichkeitsbezogene Haltungen oder Eigenschaften hinaus. Zwar fordert auch Bauer: „Prävention ist wichtig, aber damit ist es bei weitem nicht getan – es muss in der Ausbildung vielmehr auch um die systemischen Voraussetzungen des Missbrauchs gehen." Wie diese systemischen Faktoren des Klerikalismus auch über organisationale Identitätsbestimmungen und rollenspezifische Lernziele zu minimieren wären, nimmt der Aufsatz jedoch nicht in den Blick. Und er will es wohl auch nicht. Denn die abschließende und bündelnde Zielformulierung, Priester im Zielbild als „Vagabunden der Sehnsucht" zu modellieren, bestätigt erkennbar das Paradigma reiner Persönlichkeitsbildung.

In einem kleinen, hier aber einschlägigen Beitrag wendet sich Rainer Bucher der Frage nach jenen pastoralen Kompetenzen zu, die ausgerechnet in Zeiten von organisationaler Transformation notwendig sind.[14] Überraschend klar präzisiert Bucher hier eingangs, dass Kirche als Dienstleistungsorganisation anzusehen ist. Für solche gelten:

> „Zusammen mit der Motivation und dem Engagement, mit dem sie diese Kompetenz für ihren Arbeitgeber aktivieren, ist die real erfahrbare Kompetenz der RepräsentantInnen einer Organisation die unabdingbare Basis von deren Wirksamkeit. Für Organisationen wie Kirchen, deren Kernprozesse in einem hohen Maße aus Kommunikation bestehen, gilt dies in besonderem Maße."[15]

Bucher stimmt daher der Suche nach neuen Kompetenzlisten für seelsorgende Berufe zu. Und vorerst scheinbar ganz im Sinne des Vorschlages einer Erweiterung der persönlichkeitsbildenden Dimension sieht er die Gefahr, „pastoralen Kompetenzerwerb systemimmanent als optimale Zurichtung für das gerade herrschende pastorale Dispositiv zu konzipieren, und auch, systemische Defizite der

---

[14] R. Bucher, Freiheit und Vertrauen. Pastorale Kompetenzen in der Transformationskrise der Kirche, in: feinschwarz vom 22.5.2020 – https://www.fein schwarz.net/pastorale-kompetenzen/ (Zugriff: 18.01.2022).
[15] Ebd. Überraschend ist diese Äußerung, weil gezeigt werden kann, wie überaus umstritten der Terminus ‚Dienstleistung' theologisch diskutiert wird; vgl. dazu jetzt B. Szymanowski, Die Pfarrei als Dienstleistungsorganisation – Eine praktische Theologie kirchlicher Dienstleistung und ihr Beitrag zur Lösung der Identitäts- und Relevanzkrise der Pfarrei, Würzburg 2022 (im Erscheinen).

Kirche auf den Schultern der pastoralen AkteurInnen abzuladen und damit zu privatisieren."[16]

Solche Erkenntnisse würden nun gerade dazu drängen, Priester als systemische Akteure zu sehen und auch dementsprechend zu qualifizieren. Diese Folgerung zieht Bucher aber nicht. Sein Vorschlag zielt darauf ab, die pastoralen Professionals in ihre eigene Kreativität, Freiheit und „eigenständige Analysefähigkeit ihres pastoralen Handlungsortes" zu entbinden. Mit ironischem Unterton endet der Essay:

> „Die ebenso notwendige wie bisweilen ominös misstrauisch agierende ‚Qualitätssicherung', früher durch klerikale Standesethik, heute gerne durch Managementtools gesichert, sollte nicht zuerst kontrollieren, sondern motivieren und die Freude an der eigenen pastoralen Kompetenz und damit diese Kompetenz selbst erhöhen."[17]

Auch hier also, entgegen dem ersten Eindruck, erfolgt kein Überschritt über persönlichkeitsbildende Faktoren hinaus.

Eine letzte Stimme des intensiv geführten Diskurses sei mit dem oben bereits zitierten Beitrag von Hartmut Niehues aufgerufen. Sie ist gleich doppelt weiterführend. Zum einen spricht hier jemand, der selbst jahrelang verantwortlich zeichnet für die Ausbildung von Priestern, und dies sowohl diözesan wie bundesweit. Zum zweiten nimmt Niehues in sogar expliziter Weise die Dimension in den Blick, für die hier votiert wird. Sein Text bestätigt, dass der Priester im Volk Gottes funktionale Dimensionen zu vertreten hat. Niehues schreibt: „Der Dienst des Priesters ist zunächst einmal funktional zu verstehen […]."[18] Und sofort danach: „Eine solche zunächst funktionale Betrachtungsweise kann vor einer sakralen Überhöhung des Priesters schützen."[19] Man muss wohl kaum betonen, wie bedeutend dieser Zusatz in Zeiten gewürdigt werden muss, in denen es eben

---

[16] R. *Bucher*, Freiheit und Vertrauen (s. Anm. 14).
[17] Ebd.
[18] H. *Niehues*, Priesterliche Existenz heute? (s. Anm. 3), 163.
[19] Ebd. Das Argument wird auf der nachfolgenden Seite noch einmal wiederholt: „Eine zunächst funktionale Betrachtung des Dienstes des Priesters erdet diesen und bietet einen Schutz vor Überhöhung."

diese ‚sakrale Überhöhung' ist, die die Missbrauchs- und Misstrauenskrise hervorgerufen hat.

Fragt man aber weiter, wie Niehues diese funktionalen Gehalte des Priestertums konkret versteht und in der Ausbildung sichern will, wird man als Leser doch wieder auf den Boden der Persönlichkeitsbildung geführt.[20] Der Priester möge als Beziehungshelfer und „Beziehungscoach" im Volk Gottes wirken; als „Platzhalter für den göttlichen Initiator und als Dienst der Rekapitulation Christi".[21] Kein Zweifel: Das sind geistlich und theologisch tief gegründete und sympathische Identitätsangebote. Sie sollen das amtstheologisch gebotene „Gegenüber der Gemeinde"[22] leben und erfahren helfen. Dass gerade organisationale Rollenabsprachen und Prozessregelungen die Einbettung des Priesters in das Volk Gottes absichern – und das wohl für alle transparenter, verständlicher und effektiver als das Vertrauen in gefestigte Persönlichkeiten – kommt jedoch auch hier nicht in den argumentativen Blick. Dieser Befund steigert sich noch dadurch, dass Niehues in seinen abschließenden Perspektiven ganz ausgeprägte und mutige organisationsbezogene Intelligenz und Sensibilität unter Beweis stellt.[23] Solche Art von Professionalität wird von ihm aber wohl eher als Epi-Phänomen der priesterlichen Berufung angesehen, nicht als eine konstitutive Dimension.[24]

Ein dritter Blick muss daher auf die ersten wegweisenden internen Dokumente der nationalen Neuordnung fallen. Schließlich wird dort vorgedacht, wie die nationale Ausbildungsordnung verändert werden muss. Das Ergebnis: Die Papiere reflektieren zwar

---

[20] In einem zweiten Beitrag bestätigt Niehues dann auch unmissverständlich den Satz aus der Ratio Fundamentalis, Nr. 77: „Die menschliche Bildung ist das Fundament der ganzen Priesterbildung." Vgl. *H. Niehues*, Priesterausbildung mit Zukunft, in: V. Dessoy/P. Klasvogt/J. Knop (Hrsg.), Riskierte Berufung (s. Anm. 2).

[21] *H. Niehues*, Priesterliche Existenz heute? (s. Anm. 3), 163; ausführlicher ebd., 160–163.

[22] Ebd., 163.

[23] Ebd., 164–168. So wird in aller Freimütigkeit nachgedacht: über den Auszug aus dem System der Kirchensteuer; über andere Gehaltsvarianten teilweise im Zivilberuf arbeitender Priester; über diözesane Kommunikation und ihre Folgen; über das komplizierte Zueinander von immer professionalisierteren Seelsorge-Berufsgruppen; oder über Machtkontrollinstanzen gegen klerikale Übergriffe.

[24] Darauf deuten auch seine vorsichtigen Formulierungen zur „Professionalisierung und Kompetenzorientierung in der Ausbildung" hin; vgl. *H. Niehues*, Priesterausbildung mit Zukunft (s. Anm. 20), Abschnitt 3.4.

viele mögliche und sehr nachvollziehbare Innovationen der Priesterausbildung – die hier vorgeschlagene Erweiterung um die organisationalen Rollenanteile aber kaum.[25] Das „Impulspapier zur Propädeutischen Phase" formuliert zwar eine empirische Beobachtung
in diese Richtung, wenn es unter Bezug auf das Priesterbild im
Wort der Bischöfe „Gemeinsam Kirche sein"[26] als „höchst relevante
Realität des Gemeindealltags"[27] berichtet: „Die faktische Anerkennung eines Priesters in seinem Amt hängt nicht von der sakramentalen Qualität seines Amtes ab, sondern davon, ob ihn die Gemeinde
als persönlich und fachlich geeignet ansieht." Diese ‚höchste Relevanz' wird aber in der Folge nicht auf mögliche rollenspezifische Bildungsziele hin ausformuliert; vielmehr fungieren auch schon für die
propädeutische Phase die vier ‚Säulen' aus *Pastores dabo vobis* als
curriculare Matrix reiner Persönlichkeitsbildung.[28]

Ähnlich fällt der Befund für das Thesenpapier des Beirats zum
Projekt „Qualitätssicherung der Priesterausbildung" aus. Der Text
betont, dass Priesterausbildung klar im Kontext der Prävention von
sexueller Gewalt neu zu justieren sei und man daher sorgfältig über
die Bestimmungen künftiger Priesterausbildung zu reflektieren habe, damit sich die Mittel der Realisierung nicht unter der Hand ver-
selbständigen könnten. Die Kategorie ‚der Qualitätssicherung' aller
„konkreten Gestaltungselemente eines Berufungs- und Ausbildungs-
weges inklusive der Wohnsituation"[29] ist schon durch den Titel des
Dokumentes prominent gesetzt und wird ausführlich auf die verschiedenen ‚Mittel' des Ausbildungsganges gelegt; so etwa auf die

---

[25] Es durften für diesen Aufsatz folgende Dokumente eingesehen werden: The-
senpapier des Beirats zum Projekt „Qualitätssicherung der Priesterausbildung"
mit dem Titel: „Grundsatzpapier: Elemente für eine künftige Ausrichtung der
Ausbildung der pastoralen Berufe und für den Prozessen der Berufungsklärung,
vorgelegt in der Kommission für Geistliche Berufe und Kirchliche Dienste im
Herbst 2021; sowie: „Impulspapier zur Propädeutischen Phase", vorgelegt vom
Beirat Neuordnung Priesterausbildung, vorgelegt zum Koordinierungsrat im
Prozess der Neuordnung der Priesterausbildung der DBK am 20.9.21 in Fulda.
[26] Vgl. *Sekretariat der Deutschen Bischofskonferenz* (Hrsg.), „Gemeinsam Kirche
sein." Wort der deutschen Bischöfe zur Erneuerung der Pastoral (Die deutschen
Bischöfe 100), Bonn 2015.
[27] Impulspapier, 3 (s. Anm. 25); nachfolgendes Zitat ebd.
[28] Vgl. ebd., 7f.
[29] Papier Qualitätssicherung (s. Anm. 25), 2.

Qualität der Dozierenden, die Selbstbestimmung der Lernenden, die Methoden des Lernens oder die vertragliche Absicherung wechselseitiger Rechte und Pflichten.[30] Die Identitätsideale verbleiben aber auch hier erkennbar im Paradigma der Persönlichkeitsbildung. Darum drängt sich die Frage auf: Wenn man doch erkannt hat, dass die Ausbildungsprozesse und -mittel neu organisational gesichert werden müssen, warum schafft es diese Einsicht dann nicht auf die Ebene der Lernziele in der Ausbildung selbst?

Eine sehr spannende Ausnahme von der nunmehr reich belegten Regel bildet ein drittes offizielles Papier. Gemeint ist eine Beschlussempfehlung des Forums 2 („Priesterliche Existenz") im aktuellen Synodalen Weg, die im Februar 2022 zur ersten Lesung anstand. Der Text ist deswegen für den hier vorgebrachten Vorschlag sehr vielsagend, weil er sogar schon in seinem Titel beide Dimensionen verbindet: „Persönlichkeitsbildung und Professionalisierung".[31] Die Beschlussempfehlung ist etwas verwirrend aufgebaut, weil sie gleich fünf Voten begründet und empfiehlt. Die einzelnen Kapitel behandeln erstens die „Persönlichkeit(sbildung) von Priestern und pastoralen Mitarbeiter*innen"; zweitens die „Professionalisierung des Personaleinsatzes, der Personalentwicklung und des Qualitätsmanagements"; drittens „Professionelle kirchliche Laienämter in ihrem Zusammenspiel mit dem Weihepriestertum", viertens „Priester im Nebenamt" und zuletzt die „Professionalisierung in der Priesterausbildung". Über allem steht eingangs die kontextuelle Einordnung, die den Ernst des Ganzen markiert: „Die Verbrechen des sexuellen Missbrauchs haben erhebliche Mängel in der Professionalität und Persönlichkeitsbildung von Priestern aufgedeckt."[32] Man beachte

---

[30] Ebd., 3–6.

[31] Vgl. „Vorlage des Synodalforums II „Priesterlicher Existenz heute" zur Ersten Lesung auf der Dritten Synodalversammlung (3.–5.2.2022) für den Handlungstext „Persönlichkeitsbildung und Professionalisierung" – https://www.synodalerweg.de/fileadmin/Synodalerweg/Dokumente_Reden_Beitraege/SV-III-Synodalforum-II-Handlungstext.PersoelichkeitsbildungUndProfessionalisierung-Lesung1.pdf (Zugriff: 18.01.2022). Die beiden weiteren Eingaben des Forums 2 böten ebenfalls lohnende Einblicke in das Fehlen der organisationalen Dimension priesterlicher Identität. Sie heißen: „Prävention und Umgang mit Tätern" sowie „Versprechen der Ehelosigkeit im Dienst des Priesters". Für die Argumentation ist aber das erstgenannte Papier zentral.

[32] Ebd., 1.

diese konzise, gleichwohl erschreckende Einleitung. Sie lässt die in diesem Beitrag gestellte Frage nach einer andragogischen und curricularen Erweiterung der Priesterausbildung um eine rollenbezogene Erweiterung von Persönlichkeitsbildung angesichts deren erwiesener Defizienz als äußerst dringlich erscheinen.

Das Papier geht wie kein anderes in selbstkritische Konkretionen. Zwar ist aufschlussreich, dass auch hier als erstes die „Persönlichkeitsbildung" fokussiert wird. Man stellt aber in aller ungeschönten Klarheit fest, dass es ein „Umsetzungsproblem"[33] der persönlichkeitszentrierten Priesterausbildung gibt und dass man deswegen des „Controllings und der Evaluation" bedarf, „um im Interesse aller aus der Freiwilligkeit in die überprüfbare Verpflichtung zu gelangen." Diese Kontrolleffekte sollen über eine Rahmenordnung vollzogen und gesichert werden. Hier kann immerhin einer von sechs Spiegelstrichen mit inhaltlichen Füllungen als beherzt organisational gelten, auch wenn es hier noch um die Rahmung, nicht die Inhalte selbst geht: „Die Bischöfe setzen sich dafür ein, einheitliche Regelungen in Bezug auf Mitarbeiterführung, Dienstanweisungen und Arbeitsplatzbeschreibungen für Priester in den deutschen Bistümern zu treffen."

Das zweite der fünf Voten trifft dagegen vollumfänglich ins Zentrum des hier Intendierten. Gleich zu Beginn wird eine Alternative von geistlicher Persönlichkeitsbildung und der Ausbildung von Professionalität als unterkomplex markiert: „Professionelle Qualität ist nicht das Gegenteil von geistlicher Qualität, sondern der Ausdruck ihrer Verbindlichkeit und ihrer Glaubwürdigkeit."[34] Die Terminologie des Kapitels ist bewusst geprägt vom Vokabular der Personal- und Organisationsentwicklung, und dies wird explizit damit begründet, dass sich ein Mangel an solchem Wissen von der MHG-Studie als missbrauchsfördernder Faktor erwiesen habe: „Hat sich doch in der römisch-katholischen Kirche bis in hohe Leitungsebenen hinein gezeigt, dass die Wahrscheinlichkeit von Machtmissbrauch und sexueller Gewalt dort steigt, wo ein Mangel an Professionalität vorliegt."[35] Das Papier fordert eine „überdiözesane Rahmenordnung mit Standards zur Professionalisierung von Personaleinsatz, Personalentwicklung und Qualitätsmanagement [...],

---

[33] Ebd., 3. Dort auch alle weiteren Zitate dieses Abschnitts.
[34] Ebd.
[35] Ebd.

die auf allen Ebenen systematisch zu gestalten sind."[36] Die einzelnen Ausführungsdetails müssen hier nicht referiert werden. Es ist sehr beachtlich, dass eine große Detailfülle der priesterlichen Rollen- und Organisationsverantwortung vorgedacht wurde. Was allerdings auffällt: Es findet sich keine Aussage, dass solches Rollenhandeln auch zur Identität des Priesters gehört. Manchmal wirken die Formulierungen so, als wäre das professionelle Handeln der Beruf und die persönliche, geistliche Existenz die eigentliche Berufung.

Diese Ambivalenz wird auch nicht im Kernpapier des hier einschlägigen Gedankengangs aufgelöst: Votum 5 äußert sich dezidiert zur künftigen Priesterausbildung. Gefordert und anfänglich auch ausbuchstabiert wird ein kontrolliertes „Qualitätsmanagement"[37] der Ausbildung. Man ist sich der funktionalen, organisationalen Dimension des Ausbildungsprozesses also voll bewusst. Wird aber diese funktionale Dimension auf das Zielbild der priesterlichen Identität übertragen? Hier zögert auch dieser Text, wenn er das altbekannte Credo ausformuliert: „Die Priesterausbildung hat zum Ziel, die Kandidaten zu integrierten, ganzheitlichen und reifen *Persönlichkeiten* auszubilden."[38] Dieses Ziel wird dann ganz klassisch entfaltet. Einen Schwerpunkt bildet aber das Bildungsziel einer reifen, integrierten psychosexuellen Entwicklung des Kandidaten.

2. Kurzes Fazit und schnelle Balancierung des Erweiterungsvorschlages

Der bisherige Durchgang hat gezeigt, dass trotz aller Unklarheiten über die priesterliche Identität und trotz aller Erkenntnis der Reformbedürftigkeit das Zielbild der Priesterausbildung kaum bestritten wird: Als Ideal gelungener Aus- und Fortbildung steht weiterhin eine aus geistlichen, intellektuellen, biografischen und pastoralen Dimensionen ganzheitlich geformte Persönlichkeit vor Augen. Da es um Qualifizierung für einen Beruf inmitten epochaler Transformationen geht, lässt diese scheinbar alternativlos geltende Idealidee des Priesters einiges an Rückschlüssen zu, wie man sich die faktische Pastoral vorstellt. Offenbar ist Priestersein vor allem: aus geistlicher

---

[36] Ebd., 4.
[37] Ebd., 8.
[38] Ebd., 9 (Hervorhebung im Text, sic!).

Motivation heraus Menschsein; offenbar soll der Priester vor allem
über seine Persönlichkeit als Reservoir seiner professionellen Wirksamkeit verfügen können; offenbar soll religiöse Autorität vor allem
aus charakterlicher Autorität abgeleitet werden.

Die Einwände gegen diese Fixierung sind weitreichend. Bevor sie
im folgenden Abschnitt gelistet werden, seien aber zwei Justierungen
kurz vorgenommen. Zum einen soll hier in keiner Weise bestritten
werden, dass Priesterausbildung auf reife geistliche und menschliche
Persönlichkeiten hinzuarbeiten hat. Vorgeschlagen wird eine Erweiterung um rollenbezogene Identität, kein Ersatz. Diese aber scheint
dringlich. Zum anderen müsste hier viel ausführlicher ausgebreitet
werden, inwiefern Kirche überhaupt als ‚Organisation‘ und eben
nicht nur als ‚Institution‘ anzusprechen ist. Es ist ja wohl vor allem
diese ekklesiologische Frage, die vorstrukturiert, ob man die Identi-
tätsbestimmung des Priesters ausschließlich als Person oder eben
auch als Rollenträger vornimmt. Das kann hier nicht erfolgen. Stich-
worte sind aber die Heilsbedeutung auch der sichtbaren Struktur der
Kirche;[39] die präzise Bestimmung der Kirche als untypische religiöse
Organisation;[40] dann als intermediäre Organisation;[41] und schließlich als intermediäre Organisation von Organisationen.[42]

---

[39] Dazu klassisch *H. J. Pottmeyer*, Die Frage nach der Wahrheit der Kirche, in:
W. Kern/H. J. Pottmeyer/M. Seckler (Hrsg.), Handbuch Fundamentaltheologie
(Bd. 3), Freiburg i. Br. 1986, 212–241.

[40] Vgl. *M. Petzke/H. Tyrell*, Religiöse Organisationen, in: M. Appelt/V. Tacke
(Hrsg.), Handbuch Organisationstypen, Wiesbaden 2012, 275–306, bes.
289–295; sowie *J. Schlamelcher*, Religiöse Organisation, in: D. Pollack u. a.
(Hrsg.), Handbuch Religionssoziologie, Bd. 2, Wiesbaden 2018, 489–506.

[41] Vgl. zum hier verwendeten Organisationsbegriff den neuen Lehrbrief 3.6. ‚Organisationale Kompetenzen‘ von Theologie im Fernkurs, Würzburg 2020 (hrsg. von
M. Sellmann), 15–29. Zum Konzept der intermediären Organisation muss der
Name von Karl Gabriel fallen – vgl. nur: *K. Gabriel*, Modernisierung als Organisie-
rung von Religion in *M. Krüggeler/K. Gabriel/W. Gebhardt* (Hrsg.), Institution –
Organisation – Bewegung. Sozialformen der Religion im Wandel, Opladen 1999,
19–37. Zum neuesten Forschungstand vgl. *S. Beck/O. Schnur*, Mittler, Macher, Pro-
testierer. Intermediäre Akteure in der Stadtentwicklung, Berlin 2016.

[42] Vgl. allgemein zum Unterschied von ‚Institution‘ und ‚Organisation‘ *M. Sellmann*, Katholische Kirche heute: Siebenfache Pluralität als Herausforderung der
Pastoralplanung, in: W. Damberg/K. J. Hummel (Hrsg.), Katholizismus in
Deutschland. Zeitgeschichte und Gegenwart, Paderborn 2015, 113–140. In der
evangelischen Praktischen Theologie scheint der Organisationsbezug unbefange-
ner gestattet zu sein; vgl. nur *J. Hermelink*, Kirchliche Organisation und das Jen-

3. Zehnfacher Einspruch: Es braucht eine rollenbezogene Erweiterung priesterlicher Identität

Sowohl gegen dieses professionelle Zielbild wie gegen seine andrago-gische Realisierung erheben sich nun doch zahlreiche und deutliche Einwände. Diese sind teils empirisch, teils führungstheoretisch, teils dogmatisch. Sie können im Rahmen dieses Aufsatzes nur thetisch vorgetragen werden; trotzdem sind sie gut erforscht und begründet. In den Fußnoten wird auf ausführliches publiziertes Wissen zu den einzelnen Punkten hingewiesen. Oft liegt neueste Forschungslitera-tur vor, was den Schluss nahelegt, dass sich hier eine hochaktuelle Problemwahrnehmung Bahn bricht.[43]

1. Als erster Einwand erhebt sich die schlichte Wahrnehmung des priesterlichen und gemeindlichen Alltags. Die Klage von Priestern ist unüberhörbar, sie seien mit zu viel Verwaltung und pastoralem Ma-nagement belastet und kämen nicht mehr zu ihrem sogenannten Kerngeschäft, der Seelsorge.[44] Dass man organisationsbezogene Tä-tigkeiten als wenig identitär für den Priesterberuf ansieht, ist sicher-lich bereits eine Folge der leitbildprägenden Ausbildung. Fakt aber ist, dass die Verantwortung für Pfarreien oder kategoriale und per-sonale Pastoral oft einhergeht mit der Verantwortung für oft viele Arbeitnehmer:innen, Gebäude, Geldanlagen, sowie für viele neben-einanderlaufende Prozesse; für rechtliche Obliegenheiten mit oft komplizierter Vergangenheit und hohem bürokratischen Pflegeauf-wand. Kaum jemand wird in diesem Alltag erleben, dass man solche systemischen Aufgabenstellungen aus den persönlichkeitsbezogenen *skills* heraus bewältigen kann. Die Gefahren des Dilettantismus ste-hen einfach zu deutlich vor Augen. Hier geht es um Rollenkom-

---

seits des Glaubens. Eine praktisch-theologische Theorie der evangelischen Kir-che, Gütersloh 2011; sowie *U. Pohl-Patalong*, Kirche gestalten. Wie die Zukunft gelingen kann, Gütersloh 2021, 58–71 u. ö.

[43] Beachte: Im Folgenden geht es nicht um das Priestersein an sich, sondern um das aktuelle Priestersein in Deutschland in ihren aktuellen staats-kirchenrecht-lichen und kirchensteuerfinanzierten Arbeits- und Anreizbedingungen.

[44] Offenbar ein ökumenisches Phänomen; vgl. nur viele solcher O-Töne von jun-gen evangelischen Pfarrer:innen in *F. Herzig/K. Sacher/C. Wieslinger* (Hrsg.), Kir-che der Zukunft. Zukunft der Kirche. 23 junge Pfarrerinnen und Pfarrer erzäh-len, Gütersloh 2021.

petenzen. Wenn diese nicht im priesterlichen Selbstbild verankert sind, kommt es erkennbar zu Irritationen und Energieverlusten.[45]

2. Die geradezu reflexhaft geäußerte Klage über zu viel Leitungs- und Verwaltungsarbeit hat oft ihren Grund in der voreingestellten Erwartung eines Nullsummenspiels: Je mehr Rollenhandeln erzwungen werde, desto weniger Möglichkeit bleibe für echte Seelsorge. Führung durch Verwaltung und Organisation scheint keine theologische Basis zu haben, scheint pastoralen Ertrag abzuwürgen. In der pastoraltheologischen Auseinandersetzung mit diesem Reflex lässt sich zeigen, dass gerade die durch das Vatikanum II ekklesiologisch errungene Einsicht in eine Kirche als Pastoral- (und eben nicht nur als Religions-)gemeinschaft eine glaubwürdige pastorale Führungslehre erlaubt, ja sogar fordert.[46]

3. Woran bemessen Gläubige oder andere Nutznießer kirchlicher Veranstaltungen die Qualität des kirchlichen Angebots? Es ist empirisch nachweisbar, dass die Qualitätszuschreibung in erfolgreichen Pfarreien nicht in erster Linie die Erfahrung mit den Persönlichkeiten betreffen. Honoriert wird die Kombination aus dem Erleben persönlicher Ansprache plus der Wahrnehmung, wie sich eine Pfarrei als gut gestalteter und geführter kultureller und prozessualer Raum wahrnehmbar, zugänglich und nutzbar macht.[47]

---

[45] Und genau solche Irritationen werden sichtbar in der letzten großen bundesweiten Studie zu den seelsorgenden Berufen; vgl. *K. Baumann/A. Büssing/ E. Frick/C. Jacobs/W. Weig* (Hrsg.), Zwischen Spirit und Stress. Die Seelsorgenden in ihren Diözesen, Würzburg 2017. Eine der Hauptgründe für berufliche Unzufriedenheit bei Priestern ist die organisatorische Einbindung; vgl. ebd., 41–46. Diese Unzufriedenheit ist signifikant höher als die bei nicht-kirchlichen Vergleichsberufen.

[46] Vgl. unter Bezug auf die Konzilstheologie des Salzburger Dogmatikers Hans-Joachim Sander *B. Szymanowski*, Pastoral führen?! Eine theologische Kriteriologie kirchlicher Führung und ihre pastoralpraktische Anwendung, in: V. Dessoy/ P. Klasvogt/J. Knop (Hrsg.), Riskierte Berufung (s. Anm. 2).

[47] Vgl. die Ergebnisse der opulenten empirischen Studie von *T. Wienhardt*, Qualität in Pfarreien. Kriterien für eine wirkungsvolle Pastoral, Würzburg 2017. Einschlägig sind die Ausführungen ab der Überschrift „Was machen erfolgreiche Pfarreien anders?", vgl. ebd., 556. Nach wie vor lesenswert ist in diesem Zusammenhang auch die Studie zu den Kasualienfrommen von *J. Först/J. Kügler* (Hrsg.), Die unbekannte Mehrheit: Mit Taufe, Trauung und Bestattung durchs Leben? Eine empirische Untersuchung zur „Kasualienfrömmigkeit" von KatholikInnen – Bericht und interdisziplinäre Auswertung, Berlin 2010.

4. Aktuelle Führungstheorien haben enorme Schwächen und Unzulänglichkeiten einer überkommenen eigenschaftsorientierten Führungslehre aufgedeckt. Die sogenannte ‚great man-theory' ist längst Ansätzen gewichen, die die Interaktion mit den Abhängigkeitsrollen, die organisationale Eingebundenheit und die Prozesshaftigkeit des Führungsbedarfes in Rechnung stellen. Auch wenn natürlich ein Einfluss der Führungsrollen unterstellt werden muss, hängt organisationaler Erfolg doch von sehr viel mehr ab als diesem.[48]

5. Angesichts der verstörenden Quantität und Qualität von Machtmissbrauch und sexueller Gewalt durch Kleriker ist es zwar verständlich, dass man in einer Stärkung ihrer sexuellen Reife einen Schutzmechanismus aufbauen will. Dieser allerdings verbindet sich weiterhin mit einer auf die Persönlichkeitsstärkung abzielen Andragogik. Es ist deutlich und, wie berichtet, auch erkannt, dass solche Idealisierungen der geistlichen Persönlichkeit Sakralisierungseffekte steigern können. Sie produzieren Überforderungen und bei normativ und autoritativ sensiblen Personen auch die chronische Wahrnehmung der eigenen charakterlichen Unzulänglichkeit. Eine Erweiterung der priesterlichen Identität um ihre organisationalen Rollen kann hier deutliche Entlastung schaffen. Dies zum einen dadurch, dass man im Rollenhandeln eben nicht in der Totalität der ganzen Person handeln muss, nicht einmal sollte. Und zum anderen dadurch, dass auch die Partner von rollenbezogenem Handeln – in diesem Fall die Gläubigen und Mitarbeiter:innen in den seelsorglichen Berufen – ihre Ansprüche herunterschrauben und systemisch statt personal geprägte Handlungen erwarten. Eine sorgsam justierte Kohärenz beider Dimensionen im gesamten Kirchenbetrieb hätte mehrfache Schutzfunktion: Sie schützt den Priester selber vor Überforderung und übrigens auch vor kirchenbehördlicher Willkür; die Gemeinde vor überschießender Erwartungs- und Anspruchsinflation; die gesellschaftlichen Partner vor der Irritation, die sich regelmäßig dann ergibt, wenn sie aus ihrer funktionalen Logik heraus auf ein religiöses System treffen, das eher ständisch oder sogar stammesförmig agiert.[49]

---

[48] Vgl. nur den Durchgang durch Eigenschafts-, Schema- und Charismentheorie in B. *Blessin*/A. *Wick*, Führen und Führen lassen, Konstanz/München [7]2014, 47–86.244–250.

[49] Eine deutliche Warnung vor Sakralisierungseffekten durch eine hermetische Abschließung des Religionssystems formulieren B. *Jürgens*/M. *Sellmann*, Nur

6. Diese angesprochenen Entlastungseffekte würden auch auf kollektiver Ebene greifen. In einer empirischen Studie zu drei Kurien konnte die Religionssoziologin Miriam Zimmer unter anderem herausarbeiten, dass man sich selbst auch als kollektiver Akteur gar nicht auf der Meso-Ebene der Gesellschaft positioniert, sondern sich entweder mikrologisch (‚Wir sind da, weil die Leute Religion brauchen') oder makrologisch (‚Wir sind da, weil ohne uns Demokratie und Gemeinwohl gefährdet sind') aufstellt. Dieser Ausfall an Meso-Bewusstsein führt zu einer Überforderungslage einerseits und einer Defizienz andererseits: Vorhandene Handlungsmöglichkeiten kommen nicht in den Blick; die Außenwahrnehmungen sind verzerrt; die eigene Selbstwahrnehmung fällt erheblich schlechter aus als die Fremdbeobachtung möglicher anderer, nicht-kirchlicher Allianzpartner u. a.[50]

7. Generell blendet auf, dass die hier untersuchte Frage die schon lange erhobene Kritik an einer Organisationsvergessenheit der katholischen Ekklesiologie erneut bestätigt. Der fein ziselierten Amtstheologie korrespondiert kein ausreichendes Verständnis für die Funktionalität von Organisationen. Fragen, die auf die Meso-Ebene gehören, werden personal abgebildet oder auf der Beziehungsebene zu lösen gesucht.[51] In einer neuesten Studie hat Benedikt Jürgens empirisch aufgezeigt, welche ungünstigen Pfadabhängigkeiten etwa die dogmatische und kirchenrechtliche Personalisierung des Bischofs in der katholischen Kirche für die Ebene der organisationalen Wirksamkeit von Generalvikariaten haben kann.[52]

---

wer das Heilige loslässt, wird es bewahren. Kriteriologie einer praktischen Theologie kirchlichen Entscheidens, in: Dies. (Hrsg.), Wer entscheidet, wer was entscheidet? Zum Reformbedarf kirchlicher Führungspraxis, Freiburg i. Br. 2020, 295–365.

[50] Vgl. *M. Zimmer*: Säkularisierung und religiöse Organisation, Würzburg 2022 (im Erscheinen).

[51] Vgl. schon 1974 *F.-X. Kaufmann*, Kirche als religiöse Organisation, in: Concilium 10 (1974), 30–36, v. a. 33f; *Ders.*, Kirche begreifen. Analysen und Thesen zur gesellschaftlichen Verfassung des Christentums, Freiburg i. Br. 1979. Aus heutiger religionssoziologischer Sicht sehen auch Petzke/Tyrell einen „anti-institutionellen Affekt […] vieler Kirchen- und Gemeindemitglieder" (s. Anm. 40, 281 mit Verweis auf Kaufmann).

[52] Vgl. *B. Jürgens*: „Was sich verbessert hat, ist die Kommunikation." Säkulares Management in einem Bischöflichen Generalvikariat, Würzburg 2022, bes. Kap. 2.2.1., 2.2.2 u. 2.2.5. (im Erscheinen).

8. Aus sakramententheologischer Perspektive ist der Vorschlag alles andere als fremdartig, die organisationsbezogene Rolle mit in die Kern-Narration aufzunehmen, was ein Priester ist und sein soll. Ohne dass das hier auch nur weiter skizziert werden könnte, ist doch die traditionelle Einsicht in das *opus operatum* und das *agere in persona christi capitis* klar als Entsubjektivierung zu lesen, und zwar im Sinne der Repräsentanz für eine Institution, der Kirche.[53]

9. Die Erweiterung des priesterlichen Selbstbildes um ihre organisationalen Rollenanteile würde im Übrigen auch die Dysbalancen und Konfliktlinien entschärfen, die Priester im Kontakt mit den anderen seelsorglichen Berufsgruppen erleben. In berufssoziologischer Sicht ist es gerade der gemeinsam geteilte organisationale Fokus, der Professionen und Berufsgruppen verbindet. Mit einem solchen Fokus hätte man neben dem gemeinsamen geistlichen Horizont eine weitere wichtige Verstrebung der pastoralen Professionen untereinander geschaffen. Auf solche gemeinsamen Selbstwirksamkeitserfahrungen aus geteilter Überzeugung und Kompetenz wird man gerade angesichts der prognostizierten Entwicklung hin zu multiprofessionellen Teams kaum verzichten können.

10. Zuletzt ist ein kurzer Blick auf das generelle Verhältnis zwischen den proklamierten Idealen über den Priester und den Selbstbildern realer priesterlicher Individuen zu werfen. Auch hier geben neue Studien Anlass zu dem Zweifel, dass die Ideale noch die Wirklichkeit in positiver Weise erfassen und inspirieren. So hat es Aufsehen erregt, als die Seelsorgestudie feststellen konnte, dass Priester in auffällig hoher Zahl eben nicht die Eucharistie als ‚Quelle und Höhepunkt‘ ihres geistlichen Lebens erleben oder ansteuern. Auch das Beichtsakrament wird zwar nach außen empfohlen, selbst aber nur verhalten nachgefragt.[54] Eine ähnliche Diskrepanz zwischen Idealerwartung und Realität entdeckt die empirische Studie von

---

[53] Vgl. ausführlich *J.-H. Tück*, Gabe der Gegenwart: Theologie und Dichtung der Eucharistie bei Thomas von Aquin, Freiburg i. Br. 2014. Eine organisationsbezogene Reflexion auf das Weihesakrament bietet jetzt *M. Sellmann*, Sakramente als biografische Freiheitsräume absichern. Zur kirchlichen, theologischen und geistlichen Unverzichtbarkeit des Priesterlichen, in: IKaZ 51 (2022) 34–42.

[54] Vgl. *K. Baumann u. a.*, Zwischen Spirit und Stress (s. Anm. 45), 223–264. Vgl. dazu kommentierend der Mit-Autor der Studie *C. Jacobs* im Interview: „Lebendige Transzendenzerfahrung und geistliche Trockenheit: Diese Phänomene müssen wir beachten!", in: LS 71 (2020) 259–266, 262f.

T. Halagan. Dieser führte qualitative Tiefeninterviews mit Priesterkandidaten und Bischöfen und fand nur in einem Fall, dass die
Kategorie der ‚Berufung' eine identitätsbestimmende Größe darstellte.[55]

Als Ergebnis des ganzen Durchganges kann festgehalten werden:
Die Priesterausbildung weiterhin rein aus dem Ideal der geistlichen
und menschlich, v. a. sexuell reifen Persönlichkeit heraus zu gestalten
und die Zielbilder des Curriculums weiterhin auf eine rein personale
Identität des Priesters zu fokussieren, zieht enorme Begründungslas-
ten auf sich. Eine Erweiterung um die genauso identitätsbestimmende
organisationale Rolle ist dringend geboten. Der Verzicht auf eine solche Erweiterung widerspricht dem beruflichen Alltag; er fördert stän-
dische Klerikalisierung genauso wie psychische Überforderung; er ist
sowohl soziologisch wie ekklesiologisch wie geistlich unterkomplex;
und die kreativen und gestalterischen Chancen von Führung bleiben
unentdeckt.

---

[55] Vgl. *T. Halagan*, Berufung. Motivationen für den Priesterberuf unter deutschen Priesterkandidaten und Bischöfen (unveröfftl. Lic.-Arbeit), Bochum 2022.

Diversität und Identität als Aufgabe der Priesterausbildung

Volker Malburg

1. Diversität in der Priesterausbildung?

Dass die katholische Kirche ihre Anschlussfähigkeit an die sie umgebende Kultur verliert, wird seit Jahren immer wieder als ein Hauptproblem thematisiert.[1] Matthias Sellmann sieht allein in der konsequenten Biographieorientierung einen Weg, um diese Krise der Exkulturation zu überwinden:

> „Dies ist die zweite kairologische These: postmoderne Gesellschaften werden von Zeitgenossen gebildet, die einer Biografisierungsdynamik folgen, also nach kulturellen Passungsressourcen suchen und hierfür auch durchaus wohlwollend religiöse Institutionen nutzen wollen."[2]

Für diese neue Passung mit der heutigen Kultur, für die Selbstdarstellung und Selbstoptimierung wichtige Werte darstellen, braucht es Seelsorgerinnen und Seelsorger, die in der Lage sind, die eigene Biographie, auch die eigene religiöse Biographie, zur Sprache zu bringen und Erzählgemeinschaften zu initiieren:

> „Es braucht kulturelles Material, über das ich mir und anderen zeigen kann, als wer ich mich selbst verstehe. Es braucht Situationen, in denen Selbstbilder sozial ausgetauscht werden. Und es braucht Sprachen, in denen ich Selbstentwürfe ausdrücke. Selbststilisierung wird somit zur kulturellen Basiskompetenz."[3]

Identität und Authentizität, sowie das Fördern und Kultivieren von Diversität werden zu entscheidenden Eigenschaften jeder Seelsorgerin und jedes Seelsorgers.

---

[1] Vgl. *M. Sellmann*, Eine „Pastoral der Passung". Pragmatismus als Herausforderung einer gegenwartsfähigen Pastoraltheologie, in: LS 62 (2011) 2–10, 3.

[2] Ebd., 5.

[3] Ebd., 4.

Diversität und Priesterseminar können zunächst als Widerspruch wahrgenommen werden. Der Haupteinwand betrifft schon die scheinbare Nicht-Diversität der Priesterausbildung selbst. Ist es nicht das von außen wahrgenommene Ziel der Priesterausbildung, Menschen in ihrer Vielfalt und Buntheit – als Vorbehalt bei der Personalauswahl – zu beschränken? Das zeigt sich schon in den Zulassungsbedingungen. In ein Priesterseminar dürfen nur unverheiratete Männer aufgenommen werden. Auch der Kleidungsstil von Priestern gleicht eher einer schwarzen Uniform und deutet darauf hin, dass eine gewisse Gleichförmigkeit die Ausbildung stärker kennzeichnet als eine expressive Buntheit. Es scheint bei der Priesterausbildung daher mehr um die Ausbildung einer uniformen Identität zu gehen, als um die Entwicklung persönlichkeitsstarker Priester, die Diversität nicht schreckt, sondern die diese im kirchlichen Kontext als Bereicherung sehen und sich selbst mit ihrer Biographie in eine plurale Kirche einbringen.

Dieser Artikel will aufzeigen, warum Diversität gerade für eine zeitgemäße Priesterausbildung unabdingbar ist und wie die konsequente Einbeziehung der eigenen Biographie die notwendige Diversitätskompetenz zukünftiger Priester stärkt. Dazu soll zunächst in den Blick genommen werden, wer heute Priester wird. Dann wird auf der Grundlage wichtiger Dokumente der deutschen Bischofskonferenz aufgezeigt, warum einer Persönlichkeitsentwicklung, die die Diversitätskompetenz in den Mittelpunkt stellt, eine zentrale Aufgabe der Priesterausbildung darstellt. Im abschließenden Teil werden daraus die Konsequenzen für die Priesterausbildung aufgezeigt.

2. Wer wird heute Priester? – Bestandsaufnahme des Nachwuchsmangels mit Diversitätschancen und verstärkter Suche nach Identität

„Wir sind quasi an der Null-Linie". Der ehemalige Vorsitzende der Deutschen Regentenkonferenz, Hartmut Niehues,[4] Regens des Bischöflichen Priesterseminars Borromaeum in Münster, traf in einem

---

[4] *M. Schmitz*, Interview mit dem Leiter des Priesterseminars. Niehues: Bei der Priesterausbildung „quasi an der Nulllinie" (20.04.2016), in: Kirche+Leben. Das katholische Online-Magazin – https://www.kirche-und-leben.de/artikel/niehues-bei-der-priesterausbildung-quasi-an-der-nulllinie (Zugriff: 15.12.2021).

Interview mit der Münsteraner Bistumszeitung „Kirche + Leben"
2016 diese pointierte Aussage. Diese löste zwar wegen ihrer Über-
spitzung manche Kritik aus, machte aber auf das Problem des Man-
gels an Priesteramtskandidaten aufmerksam, das seit vielen Jahren
die Diskussionen in der Priesterausbildung bestimmt. So erreichte
1983 die Zahl der neu aufgenommenen Priesteramtskandidaten mit
829 den Höchststand der letzten fünfzig Jahre. Anfang der neunziger
Jahre hatte sich die Zahl der Neuaufnahmen mit 470 fast halbiert.
2020 begannen nur 70 Männer in ganz Deutschland mit der Priesterausbildung.[5] Dieser Rückgang der Zahl der Priesteramtskandidaten seit den 1990-er Jahren ist ein deutliches Zeichen dafür, dass
sich die festgefügten kirchlichen Strukturen immer mehr auflösen.
Die Zahlen haben zwar nicht ganz die Null-Linie erreicht, aber in
den letzten vierzig Jahren hat sich die Zahl der Neuaufnahmen in
deutschen Priesterseminaren alle zehn bis fünfzehn Jahre halbiert.
Es gibt zurzeit keine Anzeichen, dass sich diese Entwicklung nicht
fortsetzen wird, zumal die katholische Kirche weiter in der Kritik
steht. Der 2010 in Deutschland öffentlich gewordene Missbrauchsskandal und dessen schleppende und zum Teil unbefriedigende Aufarbeitung in der katholischen Kirche führte zu einem sehr großen
Vertrauensverlust, zu einer Diskreditierung der zölibatären Lebensform und zu einer grundsätzlichen Kritik an der Art, wie Priester
Ämter und Macht in der Kirche ausüben. Die Berufungskrise und
die Identitätskrise der katholischen Kirche in einer zunehmend säkularisierten und individualisierten Welt bedingen sich gegenseitig.[6]
All dies wird sicherlich zu einem weiteren Rückgang der Zahlen
führen.

Gleichzeitig ist mit dem Rückgang der Zahlen der Priesteramtskandidaten eine Veränderung des klassischen Ausbildungsverlaufs

---

[5] Vgl. *Sekretariat der Deutschen Bischofskonferenz* (Hrsg.), Katholische Kirche in
Deutschland. Neuaufgenommene Priesteramtskandidaten 1972–2020 (Tabelle),
Bonn 2021 – https://www.dbk.de/fileadmin/redaktion/Zahlen%20und%20Fakten/
Kirchliche%20Statistik/Neuaufgenommene%20Priesterkandidaten/2020-Tab-
Priesteramtskandidaten_1972-2020.pdf (Zugriff: 15.12.2021).
[6] 30 % der Katholiken zögen laut einer Umfrage einen Kirchenaustritt in Betracht,
so eine Pressemeldung vom 09.07.2020 im Internetportal katholisch.de; vgl. Umfrage: 30 Prozent der Katholiken erwägen Kirchenaustritt, 09.07.2020, – https://www.
katholisch.de/artikel/26122-umfrage-30-prozent-der-katholiken-erwaegen-kirchen
austritt (Zugriff:15.12.2021).

zu beobachten. Traten in den achtziger und neunziger Jahren noch
die Mehrzahl der Seminaristen unmittelbar nach dem Abitur in ein
Priesterseminar ein, kamen 2015 nur noch 18 % der Neueintritte direkt von der Schule. 36 % entschlossen sich in diesem Jahr, erst während des Theologiestudiums Priester zu werden. 18 % hatten vorher
mit einem anderen Studium begonnen und gut 21 % bereits einen
Beruf ausgeübt.[7] Die größere Vielfalt an Erfahrungen, die die einzelnen Kandidaten hinsichtlich ihrer Berufs- und Lebenserfahrung mitbringen, ist natürlich zu begrüßen, stellt aber die Ausbildung vor die
berechtigte Herausforderung, Ausbildungswege immer individueller
und somit passfähiger zu planen und professionell zu begleiten.

Eine weitere Beobachtung, die aber leider noch nicht hinreichend
statistisch erfasst ist, ist die Zunahme von Seminaristen mit Migrationshintergrund. Hier werden unsere Priesterseminare immer mehr
zum Spiegelbild der Gesellschaft. Die Verantwortlichen in der Priesterausbildung stehen vor einer steigenden Zahl von Seminaristen,
die von kirchlichen und kulturellen Erfahrungen aus anderen Ländern biographisch und religiös geprägt sind. Als größte Gruppe
sind die Kandidaten zu nennen, die einen polnischen oder kroati-
schen Migrationshintergrund haben. Diese Kandidaten besitzen in
der Regel die deutsche Staatsbürgerschaft und sind in der deutschen
Kultur zu Hause. Die Diversität zeigt sich somit hier vor allem in der
stärkeren volkskirchlichen Prägung durch die Elternhäuser und die
muttersprachlichen Gemeinden, die das kirchliche Brauchtum des
jeweiligen Heimatlandes pflegen. Ausländische Seminaristen, die in
Deutschland studieren und häufig aus Afrika oder aus Indien stammen, haben vielfältige Integrationsleistungen zu erbringen. Da diese
Studenten in der Regel nicht in Deutschland geboren sind, müssen
sie sich erst ganz neu in die deutsche Kultur und in die Besonderheiten des deutschen Katholizismus einfinden, was für alle Beteiligten
eine große Herausforderung darstellt.

Der Pastoralpsychologe Christoph Jacobs, der seit vielen Jahren
in der Priesterausbildung tätig ist, weist auf weitere wichtige Cha-
rakteristika der gegenwärtigen Ausbildungsgeneration hin, die die
Fragestellungen von Diversität und Identität in der Ausbildung berühren. So sind die heutigen Seminaristen alle Kinder der Post-

---

[7] Vgl. *G. Schneider*, Keine geschlossene Sonderwelt, in: HerKorr 71 (2017) 27–31,
28.

moderne, die durch den Verlust vieler gesellschaftlicher Selbstver-
ständlichkeiten und die Notwendigkeit zur ständigen Weiterentwicklung der eigenen Biographie und des eigenen Lebenssinns geprägt sind.

Dabei würden sich die zukünftigen Priester meist als „Exoten" in
einer säkularen Gesellschaft erfahren und eine Art „ ... Selbstselekti-
on (Auswahl) aus der Gesellschaft"[8] darstellen. Dennoch teilen sie
viele Merkmale ihrer postmodernen Altersgenossen: sie stammen
häufig aus Patchworkfamilien, sind geprägt von der Ästhetisierung
der Lebenskultur und haben Anteil an der Digitalisierung aller Le-
bensbereiche.[9] Die heutige Generation von Seminaristen versteht
sich als Minderheit in der Gesellschaft, die sich mit einem klaren
Profil von vielen anderen sozialen Gruppen abgrenzt, aber dennoch
offen und einladend auf die Mehrheitsgesellschaft mit dem Angebot
einer alternativen Lebensgestaltung zugeht.[10] „Die ‚Macht der Wenigen' liegt im Charme ihrer Eindeutigkeit, das Risiko in der Uniformität."[11] Junge Priester und Seminaristen wünschten sich eine Kirche, die in Glaubensfragen eine eindeutige Position bezieht, auch
wenn sie dadurch Gefahr läuft, Menschen auszugrenzen. Hier hat
eine Priesterausbildung, die der Förderung von Diversität verpflichtet ist, einer vorschnellen Vereinheitlichung entgegenzuwirken. Hinter dem Wunsch nach Eindeutigkeit in Glaubensfragen steht zumeist
die Sehnsucht nach Sicherheit in einer unübersichtlich und unsicher
gewordenen Welt.[12] Die Aufgabe der Priesterausbildung besteht darin, eine eindeutige Identität durch die Stärkung der Persönlichkeit
des Kandidaten herauszubilden und nicht durch eine möglichst
scharfe Abgrenzung gegenüber anderen. Es gilt, ein eindeutiges

---

[8] *C. Jacobs*, Warum sie „anders" werden. Vorboten einer neuen Generation von
Seelsorgern, in: Diak 41 (2010) 313–322, 315.

[9] Vgl. ebd., 316f.

[10] Vgl. ebd., 318.

[11] Ebd., 320.

[12] Vgl. *D. Hervieu-Léger*, Pilger und Konvertit. Religion in Bewegung (Religion in
der Gesellschaft 17), Würzburg 2004, 96–101. Hervieu-Léger legt dar, dass gerade der „Konvertit" seinen neuen religiösen Lebensentwurf als utopischen Gegen-
entwurf zur für ihn unübersichtlichen und unsicheren bisherigen Lebenswelt begreift. Sicherlich gehören heute viele Priesteramtskandidaten diesem Typus des
„Konvertiten" an. Die Frage ist, inwieweit Offenheit für die vielen „Pilger" besteht, die heute eben auf der religiösen Suche sind.

Glaubensprofil zu entwickeln, das Klarheit nicht mit Ausgrenzung verwechselt, sondern einladend den eigenen profilierten Glauben als Lebensmöglichkeit anbietet.[13]

Die Gruppe der Seminaristen wird in Zukunft kleiner und zugleich bunter und vielgestaltiger werden, was Biographie, kulturellen Hintergrund und Lebenssituation betrifft. Sie sehen die katholische Kirche als gesellschaftliche Minderheit, die einladend auf die Mehrheitsgesellschaft zugehen sollte. Daraus erwächst für die Priesterausbildung die Aufgabe, die gegebene Vielfalt der Gesellschaft, den Wunsch der heutigen Seminaristen nach Eindeutigkeit der Glaubensvorstellungen und die immer stärker werdende Individualisierung so miteinander in Beziehung zu bringen und zu fördern, dass fruchtbare Entwicklungen der eigenen Persönlichkeit und der seelsorglichen Fähigkeiten angeregt und gepflegt werden und dadurch der Vielfalt in der Gesellschaft Rechnung getragen werden kann.

3. Identität und Diversitätskompetenz als Voraussetzung für das Gelingen des priesterlichen Dienstes heute

Identität und Diversität in der Priesterausbildung zu fördern, wird aber nicht nur durch den gesellschaftlichen Trend der Selbststilisierung und der aktuellen Zusammensetzung der gegenwärtigen Ausbildungskommunitäten in Priesterseminaren zu einer Hauptaufgabe der Priesterbildung. Ebenso weist die Aufgabenbeschreibung des priesterlichen Dienstes, die die deutschen Bischöfe bei all den vielen Unsicherheiten, die es zurzeit bei der Frage nach Leben und Dienst der Priester gibt, 2015 vorgenommen haben, in die gleiche Richtung. Von den deutschen Bischöfen wird im Schreiben „Gemeinsam Kirche sein" als fundamentale Aufgabe des Priesters genannt, die vielfältigen Charismen der Getauften so zusammenzuführen, dass die Einheit der Kirche sichtbar bleibt:

---

[13] Vgl. *Die Bischöfe Frankreichs*, Den Glauben anbieten in der heutigen Gesellschaft. Brief an die Katholiken Frankreichs (Stimmen der Weltkirche, Nr. 37), Bonn 2000. Der in diesem Schreiben der französischen Bischöfe dargestellte Weg, der heutigen Gesellschaft ein Glaubensangebot zu machen, ist immer noch wegweisend für eine Kirche in der Minderheit.

„Der priesterliche Dienst ist ein Dienst am Heil, ein Dienst, der Freiheit und Ordnung und das Zusammenwirken aller ermöglicht. Dies gelingt durch Entdeckung der Charismen, die Unterstützung des Engagements und die Ermöglichung, in der Kirche und für die Welt zu wirken."[14]

Priester haben also nicht nur die Aufgabe, in der Liturgie, in der Diakonie und in den vielfältigen Formen der kirchlichen Verkündigung selbst tätig zu werden. Ihr priesterlicher Dienst besteht gerade darin, die Begabungen der Getauften so zu entdecken und zu fördern, dass sie in all diesen kirchlichen Handlungsfeldern eigenverantwortlich den kirchlichen Sendungsauftrag erfüllen. Die Vielfalt der Begabungen der Getauften soll für die Vielfalt der Seelsorge fruchtbar gemacht werden. Die „versorgte" Gemeinde soll sich zur „selbstsorgenden" Gemeinde weiterentwickeln. Der Umgang mit und die Pflege von Diversität wird für den priesterlichen Dienst immer wichtiger. Gerade für den Leitungsdienst des Pfarrers in großen pastoralen Räumen, die in der Regel aus mehreren Pfarreien mit über 10.000 Katholiken bestehen, stellt der entdeckende und achtsame Umgang mit Diversität die Schlüsselkompetenz dar:

„In seinem Dienst an der Einheit der vielen Charismen muss er [der Pfarrer] auch zulassen und respektieren, dass er diese nicht gleichschalten darf und dass es in dieser Pluralität von Diensten und Gaben auch Differenzen geben wird, deren tiefere Einheit nur in einer gemeinsamen Ausrichtung und Suchbewegung auf den Herrn hin deutlich wird."[15]

Gerhard Schneider kommt in seiner Analyse zu „Gemeinsam Kirche sein" zu dem Schluss, dass dieses Dokument sich zwar der sakramentalen Dimension des Priesteramtes, die in der lehramtlichen Tradition der Kirche tief verankert ist, verpflichtet weiß, darüber hinaus aber eine zeitgemäße Neuausrichtung des priesterlichen Dienstes versucht. Die besondere Stellung des Priesters, die durch die Priesterweihe begründet ist, wird auch in diesem Dokument der deutschen Bischöfe nicht in Frage gestellt. Der Priester verweist darauf, dass Jesus Chris-

---

[14] *Die deutschen Bischöfe*, „Gemeinsam Kirche sein". Wort der deutschen Bischöfe zur Erneuerung der Pastoral (Die deutschen Bischöfe, Nr. 100), Bonn 2015, 44.
[15] Ebd., 46.

tus der eigentliche Leiter der Gemeinde ist (christologische Repräsentation) und dass in Jesus Christus die Einheit der Kirche begründet ist (Dienst an der Einheit). „Gemeinsam Kirche sein" definiert und legitimiert den priesterlichen Dienst aber vor allem zukunftsweisend vom Dienst am gemeinsamen Priestertum der Gläubigen her, das die Priester bei der Ausübung ihres Amtes zu fördern haben.[16] Damit wird die Einheit der Kirche nicht mehr als monotone Einheitlichkeit verstanden. Die vielfältigen Weisen, wie Getaufte das Evangelium leben und ihre Begabungen in die Kirche einbringen, soll so gefördert werden, dass die Einheit nicht verloren geht. Diversität wird zu einem wesentlichen Kennzeichen der katholischen Kirche, das mit der Einheit gleichberechtigt ist. Die Wahrnehmung, Würdigung und Entfaltung von Diversität und Pluralität werden durch diese theologische Akzentsetzung der deutschen Bischöfe somit verstärkt zu einer Aufgabe der Priesterausbildung.

Eine zeitgemäße Priesterausbildung muss daher eine umfassende Persönlichkeitsbildung zum Ziel haben. Nur gereifte Persönlichkeiten, die um ihre Stärken und Schwächen wissen, können die angestrebten Vermittlungsfunktionen im möglichen Widerstreit der Vielfalt der Charismen und somit den Dienst an der Einheit der Kirche leisten. Zu Recht bezeichnet Schneider den priesterlichen Dienst als „,pontifikales' Dienstamt",[17] wobei er diesen Begriff in seiner etymologischen Bedeutung als Brückenbauer versteht. Um diese vielfältigen Brücken zu Gott und den Menschen, dem Evangelium und der Kirche bauen zu können, bedarf es einer Ausbildung, die die Biographie des Kandidaten in den Mittelpunkt stellt, dadurch dessen eigene Persönlichkeit stärkt und Diversität nicht verhindert, sondern fördert.

Die Rahmenordnung für die Priesterbildung aus dem Jahr 2003, die zurzeit grundlegend überarbeitet wird, ist für ein Ausbildungskonzept, das die Identität und die Diversität fördern will, durchaus offen, wenn man auf die grundlegenden Zielsetzungen blickt, die in diesem Dokument formuliert werden:

---

[16] *G. Schneider*, Auslaufmodell Priesterseminar. Neue Konzepte für eine alte Institution, Freiburg i. Br. 2016, 88–90.
[17] Ebd., 9.

„Das Ziel der Priesterausbildung ist der Christ, der aufgrund seiner menschlichen und geistlichen Reife, seiner theologischen Bildung und seiner pastoralen Befähigung geeignet und bereit ist,
- der Berufung Gottes zu entsprechen und sich in Weihe und Sendung durch den Bischof für die Kirche als Priester in Dienst nehmen zu lassen in der Lebensform der Ehelosigkeit um des Reiches Gottes willen,
- seine menschlichen, geistlichen und beruflichen Fähigkeiten so weiterzuentwickeln, dass er den in der Priesterweihe übernommenen Auftrag Christi an den Mitmenschen in der jeweiligen pastoralen Situation ein Leben lang wahrnehmen kann."[18]

Die priesterliche Berufung soll im Ausbildungsprozess so gefördert werden, dass sie sich als Teil der großen kirchlichen Sendung zu den Menschen versteht. Die mögliche Spannung zwischen kirchlichen Vorgaben und dem Eingehen auf die konkrete pastorale Situation kann nicht durch Richtlinien, Handbücher oder Verhaltenskodizes vorgegeben werden. Das Ziel der Priesterausbildung muss die reife priesterliche Persönlichkeit sein, die selbstständig und gemäß dem Willen Gottes reflektieren, entscheiden und handeln können sollte. Treue zum Evangelium sowie zur Kirche einerseits und pastorales Handeln gemäß den Zeichen der Zeit andererseits können demnach als die beiden großen Bildungsziele bezeichnet werden.[19] Ein Ausbildungsprozess mit dieser Zielsetzung kann daher auch nicht mit der Priesterweihe oder dem Ablegen des Pfarrexamens nach den ersten Priesterjahren enden. Es braucht dazu ein lebenslanges Lernen, was die neue Ratio Fundamentalis aus dem Jahr 2016 noch einmal sehr deutlich formuliert. Wer Priester wird, begibt

---

[18] *Die deutschen Bischöfe*, Rahmenordnung für die Priesterbildung. Nach Überarbeitung der Fassung vom 01.12.1988 verabschiedet von der Vollversammlung der Deutschen Bischofskonferenz am 12.03.2003. Approbiert durch Dekret der Kongregation für das Katholische Bildungswesen vom 05.06.2003. Datum des Inkrafttretens: 01.01.2004 (Die deutschen Bischöfe, Nr. 73), Bonn 2003, Nr. 5.

[19] In der Pastoralkonstitution „Gaudium et Spes" wird in Nr. 4 die Aufgabe der Kirche wie folgt beschrieben: „Zur Erfüllung dieses ihres Auftrags obliegt der Kirche allzeit die Pflicht, nach den Zeichen der Zeit zu forschen und sie im Licht des Evangeliums zu deuten." Was hier als Aufgabe der ganzen Kirche beschrieben wird, nämlich Treue zum Evangelium und angemessenes Eingehen auf die jeweilige Zeit, ist Kernaufgabe der Priesterausbildung.

sich in einen Prozess „gradueller und kontinuierlicher" Annäherung und Gleichgestaltung mit Jesus Christus, der zum „innere[n] Wachstum der Person"[20] führt. Die Priesterausbildung setzt somit das hohe Ziel, die lebenslange Persönlichkeitsbildung der Kandidaten zu fördern, damit sie zu Seelsorgern mit menschlichen, geistlichen und theologischen Fähigkeiten reifen, um das Evangelium zeit- und situationsgemäß zu verkünden und zu leben. Es ist klar, dass Diversität zum Erreichen dieses Ausbildungszieles heute von größtem Gewicht ist. Zeitgemäß ist die Verkündigung und das Leben des Evangeliums nur, wenn sie die Vielgestaltigkeit heutiger Biographien (Individualisierung, Brüche in der Biographie, religiöse Pluralität, offene Gottesfrage etc.) und Lebensentwürfe (Single, klassische Familien, Patchwork-Familien, wiederverheiratete Geschiedene, gleichgeschlechtliche Beziehungen usw.) wahrnimmt, darauf eingeht und diese zu der dem christlichen Glauben eigenen Eindeutigkeit in Fragen der Sinnsuche, des Glaubens und der Moral in Beziehung bringt.

Mit dem Begriff „Pontifikales Dienstamt", den Schneider für die priesterliche Aufgabe in heutiger Zeit gebraucht, lassen sich sowohl die Intentionen des Schreibens „Gemeinsam Kirche sein" als auch die Zielsetzungen der Rahmenordnung für die Priesterbildung gut zusammenfassen. Es geht darum, Brücken zu bauen zwischen dem christlichen Glauben und den vielfältigen Lebenswelten heutiger Menschen. Grundlegend ist dafür eine priesterliche Persönlichkeit, die eine authentische christliche Identität entwickelt hat und die nötige Offenheit besitzt, verschiedensten Milieus und Lebenswelten mit Respekt und Wertschätzung zu begegnen. Die Aufgabe, die dabei zu leisten ist, hat Klaus Hemmerle in den 80er Jahren in einem grundlegenden Vortrag beschrieben.

„Was ist Glaubensvermittlung? ‚Aus der Mitte eines anderen, der mir eine Sache vermittelt, geht mir diese Sache in ihrer Mitte so auf, daß sie meine eigene Mitte trifft und aus ihr neu aufgeht.' Diese Kurzformel besagt stets ein Dreifaches, wenn sie Vermittlung sagt. Ich muß die Wirklichkeit einer Sache so lange bewoh-

---

[20] *Kongregation für den Klerus*, Das Geschenk der Berufung zum Priestertum. Ratio Fundamentalis Institutionis Sacerdotalis. 08.12.2016 (VApS, Nr. 209), Bonn 2017.

nen, bis ich meine und deine Geschichte in ihr finde. Ich muß meine Geschichte solange bewohnen, bis ich darin deine und die der Sache finde. Ich muß deine Geschichte solange bewohnen, bis ich darin meine und die der Sache finde."[21]

In dem von Hemmerle skizzierten Vermittlungsprozess des Glaubens bedingen sich Identität und Diversität geradezu. Ohne eine starke christliche Identität, für die das Evangelium zur Grundlage der eigenen Lebensgeschichte und Lebensgestaltung geworden ist, kann ein Priester kein Brückenbauer sein. Die „Sache" des Evangeliums muss zu „seiner" Sache geworden sein. Hier ist die Eindeutigkeit notwendig, die heutige Priesteramtskandidaten in einem kirchlichen Beruf suchen und leben möchten. Gleichzeitig braucht es aber eben auch eine Diversitätskompetenz, um sich in die verschiedensten Lebensgeschichten und Lebensentwürfe anderer Menschen einfinden zu können, um so für das Evangelium Brücken bauen zu können. Die reizvolle Aufgabe, Identitätssuche und Diversitätskompetenz miteinander zu verbinden, wird die Priesterausbildung in Zukunft bestimmen.

4. Welche Aufgaben ergeben sich für eine identitätsfördernde und diversitätsgeprägte Priesterausbildung?

Die Verschiedenheit von Menschen soll in der Priesterausbildung nicht eingeebnet, sondern kultiviert werden. Die Wahrnehmung und Wertschätzung eines anderen Menschen in seinem Denken, Fühlen, Urteilen und seiner alltäglichen Lebensgestaltung ist die Grundvoraussetzung, um Seelsorge in einer dialogischen und offenen Weise zu gestalten, die viele verschiedene Menschen einbindet. Nur so entstehen „Erzählgemeinschaften", in denen Selbstbilder und Selbstentwürfe ausgetauscht und ins Gespräch gebracht werden können, so dass der Glaube der heutigen Gesellschaft als lebensrelevant und lebensförderlich angeboten werden kann. Um dies zu erreichen, bedarf es in der Priesterausbildung der konsequenten zeitgemäßen Anpassung wie Weiterentwicklung der Ansätze, die schon in den Rahmenordnung für die Priesterbildung enthalten sind.

---

[21] K. *Hemmerle*, Propädeutische Überlegungen zur Glaubensvermittlung, in: KatBl 113 (1988) 101–108, 107.

Ansatzpunkt, um Identität und Diversitätskompetenz von Priesteramtskandidaten zu fördern, kann dabei immer nur die eigene
Biographie sein. Hubertus Brantzen stellt dazu fest:

„Genau dieses Menschsein ist die ‚Materie' des Priesterseins.
Über Christus-Repräsentation, über christologische, ekklesiologische und pneumatologische Begründungen des geistlichen Amtes
kann man erst im Hinblick darauf sprechen, dass da ein Mensch
aus Fleisch und Blut, mit einer persönlichen Geschichte und spezifischen Eigenschaften in Dienst genommen wird."[22]

Somit ist ein geistlicher und menschlicher Reifungsprozess eines
Kandidaten erst dann möglich, wenn er sein konkretes Menschsein
im Licht Gottes und Jesu Christi in den Blick nimmt und sich von
Gottes Geist in seinem Alltag führen lässt. Der Priesteramtskandidat
entdeckt dadurch Christus in seinem Leben. Geistliches Reifen ist
somit keine Frömmigkeitsübung neben dem alltäglichen Leben.
Menschliche und geistlich-spirituelle Entwicklungen bedingen, d. h.
sie fördern sich, gegenseitig. Dabei muss eine umfassende Persönlichkeitsbildung sowohl die Gaben und Talente als auch die Grenzen, Schwächen und Fehler eines Priesteramtskandidaten in den
Blick nehmen und ihn dahingehend fördern, all diese Dimensionen
seines Menschseins auf den Weg hin zu einer reifen und authentischen Persönlichkeit zu reflektieren und zu integrieren.[23] Die vielgestaltigen Lebensgeschichten der Priesteramtskandidaten sind der
Schatz der Diversität, den es in der Priesterausbildung immer mehr
zu entfalten gilt. Dieser menschlichen Vielfalt gilt es auch, in den
theologischen Studien – gerade auch im möglichen Widerstreit von
Glaube und Wissenschaft – nachzuspüren.[24]

Der Respekt vor der Vielfalt der Biographien der Priesteramtskandidaten verbietet es, in einer zeitgemäßen Priesterausbildung
auf starre und vorgegebene Standardmodelle zurückzugreifen. Wo
dies geschieht, ist die Kritik an einer unflexiblen und lebensfernen
Ausbildung in Priesterseminaren berechtigt. Standardmodelle dür-

---

[22] H. *Brantzen*, Die sieben Säulen des Priestertums, Freiburg i. Br. 2015, 18.

[23] Vgl. Ratio Fundamentalis (s. Anm. 20), Nr. 28.

[24] Vgl. L. *Karrer*, Für Seelsorge ausbilden: Herausforderungen und Optionen, in:
LS 68 (2017) 8–13, 9. Karrer weist daraufhin, dass das Theologiestudium wesentlich zur Subjektwerdung einer Seelsorgerin und eines Seelsorgers beiträgt.

fen eine Hilfe sein, aber das Entscheidende ist die persönliche Entwicklung des Kandidaten. Sie allein ist für den Ausbildungsverlauf mit den verschiedenen curricularen Anteilen maßgeblich. In der deutschen Priesterausbildung wird es immer weniger möglich werden, lediglich standardisierte Ausbildungswege anzubieten. Der Seminarist, der direkt vom Abitur den Weg ins Priesterseminar findet, wird mehr und mehr zur Ausnahme werden. Aber auch bei den jungen Männern, die den „klassischen" Ausbildungsweg gehen, sind die familiären, kulturellen und kirchlichen Ausgangsvoraussetzungen oft so verschieden, dass in der Ausbildung je eigene Schwerpunkte gesetzt werden müssen. Diese größere Biographieorientierung der Ausbildung verlangt eine intensivere Begleitung der Priesteramtskandidaten im Gespräch wie im Alltag. Es müssen in der Ausbildung gemeinsam mit dem Kandidaten die Ausbildungselemente gesucht werden, die den einzelnen Seminaristen in der Reifung seiner Persönlichkeit fördern. Hier wird sich die Priesterausbildung, die sich klassischerweise an einem idealen Standardmodell der Ausbildung orientiert, weiter ausdifferenzieren und individualisieren müssen. Der Unmut, der sich an der Ausbildung in einem traditionellen Priesterseminar entzündet und ihr vorwirft, nicht mehr zeitgemäß zu sein, könnte dadurch sicherlich entkräftet werden.[25] Der Leitung des Priesterseminars käme hierbei die anspruchsvolle Aufgabe zu, möglichst bedarfsorientierte und passgenaue Ausbildungswege zu entwerfen und umzusetzen, die die Biographie und den Charakter des einzelnen Kandidaten in sehr starkem Maße berücksichtigen und möglichst auf diese zugeschnitten sind. Die Gemeinschaft eines Priesterseminars würde den verbindlichen Rahmen bieten, um in eine priesterliche Lebenskultur hineinzuwachsen, müsste aber genügend Freiräume zur individuellen Ausbildungsgestaltung lassen.

Die Gemeinschaftserfahrung eines Priesterseminars erscheint dem Autor aus zwei Gründen für die Entwicklung einer reifen Persönlichkeit mit Diversitätskompetenz wichtig zu sein. Erstens: Die Entwicklung von Teamfähigkeit: Die Seminarkommunität bietet vie-

---

[25] Vgl. *C. Hennecke*, Raus aus der Falle. Nachdenken über die Ausbildung von Priestern und Seelsorgenden, in: LS 68 (2017) 2–7. Hennecke weist hier darauf hin, dass ein Priesterseminar ein Seminar des Volkes Gottes sein muss, dass sich nicht abschottet, sondern zum Ort pastoraler Innovation und Reflexion werden muss.

le Möglichkeiten, durch gemeinsame Gebetszeiten, Projekte und gemeinsame Feiern die Vernetzung von Menschen zu fördern. Es gilt eine Ausbildungsgemeinschaft zu schaffen, in der sich unterschiedliche Begabungen und Charaktere in ein gemeinsames, verbindendes und verbindliches Tun einbringen können. Die Kommunität eines Priesterseminars, in der Menschen leben, die sich nicht freiwillig zusammengefunden haben, sondern die ein gemeinsames Ausbildungsziel verbindet, bietet ein unschätzbares Lernfeld für das Aushalten und Fruchtbarmachen von Diversität und das Reifen der eigenen Persönlichkeit. Leider verbleibt es allzu oft beim reinen Aushalten von unterschiedlichen Selbstbildern, Frömmigkeiten und Lebensstilen, ohne dass sich eine sich selbst fördernde Gemeinschaft entwickelt, die die vorhandene Diversität so fruchtbar macht, dass sie als bereichernd erlebt wird. Die Erfahrung einer solch fruchtbaren Diversität wäre aber wichtig für den späteren priesterlichen Dienst, der „Einheit in der Vielfalt" gewährleisten soll. Pastorale Aufgaben und Projekte, die gemeinsam von einer Wohngruppe oder der ganzen Seminargemeinschaft angegangen werden, könnten zu Katalysatoren werden, die eine Gemeinschaftsbildung, die gleichermaßen Identität und Diversität fördert, ermöglicht. Hier läge die Chance eines „Seminars des Volkes Gottes", an dem „… die akademische Ausbildung ihrerseits verknüpft ist mit den konkreten gesellschaftlichen und kirchlichen Erfahrungen."[26] Eine solche Gemeinschaft braucht Leitbilder und Vorgaben von Seiten der Ausbildungsleitung, die zu entsprechendem Verhalten und Handeln ermutigen, kann aber im Letzen nicht vorgegeben oder erzwungen werden. Die Initiative und Selbstverantwortlichkeit der Studenten werden zum entscheidenden Moment in der Ausbildung. Gemeinschaft und Einheit sollten Frucht der Selbstorganisation der Priesteramtskandidaten sein. Die Kunst der Seminarausbildung bestünde dann darin, die nötigen Freiräume für solche Prozesse zu bieten und sie kreativ anzuregen und zu begleiten. Selbst beim Ziel der Vernetzung und des Aufbaus von Gemeinschaft wird die Priesterausbildung in Zukunft also vom einzelnen Seminaristen her denken müssen. Erfahrungen einer christlichen Gemeinschaft, in der jeder seine Persönlichkeit entfalten kann, können nicht einfach angeordnet wer-

---

[26] Ebd., 7.

den, sondern brauchen einen gemeinsamen Erarbeitungsprozess. Dies ist durchaus mühsam, aber notwendig, weil so exemplarisch gelernt werden kann, wie Gemeinschaftsbildungs-, Solidaritäts- und Wachstumsprozesse zukünftig in christlichen Gruppen und Gemeinden möglich sind.

Zweitens: Das Einüben einer Feedback-Kultur: Wie bereits dargelegt, soll der Priester in der Lage sein, auf die Lebenswirklichkeit der Menschen einzugehen, ohne die Botschaft des Evangeliums und die kirchliche Lehre zu verkürzen. Dazu braucht es Priesteramtskandidaten, die in der Lage sind, anderen Menschen zuzuhören, aber auch konstruktive Kritik zu üben und selbst anzunehmen. Die Feedback-Kultur wird für die Seelsorge entscheidend sein, soll sie nicht zur bloßen „Bestätigungs- und Wohlfühlpastoral" werden oder sich mit erhobenem Zeigefinger in eine Art sektenhafter Gegenkultur zurückziehen. Das kritische Potenzial des Evangeliums, das immer auch die persönliche Lebensgestaltung anfragt, wird in Zukunft immer mehr in der seelsorglichen Begleitung einzelner Menschen eine Rolle spielen, die bewusst danach fragen, was denn jetzt das unterscheidend Christliche für die Lebensführung ist. Hier wird es darauf ankommen, den Menschen wertschätzende und hilfreiche Rückmeldungen zu ihrer Glaubens- und Lebensgestaltung zu geben, die sie gut annehmen können. Es geht um ein Feedback auf der Grundlage des Evangeliums, das den anderen in seiner Eigenständigkeit und Würde respektiert und ihn in seiner Christus-Nachfolge voranbringt. Dies ist die Form christlicher Selbststilisierung, auf die es in Zukunft ankommen wird. Das Einüben einer solchen Feedback-Kultur wird für die Seelsorge von größter Bedeutung sein. Trotz aller pastoralpsychologischen Angebote und Fortbildungen innerhalb der Priesterausbildung bleibt die Pflege einer solchen Gesprächskultur in den Priesterseminaren – wie auch im späteren Priesterleben – stets eine zentrale Aufgabe. Die Wohngruppenstruktur, die in den meisten Priesterseminaren vorhanden ist, sollte in dieser kommunikativen Hinsicht weiterentwickelt werden.[27] Die Wohngruppen sollten bewusst dazu genutzt werden, sich in die Kunst der brüderlichen Zurechtweisung (correctio fraterna)[28] einzuüben. In den klei-

---

[27] Vgl. Rahmenordnung (s. Anm. 18), Nr. 29.
[28] Vgl. *J. Gründel*, Brüderliche Zurechtweisung. II. Theologisch-ethisch, in: LThK[3] Bd. 2, 712–713.

nen Gesprächsrunden einer Wohngruppe kann reflektiert werden, wie man anderen Menschen eine Rückmeldung gibt, die nicht verletzt, sondern sich wertschätzend und aufbauend vermittelt. Gerade die Wahrnehmung von Diversität kann helfen, die Unterschiedlichkeit anderer Menschen zu würdigen, die eigenen Maßstäbe und Werturteile hinterfragen zu lassen und selbst Konflikten nicht auszuweichen, sondern sie als Chance für ein besseres Zusammenleben zu sehen. Eine konstruktive Feedback-Kultur stärkt die eigene Persönlichkeit, das menschliche Gegenüber sowie die Vielfalt und den Zusammenhalt der Gemeinschaft.

Der priesterliche Dienst wird in den nächsten Jahren immer mehr zu einem Dienst werden, der ohne die Gemeinschaft eines Seelsorgeteams und ohne die Förderungen der vielfältigen Charismen aller Getauften nicht zu denken ist. Unabhängig von der jeweiligen dienstlichen Funktion wird es die Aufgabe des Priesters sein, in der immer größer werdenden Vielfalt unterschiedlicher Charismen, Lebensgeschichten und pastoralen Aufgaben die Einheit der Kirche, die sich in der gemeinsamen Feier der Eucharistie darstellt, zu fördern und abzubilden. Die Förderung der „Einheit in der Vielfalt" wird zu einem wesentlichen Ausbildungsziel der Priesterseminare werden. Er braucht dazu reife Persönlichkeiten mit starker Glaubensidentität und Diversitätskompetenz. Nur so kann das „pontifikale Dienstamt" des Priesters in Zukunft die Brücken bauen, die notwendig sind, um die Lebensgeschichten ganz unterschiedlicher Menschen mit dem Evangelium und der kirchlichen Gemeinschaft zu verbinden.

Priester sein in einer synodalen Kirche [1]

Stephan Ackermann

Die Diözese Trier ist mit ihrer Synode und der Frage der Synodalität nun seit zehn Jahren intensiv beschäftigt und auf dem Weg. Ausgangspunkt dafür ist die Diözesansynode, die das Bistum in den Jahren 2013–2016 durchgeführt hat.[2] Daraus ergeben sich das Interesse und die Erfahrung mit dem Priestersein in einer synodalen Kirche, aber auch die Erwartung daran.

Ankündigung und Vorbereitung der Synode fielen noch weitgehend in das Pontifikat von Papst Benedikt XVI. Die erste Vollversammlung im Dezember 2013 fand dann schon in der Amtszeit von Papst Franziskus statt, der ‚Synodalität' zu einem Schlüsselbegriff, ja zu einem Kern und Grundvorhaben seines Pontifikates zur Erneuerung der Kirche im Sinne eines Miteinander auf dem Weg des Christ- und Kircheseins als Volk Gottes für das 21. Jahrhundert gemacht hat. Man ist versucht zu sagen, dass ‚Synodalität' seitdem geradezu zu einem Zauberwort in der Kirche avanciert ist. Die Vorstellung und Beschreibung einer synodalen Kirche taucht nicht nur in

---

[1] Vor 20 Jahren durfte ich in Lantershofen die Feier des 30-jährigen Bestehens des Studienhauses mitgestalten. Seit dem Jahr 2009 trage ich als sogenannter Belegenheitsbischof Verantwortung für das Studienhaus. Mit Freude und Dankbarkeit sehe ich, wie Seminarleitung und Dozentenkollegium die Ausbildung unter den sich wandelnden Herausforderungen gewährleisten und permanent weiterentwickeln, damit St. Lambert nach wie vor eine verlässliche und solide Adresse der Priesterausbildung in Deutschland sein kann. Insofern sei dieser Beitrag allen gewidmet, die in den zurückliegenden fünf Jahrzehnten in Lantershofen gelebt und gewirkt haben.

[2] Vgl. zu Anlass, Themen und Verlauf der Trierer Bistumssynode: *A. Uzulis* (Hrsg.), Als Volk Gottes auf den Weg geschickt. Die Trierer Bistumssynode 2013–2016, Trier 2016; *C. Heckmann/D. Mohr-Braun* (Hrsg.), Synode geht. Ansprachen, Predigten und Briefe von Bischof Stephan Ackermann zur Synode im Bistum Trier, Freiburg i. Br. 2017; heraus gerufen – Schritte in die Zukunft wagen. Abschlussdokument der Synode im Bistum Trier, Trier 2. Aufl. 2016 [im Folgenden abgekürzt: heraus gerufen]; *S. Ackermann*: Die Diözesansynode gibt zu denken. Ekklesiologische und ekklesiopraktische Reflexionen zur Trierer Diözesansynode 2013–2016, in: TThZ 125 (2016), 169–183.

der Lehrverkündigung des Papstes immer wieder auf, er hat sie sogar zum Thema und zur Aufgabe der für Oktober 2023 geplanten Generalversammlung der Bischofssynode gemacht, deren Vorbereitung weltweit bereits mit Konsultationen auf der Ebene der Diözesen begonnen hat. Diese Konsultationen sollen auf nationaler wie auch auf kontinentaler Ebene fortgeführt werden, um schließlich in die Bischofssynode einzumünden.[3]

Es geht um eine Synodalisierung der Kirche. Deswegen liegt inzwischen reichhaltiges Material zum Thema Synodalität vor. Sie ist nicht nur Thema des Papstes oder der obersten Leitung, sondern der ganzen Kirche, sie ist die neue Frage und die Weise und der Weg des Kirche- und Christseins. Damit legt es sich nahe, zunächst einmal zu reflektieren, wie Synodalität heute in und für die Kirche verstanden wird. Danach richtet sich der Blick gezielter auf die Gestalt des priesterlichen Dienstes in einer so verstandenen synodalen Kirche.

1. Synodalität neu entdeckt

1.1. Die päpstliche Initiative zu verstärkter Synodalität

Die Ansprache, die Papst Franziskus beim Festakt anlässlich des 50-jährigen Jubiläums der Bischofssynode vor den im Herbst 2015 versammelten Synodenteilnehmern hielt, ließ aufhorchen. Denn in ihr traf er mit Rückgriff auf den hl. Johannes Chrysostomus die pro-

---

[3] Vgl. z. B. *Papst Franziskus*, Ansprache bei der 50-Jahr-Feier der Errichtung der Bischofssynode am 17. Oktober 2015 im Vatikan, in: Sekretariat der Deutschen Bischofskonferenz (Hrsg.), Die Berufung und Sendung der Familie in Kirche und Welt von heute. Texte zur Bischofssynode 2015 und Dokumente der Deutschen Bischofskonferenz (Arbeitshilfen, Nr. 276), Bonn 2015, 23–33; *Internationale Theologische Kommission*, Die Synodalität in Leben und Sendung der Kirche (VApS, Nr. 215), Bonn 2018 [im Folgenden abgekürzt: CTI]; *Generalsekretariat der Bischofssynode*, Vorbereitungsdokument zur Bischofssynode 2023 „Für eine synodale Kirche: Gemeinschaft, Teilhabe und Sendung", Vatikanstadt 2021 – https://press.vati can.va/content/salastampa/it/bollettino/pubblico/2021/09/07/0540/01156.html (Zugriff: 11.02.2022) [im Folgenden abgekürzt: VD]; *Dass.*, Für eine synodale Kirche: Gemeinschaft, Teilhabe und Sendung. *Vademecum* für die Synode zur Synodalität, Vatikanstadt 2021 https://www.dbk.de/fileadmin/redaktion/diverse_down loads/dossiers_2021/Vademecum-DE-Bischofssynode2021-2023.pdf (Zugriff: 22.02.2022) [im Folgenden abgekürzt: Vademecum].

grammatische Aussage: „Kirche und Synode sind Synonyme", „denn die Kirche ist nichts anderes als das ‚gemeinsame Vorangehen' der Herde Gottes auf den Pfaden der Geschichte". Zugleich erinnerte der Papst an das altkirchliche Prinzip: ‚*Quod omnes tangit ab omnibus tractari debet* – Was alle angeht, muss von allen besprochen werden.' Und er äußerte die feste Überzeugung: Der „Weg der Synodalität ist das, was Gott sich von der Kirche des 3. Jahrtausends erwartet." Solche Aussagen eines Papstes lassen umso mehr aufhorchen, weil wir traditionell mit dem Papstamt vor allem das hierarchische Element der katholischen Kirche verbinden.

1.2. Vertiefung und Präzisierung des Verständnisses von Synodalität

In der Folge hat sich die Internationale Theologische Kommission intensiv mit dem Begriff der Synodalität beschäftigt. Das Ergebnis ihrer Beratungen findet sich in dem 2018 erschienenen Dokument mit dem Titel „Die Synodalität in Leben und Sendung der Kirche". Darin beschreibt die Kommission Synodalität als den „spezifischen *modus vivendi et operandi* der Kirche als Gottesvolk" und weist darauf hin, dass Auftrag und Ziel des gemeinsamen Weges der Kirche darin bestehen, das Evangelium zu verkünden (CTI 6). Auf diesem Weg geht die Kirche durch die Geschichte hindurch auf Gott, den Vater, zu (CTI 49).

Den tiefsten Ankerpunkt für die Synodalität der Kirche sieht die Theologenkommission in der Gemeinschaft des dreifaltigen Gottes, die die gesamte Menschheit umfassen will. Das Leben in dieser Gemeinschaft ist „die Quelle, die Form und das Ziel der Synodalität". Der innere Motor, um die Menschen an dieser Gemeinschaft teilnehmen zu lassen, ist der Heilige Geist, den Jesus den Aposteln nach Ostern geschenkt hat (CTI 43f).

Besonderer Ausdruck und besondere Weise der Verwirklichung des kirchlichen „Wir" ist die eucharistische Versammlung: In ihr werden die vielen ein Leib, indem sie teilhaben an dem einen Brot (1 Kor 10,17/CTI 47).[4] Sichtbar wird die synodale Dimension der ganzen Kirche in der Gemeinschaft der verschiedenen Ortskirchen untereinander und mit der Kirche von Rom sowohl in diachroner

---

[4] Vgl. in diesem Sinn auch *T. Söding*, Teilnahme als Teilhabe. Ein paulinischer Leitbegriff der Kirche, in: IKaZ 49 (2020), 353–373.

wie auch in synchroner Hinsicht (CTI 52). Deshalb ist *Synodalität letztlich nichts anderes als ein Ausdruck der Ekklesiologie der Gemeinschaft*. Diese Gemeinschaft setzt sich zusammen, aus der „freien und reichen Verschiedenheit ihrer Mitglieder" (CTI 67). Diese sind berufen, am einen Priesteramt Christi teilzuhaben und „als Empfänger der verschiedenen Charismen aktiv zu sein" (CTI 55). Die synodale Kirche ist „eine partizipative und mitverantwortliche Kirche". Die Weise, in der Mitverantwortung konkret wahrgenommen wird, richtet sich nach der jeweiligen Berufung der Mitglieder und den Festlegungen, die das Bischofskollegium mit dem Papst an seiner Spitze dazu trifft (CTI 67). Der *„modus vivendi et operandi* [der Kirche] verwirklicht sich durch das gemeinschaftliche Hören auf das Wort und die Feier der Eucharistie, die Brüderlichkeit der Gemeinschaft und die Mitverantwortlichkeit und die Teilhabe des ganzen Volkes Gottes an ihrem Leben und ihrer Sendung, und zwar auf seinen unterschiedlichen Ebenen und in der Unterscheidung der verschiedenen Ämter und Rollen." (CTI 70) Wenn also in der synodalen Kirche die ganze Gemeinschaft gerufen ist, „um zu beten, zu hören, zu analysieren, miteinander zu sprechen, zu unterscheiden und sich zu beraten, um die pastoralen Entscheidungen zu treffen, die Gottes Willen am besten entsprechen" (CTI 68), so wird doch von der Theologenkommission klar festgehalten, dass es eine Unterscheidung gibt „zwischen dem Prozess der Erarbeitung einer Entscheidung („decision-making")" und dem Treffen der Entscheidung („decision-taking"), die „der bischöflichen Autorität zusteht". Auf den Punkt gebracht: „Die Erarbeitung ist eine synodale Aufgabe, die Entscheidung ist eine Verantwortung des Amtes." (CTI 69)

1.3. Synodalität einüben

Im Zugehen auf die Bischofssynode im Herbst 2023 hat das römische Synodensekretariat ein offizielles Handbuch herausgegeben, das nicht nur Hinweise dazu gibt, welche Zuarbeiten aus den einzelnen Diözesen, Ländern und Kontinenten für die Bischofssynode erwartet werden, sondern auch Anregungen gibt, wie synodale Prozesse gestaltet werden können und sollen. Dazu gehört grundlegend die Einsicht, dass der synodale Weg der Kirche nicht ein lineares Voranschreiten durch die Geschichte hindurch ist, sondern immer auch Umkehr bedeutet. Diese Einsicht wird plausibilisiert mit dem Hinweis auf verschiedene Formen des Missbrauchs von Macht, die in den letzten Jahren mit erschreckender Deutlichkeit ansichtig wurden: sexueller Missbrauch, geistlicher Missbrauch, ökonomischer Missbrauch ... (VD 6)[5] Dabei wird der spezifische Anteil, der hierfür den Amtsträgern zukommt, nicht verschwiegen: „Die gesamte Kirche ist aufgerufen, sich der Last einer Kultur bewusst zu werden, die von Klerikalismus gekennzeichnet ist und welche sie aus ihrer Geschichte geerbt hat". (Ebd.)

Schließlich: So sehr das synodale Element ein Proprium der Kirche ist, so soll sich Synodalität nicht ausschließlich auf eine kirchliche Binnensicht beschränken. Synodalität als gemeinsames Gehen versteht sich immer auch als eine Form der Solidarität mit den Menschen der jeweiligen Zeit, mit deren „Freude und Hoffnung, Trauer und Angst" (GS 1). Die in der Kirche praktizierte Synodalität soll auf ihre Weise ein Dienst auch für ein gerechtes und friedliches Zusammenleben der Völker werden. „Gott erlöst in Christus nicht nur die einzelne Person, sondern auch die sozialen Beziehungen der Menschen untereinander"', so formuliert die Theologenkommission mit Rückgriff auf den Sozialkatechismus (CTI 119), und wendet diese Aussage auf die aktuelle Weltlage an, indem sie in aller Deutlichkeit sagt: „Die Praxis des Dialogs und des Suchens nach Lösungen hat absolute Priorität in einer Situation der strukturellen Krise der demokratischen Prozeduren der Partizipation, des Misstrauens in ihre Prinzipien und grundlegenden Werte und der Gefahr des Abdriftens in autoritäre und technokratische Systeme." (Ebd.) Insofern kann in der Tat die Entscheidung ‚gemeinsam zu gehen' „ein prophetisches Zeichen für eine Menschheitsfamilie [sein], die eines gemeinsamen Projektes bedarf, das das Wohl aller verfolgt." (VD 9)

Wesentliche Elemente für diesen „Königsweg" sind Prozesse des Zuhörens, des Dialogs und der gemeinsamen Unterscheidung, die auf eine möglichst breite Beteiligung angelegt sind. (Ebd.)[6]

---

[5] In seinem Brief „An das pilgernde Volk Gottes in Deutschland" vom 29. Juni 2019 (VApS, Nr. 220), Bonn 2019, Nr. 6, spricht *Papst Franziskus* von der Notwendigkeit einer „pastoralen Bekehrung".

[6] Ergänzen darf man hier sicher noch nach den Elementen von *Dialog* und *Unterscheidung* das übergreifende Anliegen der *Integration*, das *Papst Franziskus* in seinen Enzykliken immer wieder formuliert (vgl. EG, insbes. Kapitel 4.2; AL, insbes. Kapitel 8; LS).

Mit der Theologenkommission lässt sich zusammenfassend sagen: (1) Synodalität bezeichnet zunächst und „vor allem den ureigenen *Stil*, der das Leben und die Sendung der Kirche ausmacht", indem sie in der Kraft des Geistes Jesu als Weggemeinschaft des Volkes Gottes unterwegs ist. (2) Sodann bezeichnet „Synodalität [...], in einem spezifischen und aus der theologischen und kanonistischen Perspektive hergeleiteten Sinn, jene *Strukturen* und *kirchlichen Prozesse*, in denen das synodale Wesen der Kirche sich auf institutioneller Ebene ausdrückt." (3) Schließlich sind mit Synodalität bestimmte *synodale Ereignisse* gemeint, in denen die Kirche (lokal/regional/universal) zusammenkommt, um nach bestimmten Verfahren zu beraten, zu urteilen und zu Entscheidungen zu kommen, die dazu dienen, die aufgetragene Sendung besser zu realisieren. (CTI 70)

2. Auswirkungen eines synodalen Kirchenverständnisses auf den priesterlichen Dienst

Fragen wir nun in einem zweiten Schritt, welche Auswirkungen sich von einem solchen synodalen Verständnis der Kirche her auf die Gestalt des priesterlichen Dienstes ergeben. Dabei ist klar, dass es hier nicht darum gehen kann, *das* Bild des Priesters in einer synodalen Kirche im umfassenden Sinn zu zeichnen.[7] Vielmehr beschränke ich mich in meinem Beitrag darauf, Facetten des priesterlichen Dienstes hervorzuheben, die durch eine stärkere Betonung des synodalen Wesens der Kirche in den Blick kommen.

Eine gute Inspiration dazu bietet das Handbuch, das das Generalsekretariat der Bischofssynode im Zugehen auf die Weltbischofssynode für die Beratungen in den Diözesen und Bischofskonferenzen erstellt hat. Auch wenn dieses „*Vademecum*" in erster Linie als Praxishilfe für den Vorbereitungsprozess der Bischofssynode gedacht ist, so gibt es darüber hinaus doch wichtige Denkanstöße für eine synodalere Ausgestaltung des priesterlichen Dienstes als solchen.[8]

---

[7] Vgl. deshalb ergänzend dazu z. B. *F. Genn*, Das Priestertum des Dienstes in einer synodalen Kirche, in: IKaZ 51 (2022), 43–54, wie auch das gesamte Heft 1 der IKaZ (2022), das der Thematik des priesterlichen Dienstes gewidmet ist.
[8] Natürlich ließen sich diese Denkanstöße in analoger Weise auch auf die anderen pastoralen Berufe anwenden, die wir in Deutschland haben.

Zunächst und grundsätzlich: Das *Vademecum* sieht die Priester an der Schnittstelle zwischen dem Bischof und den Gläubigen. Es weist ihnen damit eine „Schlüsselrolle in der Weggemeinschaft mit dem Volk Gottes" zu. Denn sie sollen „im Namen des Bischofs zu den Menschen sprechen und dem Bischof vermitteln, was die Menschen ihnen sagen. Sie sind Vermittler der Gemeinschaft und der Einheit beim Aufbau des Leibes Christi."[9] In einer synodal geprägten Kirche werden die Priester also sehr stark verstanden von ihrer vermittelnden Stellung her zwischen der Ortskirche als ganzer, verkörpert im Bischof, und dem kirchlichen Leben vor Ort, wie es sich in einer konkreten Pfarrei bzw. Gemeinschaft von Pfarreien vollzieht. In Begegnungen mit Priestern bezeichnet Papst Franziskus diese vermittelnde Stellung der Priester, die die Beziehung zum Bischof, zum Volk Gottes und untereinander umfasst, gerne mit dem Begriff „Diözesanität".[10] Diese soll auch die Spiritualität des Diözesanpriesters prägen. Demgegenüber versteht der Kodex des kirchlichen Rechts vor allem den Pfarrer als *pastor proprius* (vgl. c. 515 § 1 CIC). In synodalen Prozessen können diese unterschiedlichen Schwerpunktsetzungen durchaus zu Friktionen führen. Das hat die Erfahrung der im Nachgang zur Trierer Diözesansynode initiierten Pfarreienreform gezeigt. Insofern braucht es eine Weiterentwicklung im Verständnis und in der Praxis des priesterlichen Dienstes, die dazu beiträgt, dass sich einerseits der Pfarrer in seinem Bereich nicht wie ein Bischof gebärdet, andererseits die Erfahrungen und berechtigten Anliegen von vor Ort auf der diözesanen Ebene spürbar wahrgenommen werden.

Im Blick auf den konkreten Ablauf des weltweiten synodalen Prozesses benennt das *Vademecum* insgesamt zehn Themenfelder, unter

---

[9] Vademecum (s. Anm. 3), 4.3.

[10] Vgl. etwa die Ansprache von Papst Franziskus bei der Begegnung mit Priestern, Ordensleuten, Seminaristen und ständigen Diakonen anlässlich seines Pastoralbesuchs in Bologna am 1. Oktober 2017 [https://www.vatican.va/con tent/francesco/it/speeches/2017/october/documents/papa-francesco_20171001_ visitapastorale-bologna-clero.html (Zugriff: 22.02.2022)] oder an die Seminaristen des Erzbistums Agrigent, Rom, am 24. November 2018 [https://www.vati can.va/content/francesco/de/speeches/2018/november/documents/papa-frances co_20181124_seminaristi-agrigento. html (Zugriff: 22.02.2022)]. Vgl. zu diesem Themenkomplex auch: S. *Ackermann*, Füreinander und Miteinander im Presbyterium, in: G. Augustin (Hrsg.), Priestersein heute. Leben – Berufung – Sendung, Ostfildern 2019, 119–140.

denen das kirchliche Leben im Blick auf eine stärkere synodale Praxis angeschaut werden soll.[11] Diese Themenfelder eignen sich auch
als Inspirationen für die Gestalt des priesterlichen Dienstes in einer
synodalen Kirche. An ihnen werde ich mich daher im Folgenden orientieren. Dabei fließen Erfahrungen aus der Trierer Diözesansynode
und der bisherigen Umsetzung ihrer Beschlüsse mit ein.

2.1. Priester in einer synodalen Kirche pflegen Weggefährtenschaft

Als erstes Themenfeld bzw. Kriterium nennt das *Vademecum* die
Weggefährtenschaft. Das ist in einem synodalen Kontext nicht besonders überraschend. Denn es ist ja mit Synodalität ein „gemeinsames Vorangehen" angezielt. Zu den Weggefährten zählen an erster
Stelle diejenigen, die sich zusammen mit den Priestern im pfarr-
lichen Leben ehren- oder/und hauptamtlich engagieren. Echte Weggefährtenschaft, die am Geschick des anderen Anteil nimmt und
selbst Anteil gibt, realisiert sich dort, wo Menschen bereit und fähig
sind, sich aufeinander einzulassen. Die Trierer Diözesansynode hält
es für die Erneuerung des kirchlichen Lebens deshalb für unabdingbar, dass in der Kirche stärker vom Einzelnen her gedacht wird, an-
statt die Menschen nach schematischen Kategorien der Lehre oder
eines traditionellen kirchentümlichen Denkens einzuteilen. Sie plädiert für einen durchgängigen Perspektivwechsel, den sich vor allem
die Hauptamtlichen und alle Aktiven im kirchlichen Leben zu Eigen
machen sollen.[12]

Gerade der priesterliche Dienst, soll er seelsorglich fruchtbar sein,
lebt davon, dass es zu bedeutungsvollen Begegnungen mit Menschen
kommt. Voraussetzungen dafür sind eine entsprechende innere Haltung der Offenheit und Zugewandtheit, kommunikative Kompetenz, aber auch Rahmenbedingungen, die nicht nur flüchtige
dienstliche Kontakte erlauben, sondern personale Begegnungen ermöglichen. Die Herausforderungen, die darin für die Verantwortlichen in der Priesterausbildung, in der Personalführung eines Bistums wie für den Priester selbst stecken, lassen sich leicht erahnen.
Jedenfalls werden sich alle Reformen inhaltlicher wie struktureller

---

[11] Vgl. Vademecum (s. Anm. 3), 5.3.
[12] Vgl. heraus gerufen (s. Anm. 2), 2.1.

Art in der Kirche daran messen lassen müssen, ob sie die Chance zu solchen Begegnungen fördern.

Der Begriff der Weggefährtenschaft wirft auch ein Licht auf die Bedeutung des diözesanen Presbyteriums. Kommen nicht die priesterlichen Kollegen in besonderer Weise als Weggefährten für den Priester in Frage? Dabei ist zu bedenken, dass Weggefährtenschaft nicht einfach identisch ist mit Freundschaft. Vom Begriff der Weggefährtenschaft öffnen sich Möglichkeiten von Gemeinsamkeit, die über die bloß fachliche Kollegialität hinausgeht, ohne automatisch eine Freundschaft im engen Sinn des Wortes zu implizieren.

Nach dem Verständnis von Papst Franziskus wäre der Kreis der Weggefährtenschaft aus dem Glauben sicher zu klein gezogen, kämen dabei nur die Menschen in den Blick, mit denen wir zwangsläufig zu tun haben. Das *Vademecum* lenkt daher auch den Blick auf diejenigen, die abseits stehen. Dies können Einzelpersonen oder ganze Gruppen sein. Wenn ich das richtig deute, will der aus dem Bereich der Sozialen Arbeit stammende Ansatz der Sozialraumorientierung, der heute vielfach im kirchlichen Raum Anwendung findet, diesem Anliegen Rechnung tragen. Weggefährtenschaft verwirklicht sich dann nicht nur binnenkirchlich, sondern überschreitet den kirchlichen Raum hin auf andere Engagierte, die sich für gute Lebensverhältnisse einsetzen (vgl. auch unten 2.5).

2.2. Priester in einer synodalen Kirche sind bereit, zuzuhören und mit Freimut das Wort zu ergreifen

Ein wesentliches Element des pastoralen Dienstes in einer synodalen Kirche sind die Bereitschaft und die Fähigkeit, anderen zuzuhören. Das Vademecum der Synode fragt unter anderem: „Wie spricht Gott zu uns durch Stimmen, die wir mitunter ignorieren? Wie wird den Laien, besonders den Frauen und den Jugendlichen, zugehört? Was erleichtert oder erschwert uns das Zuhören? ...“[13] Um wirklich zu hören, braucht es den aufrichtigen Willen, sich auf den anderen Menschen wie auf die uns umgebende Wirklichkeit insgesamt einzulassen. Der Philosoph und Psychologe Albert Görres (1918–1996) hat seinerzeit für diese Haltung den Begriff vom *„Gehorsam der*

---

[13] Vademecum (s. Anm. 3), 5.3.2.

Sachlichkeit" geprägt. Damit meinte er die Bereitschaft, „die Dinge und Verhältnisse erst einmal sie selbst sein zu lassen [...], den eigenen Verstand nach ihnen [zu] richten" und sie nicht durch unser Wunschdenken zu verzerren. Eine solche Haltung des Gehorsams stelle uns Menschen, so Görres, „vor eine unendliche asketische Aufgabe, [nämlich:] vor den schmerzhaften Verzicht auf unsere Tendenz, die Dinge so zu sehen, wie wir sie gern hätten."[14] Mag der geforderte Verzicht auch schmerzhaft sein, man spürt intuitiv, dass Görres Recht hat und diese Haltung einer synodalen Kirche zutiefst angemessen ist. Nur aus einem „Gehorsam der Sachlichkeit" heraus werden wir das sehen und hören, was sich von Gott her zu erkennen gibt; was anders ausgedrückt, uns der Heilige Geist in diesem Prozess des gemeinsamen Wahrnehmens zu sagen hat, gerade in den sogenannten Zeichen der Zeit.[15] In diesem Prozess stellt nicht zuletzt das persönliche Gebet eine privilegierte Form dar, diesen Gehorsam einzuüben.

In einer synodalen Kirche tritt zur Haltung des Zuhörens die Bereitschaft, mit Freimut („Parrhesie") das Wort zu ergreifen. Diese Bereitschaft ist natürlich an verschiedene Bedingungen geknüpft: Es braucht nicht nur den Mut desjenigen, der seine Sicht der Dinge einbringen will, es braucht auch von der jeweils anderen Seite – mit Ignatius von Loyola gesprochen – die Bereitschaft, „eine Aussage des Nächsten mehr zu retten als sie zu verdammen." (vgl. Exerzitienbuch Nr. 22) Nur dort, wo diese wechselseitige Haltung kultiviert wird, wird der offene und freimütige Dialog möglich, den die Kirche nötig hat. Damit Offenheit und Vertrauen wachsen können, braucht es Gelegenheiten und Formate zu Begegnung und Austausch. Dazu gehören persönliche Gespräche ebenso wie Formen des gemeinsamen Engagements und nicht zuletzt des gemeinsamen Gebetes und Gottesdienstes.[16]

---

[14] A. *Görres*, Freiheit und Gehorsam, in: IKaZ 21 (1992), 69–75, hier: 70.
[15] Vgl. Vademecum (s. Anm. 3), 5.3.9. Zu den „Zeichen der Zeit" vgl. GS 4.11; VD (s. Anm. 3), 4.9.
[16] Vgl. S. *Ackermann*, Füreinander und Miteinander (s. Anm. 10), 137f.

2.3. Priester in einer synodalen Kirche wissen den Glauben zu feiern

Ursprung und Ausgangspunkt allen kirchlichen Handelns ist das Handeln Gottes. Er, unser Schöpfer und Erlöser, hat längst die Initiative ergriffen, bevor wir initiativ werden. So steht vor dem Imperativ zu handeln, immer der Indikativ des Glaubens und damit das Hören auf Gottes Wort. Dies ist für das Verständnis einer Kirche, die sich in synodaler Weise den Herausforderungen der Zeit stellen will, wesentlich. Denn es macht deutlich, dass vor allen Problemen, die es anzugehen gilt, der Blick auf Gottes Handeln gehen muss. Vor allem und in allem menschlichen Beraten und Entscheiden steht die Feier des Glaubens. Dies war uns auch bei der Durchführung der Trierer Diözesansynode wichtig. War schon die Trierer Heilig-Rock-Wallfahrt 2012 als eine intensive Form der Glaubensfeier für viele Synodale eine prägende Erfahrung im Vorfeld der Diözesansynode, so wurde vor jeder Synodenvollversammlung sorgfältig überlegt, zu welchen Zeiten, an welchen Orten und in welcher Form Gebet und Liturgie ihren Platz während der Versammlungen finden sollten.

In einer synodal verstandenen Kirche gehört es wesentlich zur Aufgabe der Priester, insofern sie in besonderer Weise Verantwortung für die Liturgie tragen, mit Sensibilität darauf zu achten, welche gottesdienstlichen Formen mit und neben der Eucharistie und den übrigen sakramentlichen Feiern die Heilszusage Gottes in den unterschiedlichen Kontexten am besten erfahrbar machen. Ein wichtiges Kriterium dazu könnte lauten: „Auf welche Weise inspirieren und orientieren das Gebet und die Feier der Liturgie tatsächlich Leben und Sendung in unserer Gemeinschaft?"[17]

2.4. Priester in einer synodalen Kirche verstehen sich aus der Mitverantwortung für die gemeinsame Sendung

Die Trierer Diözesansynode hat nicht zuerst danach gefragt: „Wer sind wir als Kirche heute? Wo stehen wir?" Vielmehr steht am Beginn des Abschlussdokuments bewusst die Frage: „*Wozu* sind wir Kirche im Bistum Trier?"[18] Das ist die Frage nach dem Sendungsauftrag der Kirche. Diese Frage bewahrt davor, in einer Binnenschau

---

[17] Vademecum (s. Anm. 3), 5.3.4.
[18] heraus gerufen (s. Anm. 2), 1 (Hervorhebung v. Verf.).

um sich selbst und die eigenen Befindlichkeiten zu kreisen. Das ist
für Priester in der aktuellen Situation Herausforderung und Hilfe
zugleich.

Das Priesterdekret des Zweiten Vatikanischen Konzils nennt Weihe und Sendung in einem Atemzug (PO 7). Dabei bezeichnet die
Weihe vor allem die sakramental gegebene Vollmacht, während die
Sendung den Auftrag in den Blick nimmt. Diese Sendung ist einerseits Teil des gemeinsamen Auftrags der ganzen Kirche. Zugleich ist
sie von jedem Priester je persönlich wahrzunehmen. Mit dem Vademecum zur Bischofssynode bin ich der Überzeugung, dass gerade
der Blick auf die gemeinsame Sendung der Kirche, auf ihr ‚Wozu'
ein wesentlicher Impuls zur kirchlichen Erneuerung ist. Zugleich
wirkt dieser Blick auf die gemeinsame Sendung gemeinschaftsstif-
tend. Denn es ist die gemeinsame Sendung, die die oben beschriebe-
ne Weggefährtenschaft stiftet. Versteht man den priesterlichen
Dienst vorrangig von seiner Sendung, von seinem evangelischen
Auftrag her, dann lassen sich auch Einheit und Vielfalt in der Kirche
in organischer Weise miteinander verbinden. Ja, dann bedingen sich
Einheit und Vielfalt gegenseitig: Denn ohne die Vielfalt der Charismen und Aufgaben wäre die Kirche nicht in der Lage, ihre Sendung
für das Evangelium in der Welt durch die Geschichte hindurch zu
erfüllen.[19] Die Verbindung von Einheit und Vielfalt gilt auf der pfarr-
lichen wie auf der überpfarrlichen Ebene ebenso wie für die Einheit
und Vielfalt einer Ortskirche als ganzer.

Von der gemeinsamen Sendung her fällt der Blick auch auf die von
den Kirchengliedern insgesamt wahrzunehmende Verantwortung.
Das *Vademecum* der Bischofssynode schlägt für die Gespräche auf di-
özesaner Ebene folgende Fragen vor: „Wie werden in unserer Ortskirche Autorität und Führungsfunktionen ausgeübt? Wie werden Team-
arbeit und Mitverantwortung praktiziert? [...] Wie können wir in
Bezug auf Teilhabe und Autorität die Synodalität fördern?"[20] Was das
Vademecum in Frageform kleidet, formuliert das Dokument „*Gemeinsam Kirche sein*" der deutschen Bischöfe von 2015 explizit: „In
einer Kirche, die sich zur Gemeinschaft berufen weiß, kann Leitung
letztlich auch nur gemeinschaftlich wahrgenommen werden. Dem

---

[19] Vgl. dazu näher: *S. Ackermann*, Füreinander und Miteinander (s. Anm. 10),
133–136.
[20] Vademecum (s. Anm. 3), 5.3.8.

dienen Synoden, Räte und andere Beratungsprozesse in der Kirche. Konkret kann eine gemeinschaftliche Leitung durch ein Team geschehen. Solche Teams werden für die Pastoral der Kirche immer wichtiger. Leitung in Form eines Teams kann aber nur gelingen, wenn die Verantwortungsbereiche genau beschrieben sind."[21] Nicht zuletzt die Aufdeckung und die Aufarbeitung der Fälle sexualisierter Gewalt in der Kirche haben die Dringlichkeit geteilter Leitungsverantwortung, in die Laien – verbindlicher noch als bisher – eingebunden sind, erhöht. In gemeinsam wahrgenommener Verantwortung lässt sich das Anliegen der Transparenz und Überprüfbarkeit von Leitungshandeln besser realisieren.

Nicht umsonst war daher für die im Rahmen der Umsetzung der Trierer Synodenbeschlüsse ursprünglich geplanten „Pfarreien der Zukunft" eine stärker kollegiale Leitung in multiprofessionellen Teams vorgesehen. Dieses Konzept konnte aufgrund von Einsprüchen aus dem Bistum wie auch aufgrund von Vorbehalten durch den Päpstlichen Rat für die Gesetzestexte und die römische Kongregation für den Klerus nicht realisiert werden.[22] Das geltende Kirchenrecht setzt hier mit den cann. 519f und 532 CIC enge Grenzen. Im Sinne einer synodaleren Kirche wäre es äußerst wünschenswert, für entsprechend befähigte Gläubige größere Möglichkeiten der Beteiligung und kollegialen Verantwortungsübernahme auch auf pfarrlicher Ebene zu eröffnen.[23]

2.5. Priester einer synodalen Kirche praktizieren den Dialog in Kirche und Gesellschaft

Synodalität als Haltung und als Prinzip kann sich nicht bloß auf den kirchlichen Binnenraum beschränken. Sie muss sich auch in der Kommunikation nach außen realisieren. Dann nimmt sie die Form des Dialogs an. So fragt das Vademecum explizit: „Wie tritt Kirche

---

[21] *Die deutschen Bischöfe*, „Gemeinsam Kirche sein" – Wort der deutschen Bischöfe zur Erneuerung der Pastoral (Die deutschen Bischöfe, Nr. 100), Bonn 2015, 48.

[22] Vgl. dazu S. *Ackermann*, Schreiben des Bischofs zur Reform der Pfarreien auf der Grundlage der Beschlüsse der Diözesansynode 2013–2016, Trier 2021, Nrn. 4–5.

[23] Dabei könnte und sollte durchaus soziokulturellen Unterschieden in den Ortskirchen Rechnung getragen werden. Vgl. zum Thema Inkulturation EG 115f, QA, Viertes Kapitel.

mit anderen Bereichen der Gesellschaft in den Dialog und wie lernt sie
von ihnen: Politik, Wirtschaft, Kultur, Zivilgesellschaft und Menschen
in Armut?"[24] In diesem Zusammenhang ist es nicht uninteressant darauf hinzuweisen, dass zu Beginn des Synodalen Weges in Deutschland öffentlich dazu eingeladen wurde, sich zu den geplanten vier
Beratungsthemen zu äußern. Daraufhin gingen mehr als 5.300 Eingaben im Synodalbüro ein. Zum Thema „Priesterliche Existenz heute" wurde überraschend oft nicht nur das spirituelle und theologische,
sondern allgemein das intellektuelle Profil des Priesters benannt. So
hieß es wörtlich: „Ein authentischer Priester ist ein breitgebildeter
Mensch." Es wurde der Wunsch formuliert, dass Priester als Gesprächspartner auf Augenhöhe mitten in den aktuellen gesellschaftlichen und kulturellen Diskussionsfeldern der heutigen Zeit wahrgenommen werden. Dazu gehört auch, dass Priester „die essentiellen
Fragen des Lebens beantworten können – und zwar in der Sprache
der säkularen Konfessionslosen und Atheisten."[25]

Sicher geht es hier weniger um den Wunsch nach abstrakt-aka-
demischer Auseinandersetzung als vielmehr um das Anliegen, dass
der Priester willens und fähig ist, einen ernst gemeinten und ernst zu
nehmenden Dialog mit Zeitgenossen zu führen, deren Denken sich
nicht in traditionell christlichen Kategorien bewegt. Dazu ist keine
enzyklopädische Begabung notwendig, aber die Bereitschaft, wach
am Zeitgeschehen teilzunehmen und sich denkerisch weiterzuentwickeln. In diesem Sinn könnte ein Synonym für Synodalität auch
Lernbereitschaft heißen. Denn wer sich ernsthaft auf einen gedank-
lichen Weg mit anderen begibt, wird neue Einsichten gewinnen.

3. Priester in einer synodalen Kirche heute

Wenn man danach fragt, welche Haltungen und Qualitäten für
Priester in einer synodalen Kirche von heute wichtig sind, so geht
es dabei weder um ausgefallene Begabungen, noch um bisher unge-

---

[24] Vademecum (s. Anm. 3), 5.3.6. Auch der ökumenische Dialog wird eigens genannt: 5.3.7.
[25] Aus dem Bericht von Pfarrer Dr. Arno Zahlauer (Freiburg) – vgl. https://www.
synodalerweg.de/struktur-und-organisation/synodalversammlung#c4559 (Zugriff:
31.01.2022).

hörte Fähigkeiten, die die Priester in dieser Zeit aufweisen müssten. Vielmehr geht es darum, Grundelemente des apostolischen Dienstes neu zu entdecken und zu gewichten. Die kirchlichen Erschütterungen, die wir derzeit erleben, bieten in all der leidvollen Erfahrung, die sie mit sich bringen, die Chance, sich gerade auch für den priesterlichen Dienst neu auf „Basiskompetenzen" christlicher Jüngerschaft zu besinnen. Dazu gehört die Bereitschaft zu verbindlicher Weggefährtenschaft, die der dankbaren Annahme der liebenden Zuwendung Gottes entspringt sowie der gemeinsamen Sendung durch Jesus Christus. Dazu gehört ebenso die Bereitschaft zum aufrichtigen Dialog im aufmerksamen Hören auf den Anderen und in der freimütigen Antwort aus der Kraft des Glaubens. Wo diese scheinbar so selbstverständlichen und zugleich doch so anspruchsvollen Kompetenzen von den Priestern praktiziert werden, gewinnt ihr Dienst nicht nur an Glaubwürdigkeit, sondern er erhält zugleich neu die Chance, von den Priestern selbst als erfüllend wahrgenommen zu werden.

Abkürzungsverzeichnis

Dokumente des 2. Vatikanischen Konzils

AA   Apostolicam actuositatem. Dekret über das Apostolat der Laien. 1965

AG   Ad gentes. Dekret über die Missionstätigkeit der Kirche. 1965

CD   Christus Dominus. Dekret über die Hirtenaufgabe der Bischöfe in der Kirche. 1965

DH   Dignitatis humanae. Dekret über die Religionsfreiheit. 1965

DV   Dei Verbum. Dogmatische Konstitution über die göttliche Offenbarung. 1965

GS   Gaudium et spes. Pastorale Konstitution über die Kirche in der Welt von heute. 1965

LG   Lumen gentium. Dogmatische Konstitution über die Kirche. 1964

NA   Nostra aetate. Erklärung über das Verhältnis der Kirche zu den nichtchristlichen Religionen. 1965

OT   Optatam totius. Dekret über die Ausbildung der Priester. 1965

PC   Perfectae caritatis. Dekret über die zeitgemäße Erneuerung des Ordenslebens. 1965

PO   Presbyterorum ordinis. Dekret über Dienst und Leben der Priester. 1965

SC   Sacrosanctum Concilium. Konstitution über die heilige Liturgie. 1964

UR   Unitatis redintegratio. Dekret über den Ökumenismus. 1964

Weitere kirchliche Dokumente

AL   Amoris laetitia. Nachsynodales Apostolisches Schreiben von Papst Franziskus über die Liebe in der Familie. 2016 (VApS, Nr. 204).

CIC   Codex Iuris Canonici. Kodex des kanonischen Rechtes der Römisch-katholischen Kirche. 1983ff (in je gültiger Fassung).

CiV   Caritas in veritate. Enzyklika von Papst Benedikt XVI. über die ganzheitliche Entwicklung des Menschen in der Liebe und in der Wahrheit. 2009 (VApS, Nr. 186).

CTI   Commissio Theologica Internationalis/Internationale Theologische Kommission: Die Synodalität in Leben und Sendung der Kirche. 2018 (VApS, Nr. 215).

DCE   Deus caritas est. Enzyklika von Papst Benedikt XVI. über die christliche Liebe. 2005 (VApS, Nr. 171).

DH   H. Denzinger, Kompendium der Glaubensbekenntnisse und kirchlichen Lehrentscheidungen, verbessert, erweitert, ins Deutsche übertragen und unter Mitarbeit von H. Hoping herausgegeben von P. Hünermann, Freiburg i. Br. [45]2017.

EG   Evangelii gaudium. Enzyklika von Papst Franziskus über die Verkündigung des Evangeliums in der Welt von heute. 2013 (VApS, Nr. 194).

FT   Fratelli tutti. Enzyklika von Papst Franziskus über die Geschwisterlichkeit und die soziale Freundschaft. 2020 (VApS, Nr. 227).

LS   Laudato si'. Enzyklika von Papst Franziskus über die Sorge für das gemeinsame Haus. 2015 (VApS, Nr. 202).

MD   Mulieris dignitatem. Apostolisches Schreiben von Papst Johannes Paul II. zur Würde und Berufung der Frau anlässlich des Marianischen Jahres. 1988 (VApS, Nr. 86).

OS   Ordinatio sacerdotalis. Apostolisches Schreiben von Papst Johannes Paul II. über die nur Männern vorbehaltene Priesterweihe. 1994 (VApS, Nr. 117).

PDV   Pastores dabo vobis. Nachsynodales Apostolisches Schreiben von Papst Johannes Paul II. über die Priesterbildung im Kontext der Gegenwart. 1992 (VApS, Nr. 105).

QA   Querida Amazonia. Nachsynodales Apostolisches Schreiben von Papst Franziskus an das Volk Gottes und an alle Menschen guten Willens. 2020 (VApS, Nr. 222).

VApS   Verlautbarungen des Apostolischen Stuhles. Hrsg. von der Deutschen Bischofskonferenz, Bonn 1975ff.

VD   Vorbereitungsdokument zur Bischofssynode 2023: Für eine synodale Kirche: Gemeinschaft, Teilhabe und Sendung – https:// press.vatican.va/content/salastampa/it/bollettino/pubblico/2021/ 09/07/0540/01156.html#tedescook (Zugriff: 17.07.2022).

VG   Veritatis gaudium. Apostolische Konstitution von Papst Franziskus über die kirchlichen Universitäten und Fakultäten. 2017 (VApS, Nr. 211).

Verzeichnis der Autorinnen und Autoren

Ackermann, Stephan, Dr. theol., Bischof von Trier, von 1999–2006 Regens am Überdiözesanen Priesterseminar Studienhaus St. Lambert, Lantershofen.

Baumann, Klaus, Priesterweihe 1989, Dr. theol., Lic. psych., Professor für Caritaswissenschaft und christliche Sozialarbeit an der Theologischen Fakultät der Albert-Ludwigs-Universität Freiburg; Psychologischer Psychotherapeut (DFT) in privater Praxis; Pfarr- und Gefängnisseelsorge.

Buch, Alois Joh., Dr. phil., Dipl.-Theol., Professor für Christliche Sozialwissenschaften und zeitgenössische Ethik an der Ukrainischen Katholischen Universität, Lemberg; Dozent für Moraltheologie und Studienleiter am Überdiözesanen Priesterseminar Studienhaus St. Lambert, Lantershofen.

Deselaers, Paul, Dr. theol., seit 1984 Spiritual in Münster, langjähriger Lehrbeauftragter für Homiletik an der Westfälischen Wilhelms-Universität Münster.

Eckholt, Margit, Dr. theol., Dr. h. c., Professorin für Dogmatik mit Fundamentaltheologie an der Universität Osnabrück, Mitglied im Forum 3 Frauen in Diensten und Ämtern der Kirche des Synodalen Wegs, Leiterin von ICALA (Intercambio cultural alemán-latinoamericano, Stipendienwerk Lateinamerika-Deutschland), Präsidentin der Europäischen Gesellschaft für katholische Theologie.

Freitag, Josef, Dr. theol., Prof. em. für Dogmatik an der Theologischen Fakultät der Universität Erfurt; Spiritual am Überdiözesanen Priesterseminar Studienhaus St. Lambert, Lantershofen.

Höhn, Hans-Joachim, Dr. theol., Professor für Systematische Theologie und Religionsphilosophie am Institut für Katholische Theologie der Universität zu Köln.

Kleymann, Siegfried, Dr. theol., Pfarrer in der Gemeinde Heilig Kreuz Münster, Geistlicher Begleiter beim Synodalen Weg und im Bistum Münster, Redaktionsmitglied von „Der Prediger und Katechet".

Malburg, Volker, Dr. theol., Regens und Dozent für Pastoraltheologie am Überdiözesanen Priesterseminar Studienhaus St. Lambert, Lantershofen.

Müller, Wunibald, Dr. theol., Dr. h. c., Psychotherapeut, Leiter des Recollectiohauses der Abtei Münsterschwarzach von 1991–2016.

Niewiadomski, Józef, Dr. theol., Prof. em. für Dogmatik an der Katholisch-Theologischen Fakultät der Universität Innsbruck, Mitbegründer des Ansatzes: Innsbrucker Dramatische Theologie.

Nothelle-Wildfeuer, Ursula, Dr. theol., Professorin für Christliche Gesellschaftslehre und Sozialethik an der Albert-Ludwigs-Universität Freiburg i. Br.; Dozentin für Christliche Gesellschaftslehre am Überdiözesanen Priesterseminar Studienhaus St. Lambert, Lantershofen.

Sellmann, Matthias, Dr. theol. und ex. SozWiss, Professor für Pastoraltheologie an der Katholisch-Theologischen Fakultät der Ruhr-Universität Bochum, Gründer und Direktor des Zentrums für angewandte Pastoralforschung sowie Präsident der zap:stiftung, Bochum.

Sievernich SJ, Michael, Dr. theol., Dr. h. c., Lic. phil., Prof. em. für Pastoraltheologie an der Katholisch-Theologischen Fakultät der Johannes Gutenberg-Universität Mainz, Honorarprofessor an der Philosophisch-Theologischen Hochschule Sankt Georgen in Frankfurt am Main.

Werbick, Jürgen, Dr. theol., bis 2011 Professor für Fundamentaltheologie an der Katholisch-Theologischen Fakultät der Westfälischen Wilhelms-Universität Münster.

Werlen, Martin, Lic. psych., Mönch des Benediktinerklosters Einsiedeln, Propst der zu Einsiedeln gehörenden Propstei St. Gerold in Vorarlberg, Buchautor, Herausgeber der Zeitschrift ‚Gemeinsam Glauben'.

Personenregister